权威·前沿·原创

皮书系列为
"十二五""十三五"国家重点图书出版规划项目

中国社会科学院创新工程学术出版项目

山西蓝皮书
BLUE BOOK OF SHANXI

山西资源型经济转型发展报告（2017）

ANNUAL REPORT ON RESOURCE-RELIANT ECONOMY'S TRANSFORMATIONAL DEVELOPMENT IN SHANXI (2017)

深化资源型经济转型改革与发展

主　编／李志强
副主编／顾　颖　翟晓英　辛安娜

社会科学文献出版社
SOCIAL SCIENCES ACADEMIC PRESS (CHINA)

图书在版编目(CIP)数据

山西资源型经济转型发展报告.2017:深化资源型经济转型改革与发展/李志强主编.--北京:社会科学文献出版社,2017.10
(山西蓝皮书)
ISBN 978-7-5201-1294-9

Ⅰ.①山… Ⅱ.①李… Ⅲ.①资源经济-转型经济-研究报告-山西-2017 Ⅳ.①F127.25

中国版本图书馆CIP数据核字(2017)第211606号

山西蓝皮书
山西资源型经济转型发展报告(2017)
——深化资源型经济转型改革与发展

| 主　　编 / 李志强
| 副 主 编 / 顾　颖　翟晓英　辛安娜

| 出 版 人 / 谢寿光
| 项目统筹 / 周　丽　冯咏梅
| 责任编辑 / 冯咏梅

| 出　　版 / 社会科学文献出版社·经济与管理分社 (010) 59367226
　　　　　　地址:北京市北三环中路甲29号院华龙大厦 邮编:100029
　　　　　　网址:www.ssap.com.cn
| 发　　行 / 市场营销中心 (010) 59367081　59367018
| 印　　装 / 北京季蜂印刷有限公司

| 规　　格 / 开　本:787mm×1092mm　1/16
　　　　　　印　张:23　字　数:346千字
| 版　　次 / 2017年10月第1版　2017年10月第1次印刷
| 书　　号 / ISBN 978-7-5201-1294-9
| 定　　价 / 98.00元

皮书序列号 / PSN B-2011-197-1/1

本书如有印装质量问题,请与读者服务中心(010-59367028)联系

▲ 版权所有 翻印必究

山西蓝皮书编委会

总 顾 问 薛延忠　廉毅敏　贺天才　王　宁
特邀顾问 郭海刚　师　帅　贾锁堂　刘维奇
主　　编 李志强
副 主 编 顾　颖　翟晓英　辛安娜
主要作者（以姓氏汉语拼音首字母为序）

　　　　　　常　涛　崔海燕　董丹丹　丰　瑞　高剑峰
　　　　　　顾　颖　郭　铖　郭　沛　郝雅慧　何安华
　　　　　　和芸琴　贾君枝　焦　晶　李　佳　李　泽
　　　　　　李　政　李安平　李志强　李志伟　梁红岩
　　　　　　孟慧霞　南　楠　齐芬霞　任　凤　任丽霞
　　　　　　沈　露　孙根年　王群群　王星星　王兆宾
　　　　　　辛安娜　杨晓雅　尤会杰　贠　钊　翟晓英
　　　　　　张琴清　赵建凤　赵卫军　周巧凤　朱洪波

主持单位 山西大学中国中部发展研究中心
支持单位 山西大学经济与管理学院
　　　　　　山西大学管理与决策研究所
　　　　　　山西大学资源型经济转型发展协同创新中心

主要编撰者简介

李志强 山西大学中国中部发展研究中心主任，山西大学经济与管理学院、山西大学管理与决策研究所、山西大学资源型经济转型发展协同创新中心，博士、教授、博士生导师，山西省质量技术监督局副局长。山西省第十届人大常委，山西省第十一届政协常委，民建山西省第九届委员会副主委，中共山西省委联系的"高级专家"，山西省政府决策咨询专家，山西省政府金融办金融专家组专家，国家社会科学基金项目通讯鉴定专家，教育部人文社会科学研究项目评审专家。主要从事制度理论与竞争力、资源型经济转型、战略与创新管理、标准化研究。主持国家级、省部级课题50多项，出版学术著作19部，发表论文130多篇。近五年提交的50多项建议（提）案、政策研究报告为山西省委、省人大、省政府、省政协等省、市党政部门采纳。先后获得山西省社会科学研究优秀成果奖、山西省社会科学研究成果应用推广奖、山西省"百部（篇）工程"奖、山西省优秀科技工作者等省部级奖励18项。

顾　颖 太原师范学院经济系，教授、山西大学硕士生导师，山西大学中国中部发展研究中心特聘研究员，全国高等财经院校《资本论》研究会理事、山西省《资本论》研究会理事、山西省统计学会理事，主要研究方向为制度理论与转型发展。主持或参与国家级、省部级课题20余项，出版学术著作9部，发表学术论文40余篇。获得山西省社会科学研究成果推广应用奖一等奖、山西省"十五"普通高校思想政治教育研究课题一等奖、山西省社科联重点课题研究优秀成果二等奖等省级科研奖励8项。

翟晓英 山西大学经济与管理学院、山西大学管理与决策研究所、山西大学中国中部发展研究中心，博士、副教授、硕士生导师。多伦多大学访问学者，主要研究方向为金融市场分析与决策、行为金融。主持教育部人文社会科学基金 1 项，参与国家级课题 2 项，主持和完成 10 余项省级纵横向课题。在《财经研究》《国际金融研究》等核心期刊上发表学术论文近 20 篇，出版学术著作 1 部，参编学术著作 2 部、教材 2 部。

辛安娜 山西大学经济与管理学院、山西大学中国中部发展研究中心，博士、讲师。陕西师范大学访问学者，中国旅游研究院博士后。主要从事企业创新与旅游企业管理方面的研究。主持省、直辖市、自治区项目 1 项和高等学校校内人文社会科学研究项目 2 项，参与国家社会科学重点基金项目、教育部人文社会科学重点研究基地重大项目与一般项目等国家级课题 3 项，在《经济管理》等专业学术期刊上发表论文 13 篇。

摘　要

2017年是我国供给侧结构性改革的深化之年。当前，世界经济艰难复苏，中国经济发展正处在转型期，且经济转型升级处在历史的转折点，机遇和挑战相互交织。主动适应经济新常态，山西必须赢在新动能，"破题"供给侧结构性改革，辩证地把握好"加法"和"减法"、当前和长远、力度和节奏、主要矛盾和次要矛盾、政府和市场的关系，以思想认识新飞跃打开服务转型综改的新局面，以方法手段创新拓展应对服务转型综改的新挑战，以深化供给侧结构性改革加快推进山西转型综改。

《山西资源型经济转型发展报告》是全国第一部以"资源型经济转型发展"为主题，研究山西省国家资源型经济转型综合配套改革试验区建设的蓝皮书。继提出"山西'十二五'发展""转变发展方式·转型综改试验""创新驱动·转型综改""全面深化改革·转型综改试验""新常态下资源型经济结构均衡发展"" '十三五'发展·创新转型"年度研究主题之后，本书顺应国内外形势复杂变化的趋势，适应山西推进转型综改的需要，确定"深化资源型经济转型改革与发展"为2017年度研究主题，对山西深化供给侧结构性改革和转型综改面临的新形势与新挑战、重点任务及实现路径等进行理论与实证分析，从政策视角提出具有可行性及可操作性的建议。本书的出版将为资源型经济转型发展的理论研究与政策创新提供参考，具有重要的理论价值和实践意义。

本书由总报告、综合分析篇、产业转型篇、旅游文化篇、生态建设篇、企业发展篇、案例研究和附录八大板块构成。总报告在对山西2016年度深化供给侧结构性改革和转型综改工作进行系统总结、全面分析的基础上，提出要通过强化服务意识来创优环境保障转型综改、发扬工匠精神来切实推动

实体经济做强做优、抓住科技创新发力点来着力实施重点领域改革、坚持标准引领来提高标准倒逼转型综改、创新服务供给来大力培育服务型经济、倡导绿色低碳来形成供给侧绿色增长点、加快补齐短板来坚决打赢脱贫攻坚战、利用"一带一路"发展契机来推进二次开放，进而加快山西转型综改试验区建设进程。

综合分析篇聚焦转型综改热点、难点问题，重点从国资监管改革、转型综改示范区建设及经济转型中统计数据质量研究等方面探寻经济转型跨越发展新路径，推进山西资源型经济结构转型。产业转型篇侧重从装备制造业转型升级、煤炭产业转型发展、建筑产业化发展实践、推进非物质文化遗产数字资源建设、加快互联网金融发展及防范金融风险等视角开展研究，探索产业优化升级新思路，助力山西转型综改试验区建设。旅游文化篇从形成区域旅游业发展研究报告、创新景区内容营销、打造社交媒体平台及发展旅游业的金融支持等角度进行分析，探究促进文化旅游发展的新模式，提升山西文化旅游品牌影响力。生态建设篇主要从绿色发展评价及生态文明制度体系构建等视角展开研究，探析资源型经济绿色转型的新方法，形成供给侧绿色增长点。企业发展篇从加强企业家队伍建设、资源型企业创新能力评价及系统提升、推动创新科技型中小微企业发展等角度探索企业改革发展的新举措，激发山西转型升级活力。案例研究持续跟踪转型综改工作，通过分析转型综改试点县的工作进展情况，提出深入推进试点县转型综改的政策建议；探讨振东集团中药标准化工作的实践，提出推进中药标准化的思路；剖析左权县庄园经济，探索易地扶贫搬迁"空壳村"的出路。附录精选收录书记省长谈转型改革与发展、社科界专家学者建言转型综改区建设及大事记。

关键词： 资源型经济　供给侧结构性改革　山西转型综改试验区

Abstract

The year of 2017 is the deepening period of China's supply side structural reforms. At present, the world economy is recovering from difficulties and Chinese economy is now in the historic turning point during the transformation period, with interwoven opportunities and challenges. In order to adapt to the New Normal, Shanxi should cultivate its competitiveness in new economic engine and realize the supply side structural reforms by balancing the dialectical relationships between "plus" and "minus", present and future, intensity and rhyme, main and minor problems and government and market to open up new situations with new leaps in ideas and understandings, face new challenges with new methods and means and speed up economic transformation and comprehensive and integrated reforms with deepening supply side structural reforms in Shanxi.

As the first blue book of Shanxi to focus on the construction of Integrated Reforming Pilot Area for Shanxi's Transformational Development, the *Annual Report on Resource-reliant Economy's Transformational Development in Shanxi* provides sustainable and insightful research on the resource-reliant economy's transformational development. Succeeding the themes of Shanxi's Twelfth Five-Year Plan, Transforming Development Model, Innovation-driven Development and Overall and Thorough Reforming, Towards a Resource-reliant Economy's Balanced Structure in the Context of New Normal and The Innovation and Transformation in the Thirteenth Five-year Plan, the topic of Blue Book 2017 is deepening the resource-reliant economy's transformational reforms and development with the complex changes in situation at home and abroad and the needs of further transformation and comprehensive reforms. The Blue Book provides theoretical and empirical analysis on the new situation and challenges, key tasks and paths together with the feasible and operational suggestions with policy-making significance. The publishing of this book is expected to provide reference for

theoretical research and policy-making innovation, with theoretical value and practical significance.

The research work is made up of General Report, Comprehensive Analysis, Industrial Transformation, Tourist Industry Culture, Ecological Construction, Enterprises' Development, Case Study and Appendixes. On the basis of systematic conclusion and comprehensive analysis on the work of 2016, the General Report emphasizes that service awareness should be enhanced to build up sound environment for comprehensive and integrated reforms towards economic transformation. Spirit of craftsman should be advocated to ensure strong and robust real economy, sci-tech innovation should be engines of reforms in key sectors, standardization should act a leading role in forcing the comprehensive and integrated reforms towards economic transformation, service supplies should be innovated to cultivate the service economy, the green and low carbon industry should be developed to form the supply side green growth points, the poverty-shake-off battle should be won by improving the drawbacks in the poor areas and the second opening-up should be implemented by taking the advantages of the One Belt and One Road strategy.

The Comprehensive Analysis focuses the hot issues and difficult problems such as the state—owned capital supervision, the construction of integrated reforming pilot area for Shanxi's transformational development and the study on the statistical data's quality in Shanxi economy's transformation so as to explore the new paths towards Shanxi resource-reliant economy's structural transformation. The Industrial Transformation attempts to explore equipment manufacturing industry's transformation and upgrading, the new thinking concerning industrial upgrading to aid the construction of the Pilot Area in the fields of coal industry's transformation, building industry's industrialization, the intangible cultural heritage's digital resource construction and the development of Internet finance and financial risks prevention. The Tourist Industry Culture attempts to explore the new development models of cultural tourism to promote Shanxi cultural tourist industry's brand influence including the topics such as regional development research report of tourist industry, the innovative content marketing of the scenic spots, social media platform building and the financial support for tourist industry. The Ecological

Construction probes the new approaches towards green transformation to form the supply side growth points in the areas of green development evaluation and ecological civilization building. The Enterprises' Development provides new methods and measures in enterprises' reforms and development to stimulate Shanxi economy's transformation and upgrading. This part is made up of the topics such as entrepreneurs' team construction, resource-reliant enterprises' innovation capability assessment and promotion and pushing forward the innovative sci-tech medium, small and micro-sized enterprises' development. The Case Study provides a continuous tracing of the efforts in comprehensive and integrated reforms towards economic transformation such as the suggestions on Pilot Counties' further reforming based on the progress made. Zhendong Group's efforts and new thinking about Chinese Herb Standardization are introduced. The manorial economy in Zuoquan is analyzed to explore the approaches of poverty-relief. The Appendixes excerpt remarks on transformational reforms and development by the Secretary of CCP's Shanxi Committee and the Provincial Governor and proposals by experts and scholars concerning the construction of Integrated Reforming Pilot Area for Shanxi's Transformational Development. The great events are also included in the appendix.

Keywords: Resource-reliant Economy; Supply Side Structural Reforms; Shanxi Transition Comprehensive Reform Pilot Zone

目 录

Ⅰ 总报告

B.1 深化供给侧结构性改革 加快推进山西转型综改试验区建设
　　…………………………………………………………………… 李志强 / 001

　　一 发力"十三五" 深化"供改"与"综改"
　　　　山西转型综改试验区建设取得的新进展 ………………… / 002

　　二 主动适应经济新常态 突破锁定性困局 明晰山西转型
　　　　综改面临的新形势与新挑战 ………………………………… / 007

　　三 把握发展趋势 坚持认识引领 向深化供给侧结构性
　　　　改革聚力加力 ……………………………………………… / 011

　　四 重视效率提升 创新政策举措 以深化供给侧结构性
　　　　改革加快推进山西转型综改 ………………………… / 014

Ⅱ 综合分析篇

B.2 创新国资监管体制机制 深化山西国资监管改革
　　…………………………………………… 省委国企国资改革课题组 / 024

B.3 深化标准化供给侧结构性改革　助力山西转型综改示范区建设
　　　……………………………………………… 李志强　张琴清 / 038
B.4 山西省经济转型中统计数据质量研究 ……… 齐芬霞　沈　露 / 044

Ⅲ 产业转型篇

B.5 新形势下山西装备制造业转型升级研究
　　——以太重集团为例 ……………………… 李志强　赵卫军 / 056
B.6 新形势下山西煤炭产业发展现状与转型发展研究
　　　……………………………………………… 李志强　尤会杰 / 070
B.7 山西建筑产业化发展实践与推进建设研究
　　　……………………………………………… 李志强　李　泽 / 091
B.8 山西省非物质文化遗产数字资源建设路径及对策分析
　　　……………………………………………………… 贾君枝 / 108
B.9 加快互联网金融发展　促进山西资源型经济转型升级
　　　……………………………… 崔海燕　杨晓雅　李　佳 / 117
B.10 防范金融风险　助推山西经济转型 ………… 翟晓英　郝雅慧 / 129

Ⅳ 旅游文化篇

B.11 山西省区域旅游业发展研究报告：2006~2016年
　　　11个地市的统计分析 ……………………… 辛安娜　孙根年 / 146
B.12 创新景区内容营销　提升山西旅游体验价值
　　　……………………………………………… 孟慧霞　任丽霞 / 162
B.13 打造社交媒体平台　促进山西文化旅游品牌传播 …… 和芸琴 / 176
B.14 山西省发展旅游业的金融支持研究 ………… 李志伟　任　凤 / 189

Ⅴ 生态建设篇

B.15 山西绿色发展评价及对策研究 …………… 李志强 周巧凤 / 207

B.16 践行绿色发展战略 创新山西生态文明制度体系 …… 郭 沛 / 221

Ⅵ 企业发展篇

B.17 加强企业家队伍建设 重塑晋商发展新形象

　　　　　　　　　　　　　　　　　　…………… 顾 颖 李 政 / 236

B.18 山西资源型企业创新能力系统提升策略研究 ………… 赵建凤 / 248

B.19 发展创新科技型中小微企业 激发山西转型升级活力

　　　　　　　　　　　　　　　　…………… 常 涛 丰 瑞 董丹丹 / 259

Ⅶ 案例研究

B.20 山西省试点县转型综改工作进展报告（2016）

　　　　　　　　　　　　　　　　　　…………… 顾 颖 王星星 / 269

B.21 制定完善标准体系 大力推进中药标准化建设

　　　——山西振东集团中药标准化工作实践与探索 …… 李安平 / 281

B.22 易地扶贫搬迁"空壳村"的出路探索：左权县庄园经济剖析

　　　　　　　　　　　　　　…………… 梁红岩 郭 铖 何安华 / 291

Ⅷ 附录

B.23 附录1 书记省长谈转型改革与发展 ………………………… / 309

B.24 附录2 社科界专家学者建言转型综改区建设 ……………… / 319

B.25 附录3 山西省国家资源型经济转型综合配套改革试验区
建设大事记（2016年5月~2017年6月）
………………………… 山西大学中国中部发展研究中心 / 327

B.26 后　记 ……………………………………………… / 340

CONTENTS

I General Report

B.1 Deepen the Supply Side Structural Reforms and Speed up the Construction of Integrated Reforming Pilot Area for Shanxi's Transformational Development *Li Zhiqiang* / 001
    1. The New Progress Made in the Construction of Pilot Area during the Thirteenth Five-year Plan / 002
    2. Adpat to the New Normal, Overcome the Difficulties and Face the New Situation and Challenges / 007
    3. Examine the Development Trend, Introduce New Ideas and Focus Attention and Efforts in Deepening the Supply Side Structural Reforms / 011
    4. Emphasize Effeciency, Innovate Policies and Measures and Accelerate Comprehensive and Integrated Reforms towards Economic Transformation with Deepening Supply Side Structural Reforms / 014

II Comprehensive Analysis

B.2 Innovate Systems and Mechanism to Deepen the State-owned Capital Supervision Reforms
    State-owned Enterprises and Capital Supervision Reform Research Project of Shanxi Provincial Committee / 024

B.3 Deepening Supply Side Structural Reforms in Standardization to Facilitate the Construction of Integrated Reforming Pilot Area for Shanxi's Transformational Development *Li Zhiqiang, Zhang Qinqing* / 038

B.4 A Study on the Statistical Data's Quality in Shanxi Economy's Transformation *Qi Fenxia, Shen Lu* / 044

Ⅲ Industrial Transformation

B.5 Equipment Manufacturing Industry's Transformation and Upgrading in Shanxi
—A Case from Taiyuan Heavy Machinery Group
Li Zhiqiang, Zhao Weijun / 056

B.6 Shanxi Coal Industry's Development Status and Transformation
Li Zhiqiang, You Huijie / 070

B.7 The Practice and Development Suggestions on Shanxi Building Industrialization *Li Zhiqiang, Li Ze* / 091

B.8 Intangible Cultural Heritage's Digital Resource Construction in Shanxi: Approaches and Countermeasures *Jia Junzhi* / 108

B.9 Accelerate the Development of Internet Finance to Promote Shanxi Resource-reliant Economy's Transformating and Upgrading
Cui Haiyan, Yang Xiaoya and Li Jia / 117

B.10 Prevent Financial Risks to Shanxi Facilitae Economic Transformation
Zhai Xiaoying, Hao Yahui / 129

Ⅳ Tourist Industry Culture

B.11 A Research Report on Shanxi Regional Tourist Industry Development Based on Data of 11 Regions from 2006 to 2016
Xin Anna, Sun Gennian / 146

B.12 Innovative Content Marketing of the Scenic Spots to Promote the Experiential Value　　　　　　　　　*Meng Huixia, Ren Lixia* / 162

B.13 Build Social Media Platform to Promote Shanxi Cultural Tourist Brands' Communication Capability　　　　　　*He Yunqin* / 176

B.14 The Financial Support for Tourist Industry in Shanxi
　　　　　　　　　　　　　　　　　　　Li Zhiwei, Ren Feng / 189

V Ecological Construction

B.15 The Assessment of Green Development Level in Shanxi and Countermeasures　　　　　　*Li Zhiqiang, Zhou Qiaofeng* / 207

B.16 Innovate the Ecological Civilization System in the Scope of Green Development Strategy　　　　　　　　*Guo Pei* / 221

VI Enterprises' Development

B.17 Strengthen Entrepreneurs' Team Construction and Shape the Development of New Images of Shanxi Merchants
　　　　　　　　　　　　　　　　　　　　Gu Ying, Li Zheng / 236

B.18 On the Systematic Promotion of Shanxi Resource-reliant Enterprises' Innovation Capability　　　　　*Zhao Jianfeng* / 248

B.19 Develop the Innovative Medium, Small and Micro- sized Sci-tech Enterprises　　　*Chang Tao, Feng Rui and Dong Dandan* / 259

VII Case Study

B.20 A Progress Report on Pilot Counties in Shanxi (2016)
　　　　　　　　　　　　　　　　　　　Gu Ying, Wang Xingxing / 269

B.21 Perfecting the Standard System and Promoting the
Standardization of Traditional Chinese Medicine
—*Practice and Exploration on Standardization of Traditional Chinese
Medicine inZhendong Group of Shanxi Province*　　*Li Anping* / 281

B.22 An Analysis on the Manorial Economy in Zuoquan
　　Liang Hongyan, Guo Cheng and He Anhua / 291

Ⅷ Appendices

B.23 Appendix 1　Secretary of CCP's Shanxi Committee and the Provincial Governor's Remarks on Transformational Reforms and Development / 309

B.24 Appendix 2　Proposals on Construction of Pilot Area by Experts and Scholars / 319

B.25 Appendix 3　Great Events during the Construction of National Comprehensive and Integrated Reforming Pilot Area for Resource-reliant Economy's Development towards Transformation in Shanxi (From May 2016 to June 2017)
　　Middle China Development Research Center, Shanxi University / 327

B.26 Postscripts / 340

总 报 告
General Report

B.1
深化供给侧结构性改革
加快推进山西转型综改试验区建设

李志强*

摘　要： 本报告在对"十三五"开端山西转型综改试验区建设取得的新进展进行阐述的基础上，指出山西转型综改的突出矛盾，提出要主动适应经济新常态，突破锁定性困局。正确认识供给侧结构性改革，其本质是提高效率，优化结构，纠正资源误配；核心是更好地发挥市场的决定性作用；重点任务是做好"加减法"，深入推行"三去一降一补"。强化服务意识，创优环境保障转型综改；发扬工匠精神，切实推动实体经济做强做优；抓住科技创新发力点，着力实施重点领域改革；

---

* 李志强，山西大学中国中部发展研究中心主任，山西大学经济与管理学院、山西大学管理与决策研究所、山西大学资源型经济转型发展协同创新中心，博士、教授、博士生导师，主要从事制度理论与竞争力、资源型经济转型、战略与创新管理、标准化研究。

坚持标准引领，提高标准倒逼转型综改；创新服务供给，大力培育服务型经济；倡导绿色低碳，形成供给侧绿色增长点；加快补齐短板，坚决打赢脱贫攻坚战；利用"一带一路"发展契机，推进二次开放。

关键词： 供给侧结构性改革　转型综改　资源型经济转型

我国经济发展正处在转型期，且经济转型升级处在历史的转折点，准确认识中国经济发展增速新常态、结构新常态和动力新常态，积极适应新形势，主动选择深化供给侧结构性改革毋庸置疑。结合山西实际，从根本上解决山西结构性、体制性问题和创新不足素质性矛盾，必须赢在新动能，以深化供给侧结构性改革推动经济转型发展，以创新驱动推动经济转型发展，以营造良好营商环境推动经济转型发展，以全面深化改革推动经济转型发展，真正走出一条产业优、质量高、效益好、可持续的发展新路。

一　发力"十三五"　深化"供改"与"综改"
山西转型综改试验区建设取得的新进展

当前，山西正处在经济转型的关键点，"十三五"期间是经济转型的最后窗口期。适应经济转型的趋势若在经济转型和与此相关的结构性转型方面有结构性突破，我们才会掌握主动权，实现良好的增长前景。2016年，是山西充满挑战和孕育希望的一年。面对严峻复杂的经济形势和艰巨繁重的改革发展稳定任务，山西省委、省政府带领全省人民攻坚克难、扎实工作，沿着"一个指引、两手硬"的思想路线，始终坚持推进供给侧结构性改革，坚定实施创新驱动、转型升级战略，若干重要领域改革取得突破性进展，经济社会发展取得新成就，全面建成小康社会迈出坚实的步伐。

（一）产业结构调整加快，产业逐步优化升级

在当前错综复杂的形势和艰巨繁重的任务下，山西省深入贯彻落实省委"一个指引、两手硬"的重大思路和要求，始终坚定地推进供给侧结构性改革，实施创新驱动、转型升级战略，加快推进产业转型升级，产业结构调整取得重大突破。

三次产业结构逐渐合理。2016年，全省三次产业增加值占地区生产总值的比重分别为6.1%、38.1%、55.8%，三次产业增加值增速分别为4.5%、1.5%、7.0%，第三产业增速明显比第一、第二产业快。2017年，山西省服务业依旧保持较快发展态势，持续引领全省经济稳定增长。第一季度，全省服务业增加值同比增长7.0%，分别比第一、第二产业高出4个、1.6个百分点；地区生产总值中服务业占比为54.1%，比第二产业占比（41.8%）高出12.3个百分点。

工业内部结构持续优化。2016年，全省规模以上工业增加值增长1.1%，较上年（-2.8%）由负转正回升3.9个百分点；非煤产业增加值占比为56.2%，较上年上升3个百分点，其中装备制造业占比为11.3%，较上年上升6.1个百分点；非传统产业增加值占比为27.1%，较上年上升1.1个百分点。2017年第一季度，在全省规模以上工业中，非煤产业增加值同比增长9.5%，比工业增速快3.7个百分点；非传统产业（除煤炭、焦炭、冶金、电力外）增加值同比增长6.7%，比工业增速快0.9个百分点。

固定资产投资结构不断完善。2016年，三次产业的投资比重由2015年的10.9:37.9:51.2变为13.0:35.4:51.6，其中第一、第三产业的投资比重较2015年分别上升2.1个、0.4个百分点；非传统产业投资占全省工业投资的比重为59.4%，较上年上升6.3个百分点。2017年第一季度，全省固定资产投资中，第一、第三产业投资同比分别增长9.8%、17.4%，分别比全省固定资产投资快5.7个、13.3个百分点；占全部投资总额的比重分别为7.3%和55.4%，同比分别上升0.4个和6.2个百分点。

外贸结构进一步优化。2016年，新技术产品、机电产品的出口额比上年分别增长44.3%、68.3%。

（二）"三去一降一补"重点任务取得实质性进展

过剩产能逐渐"出清"。2016年，共关闭25座煤矿，全年退出煤炭产能2325万吨，退出产能规模居全国第一位。规模以上原煤产量为81642万吨，同比下降14.4%，减产13716.2万吨，率先实施煤炭减量化生产，全年煤炭产量减少1.43亿吨，在全国煤炭减量中的占比为40%左右。规模以上钢材产量为4279万吨，同比减少38.9万吨，下降0.9%，淘汰钢铁产能82万吨。

房地产库存持续减少。坚持完善供需关系，有序推进房地产、工业领域减少库存。通过实施培育和发展住房租赁市场等一系列措施，推动房地产去库存。截至2016年底，山西省商品房待售面积约为1700万平方米，同比减少6.4%；消化周期为10.1个月，较上年底缩短3.6个月，商品房库存量和消化周期实现"双下降"。2016年11月末，全省规模以上工业产成品存货同比下降8.5%。

去杠杆工作成效显著。着力完善对企业的金融服务，推动企业优化资产负债结构，积极防范和处理各类金融风险，有效推进金融去杠杆。2016年2月18日，成立华融晋商资产管理股份有限公司，推进市场化债转股，化解山西省金融风险。开展煤企京城路演，推动金融机构通过贷款重组、"债转股"、资产证券化试点等方式，为晋煤集团超短融20亿元，节约利息支出约2250万元。山西焦煤集团公司、中国建设银行、山西省国资委共同签署成立"山西焦煤集团降本增效基金"和"山西焦煤集团转型发展基金"框架协议。

成本有效降低。2016年，山西规模以上工业企业主营业务成本下降6.6%，财务费用下降0.3%。营改增、落实好各类税收优惠政策以及清理规范各类涉企收费等措施的全面推进，为企业减轻负担347.7亿元；通过加大融资力度、清理服务收费以及积极发展多层次资本市场等方式，为企业降低融资成本约20亿元;通过实施减轻企业社保负担和减轻企业住房公积金负担等政策,降低企业人工成本41.78亿元。

产业发展补齐短板。2016年,通过逐个补齐制约发展的产业、基础设施、"三农"等短板,短板领域高技术、基础设施等投资加快,全省固定资产投资中,高技术产业投资增长14.4%,基础设施投资增长11%,分别快于全省固定资产投资增速13.6个、10.2个百分点。

(三)创新驱动战略实施加快,经济增长的动力更为多元

山西省将创新作为提高供给质量的根本动力,编制《山西省"十三五"科技创新规划》,大力实施创新驱动战略,充分发挥科技创新对经济社会发展的重要支撑引领作用。

转型综改方案继续推进。2016年以来,山西省为突破转型综改空间布局、平台载体等制约瓶颈,全力推进开发区改革创新发展,将2%左右的国土面积用来谋划布局全省开发区的建设。将太原都市区的八个产业园区、科技园区和高校新区整合起来,成立山西转型综改示范区,将其打造成为开发区建设和转型综改的先行者。

经济新动能加速积聚。抢先抓住新经济布局、区域竞争力重构的机遇,加速布局数字经济、高端装备制造、新材料、新能源汽车等战略性新兴产业。同时,加快科技创新城建设,实施T800高端碳纤维、10兆瓦级锂电池储能技术等科技重大专项,引进中科院、浙江大学等科研团队,打造转型升级新引擎,加快山西由资源依赖向创新驱动转型发展的步伐。

高端创新人才支持按计划实施。授予57名专家政府特殊津贴,选拔40名"三晋学者"、151名山西省学术技术带头人、52名新兴产业领军人才,新增9.2万高技能人才。2016年,山西省专利申请量较上年增长34.0%。其中,发明专利申请量增长44.5%,专利授权量增长2.0%。全年新登记科技成果259项,获得国家科学技术奖5项。拥有国家级企业技术中心26家、省级企业技术中心221家。按照国家高新技术企业认定办法,2016年末累计有高新技术企业930家。

（四）行政管理体制改革提速，市场活力持续增强

面对转型综改的繁重任务，山西省进一步完善落实工作机制，优化政务环境，提高工作效能效率，为逐步实现振兴崛起发挥了积极的保障和促进作用。

进一步精简和下放行政审批权。对于49个部门（单位）的232项行政审批中介服务事项，省政府着重清理和规范，17个部门（单位）的47项行政审批中介服务事项被保留下来，80%的事项被"砍掉"。

建立"13710"工作制度。对省政府各部门会议的工作部署，以及省长、副省长交代的工作任务，实行"13710"电子台账管理，实现了重大决策和重要部署的建档立卡、实时跟进、动态跟踪、催办督办以及省、市、省直部门的互联互通。

权力清单和责任清单制度全面推行。截至2016年4月底，全省11个设区的市、119个县级政府部门"两清单、两张图"全部编制完成并正常运行。

综合性政务服务平台和公共资源交易平台建设加快推进。省、市、县三级政务服务平台以及省、市两级公共资源交易平台基本建成并投入运行，7家公共资源交易机构已全部按期入驻。全省投资项目在线审批监管平台已经建成并且投运，投资项目在线审批监管平台监督管理办法也已经出台，省、市、县三级纵向贯通得以实现。

企业信用体系构建加快。信用信息共享交换平台门户网站"信用山西"网已经上线运行，与国家平台和"信用中国"网实现了全面对接，在业务方面与省投资项目在线审批监管平台实现了对接，累计归集信用信息近3600万条。

商事制度改革持续推进。在40多个相关部门间建立起投资项目纵横联动、协同监管机制。山西省各市、县企业名称核准全程电子化工作全面推进，进一步减轻了企业负担，激发了市场活力。

（五）重大领域改革与发展取得新突破

国资国企改革持续深化。分类推进国有企业改革，进一步加强和改进党

对国有企业的领导，完善现代化的公司法人治理结构，建立外部董事制度。国有企业财务等重大信息公开工作水平得到巩固提升。同煤集团、焦煤集团深化国有企业改革试点，焦煤集团分离企业办社会职能试点，以及汾酒集团、中条山集团、建工集团混合所有制改革试点有序推进，改组组建国有资本投资运营公司。

电力体制改革综合试点逐步推进。山西省成功被确立为国家电网覆盖范围内第一个全省域电改综合试点，配套制定并实施了14个专项试点方案，正式印发《山西省售电侧改革实施方案》《山西电力交易机构组建方案》。出台《山西省放开增量配电业务试点方案》，进一步加快了增量配电业务试点工作的进度，太原工业新区110千伏输变电工程等项目成为国家第一批增量配电业务试点。成立44家售电公司和山西电力交易中心有限公司。

价格改革广泛推行。电网输配电价核定工作有效开展；环境保护、资源补偿收费政策得到进一步调整；农业水价形成机制建立并逐步完善；建立煤炭价格发现和传导机制；公证、司法鉴定、律师和基层法律服务等价格管理逐渐规范；排污费收费政策差异化全面推行，水土保持补偿费收费标准在原有基础上进一步修订完善。

农村产权制度改革稳步推进。农村集体经营性建设用地入市、集体土地征收、集体资产股份权能改革试点稳步推进，农村土地承包经营权确权登记颁证工作基本完成。

二 主动适应经济新常态 突破锁定性困局 明晰山西转型综改面临的新形势与新挑战

世界经济艰难复苏，中国经济保持中高速增长，机遇和挑战相互交织，而要解决诸多问题，关键在于坚持创新驱动发展，开拓发展新境界。面对各种复杂局面，全面深改任务更加紧迫，山西创新转型之路任重道远。

（一）山西深化供给侧结构性改革的国内外形势错综复杂

1. 世界经济增长缓慢，全球经济环境不确定性加剧

2016年，世界经济发展呈现经济增长率低、国际贸易流量低、通货膨胀低、投资增速低、利率低、债务水平高、货币政策依赖度高等特点。但是这种情况自2016年第四季度开始有所好转。国际货币基金组织（IMF）数据显示，在活跃的金融市场以及制造业和贸易领域期待已久的周期性复苏支持下，全球经济增长率预计将从2016年的3.1%上升至2017年的3.5%和2018年的3.6%。发达经济体的经济增长率在2017年、2018年均将达到2.0%，而新兴市场和发展中经济体的经济增长率在2017年、2018年将分别达到4.5%、4.8%。虽然全球经济的前景逐步向好的趋势发展，但各经济体仍面临挑战。IMF公布的《世界经济展望报告》指出，美国加息速度比预期快，这可能会使得全球金融状况以更快的速度收紧，美元大幅升值，对脆弱经济体造成不利影响；金融监管的大力收缩，可能刺激过度冒险并增加未来发生金融危机的可能性；新兴市场国家金融状况收紧；在部分产能大量过剩的发达经济体中，需求疲软、通胀低迷、资产负债表薄弱以及生产率增长乏力之间形成负面反馈循环；地缘政治紧张局势、国内政治分歧、治理薄弱和腐败、极端天气事件以及恐怖主义等非经济因素，都会对全球经济增长构成风险。

2. 中国经济步入新常态，全面深化改革力求创新转型

当今世界经济处于深度调整期，中国经济发展进入新常态，增速虽然有所放缓，但仍保持中高速增长，2016年国内生产总值达744127亿元，对世界经济增长的贡献率达到33.2%，成为推动世界经济增长的第一大引擎。中国经济在2017年初出现了企稳回升的态势，2017年第一季度国内生产总值同比增长6.9%。IMF公布的《世界经济展望报告》中将中国2017年的经济增速由6.5%上调至6.6%，然而在当前世界经济形势复杂多变的情况下，新兴经济体未来将面对更为复杂的环境，仍需处理经济增长中可能伴随的风险。转变经济发展方式，实现持续、更高水平的发展，是中等收入国家跨越"中等收入陷阱"必经的阶段。我们必须坚持提高供给质量,优化经济结构,努力实现发展方式转型,坚定不移地深化改革,逐步推动经济形势稳中向好。

(二)山西深化结构性改革面临的问题与挑战

1. "一煤独大""一股独大"结构性矛盾依然突出,体制机制改革进展缓慢

产业"一煤独大"、国企"一股独大"由来已久,虽然时下的山西逐渐摆脱了"以煤为基"的产业思维,但"一煤独大"的结构性矛盾远未从根本上解决。相关统计数据显示,2016年,山西规模以上原煤产量为81642万吨,虽然相比2015年下降14.4%,但依然占到了全年全省规模以上工业主要工业产品产量的79%。2016年,煤炭产业增加值占全省规模以上工业增加值的比重达到43.8%,传统支柱产业(煤炭、焦炭、冶金、电力)增加值比重达到72.9%,占比依然很大。与此同时,2016年度山西企业100强的前5名分别为大同煤矿集团、山西焦煤集团、潞安集团、阳煤集团、晋煤集团。五大煤炭集团总营业收入占山西企业100强总营业收入的57%,营业收入超过其他95家企业的总和。

山西的"一股独大",是"一煤独大"的结果。山西国有企业集团层面股权多元化改革推进缓慢,国有股"一股独大"。2016年山西企业100强中,前10名企业全部是国有及国有控股企业。2016年,山西在深化国资国企改革方面进行了积极探索,取得了阶段性成效,但把山西国资国企改革放到全国大背景下来看,仍有滞后的问题,省属重点煤炭企业在集团层面仍然是"一股独大",现代企业制度和规范的法人治理结构远远没有建立,深层次问题亟待破题。"一股独大"造成的体制性困扰,缺少改革勇气和市场活力。

2. 城乡居民收入差距持续拉大,脱贫问题依然突出

随着城镇化的加快推进,山西省城乡居民生活水平均有较大幅度的提升,但城乡居民收入差距大的情况依然没有明显改善。据调查,2016年,山西省城乡居民收入比由2015年的2.73∶1下降至2.71∶1,收入比差距有所减小,但收入差额绝对值由2015年的16374元扩大到17270元。由此可见，山西省城乡居民收入差距依然较大。特别是近年来，山西经济增长放缓，财政减收，新增就业岗位减少，贫困人口转移就业困难，农产品价格下行压力增大，城乡居民收入差距有逐渐扩大的趋势（见图1）。与此同时，近年来煤炭市场持续下行，煤炭企业转型困难，山西省不少曾经富饶一时的产煤县成为财政困难县，产煤村成为增收困难村，山西省扶贫开发工作面临巨大挑战，山西省脱贫工作任重道远。

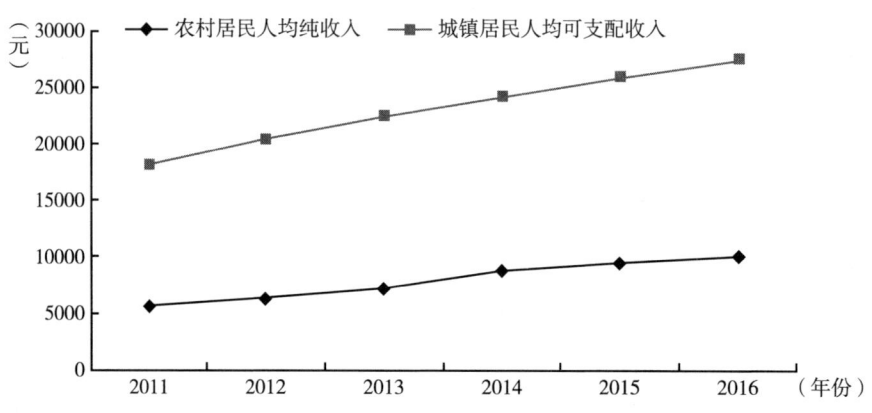

图1 2011~2016年山西省城乡居民人均收入情况

资料来源：根据《山西省国民经济和社会发展统计公报》（2011~2016年）相关数据绘制。

3. 环境保护工作任务艰巨，生态环境建设亟须加快推进

山西因煤而兴，因煤而困。山西在长期的发展过程中，在取得成就、做出贡献的同时，也破坏了生态、污染了环境，生态环境脆弱与经济社会发展的矛盾十分突出，环保工作面临诸多困难和问题。当前，山西的环境形势依然严峻，山西是全国自然生态环境最脆弱的省份之一，水污染仍然严重。山西省环境监测中心站监测数据显示，2015年山西省监测的100个河流断面中，水质优良的断面仅44个，占总数的44.0%，同比下降3.9个百分点；重度污染的断面32个，占32.0%，同比上升7.0个百分点。2016年1~4月，大同、吕梁、长治、忻州、晋中五市的12个河流断面水质状况与2014年相比明显恶化，且与2016年的水质考核目标差距明显。相关数据显示，山西省的水土流失面积约为10.8万平方公里，占山西省土地总面积的

69%。自然条件恶劣、生态环境脆弱的沿黄一带,已成为制约当地经济发展、农民脱贫致富的瓶颈。山西省的生态环境建设任务依然艰巨。

4. 开放型经济发展滞后,对外开放程度亟待进一步提高

山西省地处内陆地区,半封闭状态和重化工业主导的产业格局造成体制机制上未与国内其他地区及国际社会形成良好衔接,开放程度长期滞后于东部省份,甚至与中部省份相比仍有较大差距,主要表现在以下几个方面:2016年,山西省进出口总额增长虽明显,但与中部其他省份相比还有很大差距;对外经济合作新签合同额2.2亿美元,较上年的3.5亿美元相去甚远;对外依存度相较于中部六省中的其他省份也较低(见表1)。因此,亟须吸引外商直接投资,运用国际资本改造省内生产体系,尤其是对于山西独特的"一股独大"的省情,更要求省内企业主动"走出去",以国际化的经营和运作模式,实现子公司的资本、技术和人力向母公司溢出,带动企业国际竞争力持续提升。

表1 2016年中部六省对外经济情况

省份	进出口总额		对外依存度(%)
	金额(亿元)	增速(%)	
山西	1099.0	20.5	8.50
安徽	3060.8	-7.2	12.69
河南	4714.7	2.6	11.74
江西	2643.9	0.6	14.40
湖南	1782.2	-2.1	5.70
湖北	2600.1	-8.3	8.05

三 把握发展趋势 坚持认识引领 向深化供给侧结构性改革聚力加力

2017年是供给侧结构性改革的深化之年。要正确认识供给侧结构性改革,就要更加准确地弄清楚其科学内涵,紧紧抓住供给侧结构性改革的本质

和核心,辩证地看待供给和需求之间的关系,在结构优化的同时更加注重提升效率,更加注重处理好政府和市场的关系,努力实现供求关系的动态均衡,以创新供给带动需求扩展,以扩大有效需求倒逼供给升级,进一步深化供给侧结构性改革,助推山西转型综改试验区建设。

(一)本质:提高效率,优化结构,纠正资源误配

供给侧结构性改革不同于一般的短期政策,它是从长远考虑、从供给侧入手进行结构调整和结构改革,从而实现经济持续健康发展。供给侧结构性改革中的"结构"包含两个不同的含义:一个是经济结构,要通过经济结构的深度调整来解决资源错配导致的效率低下问题;另一个是体制机制的结构,要重点抓住与供给侧相关的体制机制改革,绝不能将体制机制改革与经济结构调整混为一谈。这种改革,不是"皮肤之痛",而是"伤筋动骨",是要准备付出沉重代价的。

当前,经济增速趋缓,其最根本的原因是结构性问题引发的资源配置不够合理,主要表现为供需结构错配,供给结构的调整难以满足需求结构的变化,无效供给过多,有效供给不足;低水平供给过多,中高水平供给不足。矛盾的主要方面转向供给侧,产能严重过剩,尤其是钢铁、煤炭等行业领域,无法得到有效出清。同时,与之相配套的体制机制也没有得到健全和完善,使得供给无效或者供给低效率。因此,深化供给侧结构性改革,就要改变过去的思维方式,不再就事论事,通过研究基本问题,透过现象寻找本质,在优化结构、实现新的动态平衡的过程中,以结构性改革化解结构性失衡,矫正供需结构错配,着力解决效率问题,纠正资源误配,在资源再配置中讲效率,减少无效供给,扩大有效供给,改善供给要素质量,提升整个供给体系质量,提高供给侧对需求侧变化的适应性和灵活性,推动供需均衡由低水平向中高水平跃升。

(二)核心:更好地发挥市场的决定性作用

历史实践证明,由政府直接来调整结构,采用行政手段解决结构扭曲问

题往往是无效的，有时候还会起到反作用。因此，坚定不移地推进供给侧结构性改革，必须正确处理好政府和市场的关系，要明确政府的权力边界，做好行政"减法"，限制政府行为，政府要有所为有所不为，在某些领域更好地而不是更多地发挥作用。同时，要严格遵循市场规律，运用市场机制解决问题，在资源优化再配置的过程中更好地发挥市场的决定性作用，奖优罚劣、优胜劣汰，释放市场活力和社会活力。

进一步健全和完善市场经济体制，更好地发挥市场在资源配置中的决定性作用，其关键是"减"，主要包括以下内容：一是减（去）产能，包括去库存、去杠杆、降成本，采用财政、金融等支持政策妥善做好"僵尸企业"职工分流安置工作，采取综合措施降低企业成本，与此同时，坚持市场运作，倒逼钢铁、煤炭等困难行业去产能，对新增产能严格控制、落后产能坚决淘汰、过剩产能有序退出；二是减少政府干预，实行权力清单和责任清单管理，全面取消非行政许可，放宽电力、电信等领域市场准入门槛，激发非公有制经济活力；三是减少体制机制束缚，继续下放行政审批权，并确保各项措施落实到位，以土地制度改革为着力点，优化土地资源配置，挖掘市场潜力；四是减税降费，全面实施营改增，增加营改增试点，扩大行政事业性收费免征范围，以逐步建立"基本扣除＋专项扣除"机制为重点推进个人所得税改革；五是减政，即削减政府财政支出，降低政府行政成本，推进党政分开，减少政府层级，提升政府行政效率，建立健全与之相配套的政治体制，加快政治体制改革步伐，为深化供给侧结构性改革提供基础保障。

（三）重点任务：做好"加减法"，深入推行"三去一降一补"

深入推进供给侧结构性改革，做好"加减法"，必须把握症结、精准发力、用力得当。做好"加法"，扩大有效供给，增加中高端供给，提高供给体系的质量和效率，通过补短板达到惠民生的目的，加快制度变革、结构优化和要素升级，发展新技术、新产业、新产品，培育经济发展新动能；做好"减法"，缩小无效供给，减少低端供给，进一步去产能、去库存、去杠杆和降成本，拓宽经济发展新空间。

要坚持"五个更加注重",助力"三去一降一补"取得实质性进展。在去产能方面,更加注重煤炭和钢铁去产能与产业结构优化有机结合、电力去产能与电力体制改革深化有机结合,有进有退、张弛有序,淘汰落后产能、过剩产能、无效产能、不安全产能,增加有效产能、先进产能、安全产能,通过体制机制创新把一部分过剩产能转为有效产能,有效发挥市场优胜劣汰的功能,严格执行环保、能耗、质量、安全等相关法律法规标准,分类处置"僵尸企业"和"空壳企业"。在去库存方面,更加注重去库存与促进房地产平稳健康发展有机结合,紧抓机遇,分类调控,一方面,在推进城中村改造和棚户区改造的过程中打通去库存的通道;另一方面,推进以人为核心的新型城镇化,运用政策杠杆工具,在现有存量的基础上提供满足需要的供给,鼓励农业转移人口购买商品房,解决房地产库存过多的问题,使房地产从"存"的状态向"用"的状态转变。在去杠杆方面,更加注重去杠杆与提高金融服务实体经济水平有机结合,努力降低全局杠杆率,适当提高局部杠杆率,减少坏杠杆,增加好杠杆,以求达到结构优化,积极降低企业负债率,大力发展直接融资,加强山西省与各大金融机构之间的合作,并落实行动,在争取资金倾斜的同时注意金融风险防范。在降成本方面,更加注重降成本与改善企业管理有机结合,一方面,企业从内部着手,在"细节决定成败"的所有节点上控制成本、降低成本,挖潜增效;另一方面,政府从外部着手,以降低制度性交易成本为重点来使企业成本下降,继续加大减税改革力度,减少行政性收费,优化政府服务,实质性降低隐性成本,提高办事效率。在补短板方面,更加注重补短板与惠民生有机结合,坚持补硬短板和补软短板并重、补发展短板和补制度短板并举,因地制宜、因企制宜、因行业制宜,增加民生投入,扎实推进精准扶贫,打好脱贫攻坚战。

四 重视效率提升 创新政策举措 以深化供给侧结构性改革加快推进山西转型综改

问题倒逼改革,改革破解难题。聚焦供给侧结构性改革,紧扣山西转型发展的特征和要求，以提高供给效率为重点，全面施策、精准施策、辩证施策，多措并举、综合发力，在深入推进供给侧结构性改革上下足功夫，努力突破发展瓶颈，积极推动新旧动能顺利转换。将深化供给侧结构性改革与推进山西转型综改有机结合，以思想认识新飞跃打开服务转型综改的新局面，以方法手段新拓展应对服务转型综改的新挑战，提升服务转型综改的契合力，加快山西转型综改试验区建设进程。

（一）强化服务意识，创优环境保障转型综改，营造抓转型和促转型的良好氛围

改进干部作风，坚持党的群众路线，紧密联系群众，围绕"人"字做文章，在真抓实干上下功夫，亲自深入基层，亲自调查研究，亲自解决问题，"撸起袖子加油干"，积极当好"施工队长"和"行动队长"，发挥"关键少数"的"关键作用"，全面构建风清气正的政治环境；增强法治意识，建立健全全省法治政策体系，以法治精神建设法治山西，进一步释放法治红利，以保护民营企业的合法权益为重要抓手，善于运用法治思维和法治方式破解难题，使市场更加公平有序，更好地发挥法治引领转型、法治规范转型的积极作用，全面构建诚实守信的法治环境；依托"互联网+政务服务"，搭建更加全面的行政审批网络平台，完善行政审批体制机制，提高行政审批效率，实现行政审批"最多跑一次"，对企业投资项目实行负面清单管理制度，优化全省投资营商环境，全面构建高效透明的政务环境；深入宣传以深化供给侧结构性改革加快推进山西转型综改的重大意义、政策要求和新做法新举措，加强舆论引导，宣传报道重点产业、重大项目和典型企业的成功经验，激发转型综改活力，全面构建良好的舆论环境。

（二）发扬工匠精神，切实推动实体经济做强做优，充分释放经济发展活力

1. **实施大数据战略，大力培育数字经济**

以"三位一体"为目标，进一步推进基础建设，加快大数据创新应用，

促进产业开发,着力发展新一代信息技术产业,放大数字经济的引擎作用,建设智慧山西。构建大数据中心,整合政府、研究院等机构的大数据资源,实现政产学研数据共享和交换,促使分享经济成为数字经济的一大亮点。加强政产学研在大数据领域的合作,探索建立大数据产业新机制,形成大数据产业新模式,提高大数据服务实体经济的水平。实施"互联网+"行动,加快互联网云平台建设,推动信息互联互通,加大大数据在政府治理、公共服务和城市建设等领域的推广应用力度,促进"大数据+现代农业""大数据+制造业""大数据+服务业"之间的深度融合,以信息化服务农业现代化、新型工业化和新型城镇化。着力培育大数据产业链,以山西转型综改示范区为依托,加快建设一批产业园区,积极引进一批国内知名互联网企业,扩展和延伸产业链条,做大做强数字经济。开展大数据招商引资,建立大、中、小企业协同合作引导和优惠机制,扩大大数据产业生态圈,加快大数据产业集聚进程,以数字经济收获数字红利。

2. 加快科技成果转移转化,促进制造业转型升级

实施科技成果转移转化行动,完善制造业覆盖全链条的科技成果转化体系,促进产业链、供应链、创新链、要素链和制度链深度融合,构建高效立体的制造业创新体系。以加强关键核心技术攻关为重点,着力破解关键共性技术缺失难题,大力实施工业强基工程。建立新材料、新能源车、机器人等制造业创新中心,推动制造业创新中心网络化布局,提升创新中心对制造业转型升级的服务能力,推进智能工厂和数字化车间建设,努力实现产品的智能化和工厂的智慧化。完善山西省促进科技成果转化的法律法规。同时,加强各项基础设施配套建设,加快科技成果就地转化,实现企业间的有效对接。健全促进制造业转型升级的体制机制,打通人、财、物等要素资源进入制造业的渠道,完善知识产权保护制度和科技成果转化机制,营造良好的体制环境。尽快制订《山西省制造业人才发展规划指南》的年度计划,给予一定的政策倾斜,引进高层次人才,对接制造强省战略任务,提高制造业的人才供给效率,优化人才供给结构,促进科技成果的应用转化,助推制造业转型升级。

（三）抓住科技创新发力点，着力实施重点领域改革，为深化转型综改增添新引擎

1. 推进山西转型综改示范区建设，全方位示范引领

创新发展理念，用一流的标准规划设计山西转型综改示范区，标准先行，示范带动。深化标准化供给侧结构性改革，助力示范区建设，以标准化供给侧创新为突破口，充分发挥标准化的催化效应，服务"大众创业、万众创新"，着力打造战略性新兴产业创新发展高地；以强化标准供给支撑为抓手，充分发挥标准化的引领效应，服务质量安全水平提升，着力打造新体制新机制新政策先行先试的配套改革先导区；以标准推动开放发展为重点，充分发挥标准化的倍增效应，服务优进优出和互联互通，着力打造对内对外全面开放的综合平台。以示范区建设为依托，促进标准化、技术创新和产业化的深度融合，突出科技创新，探索一条推动资源型城市转型的新路子。科学运用大数据驱动示范区建设，实施全产业链科技创新示范工程，解决一批关键核心技术问题，引进一批中央企业，建成一批产学研协同创新中心和产业技术创新战略联盟，加速推进示范区建设。

2. 注重创新提质增效，深入推进国资国企改革

以创新驱动为核心，以特色化和高端化为方向，以高端市场、重点领域、新兴行业为准入点，加快新产品研发，提高新产品的市场贡献率，抢占市场竞争的制高点。积极开展创新活动，利用"大众创业、万众创新"优惠政策，鼓励员工创新创业，实现二次就业，有效杜绝出现"下岗潮"现象，有序推进国资国企"瘦身健体"。实施国企改革振兴计划，积极制订国企专项改革实施方案。以加快推行重点领域混合所有制改革为重要突破口，出台"国有企业混合所有制改革工作方案"，加大混改力度，扩大混改试点范围，大力推进煤炭、电力、钢铁等行业整合，促使"1+N"文件落地有声。着力优化公司治理结构，切实规范董事会制度，提高制度供给能力，明确董事会和股东会职权，使公司决策与执行实现相对分离，形成有效制衡机制，充分发挥董事会的核心作用，用制度创新推进国资国企改革发展。实施

金融创新工程,充分利用金融机构的大数据,构建"僵尸企业"数据库,有的放矢,加快"僵尸企业"处置步伐。完善国有资本市场化运作机制,依托国资平台和上市平台,推动国有企业资源合理配置,提高国有资本的运行效率。

(四)坚持标准引领,深化标准化供给侧结构性改革,提高标准倒逼转型综改

1. 积极实施标准化战略,以标准助力试验区发展

认真学习领会习近平总书记关于标准化战略的重要论述,加强标准化战略研究,依据国家标准化战略纲要,紧密结合山西经济社会发展对标准化的重大需求,制定山西省标准化战略纲要,以开展"标准化+"行动为手段,大力推进标准化与经济建设、政治建设、文化建设、社会建设、生态文明建设深度融合,以标准助力六大发展,推进山西转型综改试验区建设。对深化实施标准化供给侧结构性改革给予政策等方面的指导和支持,大力争创以资源型经济转型综改为主要内容的国家标准化综合改革试点。积极申报建设国家标准化工作改革试点省,建立部省联席会议制度,将试点争创工作与深化综改深度对接,有序推进试点申报工作,努力为资源型地区探索一条标准引领转型发展的新路径。围绕国家赋予的重大战略试点任务以及优化调整产业结构、培育壮大新兴产业的发展需求,申请开展相关国家技术标准创新基地和相应推广平台建设。把标准化工作纳入政府质量工作考核的范围,全面推行企业标准自我公开和监督制度,开展企业标准比对和实施评价,发布企业标准排行榜,建立企业标准领跑者制度。

2. 强化需求导向,科学构建山西特色标准体系

紧密结合山西转型综改试验区建设要求,将其与国家转型综改试验区建设深度融合,优化完善山西特色标准体系。围绕特色现代农业、战略性新兴产业、优势传统产业、现代服务业和社会管理发展需求,科学构建重点领域标准体系建设。按照山西创新驱动、转型升级战略,在战略性新兴产业标准化方面加强顶层设计,推进大数据、高端装备制造业、煤层气、新一代信息

技术、新能源新材料、新能源汽车、节能环保、生物医药等重要标准体系建设。重点研制体现山西特色和亮点的地方标准，免费公开地方标准文本。构建"山西智造"系列标准。在重点行业、重点领域和产业集聚区积极推进标准联盟建设，鼓励优势、特色行业（领域）的社会团体制定满足市场和创新需要的团体标准，探索实施团体标准的评价和监督机制。鼓励制定关键指标先进的企业标准。加快推进行政审批、军民融合等领域标准的制修订工作。结合山西新型综合能源基地建设，在传统产业改造提升中引入标准化理念，运用标准化手段，加快传统产业与新技术、新工艺、新模式相互嫁接，促进煤基产业和原材料产业绿色清洁高效循环发展。规范晋煤外运、晋电外输、晋气外送，确保国家能源安全。

（五）创新服务供给，大力培育服务型经济，加速发展服务转型综改

1. 加快改革创新，促进生产性服务业扩量增质

以生产性服务业建设为重点优化调整服务业结构，建立生产性服务业产业园区和集聚区，着力培育知识密集型和技术密集型现代服务业，大力发展新兴生产性服务业，充分发挥生产性服务业的服务功能。加强生产性服务业与其他产业之间的联动，以促进生产性服务业与金融业协同发展为重要手段，加大创新型生产性服务业的资金支持，为开展双创活动提供资金保障；以驱动生产性服务业和制造业融合发展为抓手，加速资源整合，促进商业模式创新，加快实现制造服务化与服务制造化，促使生产性服务业向高端领域和高端环节发展。建立健全生产性服务业发展体制机制，着力解决生产性服务业供给侧问题，提高服务供给质量和效率，推进生产性服务业与服务贸易统筹协调发展，推动生产性服务业供给侧结构性改革。完善生产性服务业标准体系，制定相关服务标准，以标准化建设规范引领生产性服务业创新发展。

2. 提升文化产业发展水平，培育战略性支柱产业

树立"文化+"意识，实施"文化+"战略，促进文化与旅游、科技、

金融等全产业深度融合，重构文化产业生态环境，以"文化+"理念推动文化产业发展，用"文化+"加速推进供给侧结构性改革。在全省范围内开展文化产业统计普查。依托省属国有文化企业，着力发展文化产业，形成具有地方特色的"大树"型文化产业集群。催生文化产业新业态，发展数字创意产业，将数字技术与文化内容相结合，不断生产新产品，创造引领新消费。推进山西文化产业园和山西文化保税区等重大项目建设。完善文化产品交易制度，搭建文化产品交易平台，办好第三届山西省文化产业博览交易会，推动山西文化产品"走出去"。推进文化旅游产业融合发展试验示范区建设，鼓励有条件的市县创建国家级旅游业改革创新区，先行先试。坚持品牌思维，培育一批文化产品品牌，发挥文化产品的品牌效应，助力打好文化这张牌。

（六）倡导绿色低碳，以环保倒逼经济转型升级，形成供给侧绿色增长点

1. 加大环境污染治理力度，激活环保微力量

加大散煤综合治理力度，加快实现城区集中清洁供暖全覆盖，彻底解决煤炭供热导致的污染问题。进一步推进汾河流域生态修复和系统治理，借力"互联网+"推进环保大数据建设，建立环保数据库，运用环保大数据分析和解决环境污染问题。加快完善山西环保标准体系，制定或修订一批与大气、水、土壤污染防治相关的标准，指导实施环境污染治理工程，努力提高环境质量水平，减少污染物排放。正确处理好中央和地方的关系，山西要积极配合中央，加强环境监管体制改革，强化环保督察，大范围开展环境监察工作，严令制止小商小贩污染环境的行为，引深"铁腕治污"行动，加大环境执法力度，提高环保执行力，尽快出台环保督察整改具体方案。构建一套科学完整的环保考核体系，进一步优化环保考核机制，突出环境质量改善，确保环保考核的公平公正。加强环保宣传和教育，增强环保意识，鼓励社会公众、公益组织参与"全民环保"行动，助力环保工作顺利推进。

2.创新生态环保体制机制，加快推进生态文明建设

转变部分党政领导干部的思想认识，重视生态环境保护，严格把关每一个环节，确保生态环保任务落实到位、落实到人，杜绝出现不作为、慢作为现象。复制和借鉴全国生态环保体制机制创新经验，构建山西生态环保制度体系。加快环境保护基础设施和配套设施建设，主动作为，实施一批重点环保工程。健全生态环保红线管理制度，划定生态环保红线，在更高精度上明确生态环保底线，制定完善生态环保管理办法，严惩越线行为。制定负面清单制度，设立产业准入门槛，严格管控红线范围内的开发建设活动。完善国土空间开发保护制度，加大对绿色空间主体的政策支持，重点打造具有示范带动作用的生态功能区。建立生态环保补偿机制，拓宽生态环保筹资渠道，统筹各类资金整合使用，平衡各区域的横向生态环保补偿。建立生态环境损害责任终身追究制，从根源上彻底解决责任承担问题，全面推行"河长制"。

（七）加快补齐短板，坚决打赢脱贫攻坚战，精准施策推动转型综改

1.实施产业扶贫工程，提高贫困地区增收能力

做好产业扶贫工作，要在精度上下功夫，紧密联系实际，找准产业定位，引进适合自身发展需要的项目，以好项目带动贫困地区发展，调动贫困群众的积极性，最终实现脱贫致富的目的。稳步推进产业扶贫，要坚持市场经济思维，以市场为导向，确定产业发展方向和重点，持续提高产业发展水平；要坚持特色思维，充分挖掘特色资源，大力发展特色产业，发挥贫困地区后发优势；要坚持"互联网+"思维，拓宽产品销售渠道，打开产品市场，实现贫困群众保收增收。建立"产业+扶贫"模式，以产业带动引领扶贫，依托合作社、龙头企业等新型经营主体，拉长产业链条，积极推进产业化发展。强化金融支撑，探索建立"五位一体"全链条金融扶贫模式。发挥政府在推进产业扶贫中的作用，精准支持产业扶贫，给予减免税收、保障项目建设用地等政策倾斜，合理分配扶贫资金，加大扶贫支持力度。提供

精准的配套服务，对贫困群众开展劳动力培训，提高贫困群众的劳动能力和素质。

2. 实施教育扶贫工程，促进贫困地区教育均衡发展

优化贫困地区中小学校布局，统筹整合教育资源，保障学生接受教育。推进教育精准扶贫，要在精准改造上下功夫，锁定扶贫对象，切实帮助最需要扶贫的地区脱贫，做到精准扶弱；要在精准招生上下功夫，推进贫困地区招生改革，让更多贫困户子女接受优质教育；要在精准资助上下功夫，对不同教育阶段的贫困户子女给予不同的资助，解决贫困户子女的教育费用问题；要在精准就业上下功夫，对贫困家庭大学生免费提供职业指导和培训，建立实名制就业信息数据库，提高就业率；要在精准培训上下功夫，通过职业教育方式培训贫困群众，使贫困群众拥有一技之长。精准扶贫根在扶智，重在扶业，要实施职业教育"精准扶贫"，提高贫困群众职业技能，促进贫困群众稳定就业创业。

（八）利用"一带一路"发展契机，推进二次开放，厚植"供改"与"综改"新动能

努力提高思想认识，客观把握"一带一路"外延的扩大和内涵的升级，加强与"一带一路"沿线各省份和各国家之间的合作，借助优势产业，深度融入环渤海经济圈，强化与京津冀协同互动联动。深化与晋陕豫黄河金三角的区域合作，实施"互联网+"行动，发挥大数据的拓展服务功能，构建工业品交易中心，打造中西部快消品批发集散基地。建设山西"一带一路"研究机构，以国际视野聚焦山西能源、环境和转型发展问题，确定战略支点，建立工作平台，形成一个不断发挥影响力的有效机制。重点发展服务贸易，给予一定的相关政策倾斜和支持，促进服务业市场开放，释放"二次开放红利"。以太原武宿综合保税区建设为重点，积极申报设立"中国（山西）自由贸易试验区"，总结吸收自贸区成功做法，复制推广自贸区经验模式，推动外贸转型升级，探索具有山西特色的开放新路径。加大财政支持力度，积极引进人才，建立健全相关激励机制和奖励制度，营造更具吸

引力的人才政策环境。制定重点出口产品支持政策，扩大山西产品出口规模，推动晋字优势产业"走出去"。扎实开展招商引资活动，充分释放政策效应，鼓励晋商晋才回乡创新创业。

主动适应经济发展新常态，山西必须深化"供改"与"综改"，聚焦问题，重拳发力，突破资源型经济转型"产业结构锁定""利益链条锁定""转型模式锁定""创新动力锁定""文化生态锁定"五个"锁定性发展困局"，提高供给效率、优化供给结构、纠正资源误配，更好地发挥市场的决定性作用。同时，做好"加减法"，有力、有度、有效地深入推行"三去一降一补"，创优环境保障转型综改、提高标准倒逼转型综改、加速发展服务转型综改、精准施策推动转型综改，以深化供给侧结构性改革加快推进山西转型综改，激发新活力、增添新引擎、厚植新动能，走好转型综改新长征路。

参考文献

[1] 李志强主编《山西资源型经济转型发展报告（2016）》，社会科学文献出版社，2016。

[2] 李志强主编《山西资源型经济转型发展报告（2015）》，社会科学文献出版社，2015。

[3] 李志强主编《山西资源型经济转型发展报告（2014）》，社会科学文献出版社，2014。

[4] 李志强主编《山西资源型经济转型发展报告（2013）》，社会科学文献出版社，2013。

[5] 李志强主编《山西资源型经济转型发展报告（2012）》，社会科学文献出版社，2012。

[6] 李志强主编《山西资源型经济转型发展报告（2011）》，社会科学文献出版社，2011。

[7] 楼阳生：《政府工作报告》，《山西日报》2017年1月23日，第001版。

[8] 李志强：《深化改革助力转型综改示范区建设》，《山西政协报》2017年5月26日，第00C版。

[9] 李伟：《协力推进结构性改革 共谋全球发展美好未来》，《中国发展观察》2017年第7期。

综合分析篇

Comprehensive Analysis

B.2
创新国资监管体制机制
深化山西国资监管改革[*]

省委国企国资改革课题组[**]

摘　要： 围绕国资监管改革，聚焦"如何有效实现国有资产保值增值，创新国资监管方式，提高国资监管水平"等"三个如何"问题，深入开展实地调研，通过分析山西省国资监管存在的体制机制问题，提出进一步深化山西省国资监管改革的政策建议。

关键词： 国资监管　保值增值　国有企业

---

[*] 本报告为中共山西省委"山西省国企国资改革"调研课题之三"创新国资监管体制机制，深化山西国资监管改革"的研究成果，课题组组长为李志强，课题组成员为贠钊、高剑峰、朱洪波、王兆宾。本报告在收录本书时做了必要的压缩修改。

[**] 李志强，山西省质量技术监督局副局长；贠钊，山西省国资委规划发展处处长；高剑峰，山西省政府发展研究中心能源处处长；朱洪波，山西省国资委业绩考核处调研员；王兆宾，山西省政府发展研究中心区域处副处长。

根据2016年11月21日骆惠宁书记主持的专题办公会议精神，依据《关于山西省国企国资改革调研方案》中确定的工作任务，在山西省委常委、组织部长盛茂林同志的带领指导下，省国企国资改革调研三组围绕国资监管这一课题，聚焦"如何有效实现国有资产保值增值，创新国资监管方式，提高国资监管水平；如何用好监管导向指挥棒；如何弱化国企的行政化色彩""三个如何"问题，深入山西焦煤集团有限责任公司、大同煤矿集团有限责任公司、山西能源交通投资有限公司、山西金融投资控股集团有限公司等国有企业开展调研和座谈，研究分析山西省国资监管存在的现实问题，提出进一步深化山西省国资监管改革的政策建议。

一 山西省国有资产监管中"三个如何"的现状

山西省省域内的国有资产由省、市等各级政府分别代表国家履行出资人职责，享有出资人权益。截至2015年底，全省各级政府出资形成的全资及控股国有企业共有5699家，资产总额达到2.37万亿元，所有者权益为5228亿元。按照归口管理的体制，目前，山西省国有资产分别由省国资委、财政厅、文资办等履行出资人职责，其中省国资委监管的企业资产总额达到2万亿元，所有者权益为4166亿元。

（一）在创新国资监管方式、保值增值方面

着力解决所有权虚置问题。从2004年开始的大范围整合重组，到2011年底开展的省直机关直属企业脱钩划转到国资委，全省工业领域的经营性国有资产由国资委履行出资人职责，基本上从体制层面解决了与行业管理有关的政资不分问题。强化制度建设和内外监督。针对国有资产保值增值目标，不断强化财务监督、监事会监督、审计监督、纪检监察监督和巡视监督，相继制定、修订并发布了包括清产核资、业绩考核、重组破产、主辅分离、改革改制、法律顾问、投资管理、产权转让、科技创新、收益管理、党的建设、责任追究等各种规范性文件近200个，初步构建起较为系统的监管政策

法规体系和监督体系。改进和创新国资监管方式。积极推进企业财务等重大信息公开，完善法人治理结构，推进董事会建设，开展国有资本投资公司、运营公司"两类公司"和混合所有制改革试点。

（二）在发挥监管导向指挥棒作用方面

监管导向指挥棒主要包括人事选任、业绩考核、薪酬体系三个方面。人事选任的重要依据来自领导班子和领导人员的"综合考核评价"。总体看，"综合考核评价"体现了党管干部的原则，体现了坚持德才兼备、以德为先、以廉为基的特点。业绩考核分年度和任期两种考核体系。总体看，指标设置基本体现了省委、省政府对于国有企业的导向意图。基本年薪、绩效年薪和任期激励收入三部分共同构成了薪酬体系。薪酬分配制度的调整和完善，体现了面向社会的公开性，缩小了高管与国企职工的差距，也初步实现了"业绩升、薪酬升，业绩降、薪酬降"的激励目的。

（三）在弱化行政化色彩方面

省、市各级国资监管机构不断增加监管的市场化、法治化、信息化成分，促进机构组织建设、制度建设和作风建设的转变。在企业层面，树立效率效益意识，压缩管理层级，建立"板块化经营、专业化管理、集团化管控"的产业体系和商业模式，启动"一企一策"的内部改革，进行经营管理者市场化选聘的探索，企业"行政化色彩"有所弱化。

二 从"三个如何"看国资监管中存在的体制机制问题

党的十八届三中全会以来，党中央、国务院建立了以《关于深化国有企业改革的指导意见》为引领、以18个文件为配套的"1+N"国有企业改革政策体系。山西省以2014年6月省政府印发《关于深化国资国企改革的实施意见》为标志，相继制订了改革工作计划，出台了近30个国资国企改革文件，在推进国资国企改革方面进行了大量探索和实践，取得了一定成效，但在推进和完善改革的过程中仍然存在诸多问题，需引起足够重视。

一是国资管理体制中政企不分、政资不分的问题。政资不分表现为国资委名义上是代表国家履行出资人职能的特设机构，但在一定程度上等同于政府部门。除了履行出资人职能之外，国资委还承担了很多公共职能，如安全、就业、维稳、"三供一业"、保障房建设、扶贫等，其监管范围超出了一般股东职权的范围，职能中仍然保留了大量行政化内容。政企不分表现为对企业经营的过度干预。一般而言，投资管理、企业文化、人力资源管理、企业法制等都是企业内部管理中的事项，但是这些事项几乎全部在国资监管机构督促企业管理提升的工作权责之中。政企不分、政资不分是行政化管理色彩普遍存在于国资国企体制中的根源性问题。

二是国有资产管理中资本化程度不足的问题。由"管资产"向"管资本"转变，是改变国有资产流动性差、运营效率低，实现资源优化配置的根本途径，是从更高层次实现国有资产保值增值的基本条件。但目前山西省国有企业依然存在资本化程度严重不足的问题，主要表现在以下几个方面。①上市公司数量少，而且拥有上市公司的集团公司又普遍存在"大集团、小上市公司"的状况。集团公司资产的资本化程度不高。截至2016年9月底，全国共有主板上市公司近3000家，山西省有主板上市公司38家，其中省属国有上市公司18家、国有参股上市公司2家；全国共有新三板挂牌企业9093家，其中全省56家、省属国有控制3家。在省属18家上市公司中，自上市以来有6家实施过重大资产重组，涉及金额207.79亿元；14家进行过再融资，包括11次配股、18次增发、19次公司债，涉及金额610.01亿元。②资源资本化未能破题，资源在省属采掘类国企中占了较大份额，但这些企业的矿权、土地权等要素与企业"高度捆绑"在一起，远远没有实现资本化、证券化，加剧了山西省国有资产大量沉淀于过剩行业、资源性行业的现状。③省内的股权交易市场平台不大，国有企业对于股权交易市场的参与度不高。④已有的"两类公司"名不副实。调研中我们发现，在山西省国资系统监管的22家省属国企中，已有5家冠名为投资公司。但是，这些投资公司的主要模式仍然是"管资产""管业务"而不是"管资本"。资本

化程度不足的种种表现，必然会拉低国有资产高效管理、高效运转的基本面，使国有资产的保值增值停留在低层次水平上。

三是监管边界不清、行政化色彩严重的问题。国资国企在体制机制以及运作过程中的行政化管理是导致国有经济活力不足的首要问题，主要表现在以下几个方面。①国资委监管过程中的行政化。国资委监管范围广泛，监管方式多样，有明确的行政审批程序和方式，如备案、报告、通报等，这些都属于行政化管理的范畴。②国有企业职能中的行政化。国有企业的市场主体地位早已被依法确立，但与全国其他地方的情况类似，国有企业在集团公司甚至子公司等层级，都保留了大量与党建和生产经营无关的类似于政府部门的各种机构和部门，承担着政府的公共职能。尤其是成立较早的大型国企，至今仍然承担着替政府办医疗、教育、市政、消防、社区管理等各种公共服务职能。调研中我们还发现，为对应政府口径，省属大型国企中，一些企业还专门设置了与企业层面关系不大的诸如"转型综改办"等机构。可见，近年来，国有企业的行政化色彩不仅没有弱化和减少，反而随着时代发展还在同步衍生。③企业高级管理人员的行政化。对于企业高级管理人员，需要进一步坚持党管干部原则，强化与市场化选聘相结合、与建立职业经理人制度相结合。但是，根据我们调研了解到的情况，目前，省属国企的高级管理人员绝大多数是组织任命的，市场化选聘的人员仅局限于三、四级子公司且比例很低。

四是放管结合不到位的问题。对国有资产的监管要做到该放的依法放开、该管的科学管好，要严格防止国有资产流失，确保国有资产保值增值。当前，国资监管中普遍存在缺位、错位、越位的现象。比较突出的问题是，虽然构建了覆盖企业投资、经营、流转、决策等各个环节的风险防控体系和内外部监督体系，但是，由于管得过多，企业的经营活力、创新动力在一定程度上受到了抑制。企业投资决策常因项目审批部门中梗阻、增设前置审批诿责、烦冗的流程环节拖沓而滞延了企业的最佳创投时机，弱化了企业的创新动能，削减了国有资产增值的市场潜力。

五是考核体系不够科学，针对性、有效性不足的问题。对照《中央企业负责人经营业绩考核暂行办法》（国资委令第 30 号），可以明显看出，在年度考核中山西省经济增加值的权重低（央企为 50 分，山西省为 20 分），增加了工业增加值（山西省为 20 分，央企没有）和营业收入（山西省为 10 分，央企没有）的权重。同样，在任期考核中，山西省取消了总资产周转率的权重（央企为 20 分，山西省没有设置此项），而增加了营业收入的权重（山西省为 20 分，央企没有设置此项）。此外，一些重大工作任务指标也被列为考核的加分或扣分项目。考核指标的设置导向，有利于企业做大，但不利于企业做强做优。

三 进一步深化山西省国资监管改革的政策建议

针对当前山西省国资监管中存在的突出问题，按照国家有关精神，参考其他省份推进国资监管体制改革的实践探索，我们认为，进一步深化山西省国资监管改革的总体思路可以概括为：立足"一个目标"，坚持"三个统一"，推进"四项改革"，实现"五个转变"。立足"一个目标"，即实现国有资产保值增值这一根本目标。坚持"三个统一"，即坚持加强党的领导与完善企业法人治理相统一，坚持完善监督体系与加强企业内控机制相统一，坚持加强执纪问责与完善激励容错机制相统一。推进"四项改革"，即着力推进国有资产监管体制改革、国有资本投资运营试点改革、企业经理人市场化选聘改革和企业薪酬分配制度改革。实现"五个转变"，即监管理念由管企业向管资本转变，监管范围由分散向集中统一转变，监管模式由行政化向法治化转变，监管形态由同质化监管向差异化分类管理转变，监管手段由重激励向激励约束并重转变。

（一）以加强党的领导为根本政治保证，充分发挥党委在国有企业中的核心作用

经济新常态下，加强国有企业的党建工作是推动国有企业改革发展的根本政治保证。把党的领导和公司治理有机统一起来，是建设中国特色现代国

有企业制度的内在要求。一是要在国有企业的《公司章程》中明确党委在公司法人治理结构中的法定地位。把党的领导和公司治理统一起来,使企业内党组织部门和企业其他治理主体结合起来,明确和落实党组织在公司法人治理结构中的法定地位,做到工作落实到位、职权明确和监督有力。同时,要注意处理好党组织与其他治理主体之间的关系,形成各司其职、各负其责、协调运转、有效制衡的公司治理机制。在深化国有企业改革中,把"四同步四对接"贯穿工作始终,实现体制、机制、制度和工作的四大有机对接。坚持和完善双向进入、交叉任职的领导体制。从机制上确保党组织可以参与到企业的重大决策中,对于董事会和经理层拟决策的重大事项也必须事先提交党组织,并且听取党组织的意见和建议。二是国有企业要制定党委参与企业经营决策的制度性文件。以文件规定明确必须经由党委研究决定的重大事项,明确重大决策流程,把党委集体研究作为重大事项提交董事会决策的前置条件,确保和落实党委在公司决策、执行和监督各个环节的权责,发挥好党组织在公司治理结构中的组织化、制度化、具体化作用。三是国有企业要切实落实党风廉政建设"两个责任"。在国有企业党组织落实重大主体责任的同时,纪检机构也要时刻落实监督责任。对国企领导人员要切实加强党性教育、法制教育、警示教育,在履行好其行权的同时,坚定其理想信念,监督其自觉践行"三严三实"要求。在反腐败的长期工作中,要坚持法治思维和方法,完善制度体制,明确反"四风"规定,监督好"六大决不允许"的细化落实,构建领导人员不敢、不能、不想的有效机制。

(二)以资本管理为转向,加快监管部门职能转变

加强和完善国资国企监管,首先要加快国资国企监管部门自身改革。国资监管机构要有"壮士断腕"的决心,进行"自我革命",重构监管架构,创新监管机制,突出监管重点,探索监管全覆盖。一是要重构监管框架。将国资监管机构监管的22家企业改革重组为若干家国有资产投资运营公司,国资监管机构授权其对权属企业履行股东职责,建立起"监管机构—投资运营公司—实体企业"两级授权、三层架构的国有资本监管运营框架。同

时，可以参照国务院国资委模式，由国资监管机构设立"三个平台"，即领导决策平台、协调处置平台和监督报告平台。领导决策平台主要以国资委党委会和主任办公会为主体，听取监事会主席对有关企业监督检查重大情况的报告，实现出资人管理和监督的统一。协调处置平台主要由国资委分管领导负责，推动监事会监督检查成果的综合运用。监督报告平台主要由监事会主席负责，发现和报告问题并督促落实应由企业自行整改的事项。二是要创新监管机制。国资监管机构要加快自身职能转变，坚持政企分开、政资分开，稳步推进经营性国有资产集中统一监管。按照简政放权和依法履行出资人职责要求，对监管制度进行修订和完善，取消不必要的审批事项。依法界定监管职责边界，专司国有资产监管，不干预企业自主经营权。建立出资人管理事项清单制度，实现国有资产监管机构对监管企业、监管企业对下属企业的清单式管理，在清单分类中明确监管、报备和奖惩，对于未列入清单的一些事项，企业可自主决策。聚焦监管内容，逐步实现"三个归位"。三是要突出监管重点。要推动国资监管重点由管企业向管资本转变。监管部门在资本布局、资本运作上进行严格监管的同时，要努力提高资本的回报率，维护资本的安全。四是要探索监管全覆盖。以管资本为主线，坚持依法依规、分类推进、程序规范、市场运作原则，建立集中统一的经营性国有资产监管体系，稳步将党政机关、事业单位所属企业的国有资本纳入其中，逐步将具备条件的资本划拨至国有资本投资运营公司，建立国有资产出资人监管全覆盖体系。加强国有资产的基础性工作管理，建立统一的资产统计、考核、分配等规则。加快完善全覆盖的国有资本分级经营预算管理制度，定期就资本总量、变动及国有企业改革发展情况向本级人民政府报告。适当提高国有资本收益上缴公共财政的比例，加大用于保障和改善民生的支出。

（三）以集聚为导向，构建优化布局的产业整合主体

加强国有资本产业布局顶层设计，聚焦产业链、价值链，着力推进转型升级，加大国有企业重组整合力度，加快长期亏损企业和低效、无效资产退出，进一步优化调整国有资本的重点投资方向和领域，整体方向朝着战略性

新兴产业等发展。按照"重组整合一批、清理退出一批、创新发展一批"的总体思路，重点做好"合、退、改"。"合"，即依托重点企业集团，以优带整，整体发展，促进整体资源的有效流动与整合，着力在服务业和现代交通业等行业内打造一批龙头企业；广招人才，推动国有企业增资扩股工作，完善和优化产业链，可以与在晋央企和外埠国有企业进行联合重组，在技术层面加大人才和资金投入力度的同时，坚持引入国内外先进的管理、经营和商业模式，合理规划企业内法人层级结构，管理层级务必有效压缩。"退"，即加快以市场化方式处置"僵尸企业"，充分运用兼并、关闭和出清手段，针对不同国有企业的现状进行分类处理和管理，努力实现到2020年基本完成国有"僵尸企业"处置任务，优化国企结构，提高效益和效率。"改"，即坚持在国有企业内推动混合所有制经济改革，实现非国有资本与国有企业、国有资本与非国有企业之间相互融合和发展，鼓励推进国企内员工持股制度，调动员工积极性，重点在实体经济、公共基础设施、养老休闲产业等方面探索与民营资本的合资合作。

（四）以科学分类为前提，推进国有企业分类监管

推进国有企业分类监管是改进国资国企监管方式、提高监管水平的重要途径。要立足山西实际，参照其他省份经验，突出企业属性，依据企业所承担的任务功能和所处的产业领域，将国有企业分为商业类国有企业和公益类国有企业。一是主业处于充分竞争行业和领域的商业类国有企业，主要包括交通、工业、商贸流通、电力、信息、金融等类企业。市场作为该类企业的导向，增强国有经济活力、提升品牌价值和影响力、实现国有资产保值增值和企业经济效益最大化是该类企业的目标，着重在该类企业中强调调整股权结构，股份制改革原则上都要实施推行，结合实际有序进退国有资本持股比例，产业基金的引导、带动作用要发挥到极致，国有企业整体上市需着力推进，国有控股上市公司要加快并购重组和定向增发，促进国有资本证券化率进一步提高，鼓励国有企业推进市值管理。同意将部分国有资本转化成优先股，在特定领域如文化领域等，探索并建立国家特殊管理股制度。县级政府

原则上不再新设商业类国有企业，具备条件的存续企业要将管理权上移到各市管理，其他不具备条件的存续企业实施改制退出。二是公益类国有企业，主要包括国家战略物资专项储备、地铁公交路网、城市供水及供气、市政公用运营资源等类企业。该类企业要将提供公共产品和服务、服务社会、保障民生设定为主要目标，可以采取国有独资形式，具备条件的企业也可以推行多元化的投资主体，还可以通过特许经营、购买服务、委托代理等方式，鼓励非国有企业参与经营，着重在企业内部管理中引进市场化机制，推动企业进一步提高公共服务的效率和能力。各级政府要对公益类国有企业的国有资本加大投入。

（五）以法人治理为核心，加强国有企业内部制衡

法人治理结构不完善，董事会、监事会、经理层的监督制衡作用没有真正发挥，是山西省国有企业存在的突出问题。加强国有企业监管，必须以真正建立现代企业制度和有效的法人治理结构为制度基础。一是要科学合理地发挥董事会的决策作用。强化董事会内部的制衡约束，企业经理层原则上只允许总经理进入董事会，拓宽外部董事的来源渠道，从国有企业领导人员中择优选聘管理人员专职外部董事，国有独资、全资公司的董事会须有一定比例的职工代表，董事会应有半数以上的外部董事，并严格执行一人一票表决制度。科学合理地设置战略、考核、风控等董事会专门委员会，为董事会的科学决策提供支持。坚持和完善国有独资、国有全资、国有控股公司董事长代表董事会向国有股东汇报工作制度。建立健全董事会、董事工作考核评价和责任追究机制，依法规范董事履职行权行为，及时调整或解聘对重大决策失误负有直接责任的董事，与此同时，还要依法依纪追究其责任。二是要切实发挥监事会的监督作用。研究不同类型、不同功能企业监事会的设置模式和运行准则，探索监事会有效发挥作用的高效机制。积极推进以派驻监事会监管为核心的监管体制，由监管机构或出资人向出资企业派出不在企业领取薪酬的专职监事。理清监事会权责清单，明确监事会职权，规范监督检查流程，对日常监督中发现的重大事项、重要情况、重大风险和违法违纪行为实

行"一事一报告"。三是要建立国有企业领导人员分类分层管理制度。始终坚持党管干部原则与董事会依法产生、董事会依法选择经营管理者、经营管理者依法行使用人权相结合,不断探索有效的实现路径。根据企业层级和类别的差异,采取委任制、聘任制、选任制等选人用人的不同方式。科学设置经理层人员市场化选聘比例,省属商业类国有企业的新进入经理层人员全部通过内部竞争、公开招聘、市场选聘、公推竞聘等途径产生,公益类国有企业也可根据实际情况逐渐提高市场选聘企业经理层成员的比例。有特殊监管要求的行业,如金融、证券等,还需符合行业监管部门对企业领导人员任职资格的要求和程序。推广职业经理人制度,明晰资格准入条件和选聘程序。畅通现有经营管理者与职业经理人身份转换渠道,鼓舞并激励符合条件的现有经营管理人员通过市场化选聘转换为职业经理人。普遍推行企业经理层成员的任期制和契约化管理,加快建立优胜劣汰的进出机制。

(六)以风险管控为重点,强化国有企业内控机制

风险管控是企业生产经营稳定运行的重要保证。加强国资监管必须加强国有企业内控体系建设,完善涵盖经营风险、投资风险、财务风险、法律风险的全面风险管控体系。一是要加强以贸易风险为重点的经营风险防控。加强贸易管理,规范贸易行为,实行物流、票据流和资金流"三流"合一。加强贸易风险排查,防止和纠正虚假贸易行为。二是要严控投资风险。把握投资方向,严守投资底线,严格投资程序,确保投资项目符合企业发展方向,符合投资收益要求,符合投资决策程序。三是要严控财务风险。加强对国有企业的财务监督,完善企业财务制度,加强企业资金管理,对企业对外担保和大额资金使用执行财经纪律情况进行不定期排查。四是要严控企业法律风险。完善法律风险防控制度体系,健全总法律顾问制度,充分发挥法律顾问和法律事务所在章程制定、执行和监督中的作用。

(七)以信息披露为基础,完善国资国企监督体系

加强国资国企监管,需要建立完善的监督体系。一是要完善国有资产监

管信息公开制度。设立统一的信息公开网络平台，依照法律法规，及时准确地披露国有资本整体运营和监管信息。加强对国有企业的信息披露监督，特别是针对国有资产运营、交易和转让等重点环节建立强制信息披露制度，提高信息透明度，确保国有资产运营、交易和转让程序的公开透明，以防国有资产流失。二是国有企业要自觉完善内部监督体系。要建立涵盖公司治理主体及监事会、审计稽核、纪检监察、法律、财务等部门的内部监督工作体系，强化对分公司与子公司的纵向监督和对各业务板块的专业监督，确保内部监督及时有效。要健全以职工代表大会为基本形式的民主管理制度，推进厂务公开、业务公开，落实职工群众的知情权、参与权、表达权、监督权。企业在做重大决策时，要认真听取职工意见，对与职工切身利益密切相关的重大问题，必须经过职代会审议。坚持和完善职工董监事制度，鼓励职工代表有序参与公司治理。三是要加强企业外部监督。开展国有资产监管机构向所出资企业依法委派总设计师试点工作，加强和改进外派监事会制度，全面推行国有产权首席代表报告制度，推行企业全面预算管理，建立投资项目后评价制度，探索建立健全风险技术防范体系，实现有痕监管。整合出资人监管、外派监事会监督和审计、纪检监察、巡视等监督力量，建立监督工作会商机制，加强统筹，创新方式，共享资源，减少重复检查，提高监督效能。

（八）以业绩考核为依据，强化国有企业创新激励

加大以经营业绩为重点的绩效考核评价结果运用，发挥监管导向指挥棒作用，必须完善国有企业经营激励约束相容机制。一是要完善绩效考核评价体系。根据企业功能定位，结合企业经营性质和业务特点实施分类考核，以经济增加值为主，综合考核资本运营质量、效率和效益，合理设置经济效益、社会效益指标，明确有针对性的差异化考核标准。尤其是对处于竞争行业和领域的商业类国有企业，要以增强国有经济活力、放大国有资本功能、实现国有资本保值增值为导向，重点考核企业经营效益、资本回报水平、市场竞争力，引导企业提高资本运营效率，提升价值创造能力，同时鼓励企业承担社会责任。二是要完善薪酬分配制度。与劳动力市场基本适应、与劳动

生产率和企业经济效益相挂钩的工资水平决定机制和正常增长机制需逐步建立并健全,工资集体协商需依法开展。全员绩效考核需依法推进,将业绩视为导向,不同岗位员工的贡献要做到科学评估,收入分配差距应合理拉开,一定要将收入能增能减以及奖惩分明落实到位。与企业负责人选任方式相匹配、与企业功能性质相适应、与经营业绩相挂钩的差异化薪酬分配制度需逐步建立并健全。要严格规范对地方党委、政府及国有资产监管机构任命的国有企业领导人员的薪酬结构,合理确定其基本年薪、绩效年薪和激励收入水平。对于市场化选聘的职业经理人,要实行市场化薪酬分配机制,积极探索完善中长期激励机制。推行任期制契约化管理,对任期内经营业绩特别突出、企业转型升级成效显著的企业负责人予以奖励,对任期内非政策性或不可抗力因素造成企业连续三年新增亏损的,调整企业主要负责人岗位。三是要建立容错机制。按照"三个区分开来"的要求,区分开因缺乏经验先行先试出现的失误与明知故犯的违纪违法行为,区分开国家尚无明确规定限制的探索性试验与国家明令禁止后的有规不依行为,区分开为推动改革的无意过失与为谋取私利的故意行为,容错界限要合理划定,鼓励改革创新的容错机制需稳步探索建立,鼓励支持国有企业经营管理者开拓进取。对未能实现预期目标,但依法依规决策实施而不谋取私利的,不做负面评价,并依法免除相关责任,为国有企业改革发展创造良好氛围。

参考文献

[1]《中共中央、国务院关于深化国有企业改革的指导意见》,中央政府门户网站,2015年9月13日,http://www.gov.cn/zhengce/2015-09/13/content_2930440.htm。

[2]《中共广东省委、广东省人民政府关于深化国有企业改革的实施意见》,南方网,2016年9月9日,http://epaper.southcn.com/nfdaily/html/2016-09/09/content_7581388.htm。

[3]《中共河北省委、河北省人民政府关于深化地方国有企业改革的实施意见(全

文)》，人民网，2015年11月19日，http：//he.people.com.cn/n/2015/1119/c192235-27130485.html。

[4]《国资委〈关于深化国有企业改革的指导意见〉答记者问》，人民网，2015年9月13日，http：//politics.people.com.cn/n/2015/0913/c1001-27577552.html。

[5]《山西省人民政府办公厅关于印发〈2016年省属国企国资改革工作计划〉的通知》，阳泉市人民政府网站，2016年6月30日，http：//www.yq.gov.cn/art/2016/6/13/art_22061_738479.html。

B.3
深化标准化供给侧结构性改革
助力山西转型综改示范区建设[*]

李志强　张琴清^{**}

> **摘　要：** 2017年山西省委提出要大力实施标准化战略，提高标准倒逼转型。积极推进山西转型综改示范区建设，要深化标准化供给侧结构性改革，强化标准供给支撑，以标准推动开放发展，充分发挥标准化的催化效应、引领效应和倍增效应，提升标准服务山西转型综改示范区的契合力。
>
> **关键词：** 标准化　供给侧结构性改革　示范区

习近平同志在致第三十九届国际标准化组织大会的贺信中指出，"中国将积极实施标准化战略，以标准助力创新发展、协调发展、绿色发展、开放发展、共享发展"。2017年山西省委提出要大力实施标准化战略，提高标准倒逼转型，以标准化战略推动山西发展迈上新台阶。深化标准化供给侧结构性改革，根据市场需求创新标准供给，以标准创新助推创新驱动发展，发挥标准化的基础性和战略性作用，为加快山西转型综改示范区建设提供标准支撑。

---

* 本报告系山西省政协常委李志强在山西省政协第十一届二十四次常委会上的发言。
** 李志强，山西大学中国中部发展研究中心主任，山西大学经济与管理学院、山西大学管理与决策研究所、山西大学资源型经济转型发展协同创新中心，博士、教授、博士生导师，主要研究方向为制度理论与竞争力、资源型经济转型、战略与创新管理、标准化研究；张琴清，山西大学管理与决策研究所、山西大学中国中部发展研究中心，博士研究生。

一 标准化助力示范区建设，要以标准化供给侧结构性改革为突破口，充分发挥标准化的催化效应，服务"大众创业、万众创新"，着力打造战略性新兴产业创新发展高地

标准的生命力在于持续创新，推动标准创新，支撑创新驱动发展。深化标准化供给侧结构性改革，开展标准化改革创新试点，加快重点领域标准创新，以标准助力创新发展，做好"标准化+"这篇大文章，最大限度地释放标准化的催化效应，催生新技术、新业态、新模式和新产业，推进标准化与经济建设、政治建设、文化建设、社会建设、生态文明建设深度融合，推动"大众创业、万众创新"。

支持示范区深化标准化供给侧结构性改革，采用"政府主导+市场自主"的标准制定模式，积极构建新型标准体系，高起点高标准高水平推进示范区建设。加快出台《山西省技术标准创新基地管理办法》，推动技术标准创新基地建设，制定《山西省技术标准创新基地建设行动计划（2018~2020年)》，促进标准研制、科技创新与产业化融合发展，推动示范区内具有较好标准化工作基础和市场化服务能力的标准化研究机构、行业领军企业或科研院所、优势特色领域骨干企业创建国家级或省级技术标准创新基地。支持示范区创建国家行业（专业）技术标准创新基地，与国家级双创基地融创发展，培育标准化创新型企业，探索建立企业标准化需求直通车机制，促进创新成果转化为技术标准，将示范区建设成为推进技术标准产业化、国际化的孵化器。围绕国家新型能源基地、世界煤基科技创新成果转化基地、全国现代制造业基地和现代煤化工升级示范工程、国家技术创新工程的建设，运用标准化手段，推进科技创新成果转化为现实生产力，发挥标准的引领作用，积极推进太钢、太重等重点骨干企业争创国家技术标准创新基地。

支持示范区加强标准制修订，重点推进轨道交通、新能源汽车、煤机装

备、航空航天、工业机器人、光伏电池等装备制造业，网络安全、电子政务、电子商务、物联网、大数据等新一代信息技术，石墨烯、碳纤维等新材料，现代物流、生物医药、节能环保等潜力产业，以及政务、教育、就业、公共安全等民生领域的标准研制工作，加快构建标准体系，基本形成市场规范有标可循、公共利益有标可保、创新驱动有标引领、转型升级有标支撑的示范区标准化发展格局。

支持示范区创新发展模式，强化产学研用协作，创建山西省标准化馆，推进标准大数据行动，加强技术标准创新资源共建共享，建设示范区技术标准创新公共服务平台。积极探索标准化服务国家智能制造和国家新材料等创新中心、国家新型工业化产业示范基地、国家科技成果转化转移示范区、太原国家创新型城市、山西转型综改示范区国家自主创新示范区、山西科技创新城等项目建设的新模式和新方法。支持示范区加强资源对接，整合标准化、科技和产业资源，在新技术、新工艺、新材料、新产品等方面研制标准，构建完善的全链条科技成果转化体系，增强高水平科技创新供给能力，提高科技成果转移转化效率，推动科技成果转化应用，开展科技成果转化为技术标准试点工作。

支持示范区打造技术标准联盟，满足市场需求，适应产业发展需要，在重点行业、重点领域和产业集聚区加快推进技术标准联盟建设，积极培育团体标准和联盟标准，组织推行《团体标准培育发展指导办法》，鼓励具备相应能力的社会组织制定一批引领产业发展、促进产业升级的团体标准，增加标准有效供给。支持企业、产业技术创新战略联盟构建标准池。

支持示范区放开搞活企业标准，全面推行企业产品标准自我声明公开和监督制度，切实落实企业标准化主体责任。在示范区内率先探索实施企业标准领跑者制度，鼓励标准化专业机构对重要标准开展比对和评价，发布企业标准排行榜，培育企业标准领跑者。重点推进煤基等优势产业领域的标准比对和评价，发布标准排行榜。

二 标准化助力示范区建设，要以强化标准供给支撑为抓手，充分发挥标准化的引领效应，服务质量安全水平提升，着力打造新体制新机制新政策先行先试的配套改革先导区

标准不仅是一个技术概念，而且是一个需求和供给概念。从供给侧对标准化进行研究，优化标准供给结构，增加标准有效供给，完善标准供给体系，提升标准供给质量，发挥"标准倒逼"作用，推进山西转型综改示范区建设。

提升标准化制度供给支撑力。综合运用标准化手段，科学修编示范区总体发展规划、潇河产业园区太原起步区和现代产业园区太原起步区规划，推进示范区整合、改制、扩区、调规。规范和调整示范区管理体制、运行机制和各类利益关系，助推示范区体制机制改革顺利实施。提升标准有效供给，推行新体制新机制新政策，发挥示范区示范带动作用，引领山西创新驱动、转型升级，建立和完善转型综改、创新驱动指标体系。推进标准、知识产权一体化，引导产业联盟、产学研联盟、专利联盟与标准联盟（团体）对接合作。为标准制修订以及创新性、公益性标准实施试点示范项目提供必要的经费保障。建立技术标准产业化机制，协同推进科技创新和技术标准研制，促进科技成果转化为市场产品。

提升标准化服务供给支撑力。强化示范区质监局的标准服务功能，注重收集标准信息并进行分析应用，指导成立标准化中介机构，提供检验检测、认证咨询等专业化服务。鼓励示范区质监局积极参与到山西省标准化战略的制定工作中。建立标准数据库，构建标准云平台，实现标准信息资源共享。开通标准申报绿色通道，围绕信息服务、金融服务、现代物流等支柱产业和电子商务、科技服务、文化创意等新兴产业，指导开展标准研制工作，鼓励示范区内企业制定完善服务基础设施、内容提供、质量管理、效益评价、安全保障等标准。开展示范区政务公开标准化规范化试点，强化标准引领，先

行探索建立全省统一的政务公开标准体系,加快推进决策、执行、管理、服务、结果"五公开"工作。

提升标准化人才供给支撑力。组织学习习近平总书记对标准化工作的重要论述,加大标准化宣传教育力度,使更多的人了解标准化知识,自觉对标用标。整合标准化研究、管理、应用等不同类型人才培养模式,进一步拓宽标准化人才培养渠道。坚持培养和引进并重,培养和引进一批重点产业的标准化人才,并将其纳入示范区人才发展战略。将标准化知识纳入示范区党政领导干部培训内容。支持山西大学、太原理工大学、中北大学、太原科技大学、山西农业大学等高校开展标准化工程本科及硕士学历、学位教育。大力开展相关标准化职业教育。鼓励支持示范区内标准化管理部门、研究机构、高等院校以及有标准化工作基础的龙头企业创办标准化专业网站,开展各种类型的标准化专题培训。对示范区内的标准化领军人才及其团队采取"一人一策""一事一议"的办法,落实"二类财政,一流人才投入"政策,对高层次人才实行职称直聘和特设岗位评聘,给予全国一流水平的经费支持和津贴补贴。打造标准化管理人才梯队,定期选派专家进行培训、座谈等,提高标准化管理人员的认识和水平。

提升标准化经费供给支撑力。强化示范区标准化工作经费支持,加大实施标准化战略资金投入,在标准制修订、标准实施与监督、标准化试点示范项目、重要标准比对分析、企业标准自我声明公开和监督、技术标准创新基地建设、标准化研究、标准化人才培养、标准化技术委员会建设、标准馆藏和标准信息公共服务平台建设、"标准创新贡献奖"等方面给予经费保障。

三 标准化助力示范区建设,要以标准推动开放发展为重点,充分发挥标准化的倍增效应,服务优进优出和互联互通,着力打造对内对外全面开放的综合平台

当前,经济全球化正步入一个大变局时代,站在全球化的十字路口,面

对世界经济关系的深刻变化,推动"一次开放"向"二次开放"转变,务实推进更深层次、更高水平的双向开放,以标准推动开放发展,以开放倒逼改革提速,更好地服务和支撑供给侧结构性改革,加快山西标准"走出去"步伐,推动山西转型综改示范区建设进程。

围绕"一带一路",加强与沿线国家、省份的标准化合作,在优势领域共同制定标准。加强与相关地区在环境治理、安全生产、招商政策、口岸建设、能源供应、园区共建、设施互通等领域开展标准化工作交流与合作,推动山西优势领域标准"走出去"。积极参与京津冀一体化,深度融入环渤海经济圈,实现标准化互利合作、标准体系互认、标准信息平台共享。支持示范区创建"自由贸易试验区",标准先行,着力打造内陆开放新高地,形成可资借鉴的经验和模式,并在全国范围内推广。提升开发区、保税区建设标准化水平,加快建立货物贸易与服务贸易、进口与出口标准化监管流程。加强与国际标准组织及国外先进标准组织机构进行标准资源交换与合作。鼓励各类社会组织、产业技术联盟和企业参与标准化活动,培育和制定国际标准、国家标准、团体标准、联盟标准,在煤基、不锈钢、轨道交通等优势产业领域创建国家级和省级技术标准创新基地,争取使山西标准上升为国家标准、国际标准,以标准化助推山西产品、技术、装备、服务"走出去"。

参考文献

[1] 李志强:《深化改革助力转型综改示范区建设》,《山西政协报》2017年5月26日,第00C版。

[2] 车俊:《以标准化战略推动发展迈上新台阶》,《人民日报》2016年10月17日,第008版。

[3] 《全省推进标准化工作改革发展2017~2018年行动计划》,山西省人民政府网,2017年6月26日。

B.4 山西省经济转型中统计数据质量研究*

齐芬霞 沈 露**

摘　要： 山西省经济转型过程中，统计数据的收集、加工、发布等，对山西省经济转型的评价有着非常重要的影响。山西省经济转型评价所涉及的统计数据的统计制度环境质量、统计数据的产品质量以及统计数据的发布质量等，均存在不同程度的问题。山西省统计数据的质量现状与正确评价经济转型效果的数据质量要求存在一定的差距，优化制度环境，提升产品质量，是全面改善和提高山西省经济转型评价统计数据质量的关键所在。

关键词： 经济转型　统计数据　质量

一　引言

作为典型的资源依赖型经济发展地区，山西省近年来积极应对煤炭资源长期过度开发所带来的资源、环境、经济和社会等一系列问题。2010年，山西省开始了国家资源型经济转型综合配套改革试验区建设，加快了产业结构优化升级和经济结构战略性调整的步伐。伴随着经济转型的持续推进，如

---

* 本报告为全国统计科学研究计划项目"资源型经济转型评价研究"（课题编号：2014336）的研究成果之一，课题负责人为贾君枝。
** 齐芬霞，山西大学经济与管理学院，副教授、硕士生导师，主要研究方向为投融资管理、内部控制与信息披露；沈露，山西大学经济与管理学院。

何对经济转型做出科学评价,是影响山西经济可持续发展、经济转型成功推进的一项重要内容。转型评价中使用的统计分析方法无疑至关重要,但更为关键的是对统计数据质量问题的考虑。统计数据的质量是资源型经济转型评价的灵魂,直接影响转型过程的正确决策。2001年12月,我国正式加入世界贸易组织,国际经济交流日渐频繁,统计数据的评价逐渐向国际框架标准靠拢。2002年和2015年,我国分别正式加入国际货币基金组织(IMF)制定的数据公布通用标准(GDDS)和数据公布特殊标准(SDDS),为我国与世界各国的经济交流带来了极大的便利。同时,随着国际交流的便捷和频繁,交流中的摩擦相对减少,为统计数据质量的提高迎来了新的机遇。研究山西省资源型经济转型评价中统计数据的质量问题,对促进经济转型战略的实施具有重要的现实意义。本报告立足统计数据的收集、加工、发布等全过程,从统计数据的统计制度环境质量、统计数据的产品质量及统计数据的发布质量三个方面,全面分析山西省经济转型中的统计数据质量并提出针对性建议,为促进山西省经济转型提供参考。

二 山西省经济转型评价中统计数据的统计制度环境质量分析

外部环境对统计数据的编制有非常重要的影响,法律法规是统计行为规范化的重要前提,统计数据的收集、处理和发布等会因此受到直接的影响。制度的规范性和统计方法的专业性与健全性是影响统计数据质量的重要环境因素。

(一)制度的规范性

制度的规范性是对资源型经济转型统计数据在生产过程中运用法律法规以及条例、办法,从源头上分析统计工作的制度环境。《中华人民共和国统计法》是我国统计工作的最高法律。《山西省统计数据质量控制办法(试行)》(2007年4月发布)便是依此制定的,它体现了山西省资源型经济统计数据的整体要求。在实际统计工作中，山西省的统计人员包括某些单位的领导，法治意识不强，统计工作难以做到严格执法。有的统计人员唯工作业绩至上，在确定执法检查对象时，只将经济效益好、盈利多的单位作为检查的重点，而那些经济效益差、盈利不多的单位则往往未被安排检查。尤其是在监察违法行为时，监督重点放在了基层人员身上，而负有主要责任的单位高级领导和党政人员却很少受到监督，统计数据的质量受到严重影响。

（二）统计方法的专业性与健全性

统计方法的专业性与健全性是对统计工作中收集、加工、发布资源型经济转型评价各项统计数据所使用方法的具体要求，需要运用科学且权威的方法收集第一手数据，并结合经济转型评价对数据进行加工，同时说明每个数据在编制过程中所使用的方法。

1. 统计数据范围是否遵循国际公认的统计框架标准

SDDS 中的统计数据涵盖评估实际部门、财政部门、金融部门、对外部门四大部门最重要和最显著的数据，对国民经济每个宏观统计部门中最能反映社会经济发展状况和经济结构变化情况的各项数据指标，SDDS 都分别发布三种类别的数据。目前在山西省经济转型评价中，统计数据的统计范围与 SDDS 的要求还存在一定的差距，如 GDP 指标，SDDS 可以测算到分季 GDP，而山西省经济统计数据的 GDP 测算则只计算年初至某一季度末的 GDP，并未分季测算 GDP，同时也没有公布不变价 GDP 绝对量、GDP 缩减指数、GDP 细项数据等指数。另外，还有很多统计数据的测算也未能按照 SDDS 的标准进行分类与计算，与国际标准有很大差距。

2. 统计人员的专业水平与职业技能

《中华人民共和国统计法》对统计人员的专业水平和职业技能有明确规定，要想成为一名合格的统计人员，需要参加并通过国家统一的专业资格考试，通过执业实践积累丰富的统计知识且具备熟练的业务操作技能。《山西省统计数据质量控制办法（试行）》虽然规定了统计人员从业上岗，需要持有统计从业资格证书，并因此可以享受国家津贴。但是在山西省的实际统计工作中,基层一线的统计人员大多为兼职,缺乏专业的统计知识,不具备合格的执业技能,同时由于兼职带来的人员流动性较大,很多新入职的统计人员对于统计指标有哪些、统计制度具体如何规定等最基本的问题都不太清楚,统计交接时给统计人员带来了很大的不便,严重影响了统计工作的顺利进行。

3. 统计数据收集处理方法的说明

统计数据收集处理方法的说明可以使用户恰当地使用统计数据,对统计工作起到监督作用,提高统计工作的效率。山西省经济转型评价中统计数据所涉及的各方面指标的统计方法,在《山西省统计数据质量控制办法(试行)》中均有具体的规定。如第九章关于"人口统计"的规定,主要从调查摸底、登记、汇总、编码和录入四个阶段,具体规定了如何检验统计数据编制的错误并加以改正的方法。以山西省资源型经济转型评价中的人口指标评价为例,在《中国统计年鉴》中,非常清楚地标注了国家统计局关于人口统计调查的方法,详细说明了如果在"0"年进行全国人口普查,则在"5"年进行1%抽样调查,而其他年份则进行约1‰抽样调查,抽取样本的方法应采用分层多阶段的抽样方法。然而在《山西统计年鉴》中,并没有标注所用方法,所以在山西省统计数据的收集、加工等方面,统计方法还有待细化和完善。

三 山西省经济转型评价中统计数据的产品质量分析

经济转型评价中统计数据的产品质量是指在进行资源型经济转型评价时,用户对统计数据本身要求的满足程度,包括准确性和适用性两个维度。

(一)统计数据的准确性

统计数据的准确性是说明资源型经济转型评价中所用统计数据对原始数据、编制方法、修订程序的失真情况,一般用误差来表示。数据的收集、加工、整理等过程都会对准确性造成影响。

1. 有关统计数据来源、编制方法及其出现的误差说明

统计数据的准确性虽难以评估，却会直接影响资源型经济转型评价的结果，因此只能对其编制流程予以估计，从数据的提供者和使用者两个方面给予综合考虑，以提高统计数据的准确性。SDDS明确要求各成员国应向用户提供统计机构在编制数据时所采用的计算方法和相关数据的渠道来源，以方便用户检查其统计数据。在山西省经济转型评价使用的统计数据中，统计资料的公布方式可以有多种，如统计数据库、各级政府网站、各类统计刊物等。目前还比较欠缺SDDS所要求的数据来源、编制方法、指标含义等类似公开要求，对调查数据的抽样误差、设计误差、计量误差、汇总误差等的说明也没有。以《中国教育统计年鉴》为例，只对少量统计指标做了简单介绍，大部分统计指标缺乏详细的说明，财政部也没有在编制方法、统计数据质量等方面对统计数据予以具体说明。

2. 有关披露统计核心指标的细项内容和交叉复核的统计框架的说明

如何披露统计核心指标的细项内容和交叉复核的统计框架，SDDS有明确规定。资源型经济转型评价的用户在使用统计数据之前，一般要了解确认统计数据的准确性，以便对其进行核对和监督，有关统计部门因此应该提供主要统计指标的相关概念、具体解释以及与相关数据之间的关系，以此建立一个有利于交叉复核、监测数据准确性的统计框架。因此，统计数据的细项构成、统计框架的详细说明是统计机构应该逐一公布的内容。以国民账户的进出口指标为例，该指标就可以和国际收支的进出口指标进行相互交叉复核。山西省有关统计核心指标的规范化和交叉复核，与国际标准还存在很大的差距，如失业率指标，统计数据做不到全口径，目前只登记城镇失业率，没有把农村地区考虑进去，在评价社会整体的就业情况时对该指标的利用则会影响数据结果的精准性。交叉复核的统计框架在山西省也没有建立起来，这样就难以为社会公众提供完整的监督依据。

（二）统计数据的适用性

统计数据的适用性是指统计数据具有符合资源型经济转型评价的需要、

满足用户评价资源型经济转型的需求、在统计上能够实现统计信息和用户之间供需平衡的特性。它从以下两个方面对山西省资源型经济转型统计数据评价产生影响。

1. 统计用户了解统计服务需求的深入程度

评价山西省资源型经济转型效果，涉及的统计数据种类多、数量大。各级政府机构、企事业单位、各行业专家学者都可能成为经济转型评价的机构或个人用户，其中政府机构和专家学者具备深厚的专业知识，运用经济转型评价的统计指标时相对容易。而多数企业单位用户使用统计数据明显欠缺专业性，特别是那些规模较小的小微企业用户，一方面对统计信息重视不够，另一方面对经济转型关心不足，致使这些用户缺乏明确的统计信息需求，对统计数据不够了解，无法将其利用在资源型经济转型中，不便于从这些信息中提取有用的东西，有效挖掘统计数据的应用价值。

2. 统计机构了解统计用户需求的深入程度

资源型经济转型评价需要大量的数据支持，用户从政府发布的年鉴、公报等中查找所需的数据，在查找过程中经常发现政府统计部门缺少对相关指标的调查说明，所以统计机构应该对各行业用户做全方位的调查，弄清他们对数据的具体需求，再根据调查结果及时调整发布统计指标。山西省正处于资源型经济转型的重要时期，统计部门更应该根据经济转型的需要，不断改进不同用户决策所需的统计数据，满足他们对统计数据质量的要求。但是目前山西省统计信息网、山西省人民政府网等相关网站资料显示，山西省还缺乏对统计用户需求的调研，与国内做得好的省份相比存在较大的差距。2009年四川省开展了有关统计服务需求的调查，2013~2014年江苏省徐州市也对统计服务的供给和需求向政府、企业、公众做了调研，并形成了完整的分析报告，山西省可以借鉴这些省份的做法，深入了解统计用户的数据需求，为统计用户提供更贴心的服务。

四 山西省经济转型评价中统计数据的发布质量分析

统计数据的发布质量是指统计数据在数据发布过程中满足用户需求的程

度，对资源型经济转型进行评价，需要用到很多较新的数据。转型评价对数据的时效性、可获得性以及相关详细解释等，都有较高的质量要求。

（一）统计数据的及时性

统计数据的及时性要求统计机构在发布经济转型评价数据时考虑统计数据的发布时间和发布频率，对于同一项统计指标，如果用户不同，其发布时间和发布频率也可能存在差异。以工业污染物排放量统计数据为例，为便于控制，政府机构每月甚至每日需要对相关数据进行监控，而普通用户可能只需了解它的年排放量便可满足需求，所以统计机构如何满足所有用户的数据需求，是保证数据普遍适用的重要内容。

1. 统计数据的编制频率

统计数据的编制频率是指统计数据多长时间编制一次，每个指标的编制要求都不一样，在决策统计数据的编制频率时，应该考虑数据的编制难度、指标在一定时期的变化幅度，以及用户对该项指标的特定需求，并尽可能符合 SDDS 规定的国际公认标准。山西省经济转型评价中所使用的统计数据绝大部分能够按照标准频率公布，相对而言，每个数据基本上能达到按年统计量公布的要求，但仍有少部分统计数据达不到规范要求。如按产品法计算的工业生产指数并未依国际标准按月公布；部门资产负债表也不是依照国际标准按季公布；SDDS 鼓励按季公布的几个金融稳健性指标同样做不到按季公布；SDDS 要求国际收支数据按季发布，而目前只能做到按半年公布；商品进出口数据也做不到按月发布。

2. 统计数据的发布时间

经济转型评价数据的实际发布时间和预计发布时间是否一致，直接影响到用户对统计数据在经济转型评价中的有效应用。对于统计数据什么时间发布，国家统计局官网每年都会公布部分统计数据的预计发布时间，部分统计指标的预计发布时间和实际发布时间对比见表 1。在国民经济运行情况新闻发布会上，会发布大部分经济、环境、社会方面的指标数据。《国民经济和社会发展统计公报》主要发布人口、就业、居民消费、农业、工业等方面的指标数据。表1中大部分数据的实际发布时间和预计发布时间相差不大，说明数据发布较为及时，为用户有效使用数据提供了方便。山西省目前没有公布统计数据预计发布时间的惯例，这可能会对用户及时评价经济转型带来一定的影响。

表1 部分统计指标的预计发布时间和实际发布时间对比

内容	预计发布时间	实际发布时间
2015年国民经济运行情况新闻发布会	1月、4月、7月、10月	1月20日、4月15日、7月15日、10月19日
2015年规模以上工业生产月度报告、固定资产投资（不含农户）月度报告、民间固定资产投资月度报告、房地产开发和销售情况月度报告、社会消费品零售总额月度报告	除2月外其他月份发布	1月20日、3月11日、4月15日、5月13日、6月11日、7月15日、8月12日、9月12日、10月19日、11月11日、12月12日
2014年国民经济和社会发展统计公报	2月26日	2月29日
2014年科技经费投入统计公报	10月	11月23日
2014年城镇私营、非私营单位就业人员年平均工资	5月	5月27日
2014年农民工调查监测报告	4月	4月29日

资料来源：根据相关资料整理。

（二）统计数据的可获得性

统计数据的可获得性是指经济转型评价中用户对统计数据查询方便，容易检索，使用便捷，政府用户和普通用户可以得到相同信息，这要求统计数据的发布媒介具有适当性，格式清晰，对不同用户的公开程度一致。

1. 统计数据发布媒介的适当性和格式的清晰度

山西省经济转型评价统计数据目前主要取自中国统计信息网，该网提供了一般主要指标。国家统计数据库于2008年开通，该数据库可提供约4000个指标，同时支持中英文切换。还有更多的纸质版统计资料，如统计公报、统计摘要、年鉴等图书类统计资料，以及信息报、月报等杂志类统计资料。图文结合、内容新颖的移动终端APP软件如"中国统计"和"数据中国"，

也是用户获取即时统计资讯的重要渠道。通过研读现有山西省资源型经济转型评价的大量论文专著，可以发现其所使用的统计数据在各种年鉴、统计公报中就能获得。统计年鉴中的大部分指标，数据格式都十分清晰，如"国民经济核算"这一篇章，主要包括三部分——国内生产总值、人均国内生产总值、国民总收入，而"国内生产总值"中又分为第一产业、第二产业和第三产业。我国在发布统计数据时，在当年数据的基础上都有所扩展，如2015年统计年鉴不仅公布了1978年、2000年、2013年、2014年的对应总量指标，而且公布了指数和平均增长速度等指标，数据完整，格式清晰，即便是非专业统计人员，也能看懂并利用统计年鉴的数据信息。

2. 统计数据对不同用户的公开程度

根据GDDS的规定，统计数据在向特定用户提前公开时，要详细列表，特别说明，做到数据信息完全透明。而中国统计数据在公开程度方面与国外相比还存在一定的差距，对不同的用户则采取不同的公开程度。例如，对于经济类指标数据，中国人民银行与其他政府机构一般会在统计数据发布之前的3~5天内获得；对于社会类指标数据，卫生部、教育部和其他一些机构的官员也先于普通用户获得数据信息。因此，出于监测和调节等目的，一般政府机构在公众之前就能优先获取所需的统计数据。和我国其他省份一样，山西省目前并没有如GDDS所规定的，向社会公众说明哪些政府机构可以优先获取哪些统计信息。另外，在统计工作中，对于数据的范围、编制方法、数据来源等信息，统计机构一般以文件形式作为内部资料在内部使用，不对外公布，公众用户基本无法获取这些信息。

（三）统计数据的可解释性

统计数据的可解释性是指用户对统计数据的理解程度。统计数据应被用户充分理解、正确使用，数据的说明、指标的解释应尽可能清晰易懂，数据的编制形成过程、使用方法等应向社会公众公开。

1. 统计数据概念、范围、分类等情况的补充说明的详细程度

《中国统计年鉴》中各篇开头部分是关于数据情况的简要说明，以第九篇"能源"为例，篇首介绍了该篇包括哪些指标，然后是该篇统计范围的规定，"能源"篇的统计范围为全社会，接着是资料来源，说明每项数据的具体来源，如平均每万元国内生产总值能源消费量数据来源于历年能源平衡表，分地区电力消费量数据来源于电力企业联合会，之后说明了该篇的数字口径和计算方法，如能源平衡表中对进口量和出口量做了具体说明。各篇的最后一部分是对主要指标的解释。我们同样以第九篇"能源"为例，该部分主要编写了各项指标的定义以及部分指标的分类和计算公式等。如能源生产总值，先明确它的定义，进一步指出该指标的用途，最后解释了一次能源生产量的分类。另外，像能源生产弹性系数、单位GDP电耗等需要二次计算的指标，都一一列出了详细的计算公式，简单易懂，使用方便。尽管如此，在该方面山西省数据与国家数据仍然存在一定的差距。

2. 统计数据产品为用户提供咨询服务的便利程度

2006年我国开设了统计资料馆，除提供大量统计书刊资料外，还设有现场咨询室和电话咨询室，专门设置了统计咨询服务电话、传真和电子邮件等形式的服务，以解答社会公众关于统计数据方面的各种问题。中国统计局官网上设有统计服务链接，并说明这种服务的形式可以通过提交咨询内容来实现，统计局对反映的共性问题会不定期进行统一回复，这样有些使用者提交的问题可能不会得到及时反馈，更有甚者，根本得不到任何反馈，与电话或现场提问相比，其便利性和及时性大大降低，但是现场提问只适用于本地用户，外地用户则不宜采用。山西省在这方面同样存在便利性不足的问题。

五 结语

综上所述，山西省经济转型评价中统计数据的统计制度环境质量不容乐观，产品本身的质量相对不高，数据发布质量也存在不同程度的问题，统计数据的质量现状与正确评价经济转型效果的数据质量要求还存在一定的差距，有待从细节上入手，予以全面改善提高。

首先，在统计数据的统计制度环境质量方面，要充实相关统计法律法规细节，注重统计工作的规范性，提升统计工作人员的业务素质，提高审计工作效率，增强统计方法的专业性，尽快将山西省经济转型方面的指标纳入国际公认的统计框架标准，以奠定良好的经济转型评价数据基础。

其次，在统计数据的产品质量方面，统计机构在提供山西省经济转型评价数据时应规范数据的计算方法，标注相关数据的来源、指标的含义以及与相关数据之间的关系，建立便于交叉复核、监测其准确性的统计框架，详细说明调查数据的设计误差、抽样误差、计量误差和汇总误差等，便于用户对统计服务的了解、对统计数据的检查以及社会公众的监督。

最后，在统计数据的发布质量方面，统计机构应按照国际标准发布山西省经济转型的统计数据，数据发布频率遵循 SDDS 标准，数据发布对象尽可能内外一致，统计机构内部和政府机构与社会公众具有同样的数据获取权利，要及时反馈用户在统计数据使用过程中的问题，以提供更优质的统计数据服务。

参考文献

［1］高利英：《山西省金融科技创新对资源型经济转型支持作用研究》，《时代金融》2017 年第 1 期。
［2］闫志伟：《山西资源型经济转型的系统思考：效果、瓶颈与路径创新》，《山西高等学校社会科学学报》2016 年第 7 期。
［3］贾云翔：《山西资源型经济转型效果评价研究》，中北大学硕士学位论文，2014。
［4］王素军：《资源型城市理论研究述评》，《甘肃社会科学》2010 年第 4 期。
［5］沈露：《资源经济转型评价的统计数据质量标准体系构建》，山西大学硕士学位论文，2016。
［6］王强：《关于统计数字质量问题的讨论》，《统计研究》1990 年第 3 期。
［7］朱文兴、张继良：《统计管理体制改革及其模式初探》，《中国统计》2005 年第 8 期。
［8］金勇进、陶然：《中国统计数据质量理论研究与实践历程》，《统计研究》2010 年第 1 期。

［9］周勇:《我国资源型城市产业转型模式研究》,首都经济贸易大学硕士学位论文,2007。

［10］朱建平、陈飞:《统计数据质量评价体系探讨》,《商业经济与管理》2010年第12期。

［11］James E. Randall, R. Geoff Ironside, "Communities on the Edge: An Economic Geography of Resource Dependent Communities in Canada", *The Canadian Geographer*, 1996, 40.

［12］Robert A. Herendeen, Todd Wildermuth, "Resource-based Sustainability: Chase County, Kansas, as Example", *Ecological Economics*, 2002, 42.

产业转型篇

Industrial Transformation

B.5
新形势下山西装备制造业
转型升级研究

——以太重集团为例

李志强 赵卫军*

摘　要： 在经济新常态、供给侧结构性改革及新一轮科技革命等多重机遇与挑战并存的形势下，发展装备制造业对山西推进资源型经济转型具有重要意义。而山西装备制造业存在产业集中度较低、产品附加值较低、自主创新能力较弱等问题，向高端化、智能化、服务化和国际化发展是其必然选择。本报告

---

* 李志强，山西大学中国中部发展研究中心主任，山西大学经济与管理学院、山西大学管理与决策研究所、山西大学资源型经济转型发展协同创新中心，博士、教授、博士生导师，主要研究方向为制度理论与竞争力、资源型经济转型、战略与创新管理、标准化研究；赵卫军，太原重型机械集团有限公司战略规划部，硕士、经济师，主要研究方向为企业竞争力、战略管理。

以山西装备制造业龙头企业太重集团为例,对其转型升级实践与未来发展方向进行了探讨。

关键词: 装备制造业 资源型经济转型 太重集团

作为典型的资源型地区,山西为摆脱"资源诅咒",一直在寻求资源型经济转型之路。转型意味着摆脱资源依赖的发展局限,冲破"一煤独大"的单一化产业束缚,告别破坏环境的发展模式。在产业体系中,装备制造业由于技术密集、资金密集、劳动密集且产业关联度高,是现代产业体系的核心,是工业发展的基础,是推动产业升级的"杠杆",是带动经济转型的关键。山西大力发展装备制造业对于推进资源型经济转型具有重要意义。

一 山西资源型经济转型面临的新形势

自转型综改试验区设立以来,山西资源型经济转型稳步推进,一些重大领域和关键环节改革取得进展。在"十三五"的新起点上,山西到了发展动力深度转换、经济结构全面升级的重大历史拐点,资源型经济转型面临新的形势。

(一)经济新常态下带来压力与挑战

当前,我国进入经济增速放缓的新常态,山西尤其如此。2015年山西GDP增速为3.1%[①],2016年为4.5%[②],在全国各省份中排名垫底。"新常态"意味着经济增长速度转换、产业结构调整、经济增长动力变化、

[①] 《山西省2015年国民经济和社会发展统计公报》,中国统计信息网,2016年3月28日。
[②] 《山西省2016年国民经济和社会发展统计公报》,中国统计信息网,2017年3月15日。

资源配置方式转换等诸多变化,给资源型经济转型带来了挑战。在经济新常态下,伴随着经济增速放缓,那些经济高速增长时掩盖的产业结构不合理、财政金融风险等诸多问题都会暴露出来,原先盈利的资源型企业大幅度亏损,对整体经济稳定造成冲击,使资源型经济转型更为困难。在经济新常态下,出现新旧增长动力的接续断档,旧的增长动力不足,而以创新为代表的新的增长动力又未有效培育,影响了资源型经济转型的速度与质量。

(二)供给侧结构性改革倒逼转型与创新

从2015年开始,以去产能、去库存、去杠杆、降成本、补短板为重点的供给侧结构性改革拉开大幕。供给侧结构性改革的关键在于实施"三去",培育新主体、新要素、新产业以及新动力,以促进生产效率的提高,实现降成本、补短板。对于"一煤独大、四柱擎天"的山西来说,这些煤炭、冶金等高污染、高消耗且产能过剩的行业正是供给侧结构性改革所要求的去产能对象。供给侧结构性改革就是要淘汰落后的产能,使发展从过度依赖自然资源向更多依靠人力资源转变。而供给侧结构性改革新主体、新要素、新动力的培育都与创新息息相关,新主体即创新型主体,新要素是人才、技术等创新要素,新动力也包含创新驱动。因此,供给侧结构性改革将倒逼山西资源型经济转型与创新。

(三)新一轮科技革命和产业变革带来新机遇

当前,以大数据、物联网、云计算为特征的新一轮科技革命和产业革命孕育兴起,为山西资源型经济转型带来新的机遇。一方面,纵观历史,每一轮科技革命和产业革命都涉及能源革命。随着传统能源资源的日益枯竭,以太阳能、风能、核能为代表的新能源将是新一轮产业革命的重要支柱之一。新能源的开发及利用将对能源格局产生深远影响。另一方面,随着信息技术、材料科技、生命科学等领域不断取得重大突破,新兴产业将得到快速发展,成为经济增长的新引擎,不仅会影响产业结构调整，而且将提升产业发展质量和效益。因此，山西要紧抓新一轮科技革命和产业革命的机遇，通过加快能源资源型产业改造升级，大力发展新兴产业，实现资源型经济转型。

二 山西资源型经济转型对装备制造业的要求

装备制造业是为各行业提供技术装备的战略性和基础性产业，是现代制造业的基础，其关联度高、吸纳就业能力强、能耗和污染物排放较低，具有典型的"干中学"特性。近年来，随着资源型经济转型的不断推进，2016年山西规模以上装备制造业实现主营业务收入1582.3亿元[①]，装备制造业已经成为山西继煤炭、冶金产业之后的第三大支柱产业。在新的形势下，山西资源型经济转型对发展装备制造业提出了新的要求。

山西资源型经济转型要求装备制造业发展壮大。装备制造业是山西重点培育的新兴产业，装备制造业的发展壮大，可以吸引资金、劳动力等资源的集聚，从而抑制资源部门的过度繁荣。装备制造业的发展壮大，可以提升新兴产业在产业结构中的比重，降低煤炭等资源型产业的占比，促进产业结构的优化升级。另外，发展先进装备制造业还能引进大量人才与技术，为资源型经济转型提供后续动力。因此，大力发展装备制造业将是资源型经济转型的重点内容。

山西资源型经济转型要求装备制造业转型升级。资源型经济转型不仅要求建立起结构合理、新型多元的现代产业体系，而且要求各产业内部优化升级。因此，装备制造业也要摆脱大而不强、水平落后等困境，抓住新一轮科技革命和产业革命带来的机遇，加快与"互联网+"等产业融合，向高端化发展，实现优化升级，从而为工业生产提供更为先进的装备与服务，促进资源型经济转型。

---

① 《山西省2016年国民经济和社会发展统计公报》，中国统计信息网，2017年3月15日。

三 山西装备制造业面临的问题

当前,在我国人口红利逐步消失、成本优势日益衰减以及美欧大力发展先进制造业的双重挤压下,我国装备制造业面临比较优势弱化、新优势尚未形成、应对难度增大的严峻局面。在经济相对落后的资源型省份,山西装备制造业面临的形势更为严峻,存在诸多问题。

(一)产业集中度较低,同质产品恶性竞争严重

山西装备制造业布局分散,产业集中度低,形成的产业集群较少,且产业集群的配置方式在功能上比较单一,多为铸造、锻造等同类产业或者零部件配套产业在某一特定空间的简单集聚,仍停留在较为低级的阶段。山西装备制造业过度依赖要素投入,经济效率不高,大企业大而不强,缺乏众多的"专特精"小企业配套,生产成本居高不下;小企业小而不专,整体实力较弱,处于生存与淘汰的边缘。在山西当前的装备制造业格局下,各企业自行开发、自行销售、各自为战,存在重复建设、产品趋同、资源分散和浪费的现象。例如,在山西典型的装备制造业煤矿机械行业中,全省有百余家煤机企业,但其相互关联度不高,企业各自为战,在缺乏明显技术支撑的情况下,高端市场无法占领,中低端市场竞争激烈,产品同质化、重叠化严重,大量的重复建设、重复生产不仅扰乱了市场秩序,而且造成了产能过剩。市场竞相压价,使得无论是太重煤机等专业大型煤机企业,还是七大煤炭集团所属煤机企业,都难以再取得更大发展。与省外煤机企业的集聚发展相比,山西煤机企业规模发展速度明显滞后,没有一家煤机企业上市。

(二)产品附加值较低,被压制在全球价值链低端

山西装备制造业缺乏带动性强的整机成套产品和规模效应突出的拳头产品,在全国有影响力、市场占有率高的名牌产品不多,高技术含量、高附加值的装备制造产品较少。在价值链体系中,研发设计和品牌营销处于价值链

高端，一般零部件的制造和加工组装处于价值链低端。目前山西省装备制造业大多关注附加值不高的生产环节，生产关键零部件的能力还较弱，高端生产性服务依旧处于初始阶段，总的来说被压制在或被"锁定"于全球价值链分工体系的低端环节。由于缺少现实的高级要素和专业化要素——资本密集度、人力资本、技术创新等要素的嵌入机制，现代高级要素难以嵌入装备制造业，影响其竞争力的持续提升。

（三）自主创新能力较弱，装备产品竞争力不强

目前，虽然山西装备制造业的技术实力不断提升，诸如太重集团等装备制造企业在技术创新与产品研发上取得了较大进展。但总体而言，山西装备制造业在新技术、新产品的研发能力上仍然薄弱，很大一部分核心关键技术无法进行自主研发，大量先进设备和核心零部件仍主要依赖进口，科研成果转化能力较低。大部分装备制造业企业的原始创新能力不足，仍然没有走出仿造、试凑和经验设计的传统设计模式，并且对关键零部件和原材料的引进消化重视不足，企业自主品牌建设速度较慢，在提升企业竞争力、扩大优势领域方面还有很大的上升空间。

四 山西装备制造业转型升级的方向与措施

在新形势下，山西装备制造业转型升级，要坚持创新驱动，向高端化、智能化、服务化、国际化发展，实现要素驱动向创新驱动转变、低成本竞争优势向质量效益竞争优势转变、粗放制造向绿色制造转变、生产型制造向服务型制造转变。

（一）向高端化发展，攀登全球价值链高峰

装备制造业的高端化有三层含义：一是技术含量高，知识、技术密集，产品高端化；二是处于价值链高端，附加值高；三是在产业链中占据核心地位，其发展水平决定了产业链的整体竞争力。三者之间是相辅相成的，没有

技术创新及高端化的产品作为基础与支撑,装备制造业也难以向价值链高端攀升,更无法占据产业链的核心地位。向高端化发展是装备制造业抢占未来产业发展制高点、提升核心竞争优势的必然选择。如果装备制造业长期缺乏核心技术,一直被"锁定"于全球价值链分工体系的低端,将会面临不可持续的危险及大规模消失的严峻局面。

山西装备制造业向高端化发展必须注重技术创新,技术创新是产业高端化的基础。山西要加大对装备制造业企业技术创新的政策扶持力度,推动企业加强核心技术自主创新。支持重点企业建设国家重点实验室、企业技术中心、院士工作站等重点创新平台。支持重点企业兼并重组海外研发机构或设立海外研发基地。扶持装备制造业成立技术创新产业联盟,通过产学研合作、关键技术攻关等提升装备制造业的技术水平。山西装备制造业要以高新技术为引领,向价值链高端攀升,从而占据产业链核心地位。

(二)向智能化发展,抢占产业竞争制高点

由于装备制造业是"母机"产业,既生产装备,又用装备进行生产,因此其智能化有两层含义:一是装备产品的智能化,生产具有感知、推理、监测、控制、优化等功能的装备产品,是先进制造技术、智能技术与信息技术的深度融合;二是制造过程的智能化,以智能工厂为载体实现生产过程的实时管理和优化,从而提高生产效率,降低资源消耗。装备制造业向智能化发展是国际产业发展的趋势,美国、德国纷纷提出工业互联网、"工业4.0"战略,布局智能制造和智能装备领域,以抢占国际竞争制高点。随着新一轮科技革命的发展,智能制造将逐步取代传统制造,智能化是装备制造业发展的必然趋势,是推进"两化"融合的主攻方向,对装备制造业应对环境压力、提升企业竞争力具有重要意义。

装备制造业向智能化发展要以装备智能化和制造智能化为重点。装备智能化是智能制造的基础,要重点开发核心工业软件,在装备产品中加入监测、控制、优化等智能控制模块,实现产品的智能化功能。制造智能化要重点打造智能工厂,利用数字技术、信息技术与智能技术,建设以数据互联互

通为特征的制造网络，实现面向从产品设计、生产制造到服务等全生命周期各环节的优化与整合，并且企业之间互联互通，通过协同制造实现制造资源共享与优化配置，提高制造效率，扩大企业的盈利空间。

（三）向服务化发展，打造差异化竞争优势

随着装备制造业的不断成熟，在装备制造产品的附加值构成中，制造加工环节占比越来越低，而服务环节占比越来越高。发达国家装备制造企业为了掌握国际竞争主动性，纷纷把向服务化发展作为战略选择。相比生产制造，服务处于价值链的高端；相比单次产品销售，服务能够实现更多次数、更长期限的价值增值；相比提供产品，服务能够创造差异化的竞争优势，有效提升客户忠诚度。在新形势下，装备制造业企业向服务化转型将更多依靠知识、信息等服务要素投入，减少发展对资源、能源消耗的依赖，摆脱资源环境约束，实现成本优势向服务优势转变，向全球价值链高端攀升。因此，向服务化转型是山西装备制造业的必然选择。

山西装备制造业向服务化转型要树立服务型意识，从"以产品为中心"向"以客户为中心"转变，从生产型制造向服务型制造转变，从依靠产品的盈利模式向以服务为核心的盈利模式转变。围绕装备制造产品全生命周期开展服务，延伸服务种类，从技术、维护、备品备件等常规服务向远程诊断、方案优化、节能减排等更加全面的生产性服务扩展，提升服务的价值与水平。发展多模式、全流程、全生命周期的工程总承包，以提供全面解决方案为目标，为客户提供从规划、设计、咨询、安装、维修到培训的一系列服务，实现全产业链导向的服务化。主动融入客户生产经营活动，积极承接客户服务外包，围绕客户价值链提供服务支持，实现客户价值链导向的服务化。

（四）向国际化发展，拓展企业生存空间

在经济新常态和供给侧结构性改革的新形势下，我国煤炭、有色、钢铁以及一些重化工产品产能总体过剩，经济发展难以再依靠大量的投资和产能

扩张来实现，因此对一些装备尤其是煤炭装备、冶金装备、矿山装备等重型装备的需求下降，山西装备制造业面临严峻的挑战。而国际化是装备制造业企业拓展生存空间的必然选择。一方面，通过开拓国际市场可以消化装备制造过剩产能；另一方面，通过主动"走出去"，构建全球研发、生产、销售网络布局，参与全球价值链分工，掌控全球价值链核心环节，获取国际竞争优势。

山西装备制造业国际化发展需要着眼全球经济发展新格局，紧抓"一带一路"等国家重大机遇，加快实施"走出去"战略，充分利用国内国际两个市场，拓展发展空间，增强国际竞争力。政府要出台鼓励装备制造业"走出去"的扶持政策，对装备制造业企业进行分类指导并提供支持，推动国际装备制造合作。装备制造业企业要以世界眼光定位企业，以全球资源营运企业，充分利用跨国并购、股权投资以及设立研发中心、生产基地、售后服务网点等方式"走出去"，提升企业全球资源的获取能力，实现产业全球布局。

五 太重集团转型升级实践探索

（一）太重集团概况

太原重型机械集团有限公司（以下简称太重集团）始建于1950年，是新中国自行设计、建造的第一家重型机械制造企业。自2011年开始，太重集团销售规模始终居我国重型机械行业首位。太重集团装备制造水平先进，自主创新能力卓著，是全国"创新型企业20强"之一。太重集团技术中心在国家认定企业技术中心中排名第二位，居同行业第一位。

太重集团全球化产业布局已初具规模，以煤炭与矿山、冶金、新能源、轨道交通、工程机械、海洋工程为主的六大领域并举发展的多元化产业格局正在形成，公司已发展成为一家集装备研发与制造、设备总成套、工程总承包、设备租赁、物资贸易以及物流运输等于一体的现代化企业集团。

（二）太重集团在资源型经济转型中的实践探索

太重集团将转型升级作为企业发展的长期任务和目标，提出了"多元化、高端化、成套化、国际化"的发展战略，积极围绕产业结构和产品结构调整进行战略布局，不断推进基础能力改造提升，投资建设天津滨海重型装备研制出口基地、重大技术装备大型铸锻件国产化研制基地、高端液压元器件及系统生产基地、高速列车轮对组成关键件生产基地、煤机成套装备生产基地"五大基地"。

在多元化方面，为了摆脱对冶金、矿山等传统服务领域的过度依赖，太重集团紧抓国家发展新能源及海工装备等机遇，进军海洋工程、新能源及工程机械等领域。在海洋工程领域，太重集团建造完成首台TZ-400自升式钻井平台；在新能源领域，太重集团已形成1.5~5兆瓦系列化整机及增速器产品，并具备了EPC工程总包能力；在工程机械领域，为满足特定领域吊装对大型吊装设备功能、性能提出的新要求，太重集团以工程起重机为重点进入工程机械领域，形成了260吨、500吨、1200吨全地面起重机以及150~2000吨履带式起重机系列。

在高端化方面，太重集团产品不断向大型化、高端化升级，成功研制出具有标志性、首创性的520吨铸造起重机、Φ720冷轧管机组、世界最大的75立方米露天矿用挖掘机、世界最大的BGL碎煤熔渣气化炉、世界首台分体式6.25米捣固焦炉机械成套设备等产品。为了支撑高端化发展目标，太重集团注重技术创新，加大科技投入，科技投入占比保持在产品销售收入的4.5%以上，新产品产值率保持在50%以上。

在成套化方面，太重集团不断拓展服务领域的深度和广度，在提供产品的基础上向成套化发展。在冶金领域，太重集团已经具备了从矿山开采、码头运输到焦化、炼铁、炼钢、轧钢、精整等全过程的配套服务能力；在煤炭与矿山领域，太重集团不仅能为客户提供完整的"三机一架"煤矿综采成套设备、露天矿半连续开采工艺成套设备，而且将服务延伸到了包括煤焦化以及清洁煤技术在内的煤炭深加工技术装备的设备总成套与工程总承包领域；在新能源领域，太重集团依托风电整机、工程机械等产品优势，为客户提供包括风场设计与开发、设备制造与安装以及工程建设等在内的全方位配套服务。

在国际化方面，太重集团坚持国内与国际市场并重，积极寻求在海外建立（或并购）研发中心、服务基地和生产基地，先后成功收购澳大利亚威利朗沃国际集团、美国REI公司、德国CEC起重机设计与咨询公司，成立太重香港国际有限公司和印度公司。太重集团还在德国、澳大利亚、俄罗斯、蒙古国、巴西、秘鲁等国家设立了办事处和服务站，不断完善国际化营销体系和服务网络的建设。太重集团的轮轴产品、冶金起重机、矿用挖掘机、焦化设备、管轧设备、锻压设备、港机设备等都实现了出口，出口产品种类逐渐增加，出口市场范围不断扩大。

（三）太重集团转型升级的思路与措施

面对复杂多变的国内外环境，经济新常态、供给侧结构性改革以及新一轮科技与产业革命带来了新的机遇与挑战，作为山西装备制造业的龙头企业，太重集团不仅自身需要转型升级，而且肩负着引领山西装备制造业升级、推进资源型经济转型的重任。太重集团将秉承"中国装备、装备世界"的历史使命，以创新驱动为引领，以国际化和信息化为工作主线，重点打造高端制造、工程成套、生产性服务三大增长引擎，努力把太重集团建设成为国际一流的装备制造业旗舰企业。

1. 加强技术创新、品牌建设及高端产品开发，加快实现高端化

打造一流技术创新体系。以科技创新城研发中心项目建设为依托，组建工程研究院、产品设计院、工艺研究院，加快完善"三位一体、三区协同、三方共享"的技术创新体系建设。充分利用德国CEC、滨海新区、科技创新城的区域和政策优势，以全球化的视野吸引和配置研发资源，综合应用物联网、云计算技术实现全球协同开发。加强大集团研发平台建设，加大资源共享和共同开发力度，充分发挥太原重工、太重煤机、太重榆液三大中心技术资源的集聚优势。推进产业创新联盟建设，充分利用政府、行业、高校、科研院所和用户等的优质创新要素,加强政产学研用协同创新,释放协同创新效应。

加强高端产品开发。持续推进传统产品升级换代,打造轻量化、智能化、绿色化发展新优势,优化升级起重设备、轧钢设备、锻压设备、矿山设备等主机产品,大力发展火电、核电、风电、冶金、军工等高端铸锻件产品。加强高端新产品研发,加快煤层气压裂装备、海上风机、海上起重船、海上浮动核电站等新产品开发。加强内部资源整合和园区建设,新建新能源产业园区,完善升级轨道交通产业园区、海洋工程产业园区,做好煤机产业园区、液压产业园区扩充建设,形成"一体五翼"的园区化格局,以一流产业园区支撑高端化发展。

加强品牌建设。增强品牌战略意识,高度重视品牌建设工作,把提升创新能力和产品质量作为提高品牌竞争力的途径,加强技术创新与质量管理,打造精品装备。加强品牌管理,提升品牌价值和效应,提高太重集团品牌竞争力,将"TZ"品牌打造成国际一流品牌。

2. 大力发展智能装备、智能制造及智能管控,加快实现智能化

大力开发智能装备。加快应用智能监测、远程诊断、人机智能交互、自动控制等智能化技术,全力打造智能化产品。加强矿山采掘装备及智能制造国家重点实验室建设,加快研发挖掘机等智能矿山设备。重点开发大功率、高可靠性、智能化的综采成套设备,以及智能化码头配套港机设备、智能风机、起重机、工程机械等智能装备。

加强智能制造与智能管控。试点建设数字化车间,实施生产设备的智能化改造,推进生产过程智能化,提高精准制造、敏捷制造能力。投资建设风电整机及关键零部件智能化工厂项目,以智能化为核心进行规划设计,全面优化工艺流程,做到信息化与工业化的深度融合,努力建成风电装备设计、核心零部件制造、整机装配和检测试验的专业化基地,将其打造成为一个全方位的智能化工厂、智能制造的示范园区。加强智能管控,促进信息技术与企业研发设计、经营管理等核心业务的深度融合,实现设计与制造、业务与财务、管理与控制等关键环节集成,推动精细化管理向纵深发展。

3. 深度开发生产性服务与工程总承包业务，加快实现服务化

大力发展生产性服务业，增加服务手段，提升服务效率，提高服务质量，从制造商向服务商转型。深入挖掘服务市场增长潜力，大力开展售后服务、物资贸易、包装发运、港口物流、融资租赁增值服务，延长价值链，培育发展新引擎。瞄准庞大的在用产品市场，大力开展远程诊断、备品备件销售、零部件再制造、设备运行、管理运营等全生命周期服务。开展工程机械、矿用挖掘机等产品租赁服务。

坚持以营利为导向，以工程技术和项目管理两大核心能力建设为抓手，整合相关优势资源，集中力量做好工程总承包业务。加强风电场工程设计技术研究，形成自主风场总包能力。加强井工、露天采矿工艺与技术研究，由露天矿成套设备向露天采矿工程总包延伸，加快发展煤层气成套压裂装备及工程服务，由煤机设备成套向煤矿工程总承包业务延伸。针对煤种特点开发具有自主知识产权的工艺技术及装备，着力建设国内一流的煤化工项目工程设计商、成套设备供应商和技术服务商。大力发展干熄焦总包、污水处理总包、化产总包等总包项目。

4. 着力推进跨国经营管控与国际市场拓展，加快实现国际化

加强跨国经营与管控。强化海外事业的策划和管理，完善跨国管控体系，针对不同海外公司灵活运用战略管控、操作管控和财务管控模式。建立科学合理的海外子公司考核体系，构建激励约束机制，以加强审计、委派财务总监等手段制约海外公司行为，以年薪制、期权制等多种形式进行激励。以信息化建设强化海外监管，形成国内外互动高效的监管网络。加强风险管理，防范跨国经营风险。

大力拓展国际市场。紧抓"一带一路"、非洲"三网一化"、国际产能和装备制造合作等重大机遇，针对重点目标市场，加大国际市场开拓力度。加快国际营销和服务网络布局，构建高效协同的全球制造体系。根据国际业务布局，在全球范围内积极寻求整合优质资产，提升国际化经营效率。

参考文献

［1］吴雷：《装备制造业突破性创新机制的系统演化过程研究》，《科学学与科学技术管理》2014年第4期。

［2］巫强、刘志彪：《本土装备制造业市场空间障碍分析——基于下游行业全球价值链的视角》，《中国工业经济》2012年第3期。

［3］王岚、李宏艳：《中国制造业融入全球价值链路径研究——嵌入位置和增值能力的视角》，《中国工业经济》2015年第2期。

［4］綦良群、赵少华、蔡渊渊：《装备制造业服务化过程及影响因素研究——基于我国内地30个省市截面数据的实证研究》，《科技进步与对策》2014年第14期。

B.6
新形势下山西煤炭产业发展现状与转型发展研究

李志强　尤会杰*

摘　要： 山西是典型的资源型经济地区，长期以来，山西产业结构都是"一煤独大"，靠挖煤、卖煤保障全省的经济发展数量和速度，自新中国成立以来对本省和全国经济发展做出了巨大贡献。虽然煤炭在我国基础能源中的地位和作用在短时间内不会改变，煤炭的作用还将继续发挥，但鉴于经济发展规律、生态环境、去产能等因素，山西煤炭产业要彻底摒弃"等靠要"的思想，放弃"吃资源""吃政策"等不符合规律、不符合趋势的行为和做法，也不能再抱有煤炭产业暴利时代会重现的幻想。山西煤炭产业到了必须转、非转不可的时候，要实现山西煤炭产业的顺利转型，首先要认真深入地总结煤炭产业过去发展的经验与教训，其次要客观分析煤炭产业自身的特性，最后要科学理性地分析产业发展在目前和未来面临的内外部环境。在综合以上各种因素的基础上，结合国家政策，制定符合山西煤炭产业发展的针对性强、可操作性强的措施和对策，推动实现产业转型发展。

---

* 李志强，山西大学中国中部发展研究中心主任，山西大学经济与管理学院、山西大学管理与决策研究所、山西大学资源型经济转型发展协同创新中心，博士、教授、博士生导师，主要研究方向为制度理论与竞争力、资源型经济转型、战略与创新管理、标准化研究；尤会杰，硕士、经济师，山西煤炭进出口集团有限公司战略研究中心一级主办。

关键词： 资源型经济 煤炭产业 供给侧结构性改革 去产能

一 回顾历史，科学把握煤炭产业发展历程

煤炭，不管是对于我国还是山西省来说，都是一种重要的能源资源。自新中国成立以来的60余年间，山西煤炭产业对我国经济发展做出了突出贡献，对于这一点任何人都不会否认，也不可否认。但随着经济社会的发展，人们对生活品质的要求越来越高，环境污染、产能过剩等导致煤炭产业面临巨大的发展压力。但即便是这样，也没有人能够否认煤炭资源在我国能源中的重要地位。

（一）全国煤炭资源概况及产业发展历程

我国煤炭资源储量与石油、天然气等其他能源资源相比较为丰富，总量为5.6万亿吨，其中已探明储量1万亿吨，占世界总储量的12%左右，是世界第一大产煤国，这在一定程度上决定了煤炭资源在我国能源资源中的地位。我国煤炭资源分布虽然广泛但是不均匀，呈现"北多南少、西多东少"的特点，主要集中分布在山西、内蒙古、陕西、云南、贵州、河南和安徽七省份，七省份储量占全国总储量的82%，其中又以"三西"（山西、陕西、内蒙古西部）地区最为集中，占全国总储量的60%；按煤种分，非炼焦煤类占72%，炼焦煤类仅占28%，同时适于露天开采的煤炭储量较少，仅占7%。

我国煤炭行业从1949年新中国成立至今，大致经历了七个发展阶段。

一是恢复期（1949～1957年）。新中国成立不久，煤炭产业发展基础薄弱，在煤炭生产能力、产量、效率、安全等方面都表现出比较低的水平。新中国成立初期，我国煤炭产量仅为3243万吨，到1957年（大致在"一五"末）达到13073万吨。

二是无序期（1958～1979年）。这段时间我国经济发展经历了"大跃

进"和"文化大革命",这在一定程度上导致煤炭生产没有计划,而且脱离实际追求高指标、创高产,对煤炭行业发展造成了诸多不良影响。开工建设的矿井设计能力高达3.2亿吨,而实际能续建的只有1/10。

三是"有水快流"期(1980~1992年)。20世纪80年代,社会经济建设加速导致对煤炭的需求量迅速上升,国家提出了"有水快流"方针,实行"大中小煤矿并举"政策,在短时间内全国矿井数量急速增加。

四是自救解困期(1993~2001年)。由于上一阶段的政策引导,煤炭行业发展提速,但发展质量不高,从而带来过低的产业集中度,引发行业内无序竞争加剧,效率低下,我国煤炭行业进入了新一轮的艰苦创业阶段。

五是"黄金十年"期(2002~2011年)。在此期间,煤炭行业发展较"火",经济的快速发展对煤炭的需求量大增,煤炭产量、价格、利润飞涨,导致一些煤炭企业不遵循客观规律,进行无序投资、无序开采。据统计,我国"十一五"期间煤炭固定资产投资比"一五"至"十五"期间的投资总额高出1倍之多,这为产能过剩埋下了隐患。

六是寒冬期(2012~2015年)。由于上一阶段的过度膨胀发展,煤炭产量大增,煤炭价格急剧下滑,煤炭企业利润迅速下降,煤炭行业一落千丈,发展进入低谷,同时还面临产能过剩、进口煤冲击等现实问题。

七是去产能期(2016年至今)。为了实现煤炭行业的稳步转型,同时为了使煤炭行业摆脱长期形成的粗放式发展模式,缓解生态环境压力,实现煤炭行业的可持续健康发展,国家推出了供给侧结构性改革。为解决产能过剩、楼市库存过高、债务高企等问题,国家又相继提出了"三去一降一补"五大任务,其中去产能主要是针对钢铁、煤炭等行业,通过化解过剩产能,使行业总量和结构都更加优化。

(二)山西煤炭资源概况及产业发展历程

山西煤炭资源储量约占全国总储量的1/3,是我国煤炭资源储量最多的一个省份。山西的煤炭资源不仅分布地区广泛,而且煤种、煤质都特别好,山西省统计部门出具的数据显示,全省土地面积的41%左右含有煤炭,绝对面积达到了 6.2 万平方公里；全省累计探明保有资源量为 2674 亿吨，约占全国的 1/4，其中生产在建煤矿保有可采储量为 1302 亿吨[①]；山西煤炭品种多而且全，按照我国 1986 年对煤炭的分类标准，山西拥有 14 个牌号，其中动力煤、无烟煤、炼焦煤储量尤其大，分布也较广。由此可见，山西煤炭资源在全国能源资源体系中占有举足轻重的地位和作用。

受国家煤炭行业政策以及地区经济发展情况的影响，山西煤炭行业大致经历了以下几个发展阶段。

一是起步期（1949～1978 年）。新中国成立至改革开放前，这一时期山西煤炭行业发展以基本建设为主，以恢复生产为主要目标，重点在于筑牢煤炭行业发展基础，同时满足经济社会发展对煤炭资源的需求。

二是快速发展期（1979～1993 年）。经过上一时期的基本建设和技术改造，同时受国家"大中小煤矿并举"政策的影响，山西煤炭行业发展进入快车道。1979 年煤炭产量超过 1 亿吨，到 1993 年就已经突破 3 亿吨。

三是转轨期（1994～2001 年）。这一阶段，受国家市场化改革政策导向指引，加之 1998 年亚洲金融危机的影响，山西煤炭行业发展受到了不小的冲击。按照国家的部署，山西煤炭行业开始实施"关井压产"和总量控制政策，煤炭产量出现下降，但产业发展质量较之前有所提高。

四是"黄金十年"期（2002～2011 年）。经过政策调整后的山西煤炭，行业技术水平有所提高，行业竞争秩序有所规范。与国内煤炭行业发展相一致，在这十年间，山西煤炭行业发展势头迅猛，煤炭价格和利润可观。在此期间，山西还进行了煤炭资源整合，但由于利益的驱使，"多、小、散、乱"历史问题并未得到彻底解决。

五是转型发展期（2012 年至今）。经历了十年的黄金时期，山西煤炭行业进入了低谷，煤炭价格和行业利润急剧下滑，暴利时代结束，煤炭行业进入结构调整、转型发展时期。加之国家推出的供给侧结构性改革等政策，迫切要求煤炭行业重新回归理性，努力实现绿色发展、可持续发展。

---

① 数据来源于《山西省"十三五"综合能源发展规划》。

"以史为鉴",深刻思考山西煤炭产业发展历程,"尊重历史、尊重规律、制定战略、保持理性",这几个词概括出了过去几十年山西煤炭产业发展的经验教训以及未来的走向选择。任何时候我们都应该遵循事物发展的规律,时刻坚持理性发展思路,制定产业发展战略蓝图。纵观我国及山西煤炭行业发展历程,一路走来有过欢乐,也有过忧愁,目前面临的是较大的压力,未来的发展任务也更加艰巨。但不管怎么说,煤炭在我国能源资源中的地位不可否认,对我国整体经济和地区经济发展发挥了重要作用,将来也必将继续发挥其应有的作用,关键在于如何发展、怎么发展。

二 认清自身,正视山西煤炭产业发展现状与问题

山西煤炭产业对我国经济发展做出的贡献有目共睹,据相关统计,自新中国成立以来至"十二五"末,山西省累计生产原煤166亿吨,外调量超过110亿吨,供应全国28个省份用煤,煤炭成为山西省的重要标志和文化符号。鉴于煤炭的自然属性,从储量和发热成本来看,煤炭相较于石油、天然气都有较大的优势,它既是可以实现清洁利用的能源,又是重要的工业原料。所以,在相当长一段时间内,煤炭在我国的地位和作用不会改变。对于山西来说更是如此,未来一个时期,煤炭作为我国重要的能源和工业基地的战略地位不会发生根本性改变。从战略上分析透煤炭产业的根本问题之后,当前的关键任务是搞清楚山西煤炭产业发展面临哪些障碍和桎梏,"摸清家底",力求今后从"根"上深挖,找出问题,探究本质,以求更好地解决产业可持续发展问题。

(一)山西煤炭企业性质及数量分布

截至"十二五"末,全省煤炭主体企业共131家,单独保留煤矿38家,两者共计169家。按照所有制、规模以及2015年原煤产量对企业进行分类的情况具体见表1。从表1可以看出,从所有制情况来看,民营企业占

到了54%，占比过半；国有独资及国有控股企业占42%，不足一半。从规模情况来看，产能规模在1000万吨级以下的企业占到了90%，产能不集中。相应的，按照2015年原煤产量来划分，其结果与按规模划分的一致，产量低的企业占到了94%。

表1 截至"十二五"末山西省煤矿主体企业基本情况

划分标准	具体指标	企业数量（家）
所有制	国有独资及国有控股企业	71
	民营企业	91
	外资及中外合资企业	7
规模	亿吨级	4（同煤集团、焦煤集团、晋能集团、中煤平朔集团）
	5000万吨级	3（阳煤集团、潞安集团、晋煤集团）
	1000万吨级	10
	1000万吨级以下	152
2015年原煤产量	亿吨级以上	2（同煤集团、焦煤集团）
	5000万~1亿吨级	5（中煤平朔集团、阳煤集团、潞安集团、晋煤集团、晋能集团）
	1000万~5000万吨级	3
	1000万吨级以下	159

资料来源：《山西省"十三五"煤炭工业发展规划》。

从企业性质和数量分析上来看，山西煤炭产业的集中度偏低，数量较多，但是所有权比较分散。以2015年为例，虽然当年煤炭产量与内蒙古不相上下，但是煤矿数量是内蒙古的2倍；全省五大煤炭集团所属的332家煤矿产量之和仅与神华集团74家煤矿产量之和相当。除此之外，全省省属五大两强煤炭集团的煤矿不仅布局分散、管理层级多，而且存在地域交叉等低效率现象。所以，全省煤炭产业的集中度有待进一步提高，只有产业集中度提高了，才能在一定程度上实现市场竞争的良性化，才能提高产业应对市场风险的能力。

（二）山西煤炭产业生产经营概况

煤炭产业是山西经济发展的支柱，山西煤矿数量多，产煤数量大，从表

2 中不难看出，2011～2015 年，山西原煤产量总体处于上升阶段，"十二五"时期原煤产量合计约为 47 亿吨。2016 年受国家和山西省供给侧结构性改革的影响，为完成去产能任务，原煤产量下降至 8.2 亿吨。2017 年第一季度原煤产量为 1.9 亿吨，同比下降 4.8%。山西产煤数量大，但是在省内消费的只占到 30% 左右，绝大部分销往省外，"十二五"期间全省累计完成煤炭出省销量 30 多亿吨，占总产量的 64% 左右，为全国其他地区经济发展提供了强有力的能源支撑。自 2012 年开始，随着煤炭行业进入"寒冬"期，山西煤炭产业也进入了发展的"慢车道"，规模以上工业企业主营业务收入增长率开始下滑，"十二五"时期的后三年甚至出现了负增长。在整个煤炭行业发展进入低谷之后，煤炭出口增长率也大幅下降，特别是近年来下降的幅度之大，从侧面解释了煤炭企业经营困难的现实，价格下跌、销路不畅，煤炭行业进入异常艰难的发展阶段。

表 2　2011～2016 年山西煤炭产业生产经营主要指标情况

指　标		2011 年	2012 年	2013 年	2014 年	2015 年	2016 年
原煤产量（亿吨）		8.7	9.1	9.6	9.8	9.4	8.2
山西省消费量占总产量的比例（%）		34.5	34.1	34.4	35.6	33.7	43.2
规模以上工业企业主营业务收入增长率（%）	煤炭	44.8	10.0	-2.3	-8.0	-15.7	-6.9
	焦炭	27.1	-13.9	-2.0	-21.9	-24.7	15.7
煤炭出口增长率（%）	煤炭	-6.1	-20.5	-26.7	-57.2	-48.4	-94.5
	焦炭	-2.8	-75.2	36.3	81.3	-28.4	-65.6

资料来源：《山西省国民经济和社会发展统计公报》（2011～2016 年）。

（三）去产能对山西煤炭产业发展的影响

为了提高经济发展的质量，优化经济发展结构，最大限度地实现资源要素最优配置，鉴于我国经济发展目前所处的阶段，2015 年 11 月国家提出供给侧结构性改革，旨在从供给侧发力，坚持用增量改革促存量调整，优化投资结构、产权结构、投融资结构、产业结构、分配结构、消费结构，最终实现"创新、绿色、协调、开放、共享"发展。按照供给侧结构性改革的要求，国家相继出台了"三去一降一补"五大政策任务，煤炭产业成为去产能任务的排头兵。2016年山西及时研究出台并印发了《山西省煤炭供给侧结构性改革实施意见》及其配套实施细则，旨在解决煤炭产业过剩和无序发展问题，探寻"革命兴煤"发展之路，实现山西煤炭产业的凤凰涅槃。

2016年是国家和山西全力推进煤炭产业去产能的起步之年，山西作为全国重要的产能大省，在2016年的去产能工作任务中做出了巨大贡献，年度去产能2325万吨，居全国之首，被国家授予"去产能标兵"称号。2016年山西煤炭减量的绝对值和相对值在全国范围内都名列前茅，绝对量占全国煤炭减产总量①的47.7%。但是，山西在为全国煤炭去产能做出突出贡献的同时，对本地区的经济发展也带来了不小的负面影响，其中最明显的就是GDP增速，2016年山西GDP增速仅为4.5%，在全国排名倒数第二，其中煤炭去产能影响的GDP增速大概为1.6个百分点。其实，即使加上煤炭去产能的增速，山西的GDP增速还是垫底（前一名黑龙江2016年GDP增速是6.1%）。也就是说，不是煤炭去产能的问题，根本问题在于产业结构单一，经济发展的内生动力不足。

2017年是供给侧结构性改革的深化之年，也是去产能的攻坚之年，煤炭产业发展面临诸多风险和挑战。国家能源局公布的2017年去产能任务目标是，全年力争关闭落后煤矿500家以上，退出产能5000万吨左右。截至2017年3月，全国已有12个省份发布了2017年煤炭去产能具体目标，山西的目标任务是关闭18家煤矿，退出产能1740万吨②。截至2017年4月底，全国共退出煤炭产能6897万吨，已完成年度任务的46%。需要指出的是，在完成国家去产能任务的同时，必须兼顾长期与短期的关系，时刻保持足够的理性，明晰去产能的最终目标是要让整个煤炭产业回归理性发展之路，重点在于增强产业发展的内生动力和活力，实现可持续、健康、良性发展，而不能重蹈之前的粗放式发展的覆辙。

① 2016年全国煤炭减产总量达2.9亿吨。
② 《王赋主持召开全省煤炭去产能稳供应工作会议》，山西省人民政府网，2017年5月4日。

（四）山西煤炭行业发展面临的主要问题

从以上定量分析以及实际发展情况来看，山西发展受制约的根本原因在于产业结构单一，经济发展过分倚重煤炭产业，导致煤炭价格下跌幅度大，产业利润直线下降，从而导致地区经济发展滞后。当前，国家经济发展步入新常态，供给侧结构性改革也将持续深入推进，为了实现山西的可持续健康发展，也为了早日实现山西的转型升级和振兴崛起，有必要对山西煤炭产业目前发展中存在的问题进行深入剖析，以提高解决问题的针对性。

1. 与供给侧结构性改革的质量和结构要求存在差距

从总的产业结构上来说，山西存在"一煤独大"的严重问题，煤炭产业经济增加值在地区经济发展中所占比重过大；从微观企业层面来说，目前山西煤炭企业的结构分布不够合理，民营企业占比超过一半，也就是说产业的集中度还比较低，不利于产业集中发力，这为管理带来了不小的难度。此外，山西煤矿分布较散，管理机构设置存在重复的现象，"一个矿区一个开发主体"的格局尚未形成。产业结构存在问题，会直接导致产业的质量和效率低下，由于基数大、产量高，在煤炭销路不畅、价格下跌之后，库存会直接上升，以2015年为例，山西煤炭全行业库存高达5000万吨。按照国家去产能的目标要求，在3~5年内，山西煤炭产量要压缩30%左右，可见山西去产能的压力之大，与国家供给侧结构性改革的要求还存在一定差距，尚需继续努力。

2. 安全生产压力仍然较大

安全生产是煤炭行业不可忽视也不能忽视的重大事项，虽然随着近年来煤矿生产技术水平的提升，安全形势有了好转，但是安全生产压力依然存在。首先，矿井自然灾害数量不断增加。随着全省煤矿开采深度的不断增加，矿井自然灾害也随之增加，特别是对于一些重组整合的矿井，存在比较突出的安全隐患，如资料不清、灾害不明以及水、火、瓦斯等灾害比较突出。其次，部分煤矿企业存在安全问题。特别是一部分煤矿企业仍存在主体责任落实不到位、隐患排查治理不到位、安全措施落实不到位等问题。再次，安全投入下降。受煤炭市场持续低迷的负面影响，随着煤炭产业亏损面的不断扩大，以及亏损时间的不断延长，煤炭产业安全投入、生产投入也受到了一定的影响，有些煤矿企业会出现采煤、掘进、瓦斯抽采的衔接紧张问题。最后，行业利润空间持续缩小，以及存在安全欠账等问题，不利于职工干部队伍的思想稳定，容易产生人心涣散、人才流失等现象，这在一定程度上使煤炭安全生产的形势更加严峻。在"十二五"期间的五年里，全省历年煤炭百万吨死亡率分别为 0.085、0.091、0.077、0.036、0.079，同时还发生了一些重大事故，2016 年全省煤炭百万吨死亡率为 0.053。虽然 2016 年全省煤炭百万吨死亡率有所下降，但是发生了 19 起煤矿事故，共死亡 44 人，从总体上看，全省煤炭安全生产形势仍不容乐观。

3. 科技创新支撑能力尚显不足

煤炭产业不是天生的污染产业，只要将技术创新运用到位和恰当，煤炭产业也可以实现绿色低碳发展。但从目前产业发展情况看，科技创新与技术更新在煤炭产业发展中发挥的作用尚显不足，主要表现在科技创新投入上，不管是资本还是人力，都远远落后于发达地区对产业发展的资金支持。此外，科技成果转化率不高，消化吸收和自主创新能力不强，科技对煤炭产业以及煤炭相关产业的发展支撑能力有待进一步提高。特别需要指出的是，一些核心技术未能取得更大突破，各级技术中心创新能力有待进一步提高，配套的相关建设有待进一步加强，同时，省内大型煤炭企业与地方煤炭企业之间的科技创新水平存在较大差距。一些科技创新项目存在高度和深度不够的现象，大多数科技成果也仅仅局限于从技术到研究技术、从问题到研究问题，尚未取得标志性的重大进展和突破。总之，资源和生产要素的配置效率低下，煤炭行业科技创新能力亟待提高，科技对现实的支撑作用尚显薄弱，严重制约了整个行业的可持续发展。

4. 人员退出和安置任务较为繁重

按照国家对煤炭产业的去产能要求，山西在实现年度目标任务的同时，必须面对并处理一个非常棘手和重要的问题，那就是退出人员的下岗分流与安置问题。煤炭产业是山西的支柱产业,对全省经济发展发挥着举足轻重的作用,从业人数占地区总人数的比例较高,以2015年为例,当年全省统计在册的常住人口为3664万人,其中16~59周岁的人口为2524万人,当年全省煤炭行业从业人员总数为115.15万人①,分别占常住人口总数和具有劳动能力人口总数的3.14%和4.56%。未来5年内,山西煤炭行业在扣除国家认定的先进产能后,产能退出率不低于12%,需化解过剩产能1.1亿吨,安置职工近11万人。2016年,山西关闭退出和减量重组煤矿25家,退出产能2325万吨,安置职工20166人②。产业从业人员数量大,要完成国家下达的去产能任务,山西面临较大的人员退出安置压力。

5. 煤炭企业面临较大的资金压力

受煤炭市场下行、煤炭价格下跌、煤炭企业规模盲目扩张、融资成本提高等影响,煤炭企业成本逐年增加,利润逐年递减,导致企业面临较大的负债压力,从而使煤炭企业的盈利能力和偿债水平受到挑战。随着煤炭行业利润率的急剧下降,银行也增加了对煤炭企业的贷款条款,门槛更高,特别是近年来,煤炭企业面临融资难、融资贵等难题。此外,由于煤炭企业涉足非煤产业多、规模大,发展相对缓慢,产业协同效应差,大而不同,这在一定程度上也导致煤炭企业的资产负债率较高。据有关方面报道,2015年山西五大煤炭集团③负债率达81.79%,当年整个煤炭行业的资产负债率接近70%;2016年山西煤炭企业的资产负债率基本保持在80%左右,资金压力非常大。如此高的负债率,导致煤炭企业发展面临较大的资金瓶颈,为了继续完成改造或维持生产,集团下属的煤矿之间相互进行资金拆借成为普遍现象。

---

① 数据来源于《山西省2015年国民经济和社会发展统计公报》。
② 2016年,山西煤炭、钢铁去产能共涉及25家煤矿和1家钢铁企业,共需安置职工31662人。截至2016年12月31日,已安置职工31586人,安置率达99.76%。
③ 山西五大煤炭集团分别为焦煤集团、同煤集团、潞安集团、阳煤集团、晋煤集团。

三 研判形势，抢抓机遇化解压力谋求长远发展

从当前的国际国内和地方经济发展形势来看，煤炭行业面临的内外部压力依然较大，转型发展的难度仍旧不小。但危机中同时蕴藏巨大的发展机遇，利用好国家和地方的经济发展政策，扬长避短、趋利避害，分析透内外部发展形势，有利于煤炭行业及行业内的所有企业共同奋斗、共同努力。

（一）客观认识煤炭在经济发展中的地位和作用

虽然目前煤炭行业和煤炭企业都面临较大的发展压力，全国各地也正在积极去产能，总的发展目标是压缩煤炭在经济发展中的占比，降低对煤炭能源的依赖以及对环境的污染。但是，不管出于何种目的，从短期来看，煤炭在我国能源结构中的地位和作用不会改变，我国以煤炭为主的能源格局不会改变，如果要改变，也只是比例上的小幅度变化，我们对煤炭的需求不会发生急剧变化。这一点是党中央做出的明确指示，同时也明示我们不要分散对煤炭的注意力，在推进其他新能源发展的同时，必须继续做好煤炭这篇文章。

煤炭在我国的地位和作用不会改变。这首先是由其自然属性决定的，从储量上来看，在我国已经探明的化石能源资源储量中，煤炭占到了94%；从发热成本上来看，煤炭发热成本相较于石油和天然气等要低很多，仅为石油的1/10、天然气的1/3；从延伸利用上看，随着煤炭技术的更新升级，可以对煤炭的衍生品多下功夫，也可以对煤炭进行深加工，降低其对环境的污染，提高煤炭附加值。其次是由我国的能源方针决定的，短时间内，"以煤为主，多元发展"的能源方针不会改变，煤炭的需求量和消费量还会保持一定幅度的增长。如果按照专家对我国经济增速的预测，在6.5%左右的经济增速下，全国对煤炭的需求还需保持适度增长，煤炭行业还有一定的发展空间。未来需要努力的方向是如何优化煤炭产业发展，在原有基础上实现清

洁、低碳、安全、高效发展,这就需要转变发展模式,而不是完全摒弃煤炭。

(二)煤炭产业发展的外部不确定性依然较大

从全球经济发展环境来看,虽然当代和平与发展的主题没有变,而且随着各国经济、政治、文化等的不断融合,国家间的交流与依赖关系更为明显,但是发展中国家和发达国家之间的较量从未间断,世界经济发展错综复杂。从世界经济和能源格局情况来看,国际贸易进入低速发展阶段,大宗商品价格波动不断,新兴经济体面临的困难和风险不断增大。虽然能源供求关系缓和了,但是供应格局更加多样化,消费重心也转向了世界东部。特别是欧洲地区,在不断调整能源结构的同时,带来的后果之一便是降低了对煤炭的消费量,而印度、越南等国家对煤炭的消费量逐渐上升。除此之外,新能源和再生能源发展迅速,全球对能源低碳化发展的呼声和要求越来越高,以信息化、智能化为主要特征的新一轮能源科技革命蓄势待发。

从我国经济发展环境来看,虽然面临较大的下行发展压力,但是在"十三五"时期,我国经济社会发展的大趋势不会改变,稳增长、调结构、保民生等主要目标不会动摇,经济发展的方向性将保持不变。但是,伴随我国经济发展进入新常态,煤炭行业步入"四期并存"的发展阶段,以及"三去一降一补"政策的逐步落地,国家实施的供给侧结构性改革会大刀阔斧地进行,这些都为煤炭企业的未来发展提出了严峻挑战。煤炭行业虽然面临较大的发展压力,但是国家明确提出"五大发展理念",对"十三五"时期的经济发展做出了明确指示,国家加快实施"一带一路"倡议以及京津冀协同发展、环渤海地区合作发展等重大战略,这些也为企业借势发展、融合发展、开放发展提供了历史机遇。

从地区经济发展环境来看,山西是典型的资源型经济地区,当前发展面临产能过剩、企业经营困难、管理体制机制不完善等诸多挑战,煤炭资源优势正在逐步丧失,全行业促转型、调结构、增动能的任务仍十分繁重。在

"一个指引、两手硬"发展思路的引领下,国家资源型经济转型综合配套改革试验区建设全面推进,全省深化改革的步伐不断加快,力度逐渐加大,为全省煤炭行业脱困发展、转型发展提供了强大动力。总之,在"十三五"时期乃至更长一段时间内,煤炭行业将迎来较大的发展挑战,但同样也面临重大的发展良机,只要有决心、有信心、有行动,就会化解压力和挑战,迎来长远持久的发展。

(三)山西煤炭产业发展重在顺势而为

山西是煤炭大省,是全国重要的能源基地,为国家经济发展做出了巨大贡献,但同时也付出了较大的代价,特别是在国家出台煤炭行业去产能具体量化指标之后,再加上随着环境的日益恶化,人民群众对环境治理的呼声越来越高,煤炭也被众人推上了风口浪尖,如何实现山西煤炭产业的转型发展,实现产业的清洁、低碳、安全、高效发展,是今后山西煤炭产业发展的主旋律。

对于去产能和转型发展,山西勇于承担,不畏惧、不退缩,将煤炭去产能摆上了重要日程,2016年在全国煤炭去产能任务完成中做出了重大贡献,成为全国去产能的"排头兵"。在坚决推行国家去产能政策的同时,山西还积极主动地发展先进产能,调整、优化产业结构,严格控制新增落后产能,对现有的落后产能采取逐步退出、逐步淘汰的措施。2016年底,国家对山西省的18个煤矿产能置换方案进行了批复,将落后产能淘汰,置换成先进产能,这样,山西煤炭先进产能占比提高到17%左右,相较于之前的10%,上升了7个百分点。2017年,山西仍将继续推进去产能工作,坚持用市场化的理念和方式有条不紊地实施去产能,年度去产能目标为1740万吨,在全国去产能任务中居于首位。

山西拥有这样的决心、勇气和魄力,敢于在煤炭产业去产能上下大功夫,采取这样的态度,通过不懈的努力,充分利用好国家给予山西的转型综改试验区等优惠政策,坚持改革创新,坚持用先进技术提升传统煤炭产业,秉持"依托煤但不依赖煤"的发展思路,大刀阔斧地推进转型发展,必能闯出一条资源型经济转型发展的新路。

四 坚持改革，勇于蹚出山西煤炭产业转型发展新路

（一）山西煤炭产业总体发展定位

山西煤炭产业发展面临的困境，在一定程度上讲也是全国整个煤炭行业面临的难题。总体上看，煤炭产业在短期内仍将是山西省的支柱产业，彻底摆脱煤炭是不可能的，我们要以煤炭产业为基础，坚持"煤炭搭台、非煤唱戏"的发展理念，在做强做精煤炭产业的同时，努力探索其他战略性新兴产业的发展，实现煤与非煤齐头并进、多元发展，以"时间换空间"。煤炭产业发展总体思路要遵循能源革命战略思想，围绕国家提出的"五大发展理念"，以产业转型脱困为具体目标，以深化体制机制改革为抓手，以提升产业的持续竞争力和发展力为根本，以增强产业的内生动力为途径，彻底实现黑色煤炭绿色发展、高碳资源低碳发展，真正探索出资源型地区、资源型经济转型发展的新路，丰富资源型经济理论和实践。

（二）消除误解，更新理念，增强产业发展的自信和自觉

在推进煤炭产业转型发展之前，首先要消除对煤炭产业的误解和错误认识，这样才能保证采取的措施有的放矢。第一，煤炭产业没有严重到"穷途末路"，短时间内还不至于彻底崩溃；第二，目前的煤炭产能过剩，不是绝对过剩，而是落后产能、不安全产能、非法违法产能导致的相对过剩；第三，煤矿生产，也不意味着必须死人，只要具有较强的安全意识、到位的安全措施，绝大多数煤矿是可以实现零死亡的；第四，只要坚持走信息化、机械化和智能化发展之路，煤矿工作可以做到"不脏不累"；第五，煤炭本身不是污染物，煤炭如果被利用得当，完全可以做到绿色、环保。

其次要理性分析历史，更新思想认识，坚定信心真抓实干。煤炭产业陷入发展困境，是由诸多因素造成的，但其中最主要的是没有掌握事物发展的

自身规律,加之没有理性制定产业发展战略规划,煤炭产业在经历了大规模的非理性投资之后,进入了"寒冬"期。当前,要客观冷静地分析煤炭产业的出路,不能再盲目发展,要制定正确的方向,采取有效的措施。要坚信,煤炭作为国家的能源基础,在短时间内是不可替代的,煤炭大省和煤炭企业需要做的就是改革创新、真抓实干,向改革要效益、向管理要效益、向成本要效益,坚定发展信心和决心。

(三)强化安全生产执行力,不断提升安全生产水平

首先,要树立牢固的安全生产理念。对于煤炭生产安全,来不得半点马虎,安全红线时刻都不能触碰。煤炭企业各级管理干部一定要时刻以如履薄冰和如临深渊的危机感、紧迫感、责任感,按照"铁的担当尽责、铁的手腕治患、铁的心肠问责、铁的办法治本"的要求,尽职尽责、尽心尽力地抓好安全生产。要正确认识安全生产与发展和经济效益的关系,在保证产业生产的同时也要实现安全,要明确发展经济绝不能以人的生命为代价,最大限度地杜绝重特大安全生产事故。

其次,政府要发挥好监管职能。按照"党政同责、一岗双责、失职追责"的安全生产要求和指令,进一步健全和完善煤矿安全生产责任体系,通过制定科学合理、行之有效的安全生产责任体系,从基础上抓好安全生产,用制度管人管事,通过体制机制创新实现持续发展。探索建立重大非法违法煤矿企业"黑名单"制度、重大隐患专家诊治制度、集中专项资金治理重大隐患制度等,充分发挥政府在煤矿安全生产中的执法监督作用,强化对煤矿软硬件建设、安全生产全过程的监管。

最后,要充分发挥企业的责任主体作用。鼓励、支持煤炭企业建立科学高效的安全生产责任体系,通过制定有效的监督措施,保证企业安全生产资金充足到位、对人员的培训到位,更重要的是保障企业在煤矿隐患排查、应急救援、安全质量标准化建设等方面做到位。科学压缩安全生产管理层级,减少汇报、沟通环节,大大节约时间,提高工作效率,特别要加强对基层生产一线的安全监管。

（四）推动煤炭资源整合重组，提高产业集中度

大力支持煤炭资源进行再整合、再重组，在煤炭主产区，尽量实现一个主体，减少重复的管理机构和层级，提高资源利用效率。继续支持省内有能力的大型煤炭企业集团进行兼并重组，对现有产能进行优化，淘汰落后产能，优化现有产能，通过打造几个具有典型性、代表性的大型煤炭集团，提高山西煤炭产业在市场上的话语权。根据国家对山西煤炭资源的整体规划，结合山西本地的发展规划和晋北、晋中、晋东三大煤炭基地及18个矿区的总体建设规划，重点打造三大煤炭生产基地，大力发展大型、特大型煤矿，提升煤矿的现代化建设水平，进一步提高煤矿的集约化水平，推动煤炭从传统的低端、低质、低效向高端、高质、高效转变，从而带动提高其他煤炭主体的生产质量和效益，发挥煤炭生产基地应有的地位和作用。

晋北基地重点培育同煤集团和中煤平朔两个亿吨级煤炭企业。充分发挥利用好动力煤的特点和优势，大力推进煤电一体化进程，重点加大国家级千万千瓦级现代化大型煤电外送基地建设力度。以煤基清洁能源和煤基高端石化产业两大发展方向为突破口，致力于打造高端煤化工产业集群，着力打造晋北现代煤化工基地。

晋中基地重点培育焦煤集团亿吨级煤炭企业。充分利用晋中地区富有的低热值燃料，如洗中煤、煤泥、煤矸石等，重点建设低热值煤电厂，加快建设国家级千万千瓦级现代化大型煤电外送基地。以煤焦化产业为突破口，着力打造煤焦气化产业链条。

晋东基地重点培育阳煤集团、潞安集团和晋煤集团，致力于推动三大煤炭企业向亿吨级企业迈进。对于这三大煤炭企业，着力支持实施煤电一体化发展战略，重点在煤基合成油、甲醇制汽油、煤制烯烃、煤制化肥生产等产业实现率先突破。

（五）大力支持技术创新，提升科技贡献率

牢固树立"科学技术是第一生产力"的发展理念，坚持科技引领煤炭

产业发展的理念和思路，坚持用技术创新突破发展难题，通过技术创新体系的构建与完善，不断推动实现技术与资本、技术与产业的深度融合发展。坚持通过技术创新提升煤矿基础设施现代化、信息化、智能化水平，逐步推动煤炭向清洁、低碳、安全、高效发展。

坚持发挥科技创新在煤炭开发与应用中的作用。依照全省科技创新的总体规划和思路，对煤矿的基础硬件设施加大科技创新研发力度，提升煤矿对重特大事故的应急救援反应能力。加强对煤炭生产开发中的环境保护，重点对井下采选充等一体化绿色技术进行研发，加大对高效建井和快速掘进、智能化综采工作面、特殊煤层高回收率开采、煤炭地下气化、煤系共伴生资源综合开发利用等技术的攻关力度。加大煤炭企业与各科研院所、高等院校的技术合作研发力度，联合对重大煤炭清洁利用科技项目进行攻关，对煤机产品生产的新工艺、新技术等进行合作研发，努力实现技术研发成果向煤炭现实生产力的转化。

（六）强化资本运作，逐步提高直接融资比例

完善融资方式。在与银行的合作中巩固传统产品，拓展新的空间和领域，提升银企合作层次，用好18个国有控股上市公司平台，在依法依规的原则下，大力提高煤炭企业主营业务的新动能，使其新产业特征更加突出。围绕财务公司建设资本运作中心，以资产资本化、资本股权化、股权多元化为重点，实现低成本扩张、高端化发展。推动资产证券化，对于条件成熟的煤炭企业可以考虑成立期货公司，开展"套期保值"等相关业务，拓展行业和企业的发展空间。

优化融资结构。在以原有银行贷款融资途径为主的基础上，尝试发行各种新型债券，围绕永续债、企业债、中票、私募、短融、超短融等扩大直接融资比例，使煤炭企业整体融资期限更长，在同期限融资产品中有效降低财务费用，实现融资渠道多元化，形成长短期融资更为合理的融资结构。

坚持市场化去杠杆。将债转股和混合所有制改革作为企业去杠杆的主攻方向，坚持市场化、法治化原则推进债转股，弱化行政力量的主导和干预，

最大限度地实现不良资产的市场化定价。发挥商业银行在资金充足、人才专业等方面的优势，由商业银行自身主导，成立全资的资产管理公司，或与企业联合成立基金公司，按照债转股实施意见有序推进债转股工作；通过推进混合所有制改革，吸引社会资本，提升国有企业的再投资能力，在国有企业总债务不变的情况下，做大国有资产总规模，或者优先偿还企业负债，显著降低国有企业资产负债率。

（七）打造高素质专业人才队伍，强化人力资源保障作用

建设新型煤炭产业大军。创新煤矿产业队伍建设机制，实行煤矿从业人员准入制度，围绕"如何用工"和"用什么工"两大核心，打造专业化的产业人才队伍，致力于达到规范化、制度化和科学化。进一步创新劳动用工管理机制，通过创新劳动用工培养模式，全面实现"变招工为招生"，对预备上岗的人员提前进行岗前培训，一方面，可以提高从业人员的专业素质；另一方面，可以缩短人员上岗的适应时间，提高工作效率。充分发挥各级煤矿工会的职能和作用，多开展各类技能竞赛等活动，鼓励广大煤矿职工自学成才、岗位成才。

实施人才素质提升工程。加强对煤炭企业员工的教育培训，丰富培训内容和形式，提高培训的针对性和有效性；制定出台技术、技能人才学历以及职称晋升激励政策，鼓励中层以上领导干部进行轮岗、挂职锻炼等，多渠道提升煤炭企业干部员工的专业能力和素质；由政府牵头，各科研院所、高校要加强与煤炭企业的沟通、交流与合作，调整专业学科设置，加强科技攻关和基础技术研究，积极完善人才培养体系。

探索建立职业经理人制度。在坚持"党管人才、党管干部"的前提下，逐步实行国有企业经理人的市场化选聘与考核机制。制定严格规范的国有企业职业经理人选聘标准，按照市场化的原则，针对不同类别、不同层级、不同岗位的用人需要，建立招选结合的选人渠道和方法；建立健全以业绩为导向的考核机制，将考核结果与职业经理人的去留、升迁及薪酬紧密挂钩；建立重大事项问责机制、信息披露机制等，充分发挥外界对职业经理人的监督

作用;注重职业经理人综合能力的提升,在注重"用"的同时,更加关注"育",有计划地开展职业培训,不断提高其综合素养以及市场化、专业化水平。

参考文献

[1] 《煤炭工业发展"十三五"规划》,人民网,2016年12月31日,http://energy.people.com.cn/n1/2016/1231/c71661-28991469.html。

[2] 《山西省"十三五"煤炭工业发展规划(2016~2020年)》,煤炭江湖网,2017年5月24日,http://energy.cngold.org/zcfg/c5037030_44.html。

[3] 岳福斌主编《中国煤炭工业发展报告(2011~2015)》,社会科学文献出版社,2012。

[4] 《卜昌森:只有改变才能重生——中国煤炭行业的昨天、今天、明天》,中国煤炭人才网,2016年4月18日。

[5] 王晓易:《研究称"一煤独大"致山西GDP增速下滑 亟须破解"资源诅咒"》,中国新闻网,2014年5月23日,http://news.163.com/14/0523/14/9SUH4PH400014JB6.html。

[6] 韩芸、王云:《山西煤炭产业发展历程、趋势及对策研究》,《经济师》2015年第8期。

[7] 李志强主编《山西资源型经济转型发展报告(2016)》,社会科学文献出版社,2016。

[8] 吴达:《我国煤炭产业供给侧改革与发展路径研究》,中国地质大学(北京)博士学位论文,2016。

[9] 许小年:《寻求经济增长新动力——以供给侧改革开拓创新空间》,《新金融》2016年第1期。

[10] 吴小雁、王砾尧:《去产能到位 煤炭行业才能长期健康发展》,《中国改革报》2016年10月27日,第1版。

[11] 张临山、张毅:《煤炭供给侧结构性改革三人谈》,《山西日报》2016年6月23日,第3版。

[12] 李志强主编《山西资源型经济转型发展报告(2015)》,社会科学文献出版社,2015。

[13] 陶镜羽:《未来五年全球煤炭需求进入低成长期》,《中国电力报》2016年12月17日,第12版。

［14］梁敏：《世界能源蓝皮书：煤炭市场的黄金时期已经结束》，网易财经，2017年6月26日，http：//money.163.com/17/0626/17/CNSF2C6B002580S6.html。

［15］金碚：《中国经济发展新常态研究》，《中国工业经济》2015年第1期。

［16］金碚：《全球化新时代的中国区域经济发展新趋势》，《区域经济评论》2017年第1期。

［17］吴敬琏：《以深化改革确立中国经济新常态》，《探索与争鸣》2015年第1期。

［18］魏杰：《深度剖析中央决策层2017年中国经济主要思路》，《招商引资内参》2017年6月3日。

［19］迟福林：《二次开放——全球化十字路口的中国选择》，中国工人出版社，2017。

［20］向铮：《基于产业转型的煤炭资源型城市竞争力提升研究》，山东师范大学博士学位论文，2016。

［21］刘先彬：《中国煤炭产能过剩成因机理和对策分析》，河南大学硕士学位论文，2016。

［22］王一新：《解放思想　抢抓机遇　迎难而上　不辱使命　坚决打赢国资国企改革攻坚战——在全省国有资产监督管理工作会议上的讲话》，山西省人民政府国有资产监督管理委员会网，2017年2月9日，http：//www.sxgzw.gov.cn/info/1476/25487.htm。

B.7 山西建筑产业化发展实践与推进建设研究

李志强 李泽*

摘 要： 建筑产业化是建筑业发展的必经途径，也是经济转型发展的必然要求，遵循"创新、协调、绿色、开放、共享"的发展理念，既符合事物发展的必然趋势，也符合建筑行业的自然发展规律。由于山西特有的产业结构和历史原因，山西建筑产业化发展相对滞后，在国家主导下，借鉴发达国家的先进经验，全国正在大范围积极推进建筑产业化，并在人员、资金、技术等方面予以支持和倾斜，山西建筑行业不能再错失重要的发展机遇期，只有理性分析自身问题，充分发挥应有的优势，抢抓历史机遇，科学进行顶层设计，分阶段、分步骤地稳步推进建筑产业化进程，才能培育出行业强劲的市场竞争力，在未来的建筑市场中争得一席之地。本报告在阐述建筑产业化基本理论概念的基础上，对我国建筑产业化的发展历程进行了简要回顾，重点对山西目前的建筑产业化现状进行了剖析，指出当前山西建筑产业化面临的问题和障碍，提出推进山西建筑产业化的方向和路径。

---

* 李志强，山西大学中国中部发展研究中心主任，山西大学经济与管理学院、山西大学管理与决策研究所、山西大学资源型经济转型发展协同创新中心，博士、教授、博士生导师，主要研究方向为制度理论与竞争力、资源型经济转型、战略与创新管理、标准化研究；李泽，硕士、经济师，山西建筑工程有限公司企业发展部经理。

关键词： 建筑行业 转型升级 产业化 装配式住宅

自 2008 年全球金融危机爆发之后，世界经济进入了下行发展阶段，到目前为止，全球经济也没有完全复苏，我国也一样，经济发展下行压力仍然比较大。经济发展新常态，是对我国当前经济发展阶段的科学分析和判断，符合经济发展理论，具有一定的科学性和现实性，表明我国经济进入了一个新的发展状态和阶段。同时，自 2015 年底开始，中央提出供给侧结构性改革和"三去一降一补"等政策，建筑行业也进入了新的发展阶段，降成本、补短板成为重要发展目标和任务。由于建筑行业是高耗能、高污染的产业，鉴于全社会对环境保护的渴求和国家对环境污染治理力度的加大，建筑行业必须自我加压，转型升级迫在眉睫，必须以高度的责任感和历史使命感推行建筑产业化。

从我国目前建筑产业整体发展状况看，虽然在总量上我国的建筑业占全球的 50% 左右，但我国的发展模式仍然比较粗放，产业化率仅为 5% 左右，远远低于发达国家的平均产业化水平，目前发达国家的产业化率平均在 70% 以上。建筑业产业化程度低，一方面说明我国建筑业的现状不容乐观，另一方面说明我国建筑业的提升空间还很大。国家在建筑产业化发展上给予了大力支持和鼓励，2017 年初出台了建筑行业持续健康发展的相关意见①，明确指出要支持我国建筑企业大力发展装配式建筑，争取用 10 年左右的时间，使我国装配式建筑面积占新建建筑面积的比例达到 30% 以上。这对我国建筑行业提出了非常明确的发展目标和要求，同时也为我国建筑产业发展提供了良好的机遇。

综上所述，建筑产业化是产业发展的必然阶段，符合产业发展趋势和规律，势不可当。为了将山西建筑产业化做精、做细、做优，必须对其发展的基本情况和面临的问题进行细致剖析。

---

① 《国务院办公厅关于促进建筑业持续健康发展的意见》，2017 年 2 月。

一 建筑产业化的内涵、特征和意义

（一）基本概念

首先是产业，其英文翻译为 Industry，与工业的内涵是相同的，都是由提供相近产品或服务并在相近或相关价值链上活动的企业构成。

其次是产业化，其英文翻译为 Industrialization，与工业化的内涵也是相同的，是指产业发展到一定程度后必然要经历的发展阶段，其主要特征是经济发展重心转移到制造业，而不再停留在初级产品阶段。

最后是建筑产业化，有国外和国内之分。在国外，按照联合国的定位，建筑产业化是指生产要保持连续性，生产物要实现标准化，生产过程各阶段要采取集成化，项目工程要实现组织化，劳动要运用机械化，生产与组织要开展研究，等等。在国内，起初建筑产业化被称为建筑工业化。其实，如果从本质上挖掘，工业化和产业化还是有很大区别的，工业化更强调技术的主导作用，产业化更强调外部市场的作用。所以，当时我国叫建筑工业化是具有计划经济特征的，后来逐步改为建筑产业化。

综上所述，建筑产业化的基本含义，主要是指在充分运用现代化、信息化、智能化的管理方式和模式下，对建筑产品首先进行标准化的设计，然后进行标准化的生产，最终实现各类建筑产品构件的模块化、标准化、通用化以及工地现场施工的机械化、装配化。从这个解释来看，建筑产业化是指整个建筑产业链条和每个环节上的工业化，不再局限于具体的生产环节，还包括上游的产品设计以及下游的产品销售等环节。

（二）建筑产业化的本质和特征

建筑产业化的核心是建筑生产的工业化，而建筑生产的工业化，其本质是"五化"，即生产的标准化、生产过程的机械化、工程管理的规范化、建设过程的集成化、生产与研发的一体化。从特征上分析建筑产业化，其实现了"四大转变",即设计由无序到标准化、生产由工地到工厂、施工由现场制作到现场装配、管理由有纸化到无纸化(换句话说,是管理的信息化及智能化),具体体现在以下几个方面:一是设计的标准化;二是生产的工厂化;三是现场施工的装配化;四是过程管理的信息化。

第一,设计的标准化。要求在《设计标准化手册》的指导下,从源头方案设计之初就遵循相应的标准,做到建筑构件和配件的标准化、模块化。当然,标准化不是说所有的建筑设计都一模一样,而是要遵循统一的原则,如节点构造参数标准化、结构形式体系化等,通过标准构件和配件的随意组合,可以设计出各类外形的建筑物,类似搭积木。

第二,生产的工厂化。这一点是建筑产业化最基本的体现,为了提高生产效率,同时也为了节约能源,更重要的是实现后续的现场装备,就必须进行工厂模式的生产,这一环节是整个建筑产业化的核心和关键。

第三,现场施工的装配化。通过现场装配施工,建筑物的生产过程变得和组装汽车一样简单高效。需要指出的是,建筑产品工业化的施工方式,要求较高的精细程度、较快的施工速度,所以必须让专业化的、具有一定机械化水平的施工企业来承担,否则会耽误工期,甚至带来较高的生产成本,导致效率低下。

第四,过程管理的信息化。要实现建筑产业化,必须对每个环节严格把控,从设计、预制到安装各个环节都要科学规划,统筹推进,否则很难获得理想的经济效益。目前,西方国家成熟的建筑产业化体系,都是集研究、设计、预制、安装于一体的,有的甚至自己就是开发商,主导产业化建筑的施工与建设。

(三)建筑产业化的重要意义

建筑产业化,从大的方面来讲,是经济发展和产业发展的必经阶段,符合事物发展的客观规律,具有顽强的生命力和适应力,对提升产业发展效率具有较大的推动作用,是我国经济发展新常态的必然要求,符合"五大发展理念",对建筑产业转型升级、可持续科学发展具有不可低估的作用。具体来说，具有以下三个方面的重大意义。一是提高了工作效率。不管是建筑构件还是配件的研发，抑或是建筑产品的生产以及管理的手段，都是依托先进技术来进行的，具有标准化、智能化、信息化、通用化等特征，大大提高了建筑产业的生产效率和工作效率。二是大大减少了对环境的污染。由于施行了统一的设计、生产与管理，大幅度减少了生产的重复和管理成本的浪费等，在一定程度上降低了对建筑材料的重复使用，从而达到了保护环境的目的，符合国家倡导绿色建筑、低碳施工的要求。三是最大限度地实现了节能降耗。由于采用标准化的建筑零部件生产模式，建筑产品具有通用性，所以大大提高了时间使用效率、空间使用效率，大幅度降低了人工成本，减少了对能源和资源的使用量，可以实现70%以上的节能与节水，进而减少了建筑垃圾的产生量。

二 国内外建筑产业化发展历程概述

（一）国外建筑产业化发展历程

国外建筑产业化起步较早，到目前为止西方发达国家建筑产业化的平均水平在70%以上，产业化程度较高。从本质上讲，国外推动建筑产业化进程的最主要动力是"二战"之后的劳动力紧缺，既要满足日益增长的住房需求，又要解决劳动力短缺的矛盾，最终的选择便是建筑产业化，强调要节省人力，要提高效率，要节约资源能源。随着经济的发展，住宅市场不断扩大，人们对建筑住宅产品的需求也越来越多样化，要求建筑产业化的内涵和外延都要相应地随之变化，从单一的注重效率的数量型发展转向满足各类需求的质量和数量并重发展，既要实现建筑产品和构件的标准化生产，又要满足人们需求个性化和多样化的需要。

纵观发达国家的建筑产业化历程，比较具有代表性的是欧美国家、瑞典、澳大利亚、日本等，这些国家的建筑产业化水平均超过了70%，基本上可以认为这些国家的建筑产业化进入了成熟阶段。其中，尤其值得指出的

是，这些国家商业住宅的工业化程度已达到85%以上，节能水平在65%以上，其模块化建造技术代表了目前世界上最先进的住宅产业化水平和住宅节能水平，在很大程度上实现了建筑构件在工厂生产、装配式的现场施工，在住宅产业上提前实现了产业化，为住宅产业的可持续健康发展奠定了坚实基础。

1. 日本的建筑产业化

日本的建筑产业化，是从住宅建筑开始的，特别是在"二战"之后，日本坚持实施住宅建设的产业化和标准化，其发展历程大致分为四个阶段。

（1）住宅的复兴期（1945~1955年）

这个阶段对住宅的最大影响是，加大了对厨房的关注，提高了厨房在整个住宅中的面积占比，目的是提高人们在就餐过程中的幸福指数，这一成果被总结为DK型设计标准，即Dining Kitchen。

（2）标准的设计期（1956~1965年）

在前一阶段的基础上，此阶段最大的亮点是对住宅建筑实施了统一的标准设计方式，并制定出台《住宅公团法》，对标准设计进行监督和管控，同时逐年对其进行改进，在全国统一规范、统一使用，基本上采用标准设计，施工企业是无权进行修改的。

（3）高层住宅期（1966~1976年）

1966年日本正式出台相关政策法规，要求将住宅产品作为标准化的定型产品，在工厂进行标准化的提前定制，现场进行装配式安装，凡是新开发的住宅区，全部采用标准化、产业化的建造模式。随着经济的发展，土地越来越紧缺，日本从20世纪70年代就开始着手设计30层以上住宅的建筑标准体系。

（4）低层住宅期（1977~1985年）

日本建筑产业经过30多年的发展，人均住宅量为1.3室，全国范围内每户的平均住宅面积为80平方米，也就是说，当时日本居民的基本居住条件已经非常好，但是居民提出了更新、更高的居住要求。为了满足居民对住宅的新要求，日本又开始发展低层住宅建设，其设计理念是亲近大自然，提高居民的居住幸福指数。

在住宅建筑产业逐步发展的同时，自1960年开始，日本推动建筑产业化的一个重要发力点是建筑构件和部件的标准化与通用化，这里讲的部件，是指除了主体结构以外的通用的部件。直到今天，我国消费者对日本的小型家装产品仍然非常喜爱，因此发生了类似抢购马桶的事件，值得国内生产厂家深思。

2. 美国的建筑产业化

相较于日本，美国在住宅建筑上的标准化和通用化程度更高，基本上达到了100%，特别是对一些私人住宅进行的房屋装修，可以不邀请专业的装修公司或者团队，自行去超市购买对应的配件，按照说明自行组装即可，大多数情况下都可以自己操作，既经济实惠又操作方便。美国建筑的部件，不管是主体架构还是其他部件，基本上实现了工厂化、标准化生产，并且通用部件和各类制品采取商品化供应，应有尽有，满足了普通消费者的需求。例如，不光家装所需的一些原料和构件可以根据自己的要求去超市购买，甚至一些活动房屋或者成批、成规模的木框架结构产品，也都有相应的预制配件，消费者可以通过查阅产品目录，到指定的销售网点购买。这些产品的特点就是标准化、通用化，适用范围不是十分受限，也非常容易进行批量式的机械化生产。

3. 加拿大的建筑产业化

相较于美国和日本的建筑产业化，加拿大的建筑产业化是从"健康"开始的，以"健康住宅"为源头，逐步发展相应的标准技术和管理体系，形成了各种结构（木结构、轻钢结构、混凝土板式结构以及轻钢与混凝土复合结构等）的建筑体系以及相配套的工厂化生产模式，并建立了相应的技术标准体系，编制了技术标准目录，构建了设计标准化、生产工厂化、施工机械化、管理一体化的现代化住宅建筑生产体系。

在众多材质的建筑结构体系中，木结构可以称为加拿大的基础，因为木材在加拿大十分充足，产量大，这为发展木结构住宅建筑标准化奠定了基本的物质基础。加拿大的多数低层住宅基本上采用木结构的住宅体系，这种住宅体系现代化程度较高，生产工艺和配套技术都比较成熟。除了木结构，就

是轻钢结构,它是仅次于木结构的一种建筑结构,在加拿大也取得了长足发展。轻钢结构体系的主体结构以钢代替木,牢固性更强,一般用于比木结构更高层次的旅馆或者公共建筑,可以建造到七层,住宅一般到五层。混凝土板式结构以及轻钢与混凝土复合结构主要应用在高层住宅的建筑上,其中混凝土板式结构与我国目前使用的混凝土框架结构相近,利用各种模板、模块技术,进行机械化的生产与施工;轻钢与混凝土复合结构则是一种新型的结构形式,是将钢与混凝土黏合在一起生产出的板制产品,主要运用在横梁、顶梁和立柱上。

4. 瑞典的建筑产业化

瑞典是北欧国家推行建筑产业化的典型代表,欧洲居民认为"瑞典是工业化住宅最发达的国家",目前瑞典住宅建筑部件的通用性达到了80%以上。瑞典的建筑具有比较鲜明的特色,主要体现在以下四个方面。一是技术标准化体系有良好的先天基础。这是瑞典独有的特点,是任何其他国家都无法比拟和赶超的,因为早在20世纪40年代瑞典就已经开始进行住宅建筑模数协调的研究,到60年代开始了大规模的建筑部件标准化,并纳入国家工业标准,其标准化体系建立较早。二是住宅建造工业十分发达。这为专业化生产奠定了基础,是实现生产工厂化的前提。在瑞典这个国家,80%以上的住宅是独立式的,而这些独立式住宅中的90%是采用产业化方法建造的,由此可见其产业化程度之高,为推动建筑产业化提供了强有力的支撑。三是政府高度重视建筑产业化。这表现在瑞典政府一直致力于标准化技术体系的建立与完善,自20世纪40年代开始就与科研院所和标准化协会等合作,努力形成自己本国的技术标准,在技术标准化体系建设上下足了功夫。四是各类社会住宅建设组织发挥了积极作用。社会组织中比较具有代表性的是居民储蓄建设合作社①(HSB),由63个住房合作协会组成,对本国的建筑产业化进程起到了巨大的推动作用。

---

① 此机构的运作模式是,根据会员入会时间的长短以及储蓄额的多寡来决定其选择住房的先后顺序。

（二）国内建筑产业化发展历程

相较于发达国家，我国建筑产业化起步晚一些，目前的产业化水平低一些，但是我国一直在关注、支持、鼓励、推进建筑产业化，并取得了较好的成效。在我国，建筑产业化的源头是建筑工业化，因为当时的具体国情，我国侧重计划经济，市场化程度不高，所以称之为工业化更贴切。由于本报告讨论的重点不在此，所以我们姑且称之为建筑产业化，这更能反映出我们对建筑产业发展的目标与期望。纵观我国建筑产业化发展历程，大致经历了三个阶段。

（1）第一阶段，20世纪50~60年代。由于与苏联来往较多，合作密切，所以我国当时较多地学习了苏联的建筑模式，在一些预制构件、中小型建筑施工机械等方面开始进行引进发展，在装配式工业厂房和砌块房屋方面的发展较快。

（2）第二阶段，20世纪70~90年代初。在前一阶段的基础上，进一步改进了建筑产业化的设计标准，在生产和施工环节也特别注重标准化的操作模式，在此阶段，我国在大模板、框架轻板、机械化施工等方面取得了长足进步。

（3）第三阶段，1995年至今。根据之前建筑产业化推进过程中遇到的主要问题，借鉴发达国家的先进经验，我国自1995年开始对建筑产业化进行全面提升发展，以提高住宅产品质量、降低工程成本为切入点，致力于实现住宅产业现代化。时至今日，我国形成了以示范工程为载体，以房地产公司、建筑公司为主导，以材料设备公司为辅助的市场体系，建筑产业化程度逐步提高。

对于当前我国建筑产业化的推进情况，国家一直致力于支持鼓励建筑企业大力发展装配式住宅，对装配式住宅的资金、技术支持，以及对项目比例的硬性要求，都势必加快建筑产业化的步伐。2017年3月，国家住建部印发《"十三五"装配式建筑行动方案》，要求到2020年，在全国范围内实现装配式建筑面积占新建建筑面积的比例达到15%以上，其中重点推进地区

达到20%以上，积极推进地区达到15%以上，鼓励推进地区达到10%以上；培育50个以上装配式建筑示范城市，200个以上装配式建筑产业基地，500个以上装配式建筑示范工程；打造30个以上装配式建筑科技创新基地。2017年5月，我国住建部发布《建筑业发展"十三五"规划》，对建筑产业化发展提出了明确目标和具体任务，鼓励建筑行业和建筑企业大力发展装配式建筑结构，建立设计、生产、施工、验收等标准化质量评价体系。

相较于西方发达国家的建筑产业化发展，我国的建筑产业化程度偏低、进程偏慢，如果非要给我国建筑产业化进程划分一个层次，那么我国现在基本处于起步阶段，最关键的统一通用的技术标准体系还未真正建立，这是建筑产业化的关键环节。除此之外，信息化程度低、成本高、产业链未贯通等问题也是制约我国建筑产业化进程的主要因素。所以，从总体上看，我国的建筑产业化任重道远。

三 山西建筑产业化发展现状与存在的问题

（一）山西建筑产业化发展现状

山西的建筑产业与煤炭产业发展类似，长期以来都是粗放式的，对能源的消耗大，对环境的污染也大。在全国范围内审视山西的建筑产业，山西在行业发展的政策环境、科技创新水平、产业化程度等方面，与发达省份相比都存在较大差距。我国建筑产业化相较于国外要付出较大努力，实现较大突破，同样，山西建筑产业化相较于发达省份和地区，也要付出艰辛的努力。

山西的建筑产业化起步较晚，由政府牵头出台的正规文件是2014年的《山西省人民政府关于加快推进建筑产业现代化的指导意见》。该指导意见对山西的建筑产业实施进程进行了详细说明，将2015～2025年划分成试点示范期（2015～2017年）、推广发展期（2018～2020年）、普及应用期（2021～2025年）三个阶段，并对每个阶段的重点发展任务进行了详细说明。在试点示范期内，太原和大同是重点发展的两个区域，致力于打造建筑产业化龙头企业，为后续推广积累经验、总结不足。在过去的两年多时间里，山西为推动建筑产业化进程，做了大量工作并进行了不懈努力，积极鼓励建筑企业推行装配式住宅，并在技术标准、政策优惠等方面给予大力支持。其中，比较具有代表性的是山西四建集团有限公司与太原理工大学开展的钢结构装配式住宅体系合作研究试点，山西能投所属的经建投远大建筑产业化（PC工厂）建设项目签约实施，山西省首个装配式住宅产业化项目落地，等等。

2017年是深入推进供给侧结构性改革的重要一年，山西在建筑产业转型升级上也在努力突围。2016年下半年，省委、省政府出台发布了《山西省住房和城乡建设事业"十三五"规划》，提出到2020年要实现全省范围内装配式建筑面积占新建建筑面积的比例在15%以上；2017年初，《山西省政府工作报告》指出，要采取大力支持企业建立全产业链生产体系等一系列措施做大做优建筑业。虽然山西建筑产业化程度不高，但是面对这些利好消息和政策支持，山西下一步的重点将是研究如何抓住政策利好，推进装配式建筑发展，实现建筑产业转型升级，"再添一把火"，在新建项目中给予装配式建筑更多机会和"用武之地"。特别是自2017年4月以来，榆次、高平、运城建筑产业园区先后开工建设，一批建筑产业化项目将加快上马，为建筑产业化推广应用增添了动力和活力。

山西建筑产业化工作正按照省政府和省住建厅规划的时间节点要求和任务安排稳步推进，加快"赶考"和"补考"，力争后来居上，为建筑产业"浴火重生"找到突破口。

（二）山西推进建筑产业化的主要障碍

不管是哪个国家、哪个地区、哪个企业，在推进建筑产业化进程中，都避免不了要面临或者出现一些问题和困难，在出现的这些问题中，有些是技术层面的，有些是资金层面的，还有一些是市场层面的，等等。对照山西建筑产业化的发展情况，山西目前主要在技术标准体系建立和产业发展扶持政策方面比较薄弱。

首先是技术标准问题。建筑产业化的关键一环就是技术标准体系的建立

与推广。建筑产业化的特性是设计的标准化、生产的工厂化、现场施工的装配化、过程管理的信息化,这就要求建筑产品和构件都必须具有一定的通用性,应用的范围要广一些,不能局限太大。技术标准的确立必须由主管部门或行业协会牵头,在全地区范围内建立统一的标准和规范,从设计开始施行统一的标准。从山西目前的情况看,建筑产业化还没有建立统一的技术标准体系,各类建筑产品和构件在设计和生产中都不具有通用性,后续的装配式施工和统一的信息化管理也就无从谈起。其实,技术是最关键的要素,技术突破了,建立了统一的技术规范和标准,生产、施工等环节就都变得顺理成章、简单易行了。

其次是产业政策缺失问题。从目前山西建筑产业化政策支持方面来看,尚处于起步阶段,一些优惠支持政策非常笼统,细节性不强,要对建筑产业化的技术研发经费、税收减免、贷款优惠等金融政策进行具体规定,努力做到让建筑企业对照相关政策条款就能享受到优惠政策,缩短政策操作时滞。同时,对于其他非财政性优惠措施,也要加快出台实施细节,在条件允许的情况下,特别要对豁免建筑面积、放宽容积率和建筑高度限制等方面提供支持与优惠,对建筑产业化工程项目在报批、报建等环节开通"绿色通道",缩短审批时间,提高行政工作效率。

总之,在推进山西建筑产业化进程中,技术标准和产业政策是两个比较突出和关键的问题,特别是技术标准的建立和推广,是推行建筑产业化的关键和根本,技术问题解决了,加上政府的大力支持,相信山西的建筑产业化水平和进程一定会大大提高和提速。

四 山西建筑产业化发展路径和政策建议

建筑产业化是一项规模庞大的系统工程,是建筑业发展大势,既要不失良机,加快节奏,又要以务实的作风,通盘考虑,稳步推进。针对目前存在的主要问题,借鉴国外建筑产业化发展经验,山西要重点在以下几个方面做出成效。

（一）重视技术标准化建设，大力支持创建技术标准体系

加大对标准的推动建设力度。根据山西省目前关于建筑产业化的相关指导意见和发展规划，结合省内建筑产业和建筑企业发展的实际，鼓励和支持行业协会编制团体标准、企业标准，建立建筑产业化设计、部件部品生产、生产施工、安装、验收、评价等工程建设标准体系，完善技术标准，建立以标准为依据的认证机构，约束工程和产品严格执行相关标准。

加强关键技术研发。要健全和完善产学研工作机制，集中资源、人才优势，针对不同类建筑产品，有针对性地研发推广应用先进的建筑技术体系。组织资源投入，支持建筑产业现代化基础性研究，开展适用技术应用试点示范。要培育省级技术研发中心、技术人员培训中心，鼓励建筑产业链上下游企业组成建筑产业化联盟，同时要加大对 BIM 技术的研发和集成应用。

（二）加强政策支持体系建设，切实发挥政策的支撑功能

首先，建议由政府牵头，划分责任到具体的厅局或者其他主管部门，层层出台相应的实施计划和措施，成立由政府相关机构和省内优秀建筑企业代表组成的建筑产业化领导组织机构，负责全面推进全省的建筑产业化相关工作。即将出台的《山西省人民政府关于促进建筑业持续健康发展的实施意见》中要明确，成立建筑产业化组织机构，建立建筑产业化体系，力争到2022年，实现全省装配式建筑面积占新建建筑面积的比例达到21%。

其次，建议政府牵头编制《山西省建筑产业化中长期发展规划》，为省内的建筑产业化发展提供方向和引领。各地市要结合本地区经济、技术、市场需求情况，制订本地区建筑产业化实施方案，在保障性住房、公共建筑及桥梁、综合管廊等市政基础设施建设方面，优先采用装配式建造方式，农村、景区要因地制宜发展木结构和轻钢结构装配式建筑。

最后，出台有利于建筑产业化推行推广的政策，为社会、市场自主推进建筑产业化营造良好的环境，同时鼓励建筑企业先行先试，开展试点工作。

谋划和建设好省政府提出的建筑产业园区，统筹规划，加快建设钢结构、绿色建材、地下综合管廊、仓储物流、科技研发等基地，对进驻企业实行差异化用地支持，促进行业集聚发展；各地市财政要加大资金专项支持力度，设立建筑产业化专项扶持资金，奖补产业园区建设。发挥好榆次、高平、运城、忻州等建筑产业园区的带动作用。

（三）加大试点推进力度，努力发挥试点的引领示范作用

积极贯彻落实省内已经出台的建筑产业化相关指导意见或专项工作建议，包括企业和产业两个层面。首先，开展小范围的试点，率先在某个环节或某个部件上实现突破，从而实现"以点带面"。例如，在某个建筑构件或者配件上开展标准化设计与生产试验，看能否达到理想中的通用性，如果实际中达到了预期效果，那么就可以继续跟进或者开展更大范围的试点。在推进产业化进程中，要特别注意不能急于求成，要稳扎稳打。其次，对一些重点项目进行全程跟踪并给予政策支持，对于一些具有代表性的产业化项目，由政府牵头组织企业与科研机构或者高等院校进行联合研发，政府和企业都要勇于承担建筑产业化推行推广的历史责任，积极寻求合适的项目作为载体和突破口。最后，重点支持几个优秀建筑企业，打造试点企业代表，对于硬件基础好、软件条件也不错的优秀企业，为其创造较多便利条件，鼓励支持其推进产业化进程，选好突破口，培育具有一定代表性和典型性的优秀骨干企业。

积极推进建筑产业化基地建设。要大力贯彻落实省委对建立大型建筑产业化生产基地的要求，加大调研力度，选择符合条件的地市，上马建筑产业化生产基地项目。在全省建筑产业化发展总体布局的要求下，按照目标基地的建设要求，根据各企业的技术标准层次和情况，实行分级分类入驻，并建立相应的数据库，最大限度地发挥每个企业的专长，在具有自身优势的细分市场上做强做大做优，找准发力点。鉴于目前省内的建筑产业化现状，可以考虑先在住宅建筑上大力突破，边干边学边改进，逐步将建筑产业的各个链条打通，最终实现整个建筑产业的转型发展。

（四）建设新型建筑产业大军，实施人才强产战略

创新建筑产业人才队伍建设体制机制，实行严格的建筑产业从业人员准入机制，要求从业人员必须具有相应的从业资格和学历证书，达不到资格要求的决不允许招用，致力于建设规范化、制度化、素质化、专业化、现代化的新型建筑产业队伍；加大人员上岗后的培训教育力度，通过与科研院所、高等院校等合作，创新产学研合作模式，保障各类人才后续能力和素养的提高，拓宽从业人员素质专业化提升的途径；发挥人才支持和智力支撑作用，打造专业化的产业工人队伍、专业化的技术研发团队、专业化的管理团队，提高基层和基础的保障力，练好基本功。

特别要按照中央和省里的国企改革要求，通过内部培养和外部引进两种手段，加大对职业经理人的改革支持力度。遵循市场化的理念和原则，如果担心会产生负面效果，可以选择几家开展试点，在条件成熟后再大范围推广。在改革中避免不了会触动利益，但是改革就是要动真刀子，来不得半点虚假，可以借鉴中央企业职业经理人改革模式，在一套班子中实行两套薪酬体系，并提前做好绩效考核、后续提升的风险防控。同时，要按照中央"三个区分开来"的改革容错机制，对改革中的失误和错误与故意的违法违纪区分开来，通过股权等措施激发职业经理人干事创业的热情。

（五）积极开展对标学习，坚持"内脑"与"外脑"并用

借鉴学习优秀企业的发展经验，可以少走弯路，提高针对性和工作效率。交流学习的空间途径主要有两个：一是国外的优秀建筑企业代表；二是国内的优秀建筑企业代表。除此之外，还可以通过其他手段和渠道进行学习，其中最节约和最快捷的方式是通过互联网电子数据，可以突破时空的局限，实现跨地区的学习交流。要想向发达国家先进建筑企业学习，就要由省里的相关部门或者机构牵头、主要领导带队，远赴国外进行实地考察和调研。西方发达国家的建筑产业化，已经发展到了比较成熟的阶段，美国、日本、法国等是比较具有代表性的国家，它们都按照各自的具体国情，实践了

不同的发展道路和模式。山西可以通过分析国外建筑产业化的本质、规律和经验，结合本省的实际情况，采取有地方特色的建筑产业化发展模式和道路。向国内优秀建筑企业学习，这种方式操作起来相对简单，虽然我国的建筑产业化起步较晚，但发展势头较好，发展速度不断加快，国家也全力鼓励和支持推进建筑产业化进程。截至目前，我国共拥有60个左右的国家住宅产业基地、10多个住宅产业化试点城市，30个省份出台了推进建筑产业化发展的相关政策。其中，上海、深圳、安徽等地区的建筑产业化走在全国前列，山西可以由政府牵头组织，也可以鼓励建筑企业自行组织学习考察。

参考文献

[1] 王冬：《我国新型建筑工业化发展制约因素及对策研究》，青岛理工大学硕士学位论文，2015。

[2] 王肖文：《装配式住宅供应链整合管理研究》，北京交通大学博士学位论文，2016。

[3] 张山：《新时代背景下我国建筑工业化发展研究》，天津大学硕士学位论文，2016。

[4] 刘东卫、刘若凡、顾芳：《国际开放建筑的工业化建造理论与装配式住宅建设发展模式研究》，《建筑技艺》2016年第10期。

[5] 孟刚、胡向磊：《建筑产业化：工业还是后工业》，《工业建筑》2009年第s1期。

[6] 时宜：《住宅产业化：聚焦市场》，《中国建设报》2014年2月8日，第7版。

[7] 杨闯、刘香：《我国装配式住宅现存问题及应对策略分析》，《建筑技术》2016年第4期。

[8] 王志成、安得烈·R.杰姆斯：《德国装配式住宅工业化发展态势（一）》，《住宅与房地产》2016年第26期。

[9] 中国建筑标准设计研究院：《中华人民共和国国家标准：装配式混凝土建筑技术标准》，中国建筑工业出版社，2017。

[10] 中国建筑标准设计研究院：《中华人民共和国国家标准：装配式木结构建筑技术标准》，中国建筑工业出版社，2017。

[11] 郭学明：《装配式混凝土结构建筑的设计、制作与施工》，机械工业出版社，2017。

［12］中国建筑标准设计研究院：《装配式建筑系列标准应用实施指南：木结构建筑》，中国计划出版社，2016。

［13］肖正华：《建筑工业化突围：可持续体系建设成关键》，《中国建设报》2016年11月8日，第1版。

［14］张晓红：《新建成品住房全装修率40%》，《珠海特区报》2017年1月18日，第2版。

［15］李志强主编《山西资源型经济转型发展报告（2016）》，社会科学文献出版社，2016。

［16］迟福林：《二次开放——全球化十字路口的中国选择》，中国工人出版社，2017。

［17］颜道淦：《谈装配式住宅发展现状》，《山西建筑》2016年第25期。

［18］鞠丽：《山西首个装配式建筑工业化项目落户太原》，山西新闻网，2016年5月16日，http://www.zmgov.com/house/xzls/2016-05-16/213537.html。

［19］王一新：《解放思想 抢抓机遇 迎难而上 不辱使命 坚决打赢国资国企改革攻坚战——在全省国有资产监督管理工作会议上的讲话》，山西省人民政府国有资产监督管理委员会网，2017年2月9日，http://www.sxgzw.gov.cn/info/1476/25487.htm。

［20］中国建筑标准设计研究院：《全国民用建筑工程设计技术措施：建筑产业现代化专篇——装配式混凝土剪力墙结构施工》，中国计划出版社，2017。

［21］王翔：《装配式混凝土结构建筑现场施工细节详解》，化学工业出版社，2017。

［22］中国建筑标准设计研究院：《装配式建筑系列标准应用实施指南：装配式混凝土结构建筑》，中国计划出版社，2016。

［23］中国建筑标准设计研究院：《中华人民共和国国家标准：装配式钢结构建筑技术标准》，中国建筑工业出版社，2017。

B.8 山西省非物质文化遗产数字资源建设路径及对策分析[*]

贾君枝[**]

摘　要： 非物质文化遗产的数字化是实现非遗资源保存与传播的技术保障。山西省作为非遗大省，所形成的丰厚而又独特的非物质文化遗产资源，为其文化创新带来了充分活力。本报告调查了山西省非物质文化遗产数字资源的建设现状，认为主要呈现以下特点：非遗资源丰富，保存价值高；非遗资源数字化建设规模小；比较注重非遗资源的宣传与推广。同时，分析了其存在的问题，主要如下：数字化资源数量少，更新慢，使用率低；资源种类少，以文本资源为主；数字化资源建设标准低，影响资源的共享使用。基于此，本报告提出了建设非遗资源的途径：加强文化机构之间的合作；规范数字化建设中的各类标准；提高非物质文化遗产数字资源的利用效率。另外，本报告提出了推动非遗数字化进程的举措：发挥政府引导作用；加速非物质文化遗产的文化产业发展；建立非遗数字博物馆。

关键词： 非物质文化遗产　数字化建设　山西省

---

[*] 本报告为山西省高校"131"领军人才工程"叙词表与其他词表的互操作标准"项目（2015052002）、山西省高等学校中青年拔尖创新人才"中文名称规范本体的自动构建研究"项目（2016052002）的研究成果之一，课题负责人为贾君枝。

[**] 贾君枝，山西大学经济与管理学院，教授、博士生导师，主要研究方向为知识管理。

一 导言

随着文化遗产资源的深入开发与利用,联合国教科文组织于2003年在巴黎举行的第三十二届会议上通过了《保护非物质文化遗产国际公约》,明确提出"非物质文化遗产"是指被各群体、团体,有时为个人,视为其文化遗产的各种实践、表演、表现形式、知识和技能及其有关的工具、实物、工艺品和文化场所,从而将文化遗产明确地划分为物质文化遗产和非物质文化遗产。很明显,原有的文化遗产保护更注重物质文化遗产,相比有一定物质形态存在的物质文化遗产,非物质文化遗产具有显著的无形化、动态性、隐晦性特征。例如,唐三彩文官俑是物质文化遗产,而唐三彩文官俑所蕴含的陶器烧制技术唐三彩则属于非物质文化遗产。因此,一方面,非物质文化遗产与物质文化遗产不可分离,互为补充,共同呈现多姿多彩的文化资源;另一方面,非物质文化遗产资源更注重隐性知识的开发与利用,更能深入地挖掘文化资源潜在的价值,可以进一步实现数字化保存、传承与文化创新。山西省历史悠久,资源丰富,长期积累创造了大量的非物质文明,已发展成为一个重要的非物质文化遗产大省,因此非物质文化遗产资源的数字化建设发展更是成为当前迫切需要解决的问题。如何对成千上万种文化艺术的全过程进行记录,以数据化形式生动展示山西省非物质文化资源的丰富内涵,为文化的再创造及创新提供广泛的应用平台,成为山西省非物质文化遗产资源保护与传承的关键,也是山西省文化战略的重要构成。

二 山西省非物质文化遗产数字资源建设现状及问题

数字化建设是保护、传承非遗资源的重要手段。20世纪90年代以来,世界各国纷纷致力于文化遗产的数字化建设。2006~2009年,山西省开展了一系列非遗普查工作,旨在有效地登记非遗资源的状况,共搜集线索20.5万条,采录信息8.23万条,采访登记8.8万名传承人。2010年,文化部启动了"中国非物质文化遗产数字化保护工程",进一步推动了全国非遗资源的数字化建设工作,旨在应用信息技术方法与手段,实现数据采集、组织、存储与检索应用,以更便捷的方式向广大公众展示、传播其文化价值。

(一)山西省非物质文化遗产数字资源建设现状

历经十年的发展,山西省非物质文化遗产数字资源建设取得了显著成果,主要呈现以下特点。

1. 非遗资源丰富,保存价值高

山西省文化的历史演进与中华民族的形成发展息息相关,也是华夏文明的重要发源地,正是这种独有的文化特色,为非物质文化资源的数字化过程提供了丰富的数据来源。为了有效地保存传承本地非遗资源,山西省政府各部门积极参与到国家非遗数字化保护中。截至2015年,山西省共有157个非遗项目入列国家级非遗名录,并建立了国家、省、市、县四级非物质文化遗产名录体系,截至2012年,共有省级项目301项、市级项目593项、县级项目907项。

2. 非遗资源数字化建设规模小

山西省现已形成一定规模的非遗资源数据库。山西省非物质文化遗产中心开发了"山西风雅颂数据库",公众通过山西省图书馆网站便可以获取数据,但数据更新速度慢。山西省音乐舞蹈研究所建设了"山西民间艺术资料数据库""山西民间音乐音频数据库"等,其中音频资源包括唱片700张、盒带约600份,视频资源包括录像带190盒、光盘近4000张、图片1.2万张、文字记录2400万字。山西省戏剧研究所建设的"山西戏剧文物文献资源数据库",涉及文字20万字、音像资料500盘、图片资料2000张、录音录像等资料90余小时、古戏剧手抄本700册。张珉个人创建的三晋道网站收集了山西非遗资源信息供普通用户浏览。这些数据库的建设为非物质文化遗产资源的保存与传播奠定了坚实基础。但相对而言,数据库参与构建的机构数量少,数据库种类少、规模小。

3. 比较注重非遗资源的宣传与推广

数字化建设的目标之一是让广大公众更便利地获取山西省非遗资源，促进其进一步开发利用。而有效的宣传与推广手段能够将非遗资源内容深入公众的生活、学习中，为非遗文化资源的传承发展提供契机。山西省各部门积极利用传统文化节日开展非遗宣传展示活动，尤其重视在中小学教育中普及，增强学生对非遗资源的保护意识及传承责任意识，确保人们充分认识并了解山西省非遗资源，充分发扬非遗文化精神。

（二）山西省非物质文化遗产数字资源建设存在的问题

数字化建设是保证非遗资源长期保存及有效利用的重要手段，数字化处理过程涉及资源的表示、描述标准、不同媒质信息的集成、信息存储及其检索等多方面的技术，复杂度较高，对人员素质的要求也较高，从当前山西省非遗资源建设现状看，主要存在以下问题。

1. 数字化资源数量少，更新慢，使用率低

当前面向非遗资源的数据库种类少，参与构建的单位少，仅仅以文化厅为主，缺乏与信息资源丰富的相关单位如图书馆、博物馆、档案馆、艺术馆的合作，导致非遗资源整体数量少，覆盖范围小，缺乏面向国家、省、市、县四级完整的非物质文化遗产名录体系的数据库。从各个数据库的建设状况看，数据更新周期长，使用率低，如放置于山西省图书馆网站的"山西风雅颂数据库"，用户获取率不高，缺乏有效的能够将所有非遗资源整合在一起的针对山西省非遗资源的信息检索平台，严重影响了各类型用户对山西省非遗资源的有效获取率。

2. 资源种类少，以文本资源为主

非遗资源表达形式呈现多样化，有文本、图片、录音、录像等多种形式，尤其是多媒体资源在资源种类中占有重要的比例。例如，YouTube 是目前世界上最大、最受欢迎的视频网站之一，被联合国教科文组织认定为非物质文化遗产视频资源库。浙江大学楚文化编钟乐舞数字化保护项目通过三维技术生成舞蹈动画，应用多媒体技术提取了非物

质文化的精髓。当前山西省的非遗资源数字化水平较低,由于各种条件所限,多媒体资源数量少,针对多媒体信息的存储与检索还有待进一步扩展提高。

3. 数字化资源建设标准低,影响资源的共享使用

数字化资源建设涉及信息资源的分类、元数据描述标准,而这些标准的制定对于非遗资源跨机构、跨平台的使用具有重要意义。目前在非遗数字资源的表示层面缺乏可遵循的国家标准,导致各机构所建设的数据库之间互访困难,山西省并没有规定自己所使用的元数据标准,从而导致各机构所构建的非遗资源分类体系不一致,元数据描述信息单一,这无形中对数据库的后期集成应用造成了障碍。

三 非物质文化遗产数字资源建设途径

联合国教科文组织于 1992 年着手推动"世界的记忆"项目,旨在世界范围内推动文化遗产数字化,以便永久性地保存以及最大限度地使公众公平地享有资源。世界各国大规模地将文化遗产转换成数字化形态,即借助数字技术对传统文化资源进行保护和传播。经过长期的深入实践以及广大学者的不断探索,当前数字化处理技术与方法得到不断完善,主要体现在以下几个方面:数据采集从单一的文本向多媒体资源发展,处理技术从静态向动态发展,当前出现了多媒体交互技术、数字动画技术、虚拟现实技术的广泛应用;元数据标准体系从分散到集中,从针对不同资源类型所构建的标准体系(如视觉资源标准 VRA、艺术作品的 CDWA)向集成化标准体系(如 DC 元数据、CIDOC 概念参考模型标准)发展;数字资源的表示及存储复杂度提高,随着文化遗产资源数量的增加以及各种多媒体资源类型的增多,海量存储技术的需求增加;用户检索要求提高,更希望准确方便地获取所需资源,各机构从开发不同检索系统向基于合作与共享的集成"一站式"信息检索平台发展,尤其是围绕文化机构如图书馆、档案馆、博物馆之间的文化资源整合成为政府部门努力推动的实践,如德国的

BAM 项目门户、欧洲的 European 数字图书馆、丹麦的文化搜索（NOKS）等。基于国内外发展背景，明确山西省非物质文化遗产数字资源建设之路迫在眉睫。

（一）加强文化机构之间的合作

2008 年 11 月，国际图联（IFLA）与国际档案理事会、国际博物馆协会、音像档案理事会协调委员会以及国际古迹遗址委员会共同组建了一个国际性跨机构的协调组织 LAMMS，旨在通过建立合作机制，推动文化遗产的保护与保存。在数字化和全球化的背景下，山西省作为文化资源大省，在保护人类文明、促进文化共享方面，各机构更应积极承担重要的责任，运用合力共同建设非遗数字资源。非物质文化遗产数字资源建设是一项长期复杂的工程，随着社会发展步伐的加快，一些非物质文化遗产因没有得到较好的保护而濒于消亡，发挥多个机构的合作优势，加快非遗数字化建设步伐势在必行。图书馆、档案馆、博物馆等文化机构既是非遗资源保存的重要场所，又拥有较丰富的数字资源处理技术经验和广泛的用户群，山西省各级文化部门应制定相关的政策配套措施，或者成立协会联盟，以项目为中心，利用各机构的优势，推动彼此之间的合作。如"老陈醋酿造技艺"项目，不仅需要酿造企业的参与，而且需要博物馆、图书馆提供相关的史料作为根据，围绕这些资料进行数字化合作，可以确保项目开展的速度以及数字化资源的质量，进一步强化当地居民的历史记忆，传承文化本身。

（二）规范数字化建设中的各类标准

为保证数据质量，需统一数字资源建设中的各类标准。非遗数字资源建设中，主要涉及两大类标准体系：一是非遗资源的分类标准体系；二是元数据标准体系。2006 年公布的《国家非物质文化遗产名录》将非物质文化遗产分为十大类别：民间文学，传统音乐，传统舞蹈，传统戏剧，曲艺，传统体育、游艺与杂技，传统美术，传统技艺，传统医药，民俗。山西省基本按此类型划分非遗资源，划分深度浅，不利于区分资源。所定义的国内非遗资源的元数据标准简单，且偏重于外部形式描述，如涉及名称、编号、级别、申报人单位、地区、类别、日期等元素，缺乏从用户需求角度对内容特征的揭示。因此，需充分考虑非遗资源特点以及用户需求特征，构建适合山西省的分类标准及元数据标准体系。以所划分对象的功能为核心构建非遗资源的科学分类体系，形成包含三级类目的类目体系，类目细分度与覆盖度之间达到较好的平衡。充分考虑 CIDOC – CRM 本体的特点，运用实体分析技术定义针对非物质文化遗产资源的概念及其属性，分析非遗资源相关的人、事物、事件、活动、所属类型、时间、地点及其关联的物质文化对象，分离出这些实体，明确这些实体间的关系，由此形成的元数据标准可以作为后期数据描述模型的基础，从而为数据库之间的交互与数据共享提供充分的准备。

（三）提高非物质文化遗产数字资源的利用效率

非物质文化资源数字化不仅能够提高其保存效率，而且能够扩大其传播范围，实现文化的再创造与利用。山西省应构建专门的非物质文化遗产资源检索平台与网站，供用户访问浏览及查询，以提高用户的使用效率。明确信息检索系统的目标与功能，所处理的信息资源对象包含各种类型的多媒体信息，实现跨平台的各类数据获取，定义满足用户需求的系统功能模块，包含信息检索、分面浏览、可视化浏览、信息推荐、查询提问扩展、查询结果反馈。通过检索入口，用户就可准确地获取自己所关注的非物质文化资源，并通过图形可视化方式浏览与该资源相关联的其他资源，满足了新形势下用户多角度、全浏览式的检索要求。

四 推动山西省非物质文化遗产数字化进程的举措

非物质文化遗产数字化建设是山西省文化战略的重要构成部分，是提高文化实力、成为文化强省、实现山西省经济转型发展的重要动力。

（一）发挥政府引导作用

2011年2月，我国颁布的《非物质文化遗产法》明确规定了国家对非物质文化遗产进行建档、保护和记录的细则，从而为各级政府部门开展数字化建设工作提供了法律保障。各级政府应制定相应政策规范非遗资源数字化流程，设立引导性资金，为机构之间的合作创造一切条件，定期开展非遗资源数字化处理技术培训，提高机构与人员的素质，增强其积极参与意识，实现社会各类资源的优化配置，加快各市、县级非物质文化遗产数字化工程的步伐，提高数字化内容的质量及标准化水平。

（二）加速非物质文化遗产的文化产业发展

重视非物质文化遗产资源的再利用与创造，在运用数字化技术还原、虚拟、呈现文化遗产的同时，注重非物质文化遗产的动态与发展变化，使传统文化成为活文化，在网络环境下焕发出新的活力。如中央美术学院2012年发布的"中国古典家具"APP进入苹果中国店的榜单，不仅实现了基于移动互联网的新型产品转化，而且使全世界的人们了解到中国家具设计的技艺。非物质文化遗产的保存与传承为信息产业与文化产业的融合提供了可能。信息产业中数字化技术为非物质文化遗产的保存与传播、共享提供了技术保障，同时非遗数字化产品将进一步丰富信息产品。利用数据挖掘技术，以网络新媒体为传播介质，挖掘非物质文化遗产资源的社会价值、经济价值，鼓励支持各申报单位积极开发具有更高文化附加值的产品，实现成果的再转化及创新，为社会创造新的文化财富和具有就业潜力的产业，推动山西省经济的发展。

（三）建立非遗数字博物馆

数字博物馆是以数字化形式对藏品进行采集、组织与保存，通过互联网为用户提供数字化的展示、教育和研究等多种服务。它摆脱了实体博物馆所必需的建筑，充分利用计算机网络技术、多媒体技术、数据库技术、虚拟现

实技术等,以确保用户随时随地获取自己感兴趣的信息。非遗数字博物馆的建立将大量分布式非遗资源集中向用户展示,所提供的"一站式"检索平台成为广大用户检索、利用、发现非遗价值的重要窗口。目前山西省针对非遗资源的专题博物馆有10个,以这10个博物馆为核心,并结合已构建的非遗数据库,成立山西省非遗数字博物馆,设置基本的参观指南、展览与活动、数据查询与浏览、展品虚拟展览、学习与教育、探索与研究等基本功能,广泛应用虚拟3D技术,用户进入虚拟展览,可以身临其境般地穿梭于非遗资源前,通过镜头的放大和缩小,全方位地调整观看非物质文化遗产相关物体的角度。这些非遗资源配有音频和文字描述,可以形象生动地向用户展示。

参考文献

[1] Arizpe, L., "Intangible Cultural Heritage: Diversity and Coherence", *Museum International*, 2004, 56 (1–2).

[2] 闫石:《山西省非物质文化遗产数字化保护研究》,《科技与创新》2016年第6期。

[3] 张增龙:《浅谈山西民间基础艺术资料数字化管理》,《山西档案》2012年第1期。

[4] 张珉:《山西民间剪纸》,三晋道网,2016年10月21日,http://www.tydao.com/。

[5] 杨程、孙守迁、苏焕等:《楚文化保护中编钟乐舞的复原与展示》,《中国图象图形学报》2006年第11期。

[6] IFLA, "About LAMMS", IFLA, Oct. 1, 2016, https://www.ifla.org/about-lamms.

B.9
加快互联网金融发展
促进山西资源型经济转型升级＊

崔海燕 杨晓雅 李 佳＊＊

摘　要： "互联网＋"已经成为最近几年的热搜词语，互联网不仅深刻地改变了人们的生活方式和思维模式，而且逐渐渗透到传统行业，改变着传统行业的营销方式和思维模式。互联网金融的兴起与发展对目前山西省经济下行压力巨大、资源型产业转型升级的迫切需要起到了极大的推动作用。互联网金融对传统金融业的渗透，为加快山西省互联网化进度、实现创新驱动发展、助力经济转型升级提供了动力。本报告首先分析了目前山西省经济形势的严峻性，其次运用时间序列模型进一步分析了互联网金融对山西资源型经济转型的影响，最后针对山西省进行资源型经济转型升级提出了相应的对策建议。

关键词： 互联网金融　转型升级　时间序列模型

2015年，李克强总理在政府工作报告中提出了"互联网＋"行动计划，进而促进了互联网金融的快速发展。在此背景下，山西省推动互联网金融发展，以互联网为载体，拉动线上线下消费与投资，扩大市场需求，充分发挥

＊ 本报告获山西省高等学校哲学社会科学研究项目（2014306）、山西大学人文社会科学科研基金（2015SDGT006）的资助。

＊＊ 崔海燕，山西大学经济与管理学院、山西大学资源型经济转型发展研究中心，博士、副教授、硕士生导师，主要研究方向为消费金融、数量经济、宏观经济；杨晓雅，山西大学经济与管理学院；李佳，山西大学经济与管理学院。

互联网在生产要素配置中的优化和集成作用，促进了以移动支付、云计算、大数据等为代表的新信息技术与传统金融业的融合创新，同时也增强了山西省地区生产总值的发展动力，有力地促进了山西资源型经济转型增效升级。

一 山西资源型经济转型升级迫在眉睫

2015年以来，山西省经济增长乏力，居民消费与企业投资低迷，同时山西省是一个煤炭资源大省，经济结构严重依赖煤炭，其他产业经济发展缓慢。近年来山西煤炭资源市场受到重创，山西省必须另寻出路来实现资源型经济的转型升级。

（一）山西经济下行压力较大，形势严峻

当前，山西省的经济结构调整滞后，生态环境恶化，经济下行压力较大，经济发展方式必须转变。由图1可知，2011年以来，山西省经济增长趋缓，地区生产总值从2011年的11214.2亿元增加到2016年的12928.3亿元，2012年山西省地区生产总值比上年增长10.1%，2015年比上年增长3.1%，经济增长速度达到最低，2016年经济增长速度略有上升，为4.5%。

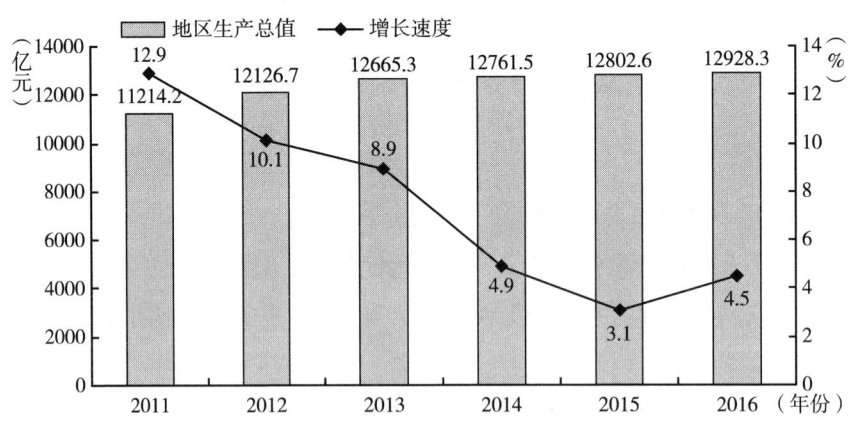

图1 2011~2016年山西省地区生产总值及其增长速度

注：地区生产总值按现价计算，增长速度按不变价格计算。
资料来源：根据《山西省2016年国民经济和社会发展统计公报》相关数据绘制。

由图2可知,自2011年以来,山西省一般公共预算收入增长速度整体呈下降趋势,2012年山西省一般公共预算收入为1516.4亿元,比上年增长25.0%;2015年山西省一般公共预算收入为1642.2亿元,比上年下降9.8%;2016年山西省一般公共预算收入为1557.0亿元,比上年下降5.2%。

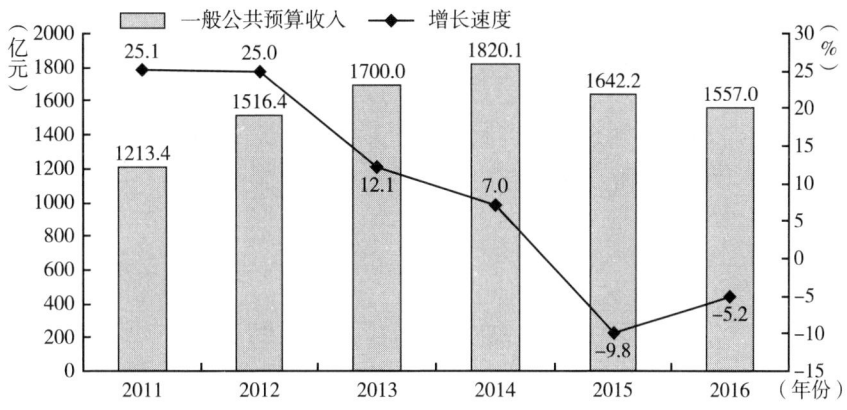

图2 2011~2016年山西省一般公共预算收入及其增长速度

资料来源:根据《山西省2016年国民经济和社会发展统计公报》相关数据绘制。

(二)煤炭资源市场受到冲击,煤炭行业亏损

山西省属于煤炭大省,经济发展高度依赖煤炭资源,煤炭、焦炭、冶金、电力是山西省经济发展的支柱产业。这种经济形态较为单一,受资源丰富程度和市场需求的影响较大,对山西省的经济发展产生了困扰。自2012年以来,煤炭价格连续下跌,煤炭利润骤减,从2014年"买不上一瓶矿泉水",到2016年"挖1吨煤亏10元",煤炭产业陷入净亏损状态。长期以来,山西省大量的资金、技术、人才流往煤炭行业,受此影响,山西省规模以上企业工业利润也出现亏损,资金周转困难,整体负债水平高,面临改革开放以来最严峻的困难。根据山西省统计信息网发布的数据,2016年规模以上工业增加值比上年增长1.1%,其中煤炭工业增加值比上年下降3.1%,煤层气工业增加值比上年下降0.3%。2016年上半年离柳矿区煤炭企业几乎

全部亏损，能够实现盈利的企业只有个位数。可见，山西省煤炭行业转型势在必行。

（三）以煤炭为主的能源结构造成环境污染严重

山西省矿产资源丰富，资源型城市居多。在经济发展中，煤炭产业占据重要地位，但随着煤炭资源的枯竭，山西省经济发展将面临巨大的挑战，环境污染问题也亟须解决。山西资源型城市大部分自然条件较差，水资源短缺，生态环境脆弱，加之煤炭资源的过度开采，造成能源消耗较高、区域地表塌陷、水污染、大气污染、固体废弃物污染、土地污染、植被破坏等许多环境问题。

二 发展互联网金融，是山西资源型经济转型的客观要求

数字化时代下，"互联网＋"的迅速发展使得各传统行业在互联网领域不断创新，互联网金融也正在逐步走入人们的视野。2016年9月在杭州落幕的第十一次G20峰会，互联网金融被列为重要议题，成为热点并引发关注。因此，山西省实现资源型经济转型必须发展互联网金融。

（一）互联网金融发展现状

互联网金融是一种新兴的金融业态，它是在不确定的环境中通过对资源进行时间和空间上的配置，进而为实体经济服务。互联网的优点在于能降低交易成本和信息的不对称，从而提高风险定价和风险管理效率，拓展交易可能性边界，使资金供需双方可以直接交易，影响金融交易和组织形式。目前，互联网金融的发展模式主要是第三方支付、网络信贷、众筹等，其发展迅速并展现出极强的生命力，对商业银行的传统金融业务产生了直接的冲击。图3反映了2011~2016年第三方支付市场交易规模不断扩大，可见互联网金融市场呈蓬勃发展态势。

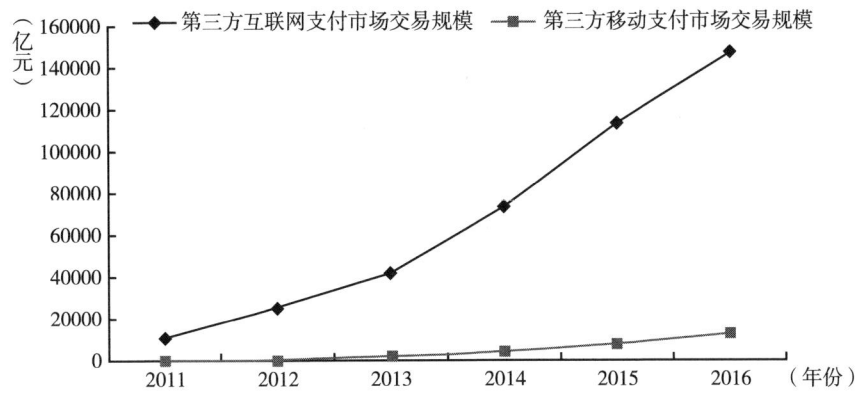

图3 2011~2016年第三方支付市场交易规模

资料来源：艾瑞咨询网。

据网贷之家官方网站统计，2014年末我国P2P平台数为685个，2015年末则为2684个，同比增长高达292%。截至2016年11月，国内P2P平台数累计达5879个，同比增长约150%，较年初增长119%。

（二）适应互联网金融发展，促进山西资源型经济转型升级

1. 山西省互联网金融发展态势

近年来，山西省互联网发展势头迅猛。《山西省互联网发展报告（2015年）》（以下简称《报告》）指出，2015年，山西省互联网发展迅速，互联网普及率达到54.2%，在全国排第11位，网民数量达到1975万人，比上年增长7.5%，这些为互联网金融的发展提供了广阔的空间和市场。当前，手机已成为网民必不可少的社交网络工具，《报告》指出，山西省手机网民数量为1829.3万人，占全省网民总数的92.6%，高于全国90.1%的平均水平。2015年山西省网民年龄大多集中在19~40岁，大学本科学历网民占比高达42.0%，大学专科学历网民占比达21.7%。由此可见，山西省互联网应用程度较高，这也为互联网金融的发展奠定了基础。

2016年山西省互联网企业成立数量显著增加，涉及电子商务、金融、教育以及医疗等行业。同时，山西省互联网企业呈现多种新模式和新业态的

创新,其中平台型企业广受欢迎,引领传统企业转型,实现了互联网与传统企业的融合,持续扩大了跨界融合范围。近年来,山西省传统产业借助"互联网+"工具逐步转型。其中,中国最大的村镇O2O电商服务平台"乐村淘",通过线上商城、线下体验,真正实现了与村镇居民的交互式互动。

2. 互联网金融带动山西经济转型

互联网金融能够在各产业间合理地配置社会金融资源,扩大了金融服务的界限,进而合理引导社会闲置资金的投向,进一步推动互联网技术的创新,提高了企业运营的效率,在一定程度上能从各个方面填补经济转型升级过程中传统金融所不能满足的金融需求,进而在各个方面影响经济转型。

互联网提供了一个信息共享的大众平台,并且打破了传统金融理财业务的局限,在网络技术的支持下,使得大众理财成为可能,有效地利用了零散资金,大大提高了群众投资的积极性与能动性。现在移动APP大量出现,人们只需在手机上操作就可以实现零散资金的理财,如支付宝、天天基金、京东金融、蚂蚁聚宝等覆盖面仍然在扩大。

在传统金融渠道,小微企业融资比较难,但互联网金融的融资门槛较低,其融资模式的信息量较大、交易成本较低、交易程序更便捷、效率更高,这些特点有利于许多闲置的小额资金流向需要资金周转的中小企业,这为小微企业的融资拓展了新的路径,也为投资者创造了新型的投资环境。互联网金融与小微企业融资模式创新可形成一种互利共赢的局面。一方面,小微企业的发展需要互联网金融提供融资服务保障,从而实现企业的可持续发展;另一方面,互联网金融根据小微企业的融资需求,丰富金融服务方式,进一步实现金融创新。2016年4月1日,山西易联金服网络科技有限公司举行了开业仪式暨投融资产品上线发布会。这一本土互联网金融服务平台的建立必将支持一批小微企业的发展,带动小微企业的技术创新,同时可以为有财富增值需求的大众百姓提供安全、稳健、可观的理财产品。

近年来,山西省充分利用自身优势,吸收、借鉴新型的金融服务模式,稳步发展互联网金融。2015年9月山西省第一家国有互联网金融资产交易平台"晋金所"的成立，有助于山西省地方金融改革创新，解决了中小企业融资难的问题，在一定程度上促进了山西省经济发展方式的转变和产业的转型升级。2016年，山西省第一家"互联网+银行"中国银行践行"互联网+"行动计划，打造智能化银行，推出"中银易商"。与传统银行相比，"互联网+银行"给普通用户带来了许多好处：一是账户维护方便；二是转账不收取手续费，当然现在开始限额收费，但与传统银行相比，手续费仍较低；三是存款利率更高；四是贷款利率更低；五是理财更方便。

三 互联网金融发展与山西资源型经济转型的实证分析

第三方支付是互联网金融发展的一种主要模式，本报告以山西省第三方网络支付额表示互联网金融发展规模，以山西省地区生产总值表示经济发展水平，研究互联网金融对山西省经济发展水平的影响程度。

由于山西省近十年的第三方网络支付额数据不够完整，本报告采用式（1）近似计算得到山西省近十年的第三方网络支付额。

$$\text{山西省第三方网络支付额} = \frac{\text{山西省地区生产总值}}{\text{全国国内生产总值}} \times \text{全国第三方网络支付额} \quad (1)$$

2006~2015年全国及山西省第三方网络支付额见表1、表2。

表1 2006~2015年全国第三方网络支付额

单位：亿元

年份	第三方网络支付额	年份	第三方网络支付额
2006	370	2011	22836.7
2007	976	2012	38100.5
2008	2743	2013	56752.5
2009	5440.8	2014	79738.5
2010	10690.9	2015	118674.5

资料来源：艾瑞咨询网，国家统计局网站。

表2　2006~2015年山西省第三方网络支付额

单位：亿元

年份	第三方网络支付额	年份	第三方网络支付额
2006	8.2399	2011	529.3547
2007	21.8624	2012	855.7372
2008	62.4032	2013	1217.3411
2009	114.8553	2014	1578.0249
2010	239.1554	2015	2245.1922

资料来源：艾瑞咨询网，山西省统计局网站。

（一）理论模型的设定

为了检验互联网金融是否对山西省经济发展水平有一定的影响，设定模型的计量形式为式（2），其中 y_t 为山西省地区生产总值，x_t 为山西省近似第三方网络支付额，b_0、b_1 为待估参数，u_t 为随机干扰项。

$$y_t = b_0 + b_1 x_t + u_t \tag{2}$$

（二）OLS估计

用OLS估计得到模型的回归方程，即

$$\begin{aligned} y &= 7326.562 + 3.360x \\ t &= (9.886) \quad (4.557) \\ R^2 &= 0.7219 \quad F = 20.7648 \end{aligned} \tag{3}$$

（三）自相关检验

1. 图示法

由上述OLS估计，可直接得到残差resid，记为 e，并得到残差图（见图4）。由图4可看出残差 e_t 散点分布主要在第一、第三象限，表明 u_t 存在正自相关性。

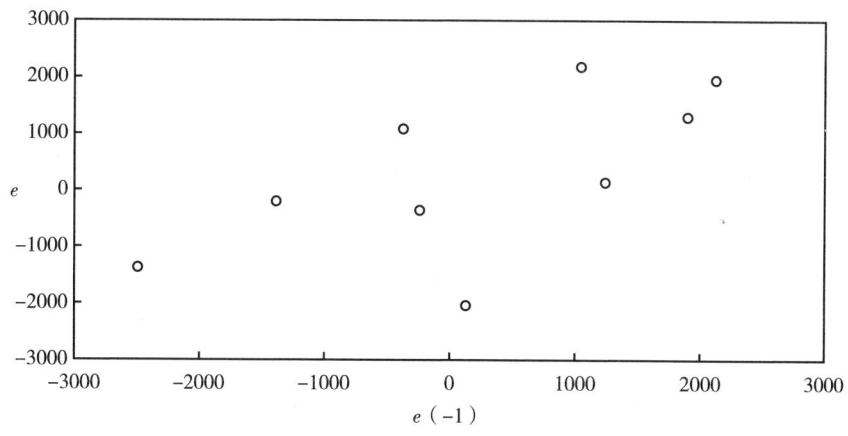

图4 残差图

2. DW 检验

根据 OLS 估计的结果，$DW = 0.5028$，给定显著性水平 $\alpha = 0.05$，查 Durbin-Watson 统计表，得到临界值 $d_L = 0.604$，$d_U = 1.001$，因为 $DW = 0.5028 < d_L = 0.604$，由此判断随机误差项存在正自相关性。

3. LM 检验

根据 LM 检验，可得 LM（2）$= nR^2 = 12.7856$，LM（1）$= nR^2 = 11.6133$，对应的 P 值都小于 0.01，因此随机误差项存在一阶与二阶自相关性。

（四）自相关性的修正

利用对数回归修正模型的自相关性，经过修正之后的结果如式（4），对回归结果进行 B-G 检验，得到 LM（2）$= nR^2 = 2.5260$，LM（1）$= nR^2 = 0.3199$，由此可知模型已经不存在一阶、二阶自相关性，则此时模型可表示为：

$$\ln\hat{y} = 8.12090 + 0.1827\ln x$$
$$t = (160.3469)\ (20.8057)$$
$$\bar{R}^2 = 0.9796 \quad DW = 1.4358 \quad F = 432.8780 \tag{4}$$

由回归结果可知，以第三方网络支付为代表的互联网金融发展对山西省地区生产总值产生了显著影响，互联网金融可以有效地提高山西省经济发展水平，带动山西省经济结构快速转型，是山西省在经济新常态背景下实现快速发展的重要途径和手段。

四 推进山西资源型经济转型升级的对策建议

2015年11月，互联网金融首次被写入国家五年规划。可见，我国政府对互联网金融行业的发展充满信心，高度强调要创新和应用互联网新技术。2015年，山西省制定《山西省金融改革发展总体规划（2015~2020年）》，提出要建设与实体经济相适应的现代金融体系，这要求互联网金融行业进行创新，突破旧的运作模式，以满足巨大的市场需求。山西资源型经济更应积极在互联网金融环境下走出一条转型与创新的新道路。

（一）发展互联网金融，促进山西实体经济的发展

在一定程度上，互联网金融可以解决中小企业融资难的问题。山西省要实现经济的转型发展，必须建立互联网金融服务和保障体系，特别是要让小微企业、"三农"、大学生创业等及时获取有效的融资需求。在城市，要建立城市社区便民的金融服务圈，提升金融服务水平和质量，丰富金融服务的产品和层次；鼓励加快发展中小金融机构，积极开发适合的理财产品。在农村，要创建"信合便利店""农金服务站"，设立"金融流动服务车"，开展"两山扶贫""两权抵押"贷款，进一步扩大农村地区金融服务的覆盖面，提高可得性。

（二）鼓励发展电子商务平台，促进山西省互联网金融发展

到目前为止，互联网技术已基本覆盖了金融行业，互联网金融的发展势必依赖电子商务平台。所以，山西省要建立适应电子商务发展的多元化投融资机制，进而引导创业投资基金，大力支持电商初创者；建立促进居民消费

的电商平台,促进网络平台的商业交易、网络化制造和网络化管理等新兴业态成长,支持实体店线上线下协同发展。

(三)加快发展网络经济,实现山西省经济发展方式的转变

在目前的互联网时代,传统金融行业正在逐渐实现从实体店向PC终端和APP应用程序的转变。在移动社交网络的情境下,移动智能终端既是大数据采集的主要来源,又是提供服务的主要设备。由于山西省的网民数量不断增加,互联网普及率逐年提高,用户应用网络支付的普及率也不断提高,进一步丰富了线上消费的生活服务类型,扩大了交易规模。山西省要鼓励发展"互联网+银行""互联网+保险""互联网+理财""互联网+小贷""互联网+众筹"等互联网金融的新型经济,从而刺激山西省居民消费,扩大市场需求,加快传统金融行业的转型升级,实现山西省经济发展方式的转变。

(四)大力发展"互联网+煤炭",打造煤炭供应链生态圈

煤炭是山西省重要的能源和工业原料,也是山西省经济发展的重要支撑,但是近年来产能过剩使得煤炭行业亏损,煤炭市场不景气。山西省煤炭行业要想"好转",就需要政府尽快建立煤炭企业的退出机制,加快煤炭行业的重组,充分利用市场机制,进一步化解过剩产能,在煤炭行业广泛开展"互联网+煤炭"行动计划,拓展煤炭交易渠道,建立"互联网+煤炭"的物流平台,打造煤炭互联网电商的新平台,从而降低煤炭交易的成本,提高煤炭行业的利润。因此,"互联网+煤炭"将成为山西省煤炭行业转型的方向标。

(五)加强互联网金融的风险监管

互联网金融时代是大数据时代,大数据意味着数据的共享和开放,因此数据信息的泄露和资金的安全面临严重的威胁。金融创新和金融监管是相互依存、相互制约的,随着互联网金融的迅猛发展,创新的速度提升较快,但

监管相对于创新则较缓慢，于是，互联网金融发展的风险逐渐增大。近年来，第三方支付的兴起使得电信诈骗愈演愈烈，犯罪分子正是利用数据挖掘和数据分析窃取公司信息和个人信息的，使得犯罪率持续提升。所以，山西省政府要建立严格的互联网金融风险监控体制体系，使互联网金融的风险降到最低，维护人们的合法利益。

参考文献

［1］谢平、邹传伟：《互联网金融模式研究》，《金融研究》2012年第12期。
［2］赵妤婧：《第三方互联网支付业务与监管研究》，《南方金融》2014年第4期。
［3］李炳、赵阳：《互联网金融对宏观经济的影响》，《财经科学》2014年第8期。
［4］李克穆：《互联网金融的创新与风险》，《管理世界》2016年第2期。
［5］郗雯：《山西经济转型中的金融支持研究》，《经济师》2016年第10期。
［6］黎来芳、牛尊：《互联网金融风险分析及监管建议》，《宏观经济管理》2017年第1期。

B.10
防范金融风险 助推山西经济转型*

翟晓英 郝雅慧**

摘　要： 金融稳定有序发展，才能为经济增长保驾护航，才能保证经济、社会的良性运转。有效防范金融风险是经济、社会持续健康发展的重要基础。本报告分别从产能过剩风险、累积的不良贷款风险、潜在的影子银行风险三方面深入分析了山西省当前存在的主要金融风险表现及成因，从五个方面提出了防范山西金融风险、助推经济转型的建议。这五个方面的建议分别为：加大"去产能"企业监测力度，防范信用风险；加强金融资产管理，拓宽不良资产化解渠道；加强融资平台管理，积极引导企业多渠道融资；强化地方政府责任，建立健全影子银行监管法律体系；加强风险防范和贷后管理，严防操作风险。

关键词： 金融风险　融资　经济转型

金融风险的积聚，可能会产生一系列负面影响。对人民来说，金融风险的积聚，可能会严重影响其生活水平，导致居民可支配收入大幅减少，生活

---

* 本报告受山西省高校人文社科重点研究基地项目（2015304）、山西省回国人员基金项目（2016018）的资助。
** 翟晓英，山西大学管理与决策研究所，副教授，管理科学与工程专业金融工程与风险管理方向学术硕士生导师、世界经济专业学术硕士生导师、MBA导师，主要研究方向为金融市场与行为金融；郝雅慧，山西大学经济与管理学院。

质量大幅下降；对企业来说，金融风险的积聚，可能会导致企业资金链断裂，严重时会使企业走向债务重组或者破产的地步；对政府来说，金融风险的积聚，可能会加重政府债务危机，政府债务危机又会直接或间接地影响居民生活水平和企业运行情况以及金融业。金融风险的积聚，会直接导致一个地区的经济下滑，加速金融市场动荡，并引发系统性金融风险。只有金融稳定有序发展，才能为经济增长保驾护航，才能保证经济、社会的良性运转。有效防范金融风险是经济、社会持续健康发展的重要基础。目前山西省经济仍处于结构转型期，经济增速明显放缓，受主导行业产能过剩、原材料价格下跌、金融投融资体制落后、金融市场乏力、金融监管不足等多种因素的影响，各类金融风险尤为突出，形势非常严峻。

一 山西省主要金融风险的表现及成因

（一）产能过剩带来的金融风险愈演愈烈

2008年山西省煤炭行业进行了大规模的资源整合和技术改造，生产能力显著提升，煤炭产量从2010年的7.4亿吨增至2015年的9.44亿吨，增长幅度达28%。但是，受国际和国内经济持续低迷的影响，从2011年开始，煤炭整体需求呈现大幅下降趋势，在前期投入的产能释放不能迅速减少的情况下，煤炭市场出现严重的供大于求的局面，煤炭价格也持续走低。2015年煤炭综合售价为每吨263元，比2011年5月时的最高价下跌了393元，下降幅度近六成，山西省煤炭行业产能过剩的问题异常突出。2016年山西省关停万吨矿井25处，煤炭行业去产能2325万吨，钢铁行业去产能82万吨；2016年9月以来煤炭价格开始恢复性上涨，而年底煤炭价格又开始呈现下降势头。截至2016年11月末，煤炭企业仍然亏损7亿元。2017年1月山西省去产能计划出炉，计划钢铁行业去产能170万吨，关闭退出煤炭产能2000万吨左右。煤炭等行业严重的产能过剩问题成为山西的缩影，去产能成为目前山西经济发展的重心。

产能过剩对山西金融体系运行产生了一系列负面影响。一是资金不能被高效利用，降低了经济活力。一方面，产能过剩占用大量新增资金；另一方面，产能过剩行业的企业产生了大量债务，新债抵旧债是这类企业最明显的表现，此时资金不能有效地投入高效的行业及部门，资金边际利率上升，严重降低了资金的利用效率。二是产能过剩行业的贷款加剧了银行业不良贷款风险。产能过剩增大了企业风险，伴随着产能过剩，整个行业的产品价格大幅下跌，企业经济效益受到严重影响，企业经营环境急剧恶化，盈利能力大幅下降，负债水平不断上升，这些企业出现资金匮乏和债务违约的可能性大大提高，直接加剧了银行业的不良贷款风险。三是影子银行潜在风险不断升级。随着银行业对产能过剩行业的贷款缩减或停滞，大量融资困难的产能过剩企业从影子银行体系获取资金，加剧了金融系统面临的潜在风险。

吕梁煤炭产能为2亿吨，占山西省的1/7、全国的1/28。吕梁市煤炭产业的贷款占全部贷款的24%，去产能风险和压力巨大。其中，山西联盛能源（集团）有限公司（以下简称联盛集团）申请破产，其背后的地方政府1500亿元互保联保金融风险则成为山西省金融生态圈一个棘手的问题。联盛集团是吕梁市柳林县最大的私营矿业集团，在煤炭行业辉煌的10年里，联盛集团实行多元化战略，规模不断扩大，然而在2014年却因债务问题陷入危机。截至2013年，联盛集团在29家金融机构的贷款合计达281亿元，再加上民间融资的债务，共计320亿元。联盛集团有众多下属公司，与山西省很多企业有互联互保关系。如果发生关联代偿，风险蔓延会给山西省金融业带来地震式的连锁反应。联盛集团破产的导火索是吉林信托发布公告称山西省福裕能源项目共10亿元到期贷款不能偿还，由联盛集团董事长提供无限连带责任保证。一个项目不能按时还款引发了一系列反应，最终导致一家有500亿元资产的公司破产，还波及山西省金融业和其他相关行业。可见，不良贷款带来的风险得不到及时把控和消化就会引发大规模的金融风险，甚至是金融危机。

（二）不良贷款累积风险令人担忧

从2015年银监会发布的数据来看，山西省银行业金融机构不良贷款余额为882亿元，较上年末增加124亿元；不良贷款率为4.75%，较上年末增长0.17%。山西省2015年不良贷款率在全国排名第四，同比增长60%。其中，山西省煤炭、焦化、冶金、电力等产能过剩行业风险增大，四大行业不良贷款合计332亿元，占全部不良贷款的三成以上。煤炭、钢铁行业是产能过剩最主要的行业，其银行贷款占到全部过剩行业贷款的八成以上。2016年山西省不良贷款余额为917亿元，比年初增加35亿元，增长3.97%；不良贷款率为4.50%，比年初下降0.25个百分点，但仍高出全国平均水平2.69个百分点。

分行业看，2016年山西省不良贷款余额排在前五位的分别为采矿业、批发和零售业、制造业、农林牧渔业和交通运输邮政业。从图1可以看出，这五大行业的不良贷款余额巨大，分别为214亿元、205亿元、195亿元、168亿元和32亿元，不良贷款余额合计814亿元，占全省不良贷款余额的八成以上。采矿业中，煤炭行业不良贷款余额为197亿元，比年初增加10亿元；不良贷款率为4.1%，比年初上升0.1个百分点。新增不良贷款主要集中在批发和零售业、采矿业、制造业，分别新增24亿元、15亿元和12亿元。其中，导致不良贷款集中反弹的原因主要是批发和零售业小微企业违约，以及运城的青山化工、翔宇化工和吕梁的金州化工3家化工企业及其关联群体违约。

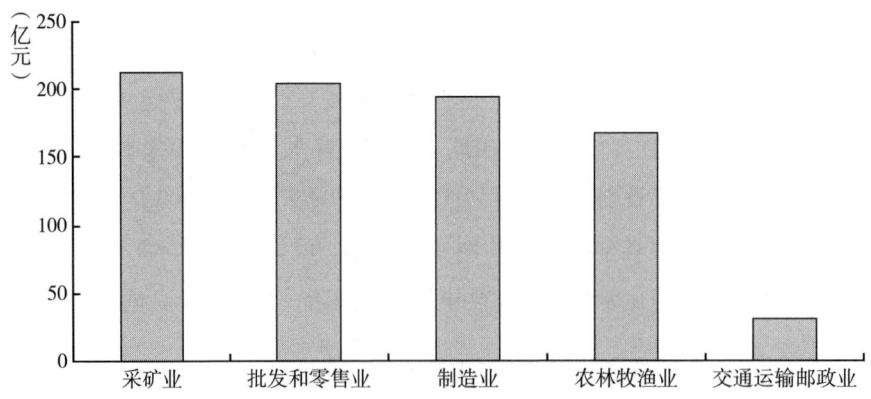

图1 2016年山西省不良贷款排在前五位的行业

从2016年不良贷款率来看，不良贷款率最高的行业为农林牧渔业。从图2可以得知，农林牧渔业的不良贷款率高达21.6%，其次是住宿餐饮业、批发和零售业、制造业、居民服务业，不良贷款率分别为11.6%、9.6%、8.3%、7.6%。

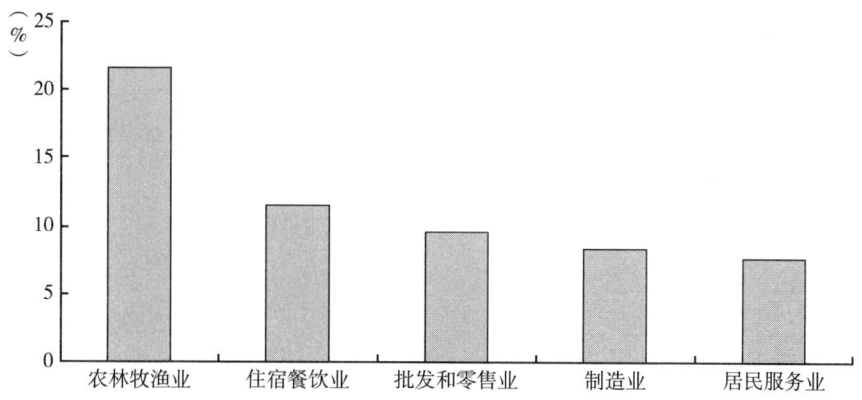

图2　2016年不良贷款率排在前五位的行业

分机构看，不良贷款集中于农合机构、股份制银行、大型银行和政策性银行。从图3可以直观地看出这四类机构的不良贷款余额分别为434亿元、180亿元、135亿元和135亿元，不良贷款余额合计占比高达96.3%。而农信社不良贷款处置133亿元后其余额、比例仍为全省最高，分别为363亿元和21.4%。另外，不良贷款反弹较多的分别是中信银行40亿元、农商行22亿元、建行16亿元和工行12亿元，招商银行、农发行、中信银行的不良贷款率均超过10%。

以临汾辖区来看，辖区内共有1家政策性银行（农发行）、5家国有商业银行（分别为工行、建行、交行、农行、中行）、3家股份制商业银行（分别为光大、兴业、晋商）、1家邮储银行、2家农商行、11家农信社和6家村镇银行。2016年这29家金融机构共新增不良贷款18.42亿元，辖区未发生新增不良贷款的共14家，发生新增不良贷款的共15家，其中有2家国有商业银行（分别为建行、交行）、2家股份制商业银行（分别为光大、晋

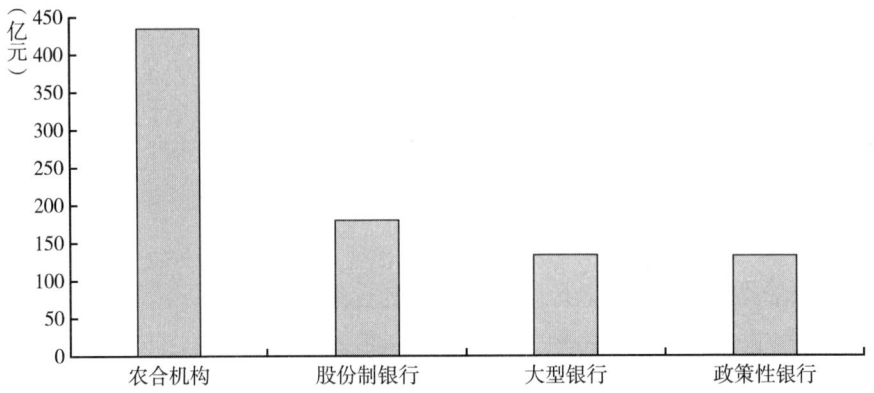

图3 2016年不良贷款严重的机构

商)、1家邮储银行、2家农商行、5家农信社和3家村镇银行。可以看出,不仅临汾市的农合机构、股份制银行存在不良贷款增加的情况,大型银行也存在不良贷款增加的情况。

分地区看,全省11个市不良贷款余额较大的地区是太原市、吕梁市、运城市、临汾市和晋中市。从图4可以清晰地看出,2016年这五个地市的不良贷款余额分别为322亿元、148亿元、77亿元、74亿元和55亿元,五市不良贷款余额合计占全省的75.9%。其中,受联盛集团金融风险增大的影响,吕梁市2016年不良贷款余额不降却反弹28亿元,占全省不良贷款余额增量的八成。运城市不良贷款余额也不降反升,2016年12月末不良贷款余额为77亿元;不良贷款率为8%,比全省其他地市高出3.51个百分点,高出全国6.20个百分点。晋中市也面临复杂的经济局面,贷款风险不断累积,金融风险防控难度增大,2016年不良贷款余额为55亿元,比年初增加1.37亿元;不良贷款率为3.97%(比全国的1.81%高2.16个百分点,比全省的4.50%低0.53个百分点),比年初下降0.47个百分点。尽管银行每年都会对不良贷款进行核销和处置,不良贷款增量看起来不大,但是实际问题要严重得多。特别是辖区内农合银行机构的不良贷款问题,截至2016年12月末,农合银行机构不良贷款余额为27.1亿元,占全部不良贷款余额的50%,不良贷款率为5.5%。临汾市金融机构不良贷款（按五级分类）余额为 74 亿元，比上年增加 16.15 亿元；不良贷款率为 6.07%，比上年上升 0.84 个百分点。不良贷款余额的增加应引起各金融机构的足够重视，应该及早出台相关政策来降低或者化解这些不良贷款带来的金融风险。

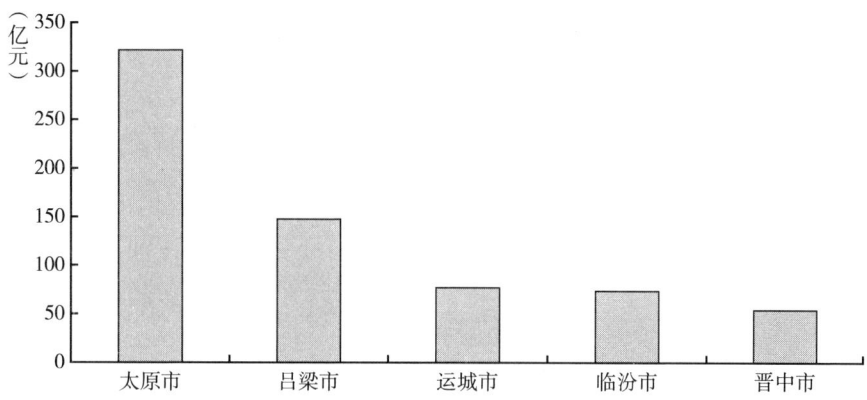

图4 2016年不良贷款余额较大的五市

从不良贷款率情况来看，不良贷款率较高的地市分别是吕梁市15.6%、运城市9.6%、忻州市6.2%、临汾市6.1%和阳泉市5.6%，其中吕梁市、运城市的不良贷款率分别上升2.1个和1.6个百分点。

除此之外，大同市银行业不良资产压力较大，主要风险还是集中于农信社，全市有一半农信社被总行列为高风险社。虽然从报表上看，农信社不良贷款反弹的势头被遏制，但引发不良贷款风险的深层次矛盾并未从根本上被解决，因此防范和化解不良贷款风险仍然是当前和今后一个时期最重要的工作任务。朔州市银行业不良贷款余额为 26.3 亿元，比上年减少 8.8 亿元；不良贷款率为 4.55%，比上年下降 1.72 个百分点。晋城市进行农信社改制，加之农商行也大量核销、处置不良资产，各家银行机构对不良资产进行清收并增加贷款总量以稀释不良贷款等，且大型企业和煤炭企业贷款并没有真正形成风险，导致不良贷款保持"双降"，风险总体处于可控范围内。晋城市小微企业不良贷款余额下降 4.15 亿元，比上年多下降 3.69 亿元，但是中型企业不良贷款开始增加,中型企业不良贷款余额增加0.99亿元,比上年多增加1.4亿元,且中型企业户均贷款远超过小微企业,因此中型企业的不良贷款会拉动全市不良贷款余额上升。从银行角度看,晋城市不良贷款增加的银行机构主要集中于村镇银行,有4家村镇银行的不良贷款增加,共增加1575万元,占全市不良贷款余额的26.59%。尽管村镇银行不良贷款增加的绝对额度不大,但是小微企业和个人是村镇银行的主要客户,不良贷款增加可能会影响其业务经营和进一步支持小微企业的信心。忻州市银行业不良贷款余额为48.44亿元,比上年多2.87亿元;不良贷款率为6.23%,比上年下降0.14个百分点。忻州市不良贷款也主要集中在农合机构和农发行,合计占不良贷款总量的九成以上。农信社(包括农商行、农合行)不良贷款余额达36.2亿元,占不良贷款总量的七成以上,不良贷款率为11.47%。农发行不良贷款余额为9.46亿元,占不良贷款总量的两成,不良贷款率达到16.18%。2016年新增贷款主要发生在农信社(包括农商行、农合行),不良贷款较年初增加2.38亿元,占全部不良贷款增量的八成以上。长治市银行业不良贷款期末余额为29.8亿元,较年初减少3.3亿元;不良贷款率为2.5%,较年初下降0.43个百分点。长治市实现不良贷款余额和不良贷款率小幅"双降",这主要是2016年9月沁县处置贷款3亿元,使得长治市不良贷款当月净减少3.1亿元。

纵观山西省部分地市2014~2016年的不良贷款余额和不良贷款率(见图5、图6),吕梁市两个指标都是最高的,而且2014~2016年每年都呈上升趋势,金融风险不断增大。临汾市、晋中市和忻州市的不良贷款余额也逐年攀升,但不良贷款率则有升有降。朔州市情况较好,三年来不良贷款余额在2015年增加之后,2016年骤降至26.30亿元,且朔州市的不良贷款率三年来逐步下降,说明朔州市银行业的不良贷款核销处理工作取得阶段性胜利。长治市、阳泉市的不良贷款率三年来小幅波动,这两个市对银行业不良贷款风险把控较好。

不良贷款增加,严重影响了银行对经济发展的支持作用。不良贷款积聚越多,银行的放贷越谨慎。伴随着银行的信贷收缩,贷款企业的运营会受到

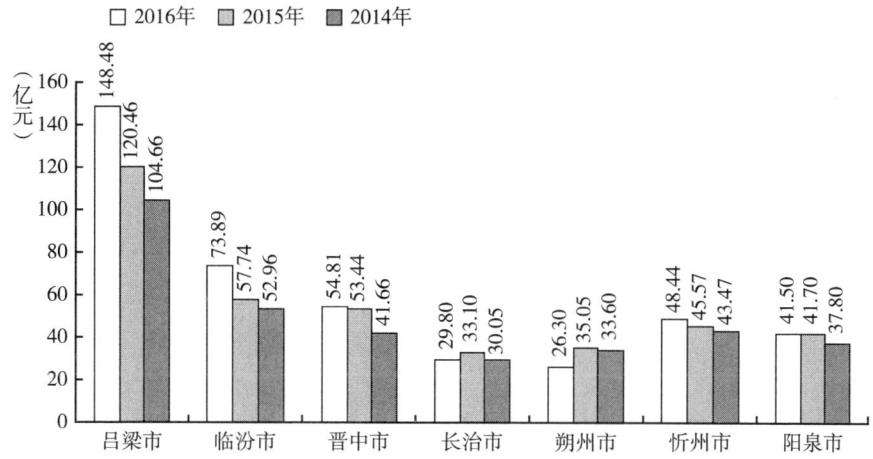

图5 2014~2016年山西省部分地市不良贷款余额情况

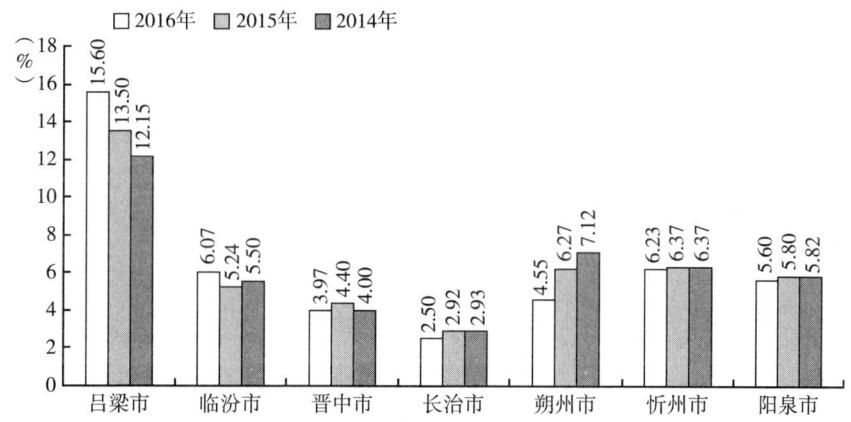

图6 2014~2016年山西省部分地市不良贷款率情况

严重冲击,资金链断裂可能会使得潜在的违约成为事实,造成银行业的不良贷款集中积聚,引致严重的金融风险,威胁经济和社会的稳定。

(三)影子银行风险步步升级

由于一些企业达不到银行的借贷标准,极难从银行获得贷款,这些企业为了满足自身资金需求就会向银行之外的机构借款,这种情况下就催生出影子银行（主要包括民间借贷机构、非银行金融机构），并且影子银行的业务不断扩张。影子银行由于不在银行监管体系之内，其信息披露以及资本充足率很难达到要求，影子银行中的一些机构（如地下钱庄、民间借贷等）根本没有建立起规范的审批管理机制。当前，银行表外理财业务、小额贷款公司、融资性担保公司、典当行、投资公司分别划归不同监管部门审查和管理，处于多头管理状态，而民间金融又处于无头管理状态。另外，影子银行也包括一些银行理财产品，一些银行理财产品虽不会占用银行的资金，但银行在这个过程中充当中介角色。2011年的温州民间借贷危机就暴露出银行理财业务助长民间借贷的风险，使民间借贷风险步步升级，导致后来的民间借贷危机。影子银行的隐蔽性如果得不到及时监管，极有可能引发系统性风险。近年来，尽管国家已经从多个方面尽力切断影子银行与银行系统的联系，但因一些企业达不到银行借贷的门槛，便想方设法从其他渠道进行借贷，致使影子银行不可能被"一刀切"。因此，要建立更加科学有效的机制，从源头上切断影子银行和银行系统的联系，规范影子银行的业务，最大限度地降低影子银行的现存风险和潜在风险。

近年来，山西成立了大量担保公司、投资公司、典当行等民间中介融资机构，以投资、担保、典当之名，行资金融通之实，处于无序发展状态，经营管理极不规范。调查显示，这些中介公司均标榜"低风险、高回报""在工商局都有备案""无论资金大小，年收益率均在16%以上""客户还不上贷款，投资公司可以先行赔付"等，不知其是骗局的投资者就会认为有利可图进而投资，然后这些中介公司就可以向企业投资以获取高盈利。大部分中介公司放贷的利率超过同期银行利率的4倍，典当行的最高年利率达到60%。2015年4月，山西金融办等十部门曾联合发文整顿担保乱象，处理了上百家发布虚假收益的担保公司。即使在法律严令禁止的情况下，不少担保公司依旧从事涉嫌违法的非法集资活动。从2016年开始，山西各地投资、担保等中介公司跑路事件频发，如太原的汇铂金投资、德丰担保、金投担保等，长治的万威投资、灵通典当，临汾的友邦金联等相继跑路，使投资者损失大量资金，造成了恶劣的社会影响，这种无序管理状态，扰乱了金融业的稳健经营和发展，给当地金融稳定造成严重的影响。

二 山西省防范金融风险的一些措施建议

山西省在紧抓经济转型、产业结构升级的同时，如何防控或化解这些金融风险呢？

（一）加大"去产能"企业监测力度，防范信用风险，发挥好金融支持作用，加大金融监管力度

首先，要加大产能过剩行业的监测力度。如对煤炭行业的监测中，地市要构建本区域的煤炭检测系统，对原材料价格、煤炭价格及企业负债率等加大动态监测力度，做到对风险底数有把握，并科学用好用足呆账核销政策和市场化手段，推进不良贷款分类核销进度，把风险控制在"红线"之内。同时，要严格摸底排查煤企、钢企等相关行业的经营状况和不良信贷状况，加大对重点区域、行业和客户的信用风险隐患排查力度，推动建立健全不良贷款责任追溯机制，从源头防范风险的蔓延。

其次，要增强信贷市场、股票市场、债券市场、投资市场等融资渠道的互补作用。一方面，要平抑煤炭信贷增减变动幅度，稳定煤炭企业的信贷管理与投放预期，通过调整煤炭信贷结构，解决煤炭企业发展对银行信贷的过分依赖和短期贷款长期占用的问题。另一方面，要推动煤炭企业进入股票市场和债券市场，通过发行股票和债券融资来降低煤炭企业的资产负债比率，减轻煤炭企业的财务费用负担，增强煤炭产业自我约束、自我发展的能力，鼓励符合条件的煤企、钢企通过发行永续债、优先股、可转换债券等筹集、兼并、重组资金，以推动这些企业进行改革。

最后，要发挥商业性金融支持和政策性金融支持的互补作用。商业性金融是支持山西省产业转型发展的主要力量，要充分发挥商业性金融的市场调节优势，支持产能过剩产业根据市场发展需求调整结构、转型发展。政策性

金融要发挥商业性金融市场功能失灵的补充作用,特别要在煤炭市场深陷低谷、商业性金融退出后期,通过增加政策性金融资源的投入、托底,引导、促进煤炭资源整合、集中,以保护先进生产能力以及先进煤电、煤化等技术生产设施。在煤炭市场回归正常后,要进一步发挥政策性金融的逆向调节功能,择机减少煤炭投资,为商业性金融进入煤炭产业腾出空间。这样,根据经济运行趋势,通过政策性金融的循环"抄底、回吐",持续推进煤炭资源集中,提升山西省煤炭市场的话语权。

(二)加强金融资产管理,拓宽不良资产化解渠道,推进金融服务和金融产品不断创新

针对产能过剩带来的商业银行高不良贷款率,山西省推行不良贷款证券化正当时。近年来,资产证券化在我国企业中普遍被使用,许多中小微企业为解决融资难问题通常会采用这种办法。当前,为解决山西省银行业高不良贷款率和高不良贷款余额的问题,可以考虑采用资产证券化的模式。当银行有不良贷款时,可以将不良贷款出售给特殊目的实体,该特殊目的实体将不良资产进行打包、组合后,再将这些资产作为抵押发行证券。实现不良贷款的证券化是化解不良贷款的一剂良药。通过不良贷款证券化,银行可以将长期积压的呆账盘活,将不良资产进行转移、隔离和处理,进而提高银行资本的流动性。

另外,山西省"一煤独大"的经济发展模式使得长期以来山西的信贷结构单一,信贷资源主要集中于煤炭产业。面对经济下行压力,面对去产能、去库存的大环境,山西银行业也加快退出产能过剩行业,煤炭企业必须寻找其他金融支持渠道,才有望摆脱资金困境。信用违约互换(CDS)正是摆脱目前煤炭企业贷款困境的有效办法。山西金融办主要负责山西省的CDS项目,将通过学习引入中债信用增进投资股份有限公司模式,结合山西省的实际情况,成立具有地方特色的信用增进投资公司,为省内符合条件的企业特别是煤炭企业,拓宽融资渠道,降低融资风险。CDS属于一种合约类信用风险缓释工具。具体来说,CDS是指交易双方达成的、约定在未来一定期限

内，信用保护买方（CDS 买方）按照约定向信用保护卖方（CDS 卖方）支付信用保护费用，由信用保护卖方就约定的一个或多个参考实体向信用保护买方提供信用风险保护的金融合约。在国外债券市场，CDS 已经被普遍应用。其实，CDS 就像是一个保险，投资人担心企业有违约风险时，可以为这笔投资上一个保险，当企业真的发生信用违约时，投资人就可以利用他买的这份保险保障其合法权益。投资人（CDS 买方）为所持有的债券向 CDS 卖方支付一定的保险费，CDS 卖方就标的债务，向 CDS 买方提供信用风险保护。一旦债券发生违约，CDS 买方就可以通过这一衍生工具获得赔偿，由 CDS 卖方向 CDS 买方偿付违约损失。银行对企业的贷款也可以引入 CDS，如果银行担心该企业发生信用违约，银行就可以凭购买的 CDS 合约找信用风险承担方（CDS 卖方）赔偿损失。当然，银行需要定期缴纳一定的费用给 CDS 卖方，这被称为信用违约互换点差，一旦这个企业发生无法偿还债务的问题，银行就有权利让 CDS 卖方替企业还款。

此外，山西省可以将市场化债转股引入煤企、钢企等。山西省在债转股方面已经进行了一次有益的尝试，2017 年 5 月中旬，山西省成功落实了第一笔市场化债转股项目，并投放 20 亿元。这次市场化债转股的有益尝试为山西省其他大型煤企做出了良好示范，符合条件的企业均可以进行这方面的尝试。市场化债转股可以有效降低企业的还贷压力，企业不需要再"拆东墙补西墙"，大大提高了资金使用效率，对山西省实现供给侧结构性改革起到了强有力的助推作用。

（三）加强融资平台管理，积极引导企业多渠道融资，逐步实现地方政府债务信息公开透明，完善政府绩效管理

对各金融关联机构的信息资源进行整合公开，如将公检法、税务系统、海关和银行等机构的征信系统信息整合公开，加快信用体系的建设，优化信用环境。还应该明确债务规模、性质、类型，对各类债务逐笔打开、解包还原，明确责任人，并敦促相关责任人（机构）做出合理的还债计划，施行跟踪管理，不断进行督促和考核。

各金融机构要充分利用各种资源，积极引导企业通过资本市场进行股权融资、债权融资，要引进新的投资模式和投资机构，如借鉴灵石、襄垣、武乡三县"三化"综合性私募基金的成功经验，成立各县市的私募基金，吸引社会资金普遍参与，缓解产业集群化、农业现代化、新型城镇化的资金需求，积极扶持企业利用资本市场做大做强。政府各相关部门要将改善融资结构作为转型发展的突破口，多渠道提高直接融资比重，加快企业上市的推动工作，争取让符合条件的优质企业上市融资；创新融资方式和融资工具，加大对实体经济的支持力度。鼓励金融机构结合自身实际情况，继续创新非信贷融资业务，利用多种融资工具，加大对地方企业和项目的支持力度。加快山西省股权交易中心的建设，依照市场化原则对交易模式和产品进行创新，逐渐将信贷类产品、小贷类产品、私募股权引入平台。引入资产证券化，为企业提供适合其发展模式的融资方法，将股权交易中心的作用落到实处。积极推动中小企业在山西股权交易中心挂牌上市，为符合条件的中小企业挂牌上市提供政策支持和资金扶持，发展山西省中小企业资本市场，为山西省中小企业提供更加多元、更加有效的融资渠道，盘活中小企业存量资产；挖掘并有效发挥私募股权基金的杠杆作用，多渠道为全省企业筹集资金；发挥好保险公司资金置换的效用，实现重大项目资金的转换。积极推动民间资金进入小额贷款公司和其他合规类金融机构，支持"三农"经济、小微企业、重点项目、重点工程建设。

（四）强化地方政府责任，建立健全影子银行监管法律体系

地方政府应坚持一个原则，即地方政府是金融风险的第一责任人，银行和企业发生金融风险时，地方政府不能置身事外，要积极联合银行和企业将金融风险的影响降到最低。同时，地方政府要主动承担起金融风险处置的重任，加强对企业的摸底排查，协助银行寻找处置不良贷款的最佳办法，积极帮助银行机构降低不良贷款余额和不良贷款率。只有实现全省不良贷款的"双降"目标，山西省金融环境才能得到有效改善。针对不良贷款最为严重的农信社，山西省应加快农信社风险处置，提升信贷投放能力。建议当前及

今后一段时期应将农信社风险处置当作大事来抓，由省级政府负总责，从省级层面统筹规划、顶层设计防范化解方案。发挥好山西省华融晋商资产管理公司在处置不良资产工作中的作用，综合运用多种手段，提升市场化、多元化、综合化处置不良资产的能力。鉴于山西省农信社风险仅凭自身力量很难在短期内化解，可考虑由省联社牵头，再创立一家省属金融资产管理公司，专门管理处置农信社系统的不良资产，改善经营指标，提升管理水平，使农信社能够轻装上阵，增强信贷投放能力。

从法律层面加强对影子银行的管理，规范影子银行资金的运作，加快制定相关指导意见和法律法规，明确民间金融到底归谁管，彻底根除多头管理，防止出现问题时相关部门"踢皮球"，解决无头管理问题，让民间金融逐步规范化、制度化。影子银行的运营和业务信息也要纳入法律监管范围内，明确各组织机构的责任。积极防范表外业务风险，银行业要加强表外业务风险管理，严格执行表外业务监管要求和各项业务流程，按照统一授信原则，强化规模管理。对于委托贷款业务，要尽到受托人责任，做好委托贷款尽职调查，落实委托贷款担保，强化日常监控，及时提示风险，严格委托资金来源合法性审查，严控委托资金流向限制类行业。对于票据类业务，要强化风险管控意识，提高风险识别和防控能力，严格保证金比例，加强敞口管理。对于贸易融资业务，要严格审查该业务所涉及信息的真实性。

加强民间融资、表外项目的风险管控。对重点客户、大额信贷等资金流向及用途进行全流程审核监测，加强表外融资性理财产品的数据信息统计和风险预警提示，有效防范潜在金融风险。对于重大可疑情况、重大案情线索和重大违法违纪行为，要及时通报中国人民银行。金融机构要不断提升自身的风险管理水平，制定审慎的贷款风险管理制度，提高风险拨备水平，保持流动性合理区间。

（五）多措并举，形成信用风险防控合力，加强风险防范和贷后管理，落实责任，强化问责，严防操作风险

加强监管部门与地方政府、银行业金融机构的工作协调与信息共享，加

强省局与分局、内部职能部门之间的联动。发挥风险预判分析功能，前瞻性开展信贷风险"双控"工作。在提升监管部门风险判断准确性和效率的基础上，做好对银行机构的督促引导。

各银行业金融机构要在风险防控方面继续采取有效措施，防范各类融资背后的潜在风险隐患，严密监控不良贷款反弹。对已形成不良贷款的客户，要积极采取有效的贷款清收与保全措施；对存在潜在不良贷款的客户，要全面加强贷后跟踪监测，及时掌握企业资金流动和经营变化情况；对经营正常但短时期内面临困境的客户，可酌情推迟还款，以缓解企业资金压力，提高对贷款风险特别是煤炭行业各类风险的摸底管控能力。各银行业金融机构应积极关注未来全球经济金融发展趋势，密切关注经济下行期煤炭企业的生产销售、市场供求、价格趋势等发展情况，提高对煤炭行业各类风险的管控能力。各银行业要优化信贷结构和投向，一方面要积极退出和收紧"两高一剩"以及环境敏感行业贷款；另一方面要推进传统产业改造升级，积极发展现代服务业、文化产业和战略性新兴产业信贷市场，继续强化对小微企业和"三农"等薄弱领域的金融支持。

引导银行业机构强化合规意识，提升制度执行力，完善制度、机制和流程；加强从业人员行为管理，定期开展异常行为排查，严格执行银行业金融机构从业人员违纪登记管理方法；建立制度化、常态化、规范化的案件风险排查工作制度，加大对违法违纪行为的处罚力度。监管部门要综合运用市场准入、现场检查、行政处罚等手段，加大对违规机构与人员的查处力度，营造合规经营环境。

参考文献

[1] 赵志华主编《2013年山西经济金融运行分析与预测》，山西出版传媒集团、山西人民出版社，2014。

[2] 赵志华主编《2014年山西经济金融运行分析与预测》，山西出版传媒集团、山西人民出版社，2015。

［3］赵志华主编《2015年山西经济金融运行分析与预测》，山西出版传媒集团、山西人民出版社，2016。

［4］丰乐：《山西省煤炭金融风险防范研究》，《区域经济》2014年第12期。

［5］王国刚：《新常态下的金融风险防范机制》，《金融研究》2015年第2期。

［6］吴炳辉、何建敏：《开放经济条件下金融风险国际传染的研究综述》，《经济社会体制比较》2014年第2期。

［7］张志远：《后金融危机时代我国金融监管以及金融风险的博弈研究》，吉林大学博士学位论文，2013。

［8］山西煤炭信息网，http：//202.99.195.11/cms/templet/2013new/。

旅游文化篇

Tourist Industry Culture

B.11
山西省区域旅游业发展研究报告：
2006~2016年11个地市的统计分析*

辛安娜 孙根年**

摘　要： 本报告通过构建资源丰度、客流量、星级酒店、旅游收入的关系模型，依据2006~2016年山西省11个地市的面板数据，对山西省11个主要城市旅游业在这4个指标上的相关性进行分析，结果显示：第一，遵循"景点择高"原则，即旅游资源丰度与客流量呈正相关，尤其体现在入境游上；第二，星

---

* 本报告为2016~2017年度陕西师范大学旅游管理博士后流动站访问学者的阶段性成果。
** 辛安娜，山西大学经济与管理学院、山西大学中国中部发展研究中心，博士、讲师，陕西师范大学访问学者，中国旅游研究院博士后。主要从事企业创新与旅游企业管理方面的研究。主持省、直辖市、自治区项目1项和高等学校校内人文社会科学研究项目2项，参与国家社会科学重点基金项目、教育部人文社会科学重点研究基地重大项目与一般项目等国家级课题3项，在《经济管理》等专业学术期刊上发表论文13篇。孙根年，陕西师范大学旅游与环境学院，博士、教授、博士生导师，主要研究方向为旅游经济运行与危机管理。

级酒店与客流量的相关关系不显著,除呈现行业结构层次、服务品质"两低"现象外,城市间的旅游溢出-吸纳效应被发现;第三,客流量与旅游收入呈正相关,但仍处于典型的外延式发展阶段;第四,山西省区域旅游发展呈现的差异化特征明显,尤其是在城市旅游供需的平衡问题上,因地制宜发展势在必行。在此基础上,提出相关政策建议,以期促进山西区域城市旅游供需平衡及健康发展。

关键词: 资源吸引力 客流量 旅游收入 资源丰度 旅游需求

综观2016年经济的基本面数据可知,山西省经济仍未进入合理增长区间,增速持续三年在低位徘徊,多年积累的"一煤独大"结构性矛盾、"一股独大"体制性矛盾、"创新不足"素质性矛盾远未从根本上得到解决。面对这样的经济困难局面,作为现代服务业的重要分支,山西省旅游业在过去几年里却如"墙角数支梅,凌寒独自开"。2014~2016年,山西省接待国内外旅游者分别达到3.0亿人次、3.6亿人次、4.4亿人次,实现旅游总收入2846.5亿元、3447.5亿元、4247.1亿元,不管是接待旅游者数量,还是旅游总收入,都呈现"井喷式"的增长态势,取得了显著的社会效益和经济效益。旅游业正在成为山西省区域经济可持续健康发展的新的重要动力和支撑点,成为破解山西省经济发展深层次矛盾和问题、增强经济社会发展内生动力和活力的重要途径。

旅游业的迅猛发展也引起了山西省委、省政府的高度重视,2016年省第十一次党代会报告第一次明确指出,"要深入挖掘'地上'资源,高起点大手笔谋划文化旅游产业,在创新体制机制、重大项目开发上实现新突破,使文化旅游产业成为转型的新引擎新支柱,将山西省打造成富有特色和魅力的文化旅游强省"。2016年11月24日,山西省委、省政府决定将省旅游局更名为省旅游发展委员会,并列入政府组成部门。2017年《山西省政府工作报告》则进一步明确,"要把文化旅游业加快培育成战略性支柱产业。着力破解体制机制障碍,以'旅游+'为思路,积极发展全域旅游,实施大项目建设、大企业运作,努力实现旅游产业提档升级,把山西建成国内一流、国际知名的旅游目的地"。

可以说,当前无论是置身于国家大背景下还是立足山西省转型综改、振兴崛起的现实要求,山西省旅游业都迎来了难得的发展机遇。与此同时,我们仍应清醒地认识到,山西省旅游业整体基础仍十分薄弱,地区发展存在显著差异,要对近年来各地政府相继出台的鼓励旅游业发展的政策、景区、宾馆大量建设,以及一些地区因投资"潮涌"现象而引起的旅游产能过剩进行预警。因此,借助科学的方法与研究手段,清醒、客观、认真地分析当前山西省旅游业发展的基本特征,准确把握山西省尤其是11个主要地市作为旅游目的地表现出的地区差异以及区域旅游格局可能出现的新特征、新趋势,既是学术研究的需要,也是政府进行科学决策的需要。

一 评价模型构建与数据来源

(一)评价模型的构建

基于旅游业涉及"吃、住、行、游、购、娱"诸要素的多重性和复杂性,对于当前山西省区域或城市旅游业供给与需求基本面特征的确立,本报告参考和援引目前国内学者杨红艳、孙根年提出的"资源丰度-客流量-星级酒店-旅游收入耦合模型"。该模型将资源丰度、客流量、星级酒店和旅游收入看作城市旅游系统的4个关键要素(见图1)。其中,资源丰度是城市旅游吸引力的综合测度值,A级景区被认为是代表。此外,等级高的城市本身具有很强的吸引力,独立的世界遗产地也会因其价值高而吸引较多游客。客流量被看作区域旅游的"人气",游客包括入境游客和国内游客。星级酒店则被认为是重要的接待设施,尤其是对入境过夜游客和商务旅游者来说。旅游收入是区域旅游的"财气",包括交通、住宿、餐饮、门票等收入。杨红艳、孙根年认为,在一个地区旅游业的长期发展过程中,四要素内部存在相关性,即资源丰度越高,吸引游客就越多,相应的,对星级酒店的需求就越大,旅游收入也越高,而较高的旅游收入又可以为打造高级别的旅游资源提供资金支持,形成总体均衡的过程。因此,借助该模型,通过分析旅游供需要素之间的相关性,探讨资源丰度是否有效吸引游客、星级酒店是否满足游客需求以及各地市国内旅游与入境旅游的发展差异,有助于我们揭示当前山西省 11 个主要城市旅游业的一些重要的基本面特征。

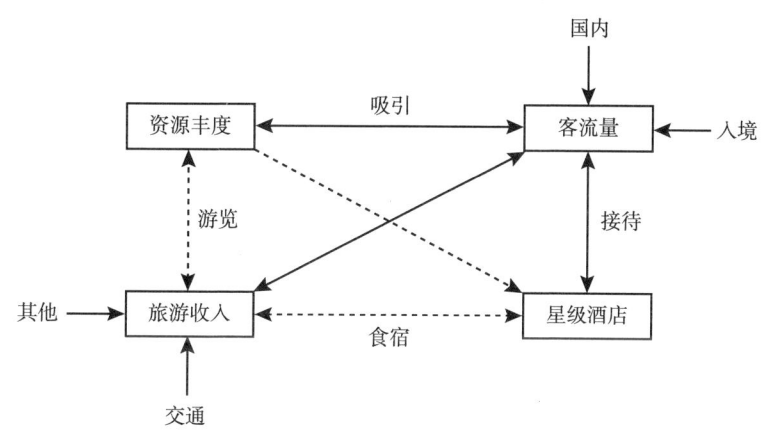

图 1 资源丰度 – 客流量 – 星级酒店 – 旅游收入耦合模型

资料来源:杨红艳、孙根年:《城市旅游关键要素供给与游客需求相关性及产能利用率——2005~2014 年河南省 18 个地市的统计分析》,《地理与地理信息科学》2017 年第 2 期,第 93~99 页。

(二)数据采集与指标形成说明

1. 对"资源丰度"的界定

景点资源被视为重要的旅游吸引物或旅游产品。目前旅游普查中所谓的景点资源就是指原生态的资源,包括大自然赋予的、未经人工开发的各种潜在形态,以及能对游客产生吸引力的自然景观、生物景观、遗址遗物、建筑与设施、人文活动等。在以往研究中,研究者已经发现,只有高品位的旅游景区才能对旅游者产生较强吸引力。同时，为了保证区域旅游资源的测评具有统一性和可比性，并能够简化计算、避免重复，本报告主要利用现有研究普遍采用的以国家每年对旅游景点进行 A～5A 级质量测评的结果为基础数据，根据 A～5A 级景点等级的不同，赋予其不同权重的方法来反映区域或城市的旅游资源丰度。

考虑到资源丰度在短期内的稳定性，同时由于受公开数据的限制，本报告共收集到山西省 11 个地市 2013 年、2016 年两个年份官方资料公布的 A 级景区资源数据，在此基础上，我们也考虑到为城市级别、特殊吸引物（世界遗产）设置附加分值，具体计算公式如下：

$$TB = \sum_{i=1}^{5} a_i x_i + \sum_{j=1}^{n} f_j$$

其中，TB 表示区域或城市资源丰度；x_i 代表景区级别的权重；a_i 分别为 0.25、0.5、0.75、2.5、10，代表 A～5A 级景区的权重；f_j 代表城市级别、特殊吸引物等的附加值，其中省会级城市附加 10 分，世界遗产附加 10 分。

2. 对其他关键数据来源的说明

四要素模型中的第二个旅游要素供给的关键性指标就是星级酒店。目前国家统计指标对住宿业的认定口径要远远大于星级酒店的统计数量，受旅游需求的指引，住宿业的类型也更趋多元化，如连锁酒店、一般旅馆、农家乐等多种形式。但星级酒店仍被学界和实业界认为是重要考察项，一是星级酒店代表了一个城市旅游结构高级化的程度，不仅计量研究时具有较高的统一性和可比性，而且它的标准化更客观，可以直接降低旅游者在信息决策时的不确定性与不对称性，故成为入境游客和追求高品质出行的国内游客的首选；二是近年来旅游业快速发展，旅游投资意愿高，形成了一波又一波景区、宾馆投资"潮涌"，但是我们看到，很多景区接待游客量达不到预期，统计数据显示，很多宾馆尤其是国家旅游局公布的旅游星级酒店连续数年亏损，产能利用率不高的事实不容忽视；三是星级酒店和地方政府的旅游政策制定与实施关系密切，地方政府在鼓励旅游投资时除将上述景点作为一个重要投资方向外,另一个主要关注点就是星级酒店的配套建设,因此,我们将测量口径进一步缩小至星级酒店。我们在跟踪该研究主题时,检索到了"为鼓励国际知名酒店管理集团在太原直接投资或合作建设五星级及以上宾馆酒店,太原市出台《关于鼓励支持五星级酒店建设经营的意见》。太原市政府规定,今后,在太原投资五星级酒店可优先使用区位优势好、商业繁华、交通便利的地块。土地将以招拍挂的方式出让,出让价格按照成交价收取后,市政府将按成交价的30%给予补贴"。该文件进一步佐证了我们的研究想法,故本报告以山西省旅游局公布的旅游星级酒店为测量项的统计口径。

还需要说明的是,考虑到计量分析时,截面数据与时间序列结合起来可以有效预防异方差和自相关问题的优势,并且可以捕捉到各城市旅游发展的连续动态变化,故本研究主要数据周期为2006~2016年,共11个年份,数据主要来源于各年度山西省统计局发布的11个主要城市的《国民经济和社会发展统计公报》。

二 山西省区域旅游业的主要定量特征

(一)资源丰度与客流量的关系

旅游景点通常被认为是旅游业产生和发展的核心与重要驱动力。直观上讲就是,城市区域内拥有的景点级别越高,形成的资源丰度就越高,相应的,吸引的到访游客量也越多。本报告以2013年末、2016年末山西省11个地市的资源丰度为自变量,分别以2012~2013年、2015~2016年国内客流量均值和过夜入境客流量为因变量,采用普通最小二乘法(OLS)对资源丰度与客流量的关系进行回归分析后发现,从整体上讲,当前阶段,山西省区域旅游在资源丰度与客流量上具有相似的发展规律,即城市旅游的资源丰度越高,吸引的到访游客量就越多。

图2揭示了山西区域旅游资源丰度与国内客流量的关系,回归方程的

R^2 值为 0.5168，可见方程拟合较好。该方程的斜率 $Y' = -1.3928X + 122.66$，11 个地市的资源丰度均值为 28.57，由此得出 $Y' = 82.85441$，这就意味着当前及今后相当长一段时间，资源丰度每增加 1 个单位，国内客流量会增加 82.85441 万人次。我们还注意到，该方程呈现的二次项系数是 -0.6964，这也意味着存在资源丰度的临界值，即资源丰度与国内客流量有可能是倒"U"形关系，而山西省当前正处于临界值的左端，整个区域旅游都处于发展的上升期。我们可以很清楚地看到，太原、晋中由于资源丰度高，接待的国内游客量特别突出，尤其是晋中，相比只占省会城市级别高优势的太原，晋中不仅景点级别高，而且得益于良好的交通区位优势，其国内旅游接待量呈现"鹤立鸡群"特质。相比之下，忻州虽然拥有五台山这样的世界遗产，其资源丰度排在第三，但其整个国内旅游接待量表现平平，而大同、晋城的资源丰度要高于临汾、运城和长治，但其国内游客接待量仍存在差距。吕梁、阳泉等地的资源丰度低，接待国内游客也较少。

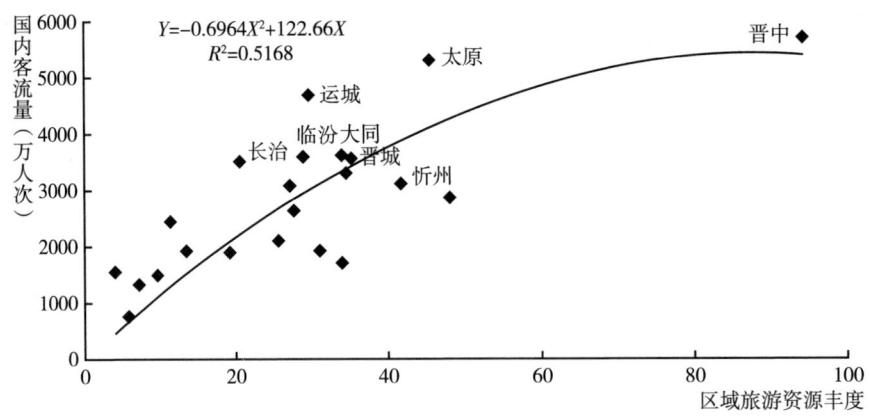

图 2　山西区域旅游资源丰度与国内客流量的关系

图 3 揭示了山西区域旅游资源丰度与入境客流量的关系，回归方程的 R^2 值为 0.5429，可见方程拟合较好。通过计算我们得出，该方程的斜率 $Y' = 0.0014X + 1.1908$，11 个地市的资源丰度均值为 28.57，则 $Y' = 0.230811$，即资源丰度每增加 1 个单位，山西省城市入境客流量将增加

0.230811万人次。与图2不同，我们可以看到，由于资源丰度取值大于等于0，所以入境客流量呈现的正相关关系不存在阈值问题，这就意味着入境游客更遵循"景点择高"的原理，即通常研究者认为的世界遗产或5A级景区才是游客入境的主要驱动力，城市中4A级及以下的景点增多通常只会吸引更多的国内和本地游客，而对入境游客产生的吸引力则很弱。如图3所证实的，忻州、大同、晋中由于有五台山、云冈石窟、平遥古城，因此入境客流量要显著大于山西省除省会太原外的其他城市，太原主要得益于是省会城市，属于经济、政治、文化中心和重要的入境交通枢纽中心，入境客流量也较突出。还有一个现象值得注意，就是晋城虽然也拥有5A级景区皇城相府，但其对入境游客的吸引力表现平平，分析其主要原因后发现，对入境游客而言，符合城市居民游憩活动规律的"吴氏曲线"也同样起到了作用，进入山西境内的游客通常以省会城市太原为入境口岸，而晋城交通区位并不占优势。另外，皇城相府与晋中大院的景点存在认知上的同质化，国外游客通常会选择交通更占优势的晋中，除参观平遥古城外，同样是5A级景区的乔家大院是更具有竞争力的替代产品。但整体而言，我们需清醒地看到，山西省近年来入境游市场并不理想，这与山西省整体经济低迷，无法吸引更多类型的入境游客尤其是具有刚性需求的商务游客有很大关系。

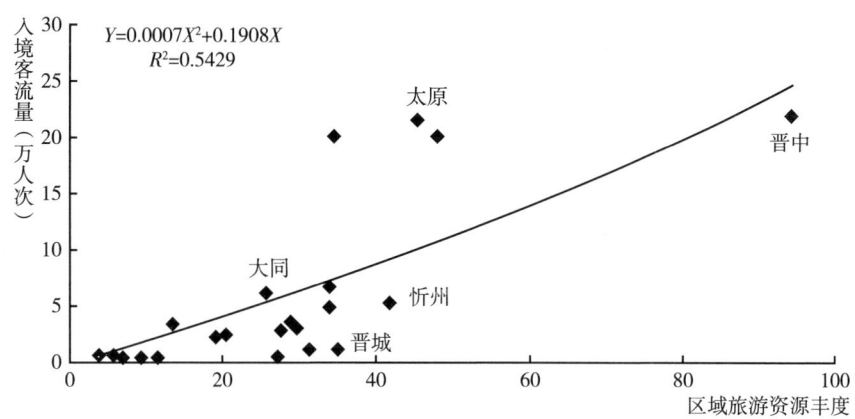

图3 山西区域旅游资源丰度与入境客流量的关系

（二）星级酒店数与客流量的关系

星级酒店是另一项重要的旅游供给要素，为了揭示山西省各城市星级酒店的接待能力以及是否存在产能过剩的问题，本报告分别以各区域星级酒店数为自变量，并分别以各区域国内客流量和入境客流量为因变量进行回归分析。

图4揭示了山西区域旅游星级酒店数与国内客流量的关系，需要补充说明的是，受官方公开统计数据的限制，我们没有收集到2015~2016年除晋城市外的星级酒店数据，故该分析是在2006~2014年的数据基础上形成的。从图4可以看到，R^2值仅为0.2407，可见方程拟合效果一般。究其原因，我们认为，主要归因于当前住宿业类型多，消费者的选择空间大。山西省统计局与山西省旅游局共同发布的官方数据显示，2015年，星级酒店在山西省住宿业的占比仅为2.4%，这也从另一个侧面反映出山西省住宿业的产业结构层次较低。虽然该方程拟合效果一般，但从图4中我们仍发现了一些基本规律，需要引起业界的注意。其中，以2014年为分界线，太原的星级酒店最多，接待的国内游客量也最多，而自2015年开始，晋中市国内游客接待量达5018.5万人次，首次超越省会太原的4891.47万人次，2016年更是猛增至6335.1万人次，同年太原的国内游客接待量为5666.17人次，得益于太原与晋中的交通半径尤其是高铁仅需半个小时即可抵达，所以太原住宿业成功分享了晋中旅游业的溢出效应。不过从时间序列数据我们也可以看到，2006~2010年太原市星级酒店经历了数量扩张，超出市场需求，2011~2013年逐渐减少，自2014年开始又出现少许的数量扩张。但整体上看，2006~2016年山西省星级酒店数是持续下降的，原因除国内旅游者有了更多经济型酒店、农家乐等其他类型的住宿品种选择外，还有如前文所强调的，山西省星级酒店不仅在硬件设施上，而且在服务水平、服务创新上发展缓慢，无法紧跟市场变化，造成出现整体被动发展的局面。中国旅游研究院公布的《中国区域旅游发展年度报告（2015~2016）》也显示，在我国31个省份中，山西旅游接待能力指数排在第22位，仅为0.154，旅游接待能

力指数最高的是广州,高达0.944。国家旅游局公布的《2015年度全国星级饭店统计公报》显示,山西省星级饭店年营业收入总额为22亿元,仅超过宁夏、青海、黑龙江、吉林。

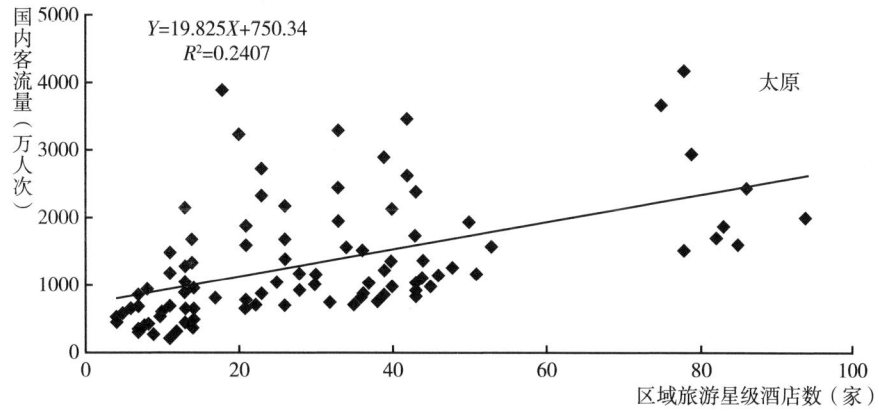

图4 山西区域旅游星级酒店数与国内客流量的关系

图5揭示了山西区域旅游星级酒店数与入境客流量的关系,同样需要说明的是,山西省自2014年以后对入境游客的统计口径发生变化,由原有的入境游客范围缩至住宿业登记的过夜入境游客,导致前后数据没有可比性,加上2015~2016年除晋城市外,其他城市在星级酒店统计上都存在缺失值,故本部分数据来源于2004~2013年各地市的相关基础数据。从图5可以看到,R^2值为0.405,方程拟合效果较好。这意味着对入境游而言,星级酒店数与入境客流量存在较强的正相关关系,资源丰度越高尤其是拥有世界遗产的城市,入境客流量就越大,星级酒店的经营状况就相对要好,如太原、晋中、大同。但同样值得注意的是,即便是这三个城市,也都先后在2009年前后出现酒店供给量由持续扩张向主动撤星或退市、供给量收窄的方向进行调节的现象。而入境游并不发达的临汾、运城,2004~2013年酒店数量过多,利用率低。其他城市的入境旅游发展极为缓慢,不仅星级酒店数量少,而且利用率也较低。造成山西省各城市星级酒店整体发展水平不高、产能利用率不足的原因,除上文分析国内游客与星级酒店关系时提到的外,还有一

个原因就是山西省对外经济尤其是海外商务往来贸易没有根本性突破,导致入境游客以观光型为主,这部分需求弹性大,对星级酒店的需求无法形成有力的刚性支撑。

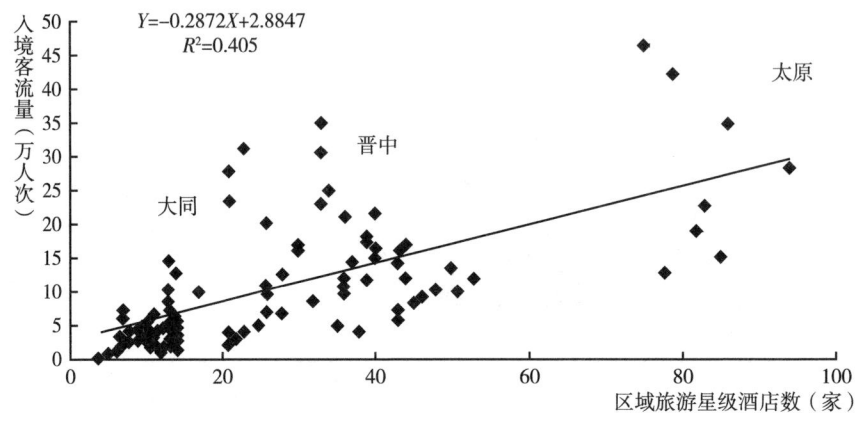

图5 山西区域旅游星级酒店数与入境客流量的关系

(三)客流量与旅游收入的关系

旅游收入是旅游者在旅游过程中的花费,通常由长途、室内交通、住宿、游览、餐饮、购物、通信等费用构成。客流量与旅游收入的关系可以从整体上反映一个测量区域的旅游业发展情况,为揭示客流量与旅游收入的关系,本报告选取2006~2016年数据进行回归分析后发现,不管是国内旅游市场还是入境游市场,两者都呈现强正相关性。

图6揭示的是山西国内旅游收入与国内客流量的关系,R^2值为0.9453,这意味着城市吸引的国内游客数越多,给当地带来的旅游收入就越多。太原、晋中作为旅游者重要的暂住地和旅游目的地,旅游收入高且旅游消费类型更趋多样化,因此人均消费较高。而其他城市如运城、晋城、长治等,由于游客滞留时间短,目前旅游收入仍处于外延式发展,主要以旅游人数扩增来推高旅游总收入。中国旅游研究院公布的《中国区域旅游发展年度报告(2015~2016)》的数据显示,山西省旅游人均消费年均增长率仅为0.99%。

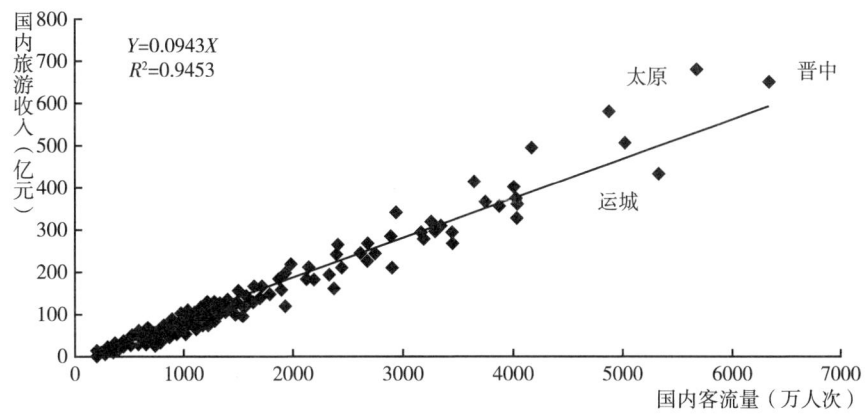

图6 山西国内旅游收入与国内客流量的关系

图7揭示的是山西旅游外汇收入与入境客流量的关系，R^2值为0.9047，方程拟合效果较好。这也意味着城市接待的入境游客数越多，给当地带来的旅游外汇收入就越多。值得一提的是，近年来迅猛发展的晋中市，成为山西省重要的国际旅游目的地，其旅游外汇收入突破1亿美元大关，超过其他10个地市的总和，这得益于平遥古城等景点建设的内涵式发展，更多特色民宿和娱乐消费等多元化、纵深化形式使得入境游客改变了过去观光游后返回省会太原住宿消费的旅游习惯。而省会太原表现则不佳，入境游不管是客

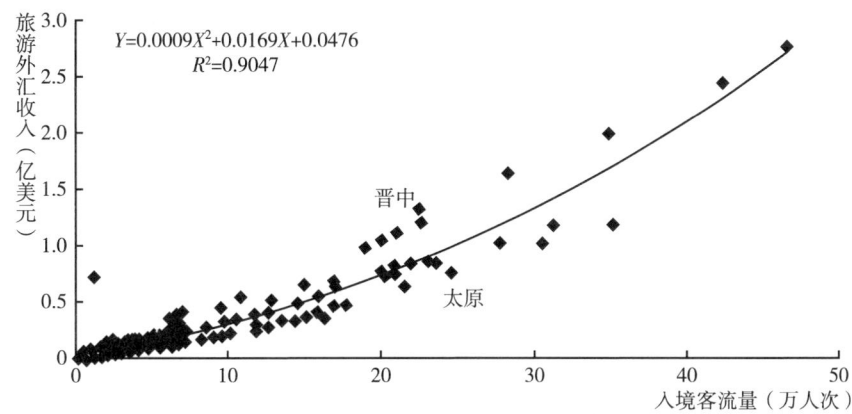

图7 山西旅游外汇收入与入境客流量的关系

流量还是旅游收入,其增长都很乏力。忻州、大同虽然也拥有世界级遗产,但其入境游表现并不理想,旅游产业结构处于较低层次、粗放型运行是制约其发展的首要因素。而其他城市受旅游资源丰度限制,加上还没有形成外向型经济,所以目前旅游收入主要依赖国内游收入。

三 坚持"全域旅游"与"因地制宜"相结合的发展思路是对新形势下将山西省旅游业培育成战略性新兴产业的积极探索

(一)对当前山西省区域旅游发展的总体回顾

基于上述模型与数据分析结果,本报告发现四个方面的特征趋势在制定政策时需要引起注意。

(1)旅游资源丰度是吸引客流量的重要驱动力。山西省区域旅游接待量遵循典型的"景点择高"原理,不存在像周边省份如河南的郑州、洛阳出现的空间错位问题,该规律不仅在国内游市场上成立,而且在入境游市场上尤为明显。

(2)通常来说,景点资源丰度越高,吸引游客量就越大,对星级酒店的需求也越大,进一步的,旺盛的住宿需求会吸引更多投资者进入该行业,导致酒店供给数量呈现扩张的趋势。但我们发现,一是伴随2006~2016年山西省旅游接待人数的持续增长,星级酒店并没有相应地持续增多,星级酒店接待能力"量少质低"问题亟待解决。二是部分城市间存在典型的旅游溢出-吸纳效应,增添了城市间合作的新动力。

(3)各地市客流量与旅游收入之间呈现较强的正相关性,但主要是通过推高客流量来实现的,人均旅游消费增长缓慢,处于典型的外延式发展时期。

(4)山西省区域间旅游发展的分异特征逐渐明显。山西省11个城市在入境游、国内游市场呈现明显的分化现象,晋中是唯一一个典型的入境游和国内游市场都发展得相对不错的城市，而同样拥有世界遗产的大同和忻州两市，入境游和国内游市场表现都一般，未来有必要针对国内游和入境游市场特征进行科学研判，充分释放其高资源丰度的优势。省会太原更应充分发挥其城市级别高和交通便利的优势，像上海、杭州等城市那样，将城市功能向旅游"社会化"和社会"旅游化"扩展。而山西省其他城市更适合在国内游和周边游市场上大做文章。

（二）对新时期山西省区域旅游发展趋势的展望

1. 全面推动山西省区域旅游从"景点旅游"向"全域旅游"转变，促进城市作为旅游目的地的品质突破

当前我国已进入旅游"大众化"时代，旅游产业可以成为区域和国家重要的战略性支柱产业已达成普遍共识，尤其是在山西省传统产业没有更多投资空间的背景下，旅游产业自然会获得更多资本青睐，但如何避免地方旅游产业同质化和冒进风险，朝着科学、健康的方向发展，成为当前和今后区域旅游产业实践中的关键难点和重点问题。以景区建设为例，景区投资目前虽然有很多城市由以政府投入为主，转向了政府主导下的以民营资本和社会资本为主、政府投资和外商投资为辅的多元化投资格局，但由于旅游产业涉及面广且带有公益性质，地方政府仍是推动、引导旅游业发展方向的关键力量，因此，对未来旅游产业发展趋势进行深层次的认知，成为政府发挥好"看得见的手"作用的最基本前提。反观当前数据，尤其是人均国内旅游消费和人均入境游消费，总体上游客是看景而不是消费，旅游商品的低廉、同质化以及旅游服务的性价比不高是人均消费较少的主要原因，并且景区资源在吸引国内旅游人数上存在阈值，因此，山西省各地市要以丽江"恶导游"、青岛"天价虾"宰客等旅游发展曾走在前面的城市为警示，改变当前"圈山圈水卖门票""坐地生财"等过于依赖自然、环境的粗放模式，从供给侧发力，以为游客提供全方位、系统化的商品与服务为着力点，使服务更加专业化，产品如景区纪念品更加特色化，市场分类更加精细化。

2. 在把文化旅游业培育成山西省战略性支柱产业的战略机遇面前，各地市要"因地制宜"，着力促进区域旅游创新和差异化发展，充分迎合市场

山西既有特殊自然环境造就的天成之美，又有五千年历史文化厚植的人文之韵，独特的气候条件、迥异的地理地貌、辈出的历史名人以及丰厚的文化遗存、多彩的民俗民风等各种元素交织在一起，为山西文化旅游业的发展提供了得天独厚的条件，有助于旅游者对山西旅游形成鲜明的省际和国际形象认知，进而吸引更多国内游客和海外游客。与此同时，由于山西省旅游数据有关国内旅游人数来源统计中没有官方公布的一日游、本省游客数据，所以我们无法准确获取各地国内旅游人数统计中山西省游客的比例，但中国旅游研究院和中国电信共建的联合实验室公布的大数据显示，77.96%的市民出游距离在10~50公里范围内，周末出游市民的比例为80.3%；平常和周末出游距离超过120公里的游客比例分别只有10.7%和6.3%。我们可以看到，一日游和本省游游客将二、三线城市作为旅游目的地的比例非常大，所以山西省在吸引省外和海外游客时，也应注意到这部分庞大的旅游消费群体的需求。中国国家旅游局公布的《2016年城镇居民的出游动机》数据显示，度假休闲、探亲访友分别占48.3%和13.9%，而观光游览和商务出差分别占13.9%和8.1%。从消费结构上看，占主流的一日游城镇居民用于餐饮、购物、交通的比例分别为38.6%、24.4%和24.7%，而用于景区游览的费用只占7.9%。事实上，过夜游客群观光游览的预算更低。这对地方旅游业发展给出了强烈的指引信号，即现在的旅游组织以散客为主，更加强调对目的地生活方式的体验。除了那些会展中心、游乐园等看得见的旅游综合体和大项目、大工程外，我们也要看到类似于漫咖啡这样的街边小店、城市书屋、休闲农场等一批在后现代旅游时代满足休闲需求的创业项目，因其内在的调性而成为显性的旅游吸引物。因此，各级政府和实业界既要能宏观叙事，又要能着眼于大众旅游者的微观感知，从战略、旅游产品内容创造、市场推广上，让旅游者获得更多实感，体验异地生活方式，这样才有机会在竞争日益激烈、消费层级趋于多元的旅游市场中形成特色鲜明、魅力独具的区域旅游品牌忠诚度与市场效应。

参考文献

[1] 张菲菲、刘刚、沈镭:《中国区域经济与资源丰度相关性研究》,《中国人口·资源与环境》2007年第4期。

[2] 李琦、孙根年、韩亚芬:《中国省际入境旅游资源吸引力与区位可达性的矩阵分析》,《干旱区资源与环境》2008年第5期。

[3] 董红梅、赵景波:《中国高等级旅游资源数量与旅游人数、旅游收入的关系研究》,《干旱区资源与环境》2011年第2期。

[4] 张毓、孙根年:《东部沿海省市旅游发展的测定及其动力研究》,《西北大学学报》(自然科学版)2016年第4期。

[5] 杨红艳、孙根年:《城市旅游关键要素供给与游客需求相关性及产能利用率——2005~2014年河南省18个地市的统计分析》,《地理与地理信息科学》2017年第2期。

B.12
创新景区内容营销
提升山西旅游体验价值

孟慧霞 任丽霞*

摘 要： 山西自然资源和人文旅游资源丰富，但旅游资源开发和营销的力度与深度不足，很多富有价值的旅游景区尚处于粗放式开发、经营和宣传阶段，旅游业存在有宣传、无营销，宣传有口号、无内容等现象。本报告从山西旅游资源的体验价值、山西旅游景区游客的感知价值、山西旅游景区宣传推广存在的问题、景区内容营销创新及其实践探索、创新山西旅游景区内容营销的发展对策五个方面，展开对山西各景区营销方式创新的讨论，并以内容营销为创新思路，有针对、有重点地推动山西旅游营销的发展，具体策略为创新景区营销思路、深入挖掘景区特色、加大文化旅游宣传力度和加强互联网与新媒体营销等，以期创新景区内容营销，提升旅游体验价值，促进山西旅游业的发展。

关键词： 内容营销 旅游形象 体验价值

山西自古被称为"表里山河"，是自然与人文旅游的荟萃宝地。山西旅游业发展迅速，2011~2016年，山西省国内游客年接待量由1.5亿人次增

---

* 孟慧霞，山西大学经济与管理学院、山西大学中国中部发展研究中心，博士、副教授、硕士生导师，主要研究方向为服务营销、消费经济；任丽霞，山西大学经济与管理学院。

至4.4亿人次，旅游年收入由1342.6亿元增至4247.1亿元①。然而，很多景区经营模式仍以粗放型的"门票经济"为主，"吃、住、行、游、购、娱"各方面条件难以达到旅游者的期望，旅游业延伸不足，综合性经营收入低。以2015年为例，山西旅游业所能辐射的餐饮、住宿、社会消费品零售总额仅为1415.5亿元，总体居于全国中下游水平，旅游资源优势亟待发挥，以期转变为产业和经济优势。为加快经济转型升级，山西已将文化旅游业列为七大非煤产业之首，文化旅游成为山西省进一步发展的战略性支柱产业。在此背景下，研究创新山西景区内容营销，有利于提升旅游者对目的地的感知形象价值，丰富游客体验，促进山西旅游业的健康发展，对带动和辐射其他相关产业升级也具有一定的现实意义。

一 山西旅游资源的体验价值

独特的地理环境和悠远的人文历史使得山西成为重要的旅游佳地。"华夏古文明，山西好风光""晋善晋美""五千年中国看山西"等语句都是对山西自然景观和人文景观的高度赞美。在自然风景方面，山西有很多秀丽的河山，北岳恒山、介休绵山、壶口瀑布、太行山大峡谷等旅游目的地风光秀美，景色各异。在人文古迹方面，山西更是以其深厚的文化底蕴吸引着国内外游人。山西拥有国家级重点文物保护单位452处，占全国的10.25%，位列第一，被誉为"中国古代文化博物馆"。晋北、晋中、晋南形成了各具特色的文化旅游主题：晋北是以云冈石窟、五台山等为代表的宗教古建文化，晋中是以平遥古城、乔家大院为代表的大院文化，晋南有洪洞大槐树寻根文化、关公故里忠义文化和皇城相府名相文化等。此外，山西还是红色旅游文化资源聚集地，著名的"吕梁精神""右玉精神""太行精神"都是对山西红色革命文化的真实写照。

旅游是一项综合性审美活动，旅游资源具有体验价值。约瑟夫·派恩和

---

① 根据2011年、2016年《山西省国民经济和社会发展统计公报》相关资料整理。

詹姆斯·吉尔摩按照旅游者介入旅游活动的主动性和投入程度,将旅游资源划分为娱乐型、教育型、逃避型和审美型四种体验类型。虽然人们参与旅游活动是各种体验不同程度的结合,但不同类型的旅游资源给予人们的主要体验不同。主题游乐公园能够使旅游者通过参与各种主题活动达到消遣和愉悦身心的目的;博物馆、古建筑等人文旅游资源展现出深厚的文化底蕴和高超的古代艺术,可以使旅游者增长见识、开阔视野;农家田园等乡村旅游资源的开发让旅游者能够暂时放下紧张的工作,摆脱束缚,实现精神上的解脱;优美的风景可以让旅游者感知到大自然的魅力,获得美感体验,培养审美、爱美情趣。

山西有500多个旅游景区,其中忻州、太原、晋中、运城、长治的景区数量较多。就山西省旅游资源属性而言,景区多在风景名胜和历史遗迹的基础上开发利用,社会历史和自然景观较多,人工景点、娱乐活动较少。山西省依托优美的自然风光和悠久的历史文化形成了八大精品旅游线路群,每一条线路都形成了独具特色的品牌景区。旅游者根据自己参与旅游活动的主动性和投入程度会获得不同的旅游体验,且各条线路景区特色不同,带给旅游者的主要旅游体验价值也各有差异(见表1)。

表1 山西八大精品旅游线路及品牌景区主要体验价值

精品旅游线路	品牌景区	主要体验价值
世界遗产游	云冈石窟、五台山、平遥古城	教育型
宗教古建游	北岳恒山、云冈石窟、五台山	教育型
晋商民俗游	乔家大院、王家大院、平遥古城	教育型
寻根觅祖游	洪洞大槐树、尧庙、关帝庙	教育型
红色经典游	武乡八路军纪念馆、黎城黄崖洞	教育型
太行山水游	太行山大峡谷、王莽岭	审美型、逃避型
黄河文明游	壶口瀑布、碛口古镇、鹳雀楼	审美型、逃避型、教育型
吕梁风光游	庞泉沟、北武当山、碛口古镇	审美型、逃避型

资料来源:根据山西旅游资讯网(http//www.shanxichina.gov.cn)相关信息整理。

综上所述,山西已形成世界遗产、宗教古建、晋商民俗、寻根觅祖和红色经典等主题教育型旅游体验游以及以太行山水、黄河文明和吕梁风光等为特色的审美型、逃避型体验游。此外，各精品旅游线路沿线均有一些旅游景区，品牌景区和沿线旅游景区形成了各精品旅游线路旅游景区群组，带给游客程度不同、类型各异的旅游体验。

二　山西旅游景区游客的感知价值

旅游目的地的体验价值与人们的主观感受密切相关。Zeithaml（1988）认为感知价值是指顾客将从产品或服务体验中感知到的利益价值与其获得产品或服务的成本进行对比后做出的综合评价。首先，人们的感知价值受旅游目的地信息传播的影响。旅游者参加旅游活动前会通过上网查阅、询问他人等方式对旅游目的地相关信息进行初步了解。这些信息将作为旅游者景区认知和外出旅游活动选择的参考。其次，当人们到达旅游目的地并参与旅游活动时，旅游者对当地的价值感知主要来源于真实的经历。最后，人们会把自己在旅游活动中的真实体验与参与该活动的成本进行比较，做出对旅游产品的综合评价。从旅游者视角分析，旅游景区的体验感知价值是旅游者从景区体验后的"感知利得"和旅游者为此付出成本的"感知利失"共同作用的结果。旅游目的地在自身长期发展中形成的根本形象和游客体验所认可的形象决定了人们在景区的旅游体验，而旅游者为旅游所付出的门票、交通、餐饮、住宿等花费以及旅游时间、精力等消耗构成了旅游体验的成本。因此，景区的游客体验感知价值受目的地形象传播、游客体验以及出游花费等多个因素影响。

（一）山西省旅游景区的形象传播

山西以人文景观和自然风光为主。首先，山西文物古迹量多、面广，历史文化资源丰富。从晋北到晋南，山西依靠历史文化遗产和人文古迹形成了不同主题的精品旅游路线，反映出山西是传统历史文化旅游的代表。其次，山西自然旅游资源也具有诸多优越性。山岳、森林、河流、瀑布等自然景观为山西自然风光游提供了有利条件。此外，"自古名山僧占多"，自然风景与人文景观的结合,为山西的山水增添了几分灵秀,北岳恒山、忻州五台山、介休绵山等都是自然风景与人文景观结合的典范。因此,名山、古建、庙宇、瀑布、峡谷等要素随着历史的长期发展构成了人们对山西的基本认识,形成了山西旅游景区独特的旅游形象,旅游者可以从景区网站或其他旅游资讯等宣传载体中获取各旅游景区形象传播的基本信息,形成对目的地形象的初步认知,进而影响旅游者的评价及其外出旅游活动的决策。

(二)来晋旅游者的旅游感知价值

对旅游目的地形象进行分析时,除了根据旅游资源属性对旅游景区长期发展形成的基本形象进行分析外,还应该考虑游客从景区体验所感知到的实际形象,即分析人们在景区参与旅游活动时所获得的真实感受。

旅游资源是旅游业发展的必要前提,但旅游资源并不等同于旅游产品。人们的旅游体验来自对目的地相关产品的消费。长期以来,山西以观光旅游为主,涉及体验的游乐项目和产品较少,活动形式较为单一。单一的产品类型导致游客在景区以观光游览为主,可体验的活动较少,在景区的游玩时间短,对景区特色文化感知不深,难以形成深刻的旅游体验。这导致游客对山西一些景区的认可度偏低,不利于来访者对外宣传当地特色和提高旅游景区的知名度。此外,景区的特色是吸引旅游者和增强旅游体验的重要因素,在山西,除云冈石窟、五台山、平遥古城、壶口瀑布等美誉度较高的旅游景区外,很多景区开发的形象不突出,旅游者对其评价多停留在旅游资源表面,且多比附周边著名景区,大大降低了游客在景区所感知的体验价值。单一观光游览难以满足人们多样化、个性化的旅游诉求。旅游开发和宣传不到位,缺乏品牌塑造和形象推广,难以将山西丰富的旅游资源优势转化为产品和经济优势,潜在的旅游体验价值尚未发挥。

(三)来晋旅游者的旅游消费支出

游客在旅游目的地消费是当地旅游业发展现状和体验感知价值的主要反

映。目前来晋旅游消费以交通、食宿、景区游览为主，购物及娱乐消费所占比重较低。2016年山西省商业住宿设施共接待国际游客63万人次，较上年增长6.1%，实现旅游外汇收入3.2亿美元，平均每位国际游客消费508美元左右，折合人民币约3372.7元。来晋国际游客多倾向于选择在云冈石窟、平遥古城等知名度较高的景区进行观光游览、宗教朝拜和历史考察等旅游活动。2016年山西共接待国内旅游者4.4亿人次，较上年增长23.1%，实现国内旅游收入4228亿元，平均每位国内游客消费961元。尽管来晋游客的整体消费支出在增长，但其消费支出相对集中，旅游过程中的刚性需求——"吃、住、行"消费占总体消费支出的比例偏高。根据山西省统计局"2015年山西国内游客抽样调查"数据分析，国内来晋游客人均消费约884元，其中长途交通、餐饮、住宿、景区游览消费占总消费的比重较高，而备受业界关注的购物和娱乐消费所占比重整体偏低，市内交通、邮电通信和其他消费不足，具体消费比例见图1。

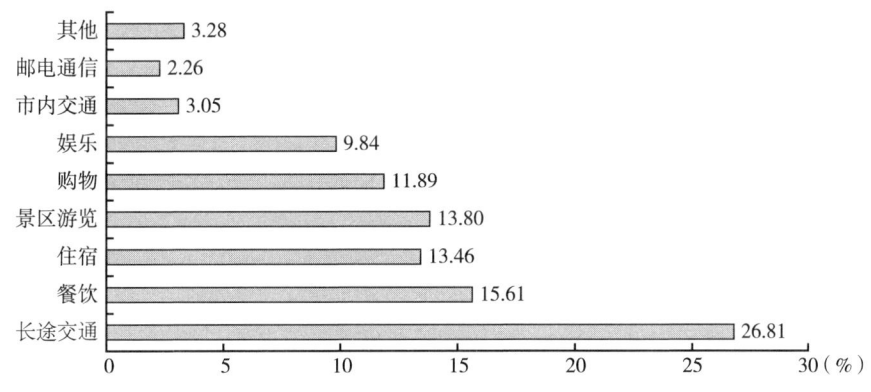

图1 2015年国内来晋游客消费构成

资料来源：根据山西省统计局发布的"2015年山西国内游客抽样调查"数据整理。

图1反映出来晋旅游者的旅游消费主要用于长途交通、餐饮、住宿和景区游览。山西景区数量虽然多，但分布相对分散，旅游活动的行游比较高，增加了参加旅游活动所需花费的时间和交通成本。很多景区仍采取粗放式的经营模式，旅游产品开发较为单一，景区收入主要依靠门

票。旅游者为旅游付出了较高价格的门票，以及较多的旅行时间和精力，而在景区停留的时间却很短，旅游体验性活动较少。因此，根据旅游者从旅游产品或服务体验中所感知到的利益价值与其所付出的时间、精力和费用成本的对比分析可知，旅游者的出行成本较高，旅游体验活动相对较少，人们在景区的体验感知价值偏低。

三 山西旅游景区宣传推广存在的问题

（一）旅游营销投入不足，难以满足产业发展要求

山西作为旅游资源大省，需要通过深度化、多渠道、全方位的旅游形象宣传和推广来展现其旅游特色，打造强势知名旅游品牌，吸引国内外游客。各级政府有责任投入旅游营销推广专项资金，促进旅游形象宣传，提高旅游知名度。2014年山西省、市、县三级行政联合在旅游形象宣传上的投资仅为14000余万元，与山东、陕西等邻近旅游业发达省份相比，旅游营销资本投入量明显不够，限制了山西旅游产业的发展。具体到旅游景区，大多数旅游企业自主营销意识不强，旅游形象宣传资金投入较低。目前仅有介休绵山、太行山大峡谷等民营旅游景区重视营销宣传，年营销投入超过1000万元，大多数国有旅游景区受体制机制影响，主要依靠政府投资宣传，缺乏自主营销意识。政府旅游宣传倾向于促进地方旅游业整体发展，难以具体到每一个景区，不能很好地与景区特色相结合，致使景区形象宣传不鲜明，游客认知度不高。

（二）旅游宣传缺乏内容，地方特色文化挖掘不足

山西旅游长期受旅游产品开发单一这一因素的影响，对外宣传推介多停留在景区本身的自然风景和人文景观表面，缺乏能够反映当地特色的内容性文化产品宣传。山西的红色经典、宗教古建、晋商民俗、寻根觅祖、黄河文明、太行山水、吕梁风光等旅游资源独具特色，拥有丰富的文化内涵和体验价值，将这些资源作为展现山西旅游特色的营销题材，深入挖掘

山西旅游特色文化，能够丰富旅游者的体验，提高旅游景区的知名度。但目前除介休绵山、平遥古城、皇城相府等知名旅游景区通过节庆、表演等宣传方式对外宣传取得了一定效果外，大多数景区采取的仍然是粗放式开发、宣传模式，存在有宣传、无营销，宣传有口号、无内容等现象。此外，除了各种媒体，旅游者自身也可作为宣传的媒介。游客在到达旅游景区成为旅游消费者的同时，也具备了旅游宣传媒介的身份，他们会将自己在景区的体验以口口相传的方式告知他人。目前山西很多景区以观光旅游为主，缺乏富有内涵且能体现景区文化的旅游体验活动，旅游商品培育和宣传雷同现象严重，难以体现地方特色，不利于"老字号"品牌的传承，在旅游的"游、购、娱"三个环节上难以给旅游者留下深刻印象，导致旅游者旅游结束后向他人介绍旅游景区时"言之无文"或难以抓住景区特色，缺乏有吸引力的内容性旅游体验宣传。

（三）跨省旅游"画地为牢"，宣传缺乏合作精神

随着飞机、高铁等便捷性、舒适性旅游交通工具的普及，越来越多的游客选择跨省旅游。2016年9月21日，中国旅游研究院发布国庆期间旅游预测数据，预计2016年国庆期间我国的游客接待量为5.89亿人次，与上年相比约增长12%。根据中国旅游研究院（国家旅游局数据中心）对全国60个样本城市开展的"中国大陆居民出游意愿调查"，2016年第四季度我国居民出游意愿为79.2%，其中有55.5%的居民选择国庆期间出游，出游意愿较高。同时，受供给侧旅游企业产品优化和价格促销的影响，2016年国庆旅游市场有望保持稳定增长。调查显示，我国旅游者首选国内跨省旅游，其次为出国游、港澳台游和近郊游，跨省出行越来越受人们的青睐，逐渐发展为东西、南北双向交叉的旅游流。山西地处我国中部，与河北、北京、天津、山东、河南等省份相邻，且邻近省份旅游资源较为丰富，为多省份联动共同宣传提供了基础条件。但目前山西很多旅游景区仅仅看到与其他景区的竞争关系，缺乏合作精神，旅游宣传限于"画地为牢"式的单点宣传，忽视了市场需求，没有跟上跨省旅游的发展趋势。

（四）旅游信息化平台不健全，互联网与新媒体营销有待加强

目前，山西省、市两级旅游信息中心虽然都开设了官方旅游网站，但网站建设水平参差不齐，旅游信息化平台尚不健全。山西省旅游局官方网站设立了山西旅游政务网（http//zw.shanxichina.gov.cn）和山西旅游资讯网（http//www.shanxichina.gov.cn）两大网站门户，分别对应政府旅游管理信息和旅游者服务信息。山西旅游资讯网有7种语言搜索界面，按"吃、住、行、游、购、娱"六大要素细分板块，方便旅游者获取基本旅游服务信息。山西11个市级旅游官方网站中，除长治市有7种语言搜索界面外，其他市级旅游官方网站均未实现多国语言搜索引擎与官方网站的链接，很多网站信息更新不及时，旅游资讯年更新量少，人们对网站的利用率不高。此外，在"互联网＋旅游"发展背景下，山西旅游信息化和营销国际化水平较低。山西旅游宣传没有很好地运用微信、微博等营销传播媒介，在Facebook、Twitter等国外流行的社交网站上几乎没有关于山西旅游景区的宣传，在搜索引擎方面，与百度、谷歌等搜索巨头以及一些知名门户网站的合作仅限于简单的景区介绍，深入性、细致化的合作较少。

四 景区内容营销创新及其实践探索

（一）"互联网＋旅游"背景下景区内容营销的必要性

内容营销（Content Marketing）属于一种关注价值体验创造的营销策略，它是指企业借助电子杂志、报告、微博、微信等宣传媒介发布各种形式的营销内容来传播和推广产品或品牌信息，以刺激消费者做出购买决策。内容营销具有四个特点：第一，内容形式多样，任何能够体现和传播企业产品和品牌信息的表现形式都是内容营销的形式，且传播载体既可以是企业自有媒体，也可以借助企业外的其他媒体；第二，内容对消费者而言具有价值性，内容营销是对被营销的内容本身和内容的营销的整合，对消费者而言，其意义在于产品和品牌内容价值的传递;第三,内容营销属于"拉"式营销策略,与广告营销的"推"式策略不同,内容营销通过有价值的信息给予消费者长期性和理性的内容引导,以提高人们对产品和服务的忠诚度和黏度;第四,内容营销具有战略指导性,在内容营销语境下,企业对产品和品牌的宣传推广强调消费者的需要和产品或服务的价值,将"产品、价值、消费者"连接在一起,是一种能够激发消费者与产品价值互动和共鸣的战略指导性营销。

旅游属于一项体验活动,其产品具有无形性。旅游产品及服务营销需要鼓励游客参与,使其获得深刻美好的体验。因此,旅游景区营销推广有必要以多种表现形式和宣传媒介来展现和传递其有价值、富有文化内涵的旅游产品和服务信息。内容营销能够契合旅游者的情感需求,成为景区体验式营销的一种宣传推广方式。互联网技术和电子商务在旅游行业的普遍应用,促进了其经营方式和营销模式的升级。"互联网+旅游"促使旅游业具备了飞速发展的动力,旅游景区内容营销媒介和宣传形式更加丰富,电子营销和网络宣传强化了旅游业内容营销方式的作用,为其产品及相关服务价值的传递和营销推广提供了便利。因此,在"互联网+旅游"背景下,景区内容营销将以旅游者为中心,借助互联网、物联网、GIS 等智慧技术以及计算机、移动设备等智能终端设备与旅游者互动,将"吃、住、行、游、购、娱"等服务化和有价值的旅游信息全方位、立体化地传递给旅游者,促使其转化为旅游者的体验,推动旅游景区"商、养、学、闲、情、奇"等高品质休闲度假体验旅游的发展。

(二)"互联网+旅游"背景下景区内容营销的实践探索

"互联网+"模式推动了"互联网+金融""互联网+教育"等经济社会发展新形态。互联网对旅游业的重塑推动了旅游业"互联网+旅游"思维的发展,旅游营销是对互联网最敏感的环节之一,只有对其予以足够的重视,才能打造出"互联网+"发展背景下新的旅游营销模式。随着人们旅游知识的增长,人们越来越理性,以往的口号宣传已与他们的需求难以匹

配。内容营销是一种深度挖掘景区旅游产品文化价值的营销方式,通过多元化的表现形式和传播渠道传递和推广旅游景区优质的内容信息。2015年风铃移动互联科技(深圳)有限公司(以下简称风铃双城)根据国家旅游局建设智慧旅游景区的政策,推出了智慧化旅游景区名片,促进了"互联网+景区"发展。风铃双城运用互联网技术整合景区信息,设计出可实现多屏互动、在线点播观看的景区智慧名片,讲述旅游景区的发展历史、文化特色等有价值的内容,智慧名片包含景区的720度全景展示、名胜古迹、游览路线、地方特色以及生活娱乐等多个方面,还包括不断更新的景区的优惠活动、各时间出游注意事项以及线上门票预订、旅游纪念品商城等。全面体现了旅游景区的现代化、科技化、智慧化,建立了一个有深度、立体化、多层次的旅游体验智慧平台。风铃双城景区智慧名片的创意设计极大地满足了80后、90后旅游者线上浏览、预订、咨询,以及了解餐饮、住宿、交通等状况的需求,成为"互联网+旅游"背景下景区内容营销的成功典范。

在山西,平遥古城、忻州五台山等知名旅游景区通过《又见平遥》《又见五台山》等实景情景剧将景区独具特色的晋商文化、佛教文化展现给旅游者,丰富了旅游景区的文化内涵,成为展现山西旅游形象的动态名片。这些富有内涵和价值、体验性强的旅游产品可作为旅游营销的优质内容,借助互联网下的内容营销手段向旅游者积极推广和宣传,吸引国内外旅游者前来体验,提升他们对山西旅游景区的体验价值。

五 创新山西旅游景区内容营销的发展对策

(一)创新景区营销思路,提升营销内容的价值

旅游是一种服务性产品,旅游者需要亲身体验才能切实感受到其价值。这就要求旅游营销人员具备敏锐的市场眼光和创新性的营销思路。传统旅游口号和景区标识物形象宣传的方式已经难以满足现代旅游者的需要。内容营

销作为一种新的营销方式，要求景区深入挖掘自身特色，将优质的内容以多种表现形式通过传播媒介传递给消费者。这种营销方式能够吸引旅游者关注景区最具特色的旅游产品和形象，拉动旅游者的旅游消费。因此，旅游营销人员应该创新景区营销思路，深入挖掘景区有价值的内容，努力提升这些内容的体验价值。

旅游营销内容的提炼和传递离不开营销资金的投入和地方合作。首先，省、市、县各级行政单位要加大旅游形象宣传专项资金的投入，促进旅游宣传和推介活动的举办；其次，旅游景区不能仅仅依靠政府投入，还要加大自主宣传力度，投入专项资金用于培养专业性营销人才、举办各种形式的宣传活动、拓宽宣传渠道等。此外，旅游宣传应打破行政区划限制，加大跨景区、跨市县、跨省旅游宣传力度，通过多景区、多省市联合宣传，增强各景区的影响合力，提升旅游营销内容的价值。

（二）深入挖掘景区特色，提高旅游宣传内容质量

任何一个旅游景区都应该有其自身鲜明的主题、别致的景观以及独特的体验价值。无论是自然风景还是人文古迹、民俗风情，都有其可挖掘的旅游体验内容。旅游景区应抓住自身特色，将最能体现地方文化和景区特点的旅游元素通过文本、音频、视频、情景演绎等多种方式展现给旅游者，打造独具特色的旅游品牌。在营销活动中，旅游景区应避免盲目跟踪热点而使宣传缺乏景区特色，造成与周边景区雷同，浪费资源。要紧紧围绕丰富的历史文化资源和自然风光，深入挖掘本土文化特色，重点宣传和推广有传承价值的"老字号"品牌和旅游商品，打造地方旅游纪念品的独特吸引力，不断提升宣传内容的质量。要依托丰富的旅游资源，深入挖掘山西文化的精髓，从"吃、住、行、游、购、娱"各方面深化本土旅游特色，创新产品的开发和宣传方式，满足旅游者多元化、个性化的需要，提升游客体验价值。

（三）加大文化旅游宣传力度，促进景区文化与旅游和谐发展

山西历史文化旅游资源丰富，很多自然景区也拥有丰富的人文景观，为

文化旅游产业的发展提供了基础条件。因此，在景区营销中不能忽视地方文化特色，而应该综合运用多种表现形式的宣传手段，结合地方文化特色，加大文化旅游宣传力度。通过会展、文物宣传、商贸渗透等活动推动景区旅游化，促进文化与旅游和谐发展。

（四）加强互联网与新媒体营销，完善旅游信息化平台建设

"互联网+旅游"发展思路推动了旅游营销方式的转变。旅游景区内容营销应借助互联网和新媒体，不断创新和丰富景区内容传播方式与传播渠道，完善旅游信息化平台建设。首先，景区应建立健全旅游互联网基础设施，实现重点区域WiFi覆盖，提供PC、触屏、电子导游等旅游信息互动服务终端，便于人们接入和及时运用互联网信息服务。其次，旅游景区应加强官方网站、APP和主要旅游网的宣传推广，以微信、微博等社交媒体为载体向人们全方位、立体化地宣传景区信息，增加线上预订数量。此外，景区要利用电影、微视频等新兴媒体进行宣传推广，将能够反映景区主题的内容以视频形式展现给旅游者，为旅游者提供直观化的视觉及感官体验。

随着旅游的大众化以及游客旅游知识和经验的增加，单一的观光旅游已经难以吸引旅游者前往目的地参加旅游活动。旅游作为一项综合性审美活动，体验成为景区对游客的重要吸引力和卖点。因此，旅游景区营销也要顺应游客对个性化和独特性旅游体验的追求，通过创新景区内容营销模式，不断提升山西旅游体验价值。

移动互联网技术的进步推动了旅游景区内容营销方法及营销形式的创新。互联网背景下旅游景区内容营销及其成功的实践探索为景区营销提供了新的思路。旅游景区应充分运用"互联网+旅游"的创新思维，紧紧围绕旅游景区特色，深入挖掘能够反映景区独特性的景观元素，将其塑造成旅游景区具有丰富内涵和体验价值的营销内容，通过多种营销媒介传递给旅游消费者，提升游客的体验价值，提高山西旅游的美誉度。

参考文献

[1] 赵丽娜:《2015年山西旅游总收入3447.5亿 旅游业成最具活力产业》,新华网,2016年2月28日,http://www.sx.xinhuanet.com/sjyw/20160228/2712907_c.html。

[2] 赵芳、王建:《山西省旅游发展大会主办城市评选活动闪亮启幕》,人民网,2016年4月25日,http://sx.people.com.cn/n2/2016/0425/c189132-28217019.html。

[3] 〔美〕约瑟夫·派恩、詹姆斯·吉尔摩:《体验经济》,毕崇毅译,机械工业出版社,2012。

[4] Zeithaml V. A., "Consumer Perceptions of Price, Quality and Value: A Means-end Model and Synthesis of Evidence", *Journal of Marketing*, 1988, 3.

[5] 贾亚军:《山西省2016年国民经济和社会发展统计公报》,山西统计信息网,2017年3月12日,http://www.stats-sx.gov.cn/tjsj/tjgb/201706/t20170627_82744.shtml。

[6] 张世满主编《2016~2017年山西旅游发展分析与展望》,山西出版传媒集团、山西经济出版社,2017。

[7] 张世满主编《2014~2015年山西旅游发展分析与展望》,山西出版传媒集团、山西经济出版社,2015。

[8] 《2016"十一"旅游趋势报告与人气排行榜》,中国旅游研究院网,2016年9月30日,http://www.ctaweb.org/html/2016-9/2016-9-30-16-55-97444.html。

[9] 《国庆旅游市场预测:供需两旺、热点频现》,中国旅游研究院网,2016年9月21日,http://www.ctaweb.org/html/2016-9/2016-9-26-11-8-21911.html。

[10] 周懿瑾、陈嘉卉:《社会化媒体时代的内容营销:概念初探与研究展望》,《外国经济与管理》2013年第6期。

[11] 〔美〕汉德利、查普曼:《内容营销:网络杀手级武器》,王正林等译,电子工业出版社,2011。

[12] 林旭云:《"互联网+旅游"背景下从化旅游服务转型升级研究》,西南交通大学硕士学位论文,2016。

[13] 《"互联网+景区智慧名片" 景区营销又出新模式》,中国商网,2015年5月14日,http://www.zgswcn.com/2015/0514/623825.shtml。

B.13
打造社交媒体平台
促进山西文化旅游品牌传播*

和芸琴**

摘　要： 随着互联网技术的迅速发展和智能手机的普遍应用，社交媒体（以微博、微信等为代表）成为消费者接收和发布信息的重要媒体平台。本报告着重对山西省的云冈石窟、五台山、平遥古城三大世界文化遗产品牌传播的微博、微信公众号及相关数据进行了分析，并在此基础上提出四大策略：一是重视旅游产品和服务的品质，为品牌宣传夯实基础；二是重视品牌传播主体建设；三是丰富内容建设；四是整合渠道，提升应急反应能力。山西文化旅游品牌传播应借助社交媒体平台提升旅游者对山西文化旅游的体验水平，营造良好的口碑传播环境，吸引国内外旅游者关注，提高山西文化旅游品牌的知名度和美誉度，打造全民互动的文化旅游品牌，为山西经济转型发展和推进供给侧结构性改革做出贡献。

关键词： 社交媒体　文化旅游品牌　山西　世界文化遗产

---

* 本报告为教育部人文社会科学研究青年基金项目"社交媒体对企业内外部声誉影响的研究"（15YJCZH062）的阶段性成果。
** 和芸琴，山西大学经济与管理学院、山西大学中国中部发展研究中心，博士、讲师、硕士生导师，主要研究方向为企业战略与文化、产业组织管理。

山西被誉为"地上博物馆",文化旅游资源丰富,但在旅游目的地市场中,品牌不够响亮,对旅游者的吸引力有限。囿于狭隘的资源发展观,山西更多地关注煤炭资源,而对于文化旅游资源的重视程度不够。在当前省委、省政府大力推动供给侧结构性改革的进程中,文化旅游业成为山西省发展非煤产业的首选,要将文化旅游业发展成为山西省的支柱性产业,努力将山西打造成富有特色和魅力的文化旅游强省。为此,亟须增强品牌效应,打造一批依托三晋大地丰裕的文化资源禀赋的文化旅游品牌,塑造山西美好形象,提高地区文化旅游产业的知名度、美誉度。省委、省政府提出要加强传统媒体与新兴媒体的融合宣传,尤其是新兴媒体中的社交媒体,作为近年来新型信息搜索与交流平台在旅游者的行为中占据了越来越重要的地位,因此有必要探索山西文化旅游品牌如何运用社交媒体平台进行有效传播。

一 山西文化旅游品牌传播亟须借力社交媒体

(一)文化旅游资源丰富,三大世界遗产是代表性产品

近年来,山西省委、省政府先后下发了《关于推进旅游景区(景点)体制机制改革创新的意见》《关于促进旅游业改革发展的意见》《关于进一步促进旅游投资和消费的实施意见》等文件,出台了一系列利好政策,山西省旅游总收入从2011年的1300亿元增加至2015年的3477亿元,其中文化旅游业的发展尤为迅猛,成为山西结构转型调整中最具活力的产业之一,为深化供给侧结构性改革提供了新的路径选择。

山西省文化旅游独树一帜,底蕴深厚,不仅类型丰富,而且文化表现形式种类繁多,既有物化类资源形式,如文物古迹旅游资源,也有非物质文化资源。国家级重点文物保护单位有452处,居全国第一位。如旧石器早期遗址,黄帝、炎帝活动的主要地区,以及明清时期称雄商界的晋商等,种类繁多,历史悠久,影响深远。

目前,中国的世界遗产有43处之多,山西境内就有3处,石窟艺术宝

库云冈石窟、佛教圣地五台山、平遥古城便是遗产中的一员。云冈石窟造像气势恢宏，内容丰富多彩，被誉为中国古代雕刻艺术的宝库。五台山位居中国四大佛教名山之首，被称为"金五台"，为文殊菩萨的道场，是中国历代建筑荟萃之地。平遥古城具有 2700 多年的历史，是我国目前唯一的以整座古城申报世界文化遗产并获得成功的古县城（见表1）。

表1 山西三大世界文化遗产品牌特色

文化旅游品牌	对应旅游景区	景区地位	景区特色
云冈石窟	云冈石窟景区	世界文化遗产、国家5A级旅游景区	距今已有1500多年历史，是在北魏时期雕作累积而成的具有皇家风范的佛教艺术宝库，堪称公元5世纪中国石刻艺术之冠
五台山	五台山风景名胜区	世界文化遗产，居中国佛教四大名山之首，是首批国家级风景名胜区、国家森林公园、国家地质公园、国家5A级旅游景区	五台山是佛教名山、文化名山、古建、生态、避暑、爱国名山
平遥古城	平遥古城	世界文化遗产、国家5A级旅游景区、全国文明风景旅游区、国家历史文化名城	中国境内目前保存最为完整的一座古县城

资料来源：根据相关文献整理。

（二）社交媒体对文化旅游品牌传播的影响力越来越大

中国互联网络信息中心（CNNIC）于2017年1月发布的第39次《中国互联网络发展状况统计报告》显示，截至2016年12月，中国互联网普及率达到53.2%，中国网民规模达7.31亿人，手机上网占主导地位，手机网民规模达6.95亿人。随着移动互联网的普及，社交应用逐渐崛起，可以满足用户沟通、分享、服务、娱乐等需求。社交媒体作为新型在线媒体，是以受众为核心的信息搜集与分享平台，它给予用户极大的参与空间与互动体验。允许用户自己生产内容和进行交流，用户体验被赋予较强的"传染性"，逐渐成为人们交流的主要方式。在国内，社交媒体以微博、微信等为代表。

社交媒体的出现改变了以往传统媒体时代的大众传播方式，受众不再只是从少数信息源获取信息，还通过人与人之间的"关注"与"被关注"，形成传播的网络，节点式的一层层传播开来。这种传播方式覆盖面广、速度快，同时有传播者与受众间信任关系的存在，信息的接受程度明显提高。随着当前日渐提升的互联网传播速度与智能手机终端的广泛应用，社交媒体使用者的范围越来越大，主动参与程度也越来越高。凯度调研咨询公司发布的《2016中国社交媒体影响报告》表明，社交媒体用户加速增长，在城市居民中的占比为50.9%。

2016年4月中国互联网络信息中心发布的《2015年中国社交应用用户行为研究报告》数据显示，社交媒体的用户使用微博的目的主要集中在"及时了解新闻热点"（72.4%）、"关注感兴趣的内容"（65.5%）、"获取（59.7%）或分享（56.1%）生活/工作中有用的知识"、"发表对新闻热点事件的评论"（46.5%）等方面。随着微信公众平台影响力的扩大，公众账号成为微信的主要服务之一，企业和媒体的公众账号也成为用户的主要关注对象。《2015年中国社交应用用户行为研究报告》数据显示，"及时了解新闻热点""获取或分享生活/工作中有用的知识"的提及率都在50%左右。从微博、微信的用户来看，新浪微博39岁以下用户占85%左右，微信在40岁以上用户中的渗透率较高，这些人群无疑覆盖了当前旅游者的主要消费群体。

随着旅游者旅游消费偏好的转变，自助游所占比例越来越高，而旅游一般具有不可提前消费和不可重复消费的特征，旅行前旅游者需要对旅游目的地进行全方位的信息搜集，并关注与整理他人分享的消费经验，从而做出有关旅游目的地"吃、住、行、游、购、娱"等各方面的决策，旅行结束后又会将自己的旅游经验与其他用户分享。社交媒体正因其具有允许用户"交换和创建生成内容"的特性，而正在成为旅游者搜集信息与分享经验的主要平台。旅游目的地品牌在社交媒体中传播的内容，包括了游客对旅游品牌所发布的独特见解，其分享的经验正是下个用户所要搜集的信息，这比传统的品牌传播模式对其他消费者进行购买决策的影响更大。

当前山西正在努力把旅游业培育成战略性支柱产业，但文化旅游业的发展受限于品牌的知名度与美誉度不够高，影响力有限。山西拥有的世界级文化遗产旅游资源——云冈石窟、五台山、平遥古城是山西文化旅游品牌的领军者，更应关注如何运用社交媒体提升其品牌影响力，营造良好口碑环境，持续吸引更多国内外旅游者的关注和体验。

二 社交媒体传播现状描述与问题分析

（一）三大世界文化遗产的社交媒体传播现状描述

通过网络平台分别以山西三大世界遗产旅游品牌"云冈石窟""五台山""平遥古城"为重要关键词进行搜索筛选，经过甄别其官方微博，将三大世界遗产文化旅游品牌在微博和微信公众号平台上建立的账号情况汇总如下（见表2）。

表2 三大世界文化遗产的社交媒体传播状况

文化旅游品牌	微博账号情况	微信公众号情况
云冈石窟	世界遗产云冈石窟官方（云冈石窟研究院、云冈旅游区管理委员会官方微博）	云冈石窟（ygskwx）（云冈石窟研究院运营）
五台山	五台山发布（忻州市五台山风景名胜区人民政府官方微博）	五台山风景名胜区（wtsfjms）（五台山管委会运营）
平遥古城	平遥古城（山西省平遥县委宣传部） 平遥古城旅游官网（平遥县旅游局官方微博） 平遥古城官方微博（世界文化遗产平遥古城保护管理委员会官方微博）	平遥古城旅游（pingyaolvyouju）（平遥县旅游局运营）

资料来源：根据网络搜索资料整理。

1. 三大世界文化遗产品牌在微博平台的传播

三大世界文化遗产品牌中经过搜索与筛选以及对其关键指标进行从优选

择，确认并分析了三个官方认证微博账号，分别是"世界遗产云冈石窟官方""五台山发布""平遥古城"，其中"五台山发布"设在腾讯微博。截至2016年底，分别进入三个账号的微博主页，汇总成如表3所示的微博传播基本情况。

表3 微博传播基本情况

单位：条，人

微博账号名称	关注数（收听数）	粉丝数（听众数）	微博数（广播数）
世界遗产云冈石窟官方	367	62481	958
五台山发布	283	33318	1198
平遥古城	1453	161871	12703

注：因"五台山发布"设在腾讯微博，其与新浪微博的指标设置名称略有差异，因此，括号中为腾讯微博的指标。

彭希羡、朱庆华、刘璇（2015）在其研究中提出以15000人为微博粉丝数的平均数，据此对比数据可看出，这三个文化旅游品牌微博账号的静态传播态势还算不错，尤其是"平遥古城"账号的粉丝数已经是10万人级。但通过查询三个账号的微博主页，发现三个账号的动态传播能力较弱。在分析中按三个微博账号主页上的"热门"来排序，发现只有"平遥古城"页面上有1条微博转发超过30次，为32次，标题为"古城旅游温馨提示"，这是一则票务、交通、投诉信息的旅游提示信息。而"世界遗产云冈石窟官方"页面上热门微博转发次数为8次，转发的为他人微博。"五台山发布"因其设在腾讯微博，而腾讯公司已经对腾讯微博放弃了更新服务，因此并不是目前最有影响力的微博平台，它是地方政府的官方微博而非景区的官方微博。据此可说明，三个微博账号的动态传播能力急需提高，要有效地制造话题，设法引发大规模传播。

2. 三大世界文化遗产品牌在微信平台公众号的传播

通过"清博指数"以"云冈石窟""五台山""平遥古城"为关键词进行微信公众号的检索，发现"云冈石窟"的结果有25项，"五台山"的结果有329项，"平遥古城"的结果有109项，设立来源多为政府部门、研究机构、旅行社、企业等各类组织或个人。经过资料查询与筛选（选择有官方认证并统计有微信传播指数的），最后确定研究对象为三大世界文化遗产的微信公众号为云冈石窟（大同云冈石窟研究院运营）、五台山风景名胜区（五台山管委会运营）、平遥古城旅游（平遥县旅游局运营）。其传播情况见表4。

表4 微信公众号传播情况

微信公众号	微信传播指数WCI均值	总阅读数均值（条）	头条总阅读数均值（条）	平均阅读数（条）	点赞数均值（条）	热度排名均值
云冈石窟（ygskwx）	376.31	938.31	857.62	625.58	13.77	50499.23
五台山风景名胜区（wtsfjms）	533	10286	8529.8	2122.1	63	27648.2
平遥古城旅游（pingyaolvyouju）	415.92	164931	1429	1047.94	23.77	40371.92

资料来源：根据网络搜索资料整理。

微信传播指数（WeChat Communication Index，WCI）是由新媒体指数（Index of New Media，INM）平台推出的对微信公众平台群发的消息进行传播效果评估的指标。微信公众平台的WCI越高，表明该公众号的传播热度越高，社会影响力也越大。

从表4可以看出，总体来看，三大品牌微信公众号的热度排名都在2万名以后，可见其吸引力都不强；点赞数均值都较低，说明与传播受众的互动性不强。相对而言，"五台山风景名胜区"微信公众号的传播能力要略强一些，能够以更少的阅读量获得更多的互动（点赞）。

（二）社交媒体传播山西文化旅游品牌存在的问题

山西为宣传三大世界文化遗产，积极组织并参加各种旅游博览会，在主要传统媒体上投放广告，举办各种文化节或会展，并参与影视旅游项目等。在社交媒体方面也通过微博与微信公众号进行宣传推广，但仍存在一些问题。

1. 社交媒体账号主体多元化，传播信息易造成受众的混淆

旅游目的地设置微博与微信公众号是为了更好地进行品牌传播，为游客提供更便捷的服务,对其反应速度、商业化的要求更高。目前三大世界文化遗产微博的运营主体既有景区管委会也有当地政府,还有一些是旅游从业者个人或旅行社设立的名称相近的账号,各自功能定位的差异性,导致旅游者在搜集相关旅游信息时会耗费大量时间,进而会认为管理混乱或不专业。如在"新浪微博"的垂直搜索引擎框中输入"平遥古城"一词,可以看到提示框前面有三个具有官方背景的账号,其中微博账号"平遥古城"是由山西省平遥县委宣传部运营的,"平遥古城旅游官网"由平遥县旅游局运营,"平遥古城官方微博"则由世界文化遗产平遥古城保护管理委员会运营。这会使得旅游者难以分清各自账号的功能定位与服务重点,从而对其造成困扰。微信公众号的管理则更加混乱,相关名称的设置主体太多,既有官方机构也有旅行社或个人,并且缺乏官方认证,让受众群体觉得主体不清,使真实的旅游和品牌活动信息的传播受到干扰,引起旅游者对景区管理的不满与抱怨。

2. 社交媒体用户活跃度较低,传播效果不理想

总体来看,三大世界文化遗产虽然都开设了微博与微信,但从信息发布的数量和受众的参与程度来看,浏览量、活跃度都还较低,与三大世界文化遗产自身的品牌分量不相称。这与社交媒体传播的方式和内容有很大关联,如IP大剧《锦绣未央》热映时,云冈石窟虽也趁势通过微博与微信进行推送,但内容文字侧重于知识普及,未能达到最佳的宣传效果。微博"五台山发布"设在腾讯微博,而非现在主流的新浪微博,粉丝数量少,影响力有限,且如前文所述,其设立主体为当地政府,内容更多是政务信息而非旅游信息,对五台山的宣传不够,不足以满足消费者对旅游品牌的关注与信息检索需求。

三 对策与建议

(一)深挖文化内涵,提升产品与服务品质,凝练品牌形象,统一传播定位

品牌的基础是品质。山西文化旅游中的三大世界文化遗产无疑是全省旅

游业中最受关注的目的地。但其景点开发与服务质量也屡受诟病。如发展过程中的短视、黑导游、宰客、乱收费以及配套产品、线路开发不足等诸多问题，无法有效发挥景点的内在魅力，品牌知名度与美誉度不够，品牌形象单一。2015年4月，山西省五台山风景名胜区还因"旅游环境杂乱，服务管理缺失"被国家旅游局警告，6个月后警告处分才被撤销。

文化旅游品牌并不是简单的"文化+旅游"，要注重文化与旅游的深度融合，将山西各地丰富的非物质文化遗产、著名历史人物、重大历史事件、有名的历史典故、有影响力的文学作品等融合到旅游产品中，充分挖掘旅游目的地的"隐性文化"内涵，打造独具特色的文化旅游产品。同时，要发挥文化旅游产业的关联带动作用，促进其他相关产业的配套与支持，打造包括"吃、住、行、游、购、娱"在内的全产业链，以满足旅游者个性化、多样化、多层次的休闲旅游度假需求。

社交媒体的出现既对文化旅游品牌的塑造带来了新的挑战，也创造了新的机会。社交媒体传播的过程中融入了旅游者更加强烈的情感，其分享和体验的意愿更加突出。旅游目的地更要关注游客的情感体验，在不断提升景区产品与服务品质的基础上，凝练出更加打动人心的品牌形象。同时，要在内部进行培训，统一传播的定位与口径，增强传播的可信任度。

（二）创新体制机制，提升景区商业化运营能力，清晰账号主体，增强传播效果

品牌传播主体的建设是关键。与丰富的文化旅游资源相比，山西省文化旅游业发展水平较低。究其原因，主要在于体制机制不活，对外开放不够。政企不分、政事不分、资源整合不足等问题导致市场化程度不高，产品和服务水平严重滞后。为此，一是要进一步梳理景区的管理体制、经营机制和各类利益关系，明晰管理主体。推进旅游景区现代企业法人治理结构的建立，实现所有权与经营管理权的分离。二是要积极引进战略合作者参股投资或参与管理，学习借鉴先进的旅游管理经验，加强与国内外知名的专业旅游运营公司合作，由市场的力量促进山西旅游景区管理的专业化

与市场化。

　　景区要由专业的公司运营，政府承担监管的职责，以此来充分调动景区经营的自主性与积极性。在社交媒体的宣传上，也应该将景区的微博、微信账号由专业机构来运营，与地方政府的微博、微信分离，并与其他个人或旅行社注册的账号进行区分，以便游客在微博、微信以及网络平台的搜索引擎中就可以通过账号名称上的差异直接了解其运营主体的身份与账号主推的内容。需要了解景区信息时，可以选择进入景区的官方微博或微信；需要了解地方政府的旅游管理信息时，可以选择进入政府的官方微博或微信；需要向旅行服务机构或个人了解信息时，可以进入相关组织或个人开设的微博或微信。这将有助于提升文化旅游品牌信息传播的专业性，增强品牌对特定受众的传播效果，使受众对文化旅游品牌形象的认知更加准确、清晰。

　　（三）丰富传播内容，优化传播方式，调整传播素材，打造特色鲜明的社交媒体传播热点

　　品牌传播的内容是基础。社交媒体具有高度参与性与高度互动性，能否提高旅游者对文化旅游品牌的关注度要在内容与渠道建设上针对旅游者的需求偏好下功夫。

　　文化旅游品牌可以在社交媒体中发布文本、图像、音频、视频等多媒体内容，这会对旅游者在信息搜索与分享中造成语言和音像的综合冲击。从社交媒体渠道的反馈来看，山西三大世界文化遗产官方微博发布信息内容的方式大多仍是沿袭传统媒体新闻的报道方式，如宣传景点形象、播报活动信息、对领导人进行采访等，这些内容并不为游客所关注，信息的评论数和转发数都寥寥无几。为此，社交媒体的传播要放弃传统"高大上"的路线，要更具亲民性，通过接地气的内容使旅游者感知品牌就在身边。运用社交媒体的特性，在微博、微信平台上，开展更多的品牌体验活动，采取分享照片与视频、开发互动游戏、讲述品牌故事、拍摄微电影、举办专题讲座、绘制漫画等诸多方式吸引旅游爱好者的关注，增强其体验的愉悦感。同时，要完

善旅游产品的设计，提升管理与服务水平，开展更符合游客需求的品牌营销活动，提高游客的满意度与忠诚度，使其更乐意去分享旅游体验，实现文化旅游品牌的有效推广。

当前传播渠道日益分散，传播费用异常高昂，山西文化旅游业要想快速提升品牌的传播效果，就要充分发挥社交媒体由节点辐射出去的网络扩散效应，提升平台用户的活跃度和参与度。为此，一是要加强微博、微信账号的内容建设，制造或追踪特别事件，将社会热点话题与山西文化旅游品牌资源巧妙融合，加大对创设话题的深加工力度，以话题交流驱动口碑效应，通过事件营销达到推广旅游形象的目的；二是要关注传播中的关键节点，要与意见领袖联合传播，加强名人事件营销，与微博、微信中的热门话题相结合，形成滚雪球似的信息扩散效果，在提升目标消费群体信息到达率的同时，营造良好的口碑传播环境。

（四）整合传播渠道，运用新媒体传播矩阵，建立快速反应机制，打造全民互动的文化旅游品牌

品牌传播的渠道是抓手。社交媒体时代，由于文化旅游资源的特殊性，各地政府在文化旅游品牌营销活动中具有举足轻重的作用。政府应更加凸显服务职能，规范并引导传统媒体与社交媒体的融合创新，整合各类传播社会化平台信息，发挥传播的综合效应，使游客及时了解旅游品牌的活动信息，有助于其理解品牌的精神内涵和文化意义，进而提升山西文化旅游品牌的传播效果。

景区作为传播主体，要熟练掌握新媒体传播矩阵，巧妙应用不同维度下的传播路径，以互动营销来提升文化旅游品牌的影响力。一是要以核心维度为指导，完善官方微博、官方微信公众号等，建立文化旅游品牌自媒体矩阵；二是要以垂直维度为对外平台，利用行业相关领域"大咖"们的知名度来为产品与品牌"刷热度"，树立与维护旅游品牌的社会形象；三是要以声量维度为辅助渠道，利用微博上的各位段子手、明星等进行"软广"植入，为文化旅游品牌挖掘和开拓更广泛的受众群体；四是要以口碑维度为中

心,在集合热度宣传、形象维护的基础上,加入富含行业专业意见认定的元素,如利用"知乎""豆瓣""蚂蜂窝""携程"等媒体平台上的写手和作者,提高文化旅游产品与品牌的"含金量"。

社交媒体的特性使得文化旅游品牌形象很容易受到攻击。而消费口碑因素对社交媒体用户的影响越来越明显,成为左右其消费决策的首要因素。与大众媒体时代的用户反馈机制不同,社交媒体时代,品牌用户不需要通过大众媒体中介来表达对品牌的不良体验,他们会直接在社交媒体上发表自己的体验。如果品牌对这些劣评反馈不及时或者反应方式、态度不符合用户的期待,这些关于品牌的负面信息就可能迅速扩散。在展开集中式宣传的同时,也要建立起动态快速反应机制,要高度重视游客在社交媒体上的意见,用真诚的态度和让游客满意的解决方案来化解危机,维护文化旅游品牌的良好形象。

通过社交媒体的有效运用,将山西丰富的文化资源与旅游者的喜好和生活对接,打造一批具有文化自信、有吸引力、灵动且有魅力的文化旅游品牌。

参考文献

[1] Yoon Y., Uysal M., "An Examination of the Effects of Motivation and Satisfaction on Destination Loyalty: A Structural Model", *Tourism Management*, 2005, 26(1).

[2] Gallarza M. G., Saura I. G., García H. C., "Destination Image: Towards a Conceptual Framework", *Annals of Tourism Research*, 2002, 29(1).

[3] 彭希羡、朱庆华、刘璇:《微博客用户特征分析及分类研究——以"新浪微博"为例》,《情报科学》2015年第1期。

[4] 郭风华、李仁杰:《"草原天路"现象——信息时代个性化旅游新模式的思考》,《旅游学刊》2015年第11期。

[5] 唐佳、李君轶:《基于多分Logistic回归的旅游局官博转发影响因素研究》,《旅游学刊》2015年第1期。

［6］刘晓英、黄露：《大数据时代下的企业品牌传播策略研究》，《华南理工大学学报》（社会科学版）2016年第1期。

［7］CNNIC：《中国互联网络发展状况统计报告》，中国互联网络信息中心网，2017年1月22日，http：//www.cnnic.cn/hlwfzyj/hlwxzbg/hlwtjbg/201701/t20170122_66437.htm。

［8］CNNIC：《2015年中国社交应用用户行为研究报告》，中国互联网络信息中心网，2016年4月8日，http：//www.cnnic.cn/hlwfzyj/hlwxzbg/sqbg/201604/t20160408_53518.htm。

B.14
山西省发展旅游业的金融支持研究

李志伟 任凤*

摘　要： 山西省目前面临经济转型的重大问题,加快发展旅游业是山西产业结构转型的一个重要组成部分。然而,促进山西旅游业的发展与振兴离不开良好的金融体系给予资金支持。因此,本报告在梳理山西省旅游融资情况的基础上,深入分析制约山西省旅游业发展的金融因素,对促进金融支持山西旅游业发展、推进山西经济结构优化升级提出了政策建议。

关键词： 旅游业　金融支持　制约因素　实证分析

近年来,随着我国国民收入的不断增加,旅游市场迅速发展。全国许多省份开始把旅游业作为经济发展的支柱性产业,有些地区甚至把旅游业列为主导产业。山西省是我国旅游资源最为丰富的省份之一,在山西省人民代表大会第十届四次会议上,《山西政府工作报告》就把旅游业定为山西省新兴的支柱性产业。目前山西省正以"晋善晋美"的战略蓝图向世界展现其美丽风貌,旅游产业必将成为推动山西省经济持续发展的重要支点。然而,山西旅游业存在"不确定性大""投资期长""回报率低"等特点,大大阻碍了投资者对该领域的青睐。金融作为资金的主战场,将引导资金的流向,因此,加强旅游业与金融的合作可以为旅游业发展提供良好的融资环境,

---

* 李志伟,山西大学经济与管理学院、山西大学中国中部发展研究中心,博士、讲师,主要研究方向为产业经济发展;任凤,首都经济贸易大学。

是提高山西省旅游市场发展潜力和竞争能力、实现经济发展方式转变的重要手段。所谓金融支持,是指为促进经济社会和产业、地区的发展,金融机构和政府开展的一些针对性工作或出台相关政策,如资金帮助、贷款优惠、业务办理的便利条件以及其他除了财政拨款以外的金融方面的支持。要想提高宏观经济运行的稳定性,做到现代金融体系支持实体经济发展,就要解决一个关键问题,即金融业如何支持实体经济的发展。金融业是现代经济的核心,而实体经济是一个国家物质财富的来源,两者之间可以相互影响、相互促进。国内外学者的大量研究表明,金融发展与旅游业发展存在正相关关系,金融支持的力度越大,旅游业发展就越好,旅游业的收入增长也越快。

一 山西省金融支持旅游业发展的分析

(一)山西省旅游业发展现状

1. 旅游资源丰富,旅游业保持持续较快增长

山西民情风俗旅游资源丰富。《山西统计年鉴》数据显示,截至2016年,山西省共有9000多家旅游企业,旅游景区达543家,其中A级景区143家;星级饭店共328家,其中五星级饭店22家。最新数据显示,山西省目前有866家旅行社,持证导游达2万余名。旅游局相关负责人表示,目前山西省面临不断加剧的经济下行压力,许多企业难以经营,但很多旅游企业的经济增长保持较高水平,不衰反增,这说明山西省旅游业可以有效地稳定全省的经济运行。山西省旅游局局长冯建平表示,到2020年,山西旅游要实现经济总收入以及其他各项主要指标比2016年翻一番。从图1可以看出,山西省接待国内游客数量从2004年之后逐年递增,这从侧面反映了山西省旅游业的发展呈现良好的态势。

2. 旅游业在山西省国民经济中的地位不断上升,能够有效拉动经济增长

通过统计山西省旅游业总收入、全省GDP以及第三产业生产总值,计

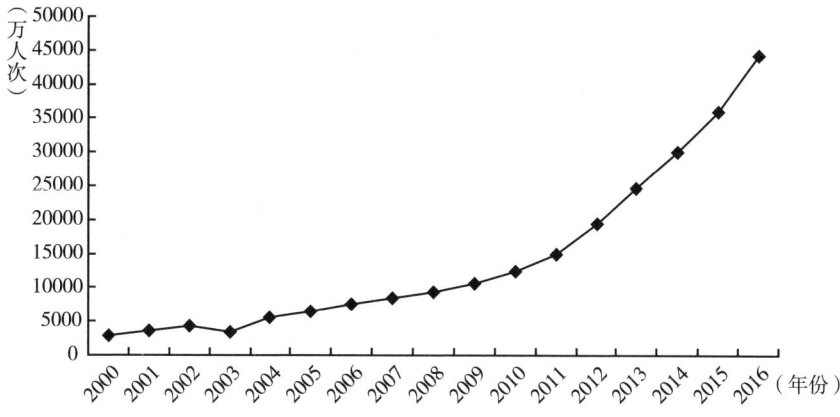

图 1　2000～2016 年山西省接待国内游客数量

算出旅游业总收入分别占两者的比重，这样可以大致衡量旅游业在山西省国民经济发展中的地位。从表 1 可以看出，旅游业总收入在全省 GDP 和第三产业生产总值中的占比虽然有所波动，但幅度并不大，总体而言呈现缓慢上升的趋势。而且，我们可以清楚地看到，旅游收入直接促进了全省国民经济的发展，除了 2003 年旅游业总收入略有下降之外，2000 年之后山西省旅游业总收入占全省 GDP 及第三产业生产总值的比重基本呈逐年稳步递增态势，我们可以认为，2003 年突发的"非典"对我国经济造成了不小的冲击。

表 1　2000～2016 年山西省旅游业对国民经济的影响

年份	旅游业总收入（亿元）	全省 GDP（亿元）	第三产业生产总值(亿元)	占全省 GDP 比重(%)	占第三产业生产总值比重(%)
2000	81.35	1845.72	807.49	4.41	10.07
2001	100.44	2029.53	902.43	4.95	11.13
2002	126.51	2324.80	992.69	5.44	12.74
2003	101.47	2855.23	1176.65	3.55	8.62
2004	199.77	3571.37	1375.67	5.59	14.52
2005	291.99	4230.53	1611.07	6.90	18.12
2006	428.39	4878.61	1846.18	8.78	23.20
2007	581.57	6024.45	2257.99	9.65	25.76
2008	739.32	7315.40	2759.46	10.11	26.79
2009	892.53	7358.31	2886.92	12.13	30.92

续表

年份	旅游业总收入（亿元）	全省GDP（亿元）	第三产业生产总值（亿元）	占全省GDP比重（%）	占第三产业生产总值比重（%）
2010	1083.46	9200.86	3412.38	11.78	31.75
2011	1342.59	11237.55	3960.87	11.95	33.90
2012	1813.01	12112.83	4682.95	14.97	38.72
2013	2305.44	12665.25	5148.30	18.20	44.78
2014	2846.50	12761.49	5678.69	22.31	50.13
2015	3447.50	12766.49	6789.06	27.00	50.78
2016	4247.12	12928.34	7217.34	33.17	58.85

资料来源：相关年份《山西统计年鉴》，山西省旅游局官网。

表2则反映了旅游业对国民经济存在直接拉动效应。

表2　2000~2016年山西省旅游业拉动效应相关指标

年份	旅游业总收入增加值（亿元）	全省GDP增加值（亿元）	全省GDP增长率（%）	旅游业依存度（%）	旅游业贡献率（%）	旅游业拉动率（%）
2000	—	—	—	4.41	—	—
2001	19.09	183.81	9.96	4.95	10.39	1.03
2002	26.07	295.27	14.55	5.44	8.83	1.28
2003	-25.04	530.43	22.82	3.55	-4.72	-1.07
2004	98.30	716.14	25.08	5.60	13.73	3.44
2005	92.22	659.16	18.46	6.90	13.99	2.58
2006	136.40	648.08	15.32	8.79	21.05	3.22
2007	153.18	1145.84	23.50	9.65	13.37	3.14
2008	157.75	1290.95	21.40	10.12	12.22	2.62
2009	153.21	42.91	0.06	12.13	357.05	0.21
2010	190.93	1842.55	25.04	11.78	10.36	2.59
2011	259.13	2036.69	22.14	11.95	12.72	2.82
2012	470.42	875.28	7.79	15.00	53.75	4.19
2013	492.43	552.42	4.56	18.20	89.14	4.06
2014	541.06	96.24	0.08	22.31	562.20	4.27
2015	601.00	5.00	0.04	27.00	12020.00	4.81
2016	799.62	161.85	1.27	32.85	494.05	6.27

资料来源：相关年份《山西统计年鉴》，山西省旅游局官网。

旅游业对山西省国民经济的拉动效应可以使用以下三个指标进行衡量。

指标1——旅游业依存度，表示旅游业总收入占全省GDP的比重，其计

算公式为:

$$DR_t = P_t/GDP_t \times 100\%$$

其中,DR_t代表旅游业依存度,P_t代表当期的旅游业总收入,GDP_t代表当期的地区生产总值。

指标2——旅游业贡献率,反映旅游业总收入增加值在GDP增加值中的占比,其计算公式为:

$$GR_t = (P_t - P_{t-1})/(GDP_t - GDP_{t-1}) \times 100\%$$

其中,GR_t代表旅游业贡献率,P_{t-1}代表上一期的旅游业总收入,GDP_{t-1}代表上一期的地区生产总值。

指标3——旅游业拉动率,反映旅游业对国民经济相关产业的带动作用,其计算公式为:

$$LR_t = YR_t \times GR_t \times 100\%$$

其中,LR_t代表旅游业拉动率,YR_t代表当期的GDP增长率。

图2反映了山西省旅游业依存度除在2003年有所下降外,其余年份都呈现缓慢上升的态势,而拉动率指标则呈现波动增长的趋势。从图3可以清楚地看出,2014年之前山西省旅游业的贡献率呈现缓慢波动上升趋势,

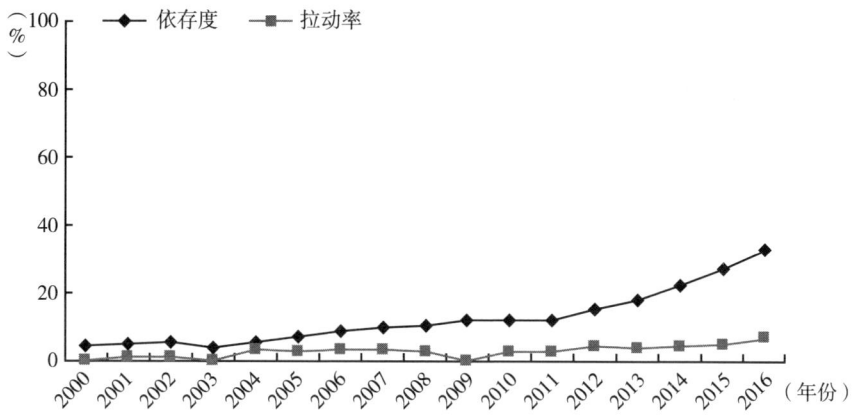

图2 2000~2016年山西省旅游业依存度与拉动率

2015年后由于宏观经济影响，山西GDP增速大幅放缓，而旅游业的快速增长导致山西省旅游业贡献率达到最大值。究其原因，笔者认为是2015年我国经济进入了新常态阶段，当然也与2015年我国旅游业迅速发展有很大关系。所以，综上所述可以得出一个结论，近年来山西省旅游业发展态势良好，对山西省经济的发展起到了一定的促进作用。

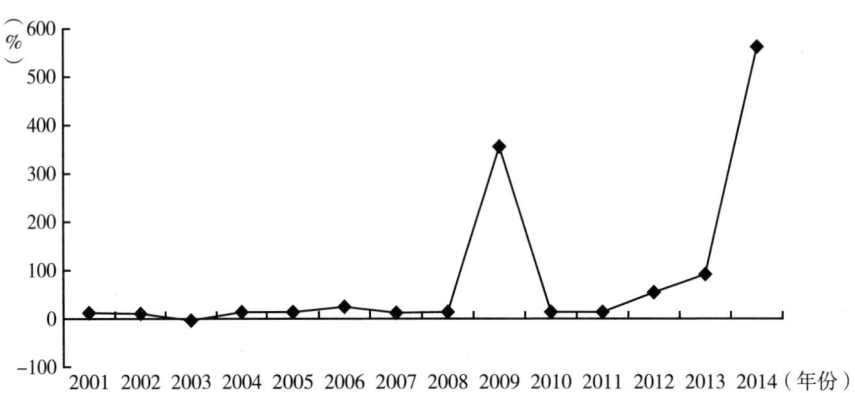

图3　2001~2014年山西省旅游业贡献率时间序列变化

注：2015~2016年的旅游业贡献率波动比较异常，故未列到图3中，具体值可见表2。

3.旅游业的发展水平整体低于其他各省份

虽然近年来山西省开始注重旅游业的发展，但是行业水平还不是很高，如外汇收入低于全国其他省份很多，以2000~2015年山西省与天津、河北、内蒙古三个省份旅游外汇收入的对比为例，从图4可以清楚地看出，山西省旅游业的发展水平明显低于其他省份，更不用说和北京、上海这样的繁华城市相比了。

（二）山西省金融支持旅游业发展的现状与问题

1.旅游企业规模较小，投资能力偏弱，金融支持水平低

山西省各主要景点比较分散，缺乏整体的规划，相关旅游企业规模不仅小而且分散，导致企业没有很强的市场竞争力和融资能力。此外，银行卡在旅游相关行业覆盖面不广，很多金融功能如存款、转账、结算等都不完备。

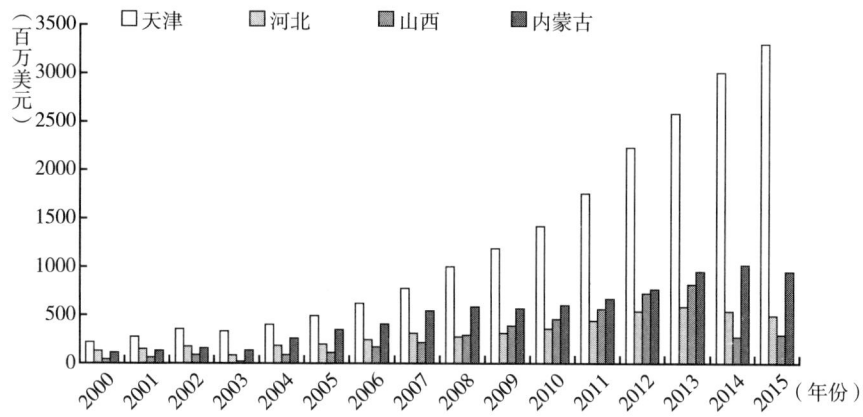

图 4　山西省与其他省份外汇收入对比

资料来源：相关年份《中国统计年鉴》。

ATM机和POS机在许多景点并不常见，或者因为手续繁杂，或者因为费用高，没有做到"刷卡无障碍"，这无形中限制了游客的消费，降低了景区盈利水平。

山西旅游业投资能力较弱。旅游产业发展程度不高，导致行业整体经营管理水平和收益水平较低，行业风险较大。另外，山西省政府一直重视煤炭产业而没有重点扶持旅游产业，忽视了旅游业的发展，导致旅游业投入资金明显不足。山西省旅游业发展中存在的另一个主要问题是金融支持力度不大，具体表现为银行业对旅游业的贷款乏力。中国人民银行山西省分行近年来的统计数据显示，银行对旅游业的贷款额度在各项贷款总额中的占比不到1%（见表3）。很明显，山西省对旅游业的金融支持力度不够，甚至可以说很小，旅游业得不到资金支持，发展自然会停滞落后。

表3　2013~2016年中国人民银行山西省分行贷款情况季度数据统计

时间	各项贷款总额（亿元）	旅游业贷款余额（亿元）	所占比例（%）
2013年9月	14722.92	132.69	0.90
2013年12月	15031.26	131.94	0.88
2014年3月	15653.46	130.59	0.83

续表

时间	各项贷款总额(亿元)	旅游业贷款余额(亿元)	所占比例(%)
2014年6月	15998.85	130.25	0.81
2014年9月	16306.92	132.99	0.82
2014年12月	16561.48	131.63	0.79
2015年3月	17198.34	138.85	0.81
2015年6月	17587.35	149.96	0.85
2015年9月	17999.94	171.57	0.95
2015年12月	18579.40	164.18	0.88
2016年3月	19075.67	155.13	0.81
2016年6月	19409.95	150.74	0.78
2016年9月	19746.94	171.14	0.87
2016年12月	20376.88	178.24	0.87

资料来源：中国人民银行山西省分行。

2. 旅游企业面临贷款融资方面的难题

旅游企业规模小，资金不足。由于目前的旅游企业普遍为新创中小企业，而且大部分是民营企业，所以这些企业的发展规模比较小，资金实力弱，缺乏行业经验。中小企业的信用状况也不是很好，企业内部各种制度不健全，这些弊端都成为旅游企业难以获得银行贷款和其他金融机构支持的原因。

旅游企业收入不稳定，投资收益周期长，银行难以进行信贷支持。旅游企业业务活动的开展在很大程度上具有周期性，如广告宣传、影视拍摄、门票收入等均不能产生稳定持续的现金流，而银行需要根据企业的财务报表来判断资金回报率，进而考虑是否对其进行信贷，所以营业的不稳定性会直接影响银行业提供信贷支持的信心。另外，自然条件对旅游产业发展也有一定的制约，恶劣的气候会使旅游旺季短、淡季长，这无疑会导致企业投资收益周期长。相对于旅游业成熟的国家来说，目前我国旅游业仍处于原始粗放型的经营模式，即投资额度大，收回成本周期长，而金融业追求利益的本质使得金融机构不愿意将资金投入旅游行业。资金追逐"快钱"，而投资旅游业属于赚"慢钱"，金融业对旅游投资的回报要求较高，如果在其他行业可以"躺着赚钱",自然不愿在旅游业"站着赚钱"。因此,根据审慎原则,金融机构和信贷人员可能不愿意承担风险,进而产生恐贷、惜贷的心理,从而阻碍了金融机构支持地区旅游产业的发展。

旅游企业抵押困难。大多数旅游企业的产权和所有权是分开的,旅游企业所得的门票收入、景区经营权等不属于所有权,仅为产权,因此企业不能在贷款时提供充足的抵押担保物,银行等金融机构自然不乐意将款项借给旅游业供其发展,这为银行向其提供信贷带来了很大的困难。此外,企业所拥有的资产大部分为无形资产,其真正的价值很难被准确评估出来,这也成为旅游业难以得到强有力金融支持的原因之一。

3. "在线旅游"发展较晚,网络金融应用水平低

"在线旅游"(Online Travel Agent)借助互联网手段,为游客提供旅行过程中所需的各种服务,如酒店、车票或门票预订以及服务评价、景点交通查询等服务。随着互联网的普及,"在线旅游"正处在快速发展的全新阶段,消费者可以通过互联网向客服人员咨询旅程中的相关信息,了解整个旅程细节。鉴于这些优势,"在线旅游"的发展会对传统线下旅行社的经营造成一定冲击,甚至所占市场份额会急速扩大。而山西省"在线旅游"发展较晚,导致企业流失了许多顾客和利润,缩小了市场占有份额。

现在,随便打开一家"在线旅游"网站或者传统旅行社的网站都会看到有关旅行社和银行的合作信息。"在线旅游"企业如去哪儿、携程、途牛等大举跨界互联网金融,纷纷开发出了不少与旅游相关的金融产品和服务,"在线旅游"不仅促进了旅游业的持续健康发展,而且丰富了旅游产品和服务。

二 山西省金融支持旅游业发展的实证分析

(一)变量指标的选取、数据采集及处理

考察金融支持情况(解释变量 X),通常选取三个指标进行简单描述:

①信贷规模,信贷规模=贷款总额;②信贷结构,信贷结构=信贷总金额/当期总贷款余额;③信贷效率,信贷效率=信贷总金额/对应期间内的存款金额。考虑到数据的可得性,本报告采用的"金融支持情况"指标是信贷规模,也就是山西省对旅游业的信贷总额,即解释变量X=信贷总额。由于从2013年才开始有山西省对旅游业的具体贷款余额统计数据,数据量太少,所以本报告将数据进行处理,用贷款总额减去所占比重较大的房地产业和建筑业贷款额度之后的余额近似替代山西省对旅游业的贷款余额。旅游业发展情况的衡量指标(被解释变量Y)一般用旅游业总收入来表示,即被解释变量Y=旅游业总收入。表4是历年山西省旅游业总收入和对应贷款余额的汇总。

表4　2005~2016年山西省旅游业总收入及贷款情况

年份	旅游业总收入(亿元)	旅游业贷款余额(亿元)
2005	291.99	15577.24
2006	428.39	18728.40
2007	581.57	2180.35
2008	739.32	23051.86
2009	892.53	38564.74
2010	1083.46	57736.20
2011	1342.59	75280.71
2012	1813.01	94042.34
2013	2305.44	111760.68
2014	2846.50	126103.36
2015	3447.50	145688.51
2016	4247.12	164980.49

资料来源:Wind资讯。

我们运用P值检验法对变量X进行显著性检验,假设原假设H_0:信贷规模也就是贷款余额与旅游业总收入增长之间不存在任何关系。运用SPSS17.0测算出X的P值并与显著性水平α比较,若P值小于α,则拒绝原假设H_0,反之则接受原假设。

（二）实证模型与检验

1. 相关性检验

相关性检验可以衡量变量之间的相关程度。下面考察的是旅游业贷款余额与旅游业总收入之间的相关程度，其相关系数矩阵见表5。

表5 相关系数矩阵

变量	项目	旅游业贷款余额	旅游业总收入
旅游业贷款余额	Pearson 相关性	1	0.974
	显著性（双侧）		0.000
	N	12	12
旅游业总收入	Pearson 相关性	0.974	1
	显著性（双侧）	0.000	
	N	12	12

Pearson 相关性用来衡量两个数据组合是否存在相关性。相关系数为0.8～1.0，表明为极强相关。由表5可以看出，旅游业贷款余额和旅游业总收入存在极强的相关性，表明贷款余额对旅游业发展的信贷支持力度大，促进了旅游业的发展。

2. 回归分析

从表6可以看出，模型1的调整后 R^2 值为0.943，说明模型拟合度较高。表7为对模型的方差分析结果，由表7可以发现 F 值为182.013，P 值小于0.05，所以该模型是有意义的。由表8可以得出多元回归方程为：$Y = 0.023X + 22.561$，且由于常数项的 Sig. 值为0.884，大于0.1，常数项不具有显著性，但一般常数项都不显著，不会对模型产生影响，所以模型可以使用。

综上所述，Y 与 X 的相关性方程为：

$$旅游业总收入\ Y = 0.023X（旅游业贷款余额） + 22.561$$

但解释变量 X 前的系数仅为0.023，这反映出银行贷款余额对旅游业发展的贡献度不足，而且 X 的 P 值小于 $\alpha = 0.05$ 的显著性水平，因此拒绝原

假设 H_0，回归模型较好地说明了山西省信贷规模的增加可以促进旅游总收入的增加。

表6　模型汇总

模型	R	R^2	调整后 R^2	标准估计的误差	更改统计量				
					R^2 更改	F 更改	df1	df2	Sig. F 更改
1	0.974a	0.948	0.943	307.50351	0.948	182.013	1	10	0

表7　旅游业总收入 ANOVA[b] 回归分析

模型	平方和	df	均方	F	Sig.
回归	1.72E+07	1	1.72E+07	182.013	0.000[a]
残差	945584.067	10	94558.407		
总计	1.82E+07	11			

注：a 为预测变量，表示旅游业贷款余额；b 为因变量，表示旅游总收入。

表8　旅游业总收入的系数

模型	非标准系数		标准系数	t	Sig.
	B	标准误差	试用版		
常量	22.561	150.865		0.150	0.884
自变量	0.023	0.002	0.974	13.491	0.000

3. ADF 检验

用 Eviews 7.2 分别对旅游业总收入和旅游业贷款余额进行 ADF 检验，结果发现二者的原始时间序列不平稳，对二者的原始时间序列进行一阶差分后，仍然未通过检验，继续进行二阶差分后结果见表9和表10，二者的 t 统计量值均小于显著性水平分别为1%、5%、10%的临界值，因此拒绝原假设，原假设为存在单位根，即认为序列平稳，通过了检验。

表9　旅游业总收入的 ADF 检验

项目		t 统计量	P 值
ADF 检验统计量		-6.511083	0.0008
检验临界值	1%	-4.420595	
	5%	-3.259808	
	10%	-2.771129	

表10　旅游业贷款余额的ADF检验

项目		t统计量	P值
ADF检验统计量		-3.817568	0.0017
检验临界值	1%	-2.847250	
	5%	-1.988198	
	10%	-1.600140	

4. 格兰杰因果关系检验

由于格兰杰因果关系检验非常强调变量的滞后期，因此我们分别从不同的滞后期对其进行检验。从表11可以看出，在滞后期为1的情况下，原假设"X不是Y的格兰杰原因"的P值为0.0937，小于0.1，我们可以认为在10%的显著性水平上拒绝原假设，即扩大信贷规模是旅游产业发展的格兰杰原因。在滞后期分别为1、2、3的情况下，原假设"Y不是X的格兰杰原因"的P值均大于0.1，则接受原假设，换句话说就是旅游产业的发展不是金融支持的格兰杰原因。这表明在短期内，山西省旅游业的发展并不能反过来促进金融的发展，这可能是由于旅游业的经济活动投资时间长、金额大，但收益回收速度慢，因而在短期内对金融机构影响的效益不明显。

表11　信贷规模与旅游总收入的格兰杰因果检验结果

滞后期	原假设	P值	结论（10%显著性水平）
1	X不是Y的格兰杰原因	0.0937	假设不成立
	Y不是X的格兰杰原因	0.4851	假设成立
2	X不是Y的格兰杰原因	0.2899	假设成立
	Y不是X的格兰杰原因	0.8018	假设成立
3	X不是Y的格兰杰原因	0.6726	假设成立
	Y不是X的格兰杰原因	0.2561	假设成立

（三）实证结论分析

从上述的分析可知，山西省金融发展水平与山西省旅游业发展之间存在以下关系。

首先，山西省旅游业的发展与金融发展水平之间具有正相关性，且相关性较强，这说明推动金融发展对技术创新能力的提升有很大作用。

其次，旅游产业总收入与代表金融发展水平的金融发展规模指标和金融发展结构指标之间存在长期的均衡关系，良好的金融体系可以为旅游产业发展提供所需的资金，而旅游企业的发展会使证券交易更加便捷，直接融资模式更加完善。

最后，山西省金融发展水平与旅游业发展的格兰杰关系是单向的。换句话说，山西省金融业的发展可以促进山西省旅游业的发展。但是，山西省旅游业的发展对其金融结构的发展没有太大的影响。首先，金融体系对旅游业的影响表现在资金的注入方面，实证分析结果表明，山西省旅游业的发展主要依赖政府资金的投入和银行贷款，而股票和债券市场等证券市场还没能发挥作用。另外，一个地区经济的发展水平应该深刻影响其金融业的成长，山西经济发展的滞后影响了山西省金融业的发展。

三 优化山西省金融支持旅游业发展的对策及建议

"山西——中国古代艺术的博物馆"之称，已被国内外各界人士所认同。然而，目前山西省的旅游业收入落后于其他省份，甚至在全国的排名处于末流，其中的原因有很多，但主要与山西省整体经济发展落后、政府没有予以足够重视关怀、金融支持力度不足等有关。其中，金融支持力度不足的原因有两方面，一方面是旅游企业自身存在的问题，另一方面则与山西省金融发展落后有关。"旅游+金融"成为当今旅游业发展的一个势不可当的趋势，引领着当今时代潮流，这样的布局可以更好地服务于经济社会的发展。为了促进山西省旅游业的快速发展，助力山西经济转型，本报告提出以下对策与建议，以期促进山西省金融支持旅游业发展的良好运行。

（一）创新特色金融服务，提升客户旅游体验

第一，创新银行卡特色服务。鼓励银行业金融机构与当地政府和旅游企

业及主管部门积极合作，可以发行信用卡和能让持卡人、发卡银行和商家三方受益的联名借记卡，当持卡人在景区消费时，可以给予适当的折扣优惠和消费便利，鼓励银行业金融机构积极开展积分兑换活动，激发持卡人的消费热情。除此之外，还可以在卡的表面印刷宣传景点和合作金融机构的信息，一方面可以加大旅游景区宣传力度，另一方面可以促进持卡人对相关金融机构的深层认知。第二，加强旅游景区金融设施建设，为旅游行业提供更加方便快捷的服务。在营业安全的前提下，要鼓励金融机构加大对ATM机和POS机的开设力度，为国内外游客提供在山西省旅游的无障碍银行卡通行。旅游部门要大力推广并运用创新的金融产品，为游客提供更加便利高效的支付服务，推动相关利民政策的实施，如开展"中国旅游卡6 2折""晋旅卡"等活动。第三，创新支付结算功能。各大银行业金融机构要发展创新型支付结算功能，为旅游业提供网上银行B2B、B2C、手机支付、好友代付等新型支付方式，使游客支付更加省时方便。

（二）加大商业银行产品创新力度，开发新型担保模式

加大商业银行科技金融服务和产品创新力度，开发适合旅游企业的新型担保模式，完善旅游信贷服务体系。因为旅游企业拥有的是无形资产，无法进行有效抵押，所以银行业金融机构可以创新抵押质押担保模式，允许营业状况良好、现金流稳定的企业将经营权、土地使用权进行抵押质押。各金融机构可以为中小旅游企业提供票据贴现、现金管理、法人代表保证担保、担保公司担保、经营性物业抵押等特色金融服务。鼓励在风险可控的前提下，实行适当的利率优惠。山西省政府要积极引导省内的金融机构针对旅游业进行金融产品创新，完善和创新无形资产评估体系与质押方式，优化服务流程，积极探索土地使用权融资、产业链融资、融资担保等符合旅游企业活动特色的金融服务。

（三）大力拓展直接融资，开辟多层次、多元化的融资渠道

目前，山西省的旅游企业大多通过银行贷款来解决资金问题，这种单一

的融资渠道根本无法满足其资金需要。因此，开辟多层次、多元化的融资渠道刻不容缓。在开辟新的融资渠道过程中，应借鉴国内外成功经验，并结合山西省实际情况探索新的融资途径和方式。首先，政府可以运用适当的财政手段对旅游市场供求关系进行调节，可以通过建设管理旅游专项资金信息平台为相关企业营造一个公平竞争的市场环境，可以通过财政资金引导民间资金流入旅游行业。同时，政府可以出台相关的资金管理条例，从而监督约束资金的用途方向，确保资金合理合法使用，避免资金浪费。政府还可以与金融机构携手设立旅游发展专项资金，其目的是帮助旅游企业更好地发展，为旅游业发展提供资金保障。其次，旅游企业可以利用股票和债券市场的渠道进行融资。一方面，要加快促进旅游资源整合；另一方面，要增强企业自身的实力和竞争力，提倡旅游企业通过上市融资。符合条件的旅游企业可以通过多方位的渠道进行融资，如发行短期融资券、企业债或公司债等。

（四）规范旅游业保险市场，增强保险服务功能

首先，支持旅游保险产品和服务创新。消费者在旅游过程中有一个不可忽视的环节就是对保险产品进行选择和购买。不同的消费者有不同的旅游目的，如观光旅游、休闲旅游、探险旅游等，旅游地区也分为境内和境外，而且游客的年龄层也不同，因此保险公司要有针对性地推出不同的保险产品，可以通过网络、手机等社交媒体为游客提供更加便捷的保险服务。其次，进一步规范旅游业保险市场，切实保障游客的合法权益。在销售过程中，保险公司应尊重游客的个人意愿和产品知情权，不能强买强卖，同时投保人有权得到保险公司提供的保险凭证。加强旅游和保险的融合，严厉打击保险市场中存在的违法乱纪行为，以维护游客的根本合法权益为各大保险公司的宗旨。

（五）以政府为主搭建平台，优化外部金融环境

一方面，各旅游行政管理部门要增强部门财务管理能力，保证信息披露公开透明，为金融支持旅游业发展奠定坚实的基础。在这个诚信缺失的时

代，诚信宣传显得尤为重要。因此，首先要倡导建立旅游企业相应的惩戒和奖励机制，即对表现良好的企业予以一定奖励，对旅游企业失信行为要有相应的惩戒。总之，要倡导旅游企业诚信经营，大力打击社会中存在的失信行为，这也可以作为银行业是否给予旅游企业贷款的重要参考依据。其次要对金融服务环境进行有针对性的优化，加大对利用银行卡违法犯罪、发放民间高利贷、非法集资以及相关金融服务犯罪的打击力度，通过加大宣传力度来强化企业对金融服务方面的风险防范意识。同时，相关部门可以适当放宽旅游市场准入规则，打破行业壁垒，在不影响审批结果的条件下，使手续变得更加简便，为参与旅游业发展的社会资本营造一个公平竞争的外部环境，为旅游业的发展提供坚实保障。

参考文献

[1] 罗富民：《简析旅游产业可持续发展的金融支持》，《内江师范学院学报》2016年第6期。

[2] 杨建春、施若：《金融支持旅游产业发展的动态效应比较——以贵州、浙江两省为例》，《社会科学家》2014年第6期。

[3] 刘清：《安徽省金融支持旅游产业发展研究》，安徽大学博士学位论文，2015。

[4] 张亚林：《关于安康金融支持旅游业发展的调查与思考》，《西部金融》2015年第17期。

[5] 李孝辉：《张家界旅游产业发展的金融支持研究》，中南大学博士学位论文，2009。

[6] 李琼花：《关于海南省旅游业金融扶持问题的探讨》，《当代经济》2014年第8期。

[7] 罗富民：《简析旅游产业可持续发展的金融支持》，《经济与管理》2015年第9期。

[8] 王一林：《旅游金融创新的探索实践》，《国际金融》2012年第7期。

[9] 胡永政：《基于金融支持视角的旅游收入增长研究——来自黄山旅游业的经验数据分析》，《经济管理》2007年第24期。

[10] 沈俊杰：《区域旅游产业效率的空间溢出效应——基于金融支持视角的研究》，合肥工业大学博士学位论文，2015。

[11] 王德业:《金融支持地方旅游经济发展探析》,《济南金融》2015年第5期。

[12] 徐丹丹:《国外城市发展文化创意产业的金融支持研究》,《首都经济贸易大学学报》2011年第5期。

[13] 李平:《我国旅游投资存在的误区及建议》,《宏观经济研究》2012年第10期。

[14] 宫舒影:《对金融支持富阳市旅游业发展的思考》,《经济研究导刊》2011年第3期。

生态建设篇

Ecological Construction

B.15
山西绿色发展评价及对策研究

李志强 周巧凤*

摘 要： 绿色发展是在现代科学技术的支撑下，在科学知识、技术创新的牵引下，构建循环、生态、低碳、可持续的发展模式。绿色发展要兼顾绿色和发展两个方面，整个社会系统才可以长久稳定发展。本报告通过构建绿色发展指标评价体系，运用熵值法计算出山西省2008~2015年绿色发展的综合得分；通过对比分析，得出山西省绿色低碳发展的政策建议；通过减少社会系统中正熵和增加社会系统中负熵，来维持社会系统的发展。

---

* 李志强，山西大学中国中部发展研究中心主任，山西大学经济与管理学院、山西大学管理与决策研究所、山西大学资源型经济转型发展协同创新中心，博士、教授、博士生导师，主要研究方向为制度理论与竞争力、资源型经济转型、战略与创新管理、标准化研究；周巧凤，山西大学经济与管理学院。

关键词： 山西　绿色发展　熵值法

党的十八大首次提出将绿色发展作为五大发展理念之一。在国家绿色发展理念的大背景下，各个地区一直在探索绿色发展之路，找寻推动地区经济、社会、文化可持续发展的路径。绿色发展是在现代科学技术的支撑下，在科学知识、技术创新的牵引下，构建循环、生态、低碳、可持续的发展模式。在经济活动和事后废弃物处理中，保证绿色化和生态化是实现绿色发展的途径。

实现资源型地区的绿色发展是一个长期而艰巨的任务，需要社会各界共同发力。构建系统的绿色发展评价体系对地区的实时监测和客观评价具有重要意义。近年来，资源型地区开始在政策支持力度、资源循环利用、环境质量等方面不断探索，并取得了阶段性成果，学术界对绿色发展的研究也逐渐增多。山西省属于典型的资源型地区，过度倚重传统产业，低能耗的新兴产业比例不大，产业结构不协调，创新水平比较低，环境问题突出，导致推动山西绿色发展任务艰巨。在五大发展理念的指引下，必须把握好国家促进中部地区崛起和山西资源型地区绿色发展的重大机遇，不断调整产业结构，通过技术创新，实现山西的绿色发展。总体来说，山西的绿色发展只有兼顾绿色和发展两个方面，整个社会系统才可以长久稳定发展。

一　山西绿色发展的现状及面临的机遇和挑战

山西是我国的资源大省，山西的经济增长为国内生产总值的增长做出了贡献，山西的资源和能源为我国经济社会发展提供了支持。但山西的经济增长高度依赖煤炭等资源型产业，资源的开发模式粗放，综合利用率较低，资源浪费和矿难事故频发，集中表现为经济社会发展的不平衡、不可持续；产业结构普遍单一化，第二产业在地区生产总值中的占比较高，服务业的发展水平有待提高；在长期发展过程中，单纯追求经济利益，没有把环境保护和生态修复放在重要位置，生态遭到严重破坏；科技水平不高，自然环境面临的压力已达到环境承载能力的上限，地区产业类型偏向资源型产业，社会上一些发展理念甚至与绿色发展理念相违背。由于资源的不可再生性，随着能源的过度消耗利用，产生了资源吃紧、生态遭到破坏得不到及时修复等突出问题。新形势下，如何破解山西经济发展的不可持续性，补齐短板，充分发挥资源优势，绿色发展成为山西摆脱发展困境的必由之路。

在绿色发展理念的整体局势下，山西不断找寻绿色发展之路，在各个领域取得了显著成效。截至2016年底，山西省煤炭产量为34.5亿吨，山西省不断推进煤炭、钢铁去产能，认真落实"三去一降一补"重点任务，退出煤炭产能2325万吨，淘汰钢铁产能82万吨，严格执行环保、能耗、质量、安全等相关法律法规和标准。扎实推进重点领域改革，开展同煤、焦煤等国企改革试点，推广政府和社会资本合作（PPP）模式，设立煤炭供给侧结构性改革基金。粉煤灰工业致力于固废资源综合利用，用"互联网+"的新手段，把工业固废资源综合利用推向新的层面。

二　山西省2008~2015年绿色发展水平分析

绿色发展是时代背景下的发展趋势，是山西资源型省份经济转型得以实现的重要保障。绿色发展有利于资源的循环有序利用；绿色发展能够为后代提供健康的生存环境，形成一种节约环保型生活方式；绿色发展是一种有利于人民幸福健康的发展方式。绿色发展指标评价体系有利于发现问题，及时调整发展方向，不断完善规章制度。通过对绿色发展指数的计算，评价山西省绿色发展情况，通过熵权重有效识别对绿色发展起重要作用的指标，有针对性地投资发展，提高绿色发展综合得分。

（一）绿色发展指标评价体系的构建

绿色发展指标评价体系主要从经济增长、资源环境和政策支持三个方面对资源型地区绿色发展水平进行评价，在指标体系的建立过程中，遵循科学性、系统性、可操作性和典型性的原则,通过对《2012中国绿色发展指数报告》以及各省份统计年鉴的梳理,搜集学者们对省市绿色发展、工业绿色发展指标体系构建情况,经过多次筛选与分析,最终确定了资源型地区绿色发展指标评价体系。本报告所构建的绿色发展指标能够涵盖学者们对经济增长、资源环境和政策支持三个方面的指标,结合18个资源型省份的统计数据,最终确定了26个绿色发展指标(见表1)。

表1 地区绿色发展指标评价体系

一级指标	二级指标	三级指标
经济增长绿化度A	绿色增长效率指标A_1	人均GDP A_{11}
		单位GDP能耗 A_{12}
		单位GDP水耗 A_{13}
		人均城镇生活消费用电量 A_{14}
		工业固体废弃物综合利用率 A_{15}
		水电、风电及光伏发电占能源消费总量的比重 A_{16}
	三次产业发展指标A_2	第一产业劳动生产率 A_{21}
		第二产业劳动生产率 A_{22}
		第三产业劳动生产率 A_{23}
资源环境承载能力B	资源丰裕与生态保护指标B_1	人均水资源量 B_{11}
		人均耕地面积 B_{12}
		人均森林面积 B_{13}
	环境变化指标B_2	单位地区生产总值工业废气排放量 B_{21}
		单位地区生产总值工业废水排放量 B_{22}
		单位工业增加值固体废弃物产生量 B_{23}
		单位耕地面积化肥使用量 B_{24}
政策支持度C	基础建设指标C_1	当年污染治理施工项目个数 C_{11}
		城镇居民家庭主要耐用消费品百户拥有量 C_{12}
		森林覆盖率 C_{13}
	环境治理指标C_2	环境保护支出占财政支出比重 C_{21}
		环境污染治理投资总额占地区生产总值比重 C_{22}
		人均当年新增造林面积 C_{23}
	绿色投资指标C_3	科教文卫支出占GDP比重 C_{31}
		社会保障和就业支出 C_{32}
		从事科技活动人员数 C_{33}
		高等学校在校学生数 C_{34}

将绿色发展指标评价体系纵向分为三层，其中经济增长绿化度一级指标下分为绿色增长效率指标、三次产业发展指标2个二级指标；资源环境承载能力一级指标下分为资源丰裕与生态保护指标、环境变化指标2个二级指标；政策支持度一级指标下分为基础建设指标、环境治理指标、绿色投资指标3个二级指标。这些二级指标又细分为26个三级指标，具体描述一级指标的发展水平。

经济增长方面。资源型地区的经济总量增长、社会生产生活中的资源消耗以及资源型地区三次产业的发展情况等指标，反映了资源型地区的绿色发展现状，由此可以判断资源型地区经济增长绿化度的权重。

资源环境方面。主要包括资源丰裕与生态保护、环境变化两个方面，资源型地区绿色发展以资源环境承载力为依托，只有循环利用资源，不越过资源红线，减少对环境的压力，才会有利于经济的绿色发展。通过人均资源和生产生活废弃物排放量来研究这些影响因素的权重，确定其在资源型地区绿色发展指标评价中的权重。

政策支持方面。主要包括基础建设、环境治理和绿色投资三个方面，通过对环境保护的投资指标进行测度，以及科技、人才培养等三级指标进行分析，确定政策支持度的权重，进而反映社会的政策导向和财政支持力度。

（二）评价方法

1. 熵值法的基本原理

选取 n 个评价指标、m 个评价对象，x_{ij}（$i=1, 2, \cdots, m$；$j=1, 2, \cdots, n$）表示第 j 个评价对象中的第 i 个评价指标。熵值法通过计算指标的信息熵，根据指标的变异程度测算对系统整体的影响。熵值法通过构建指标体系，确定指标的权重，计算评价指标的熵值。其中，某项指标 x_j，若其值的大小与 x_{ij} 中的其他数值有明显差距，说明这个指标在地区绿色发展中的权重比较大。

利用熵理论和耗散结构理论分析地区绿色发展时，把选取的各年份的固有信息进行量化，综合权重值，得出地区绿色发展所应做的努力，并对取得的效果进行分析。构建矩阵,进行标准化处理①。

计算第 i 个方案下第 j 个指标的权重 f_{ij}:

$$f_{ij} = \frac{x_{ij}}{\sum_{i=1}^{m} x_{ij}}, (i = 1, 2, \cdots, m; j = 1, 2, \cdots, n) \tag{1}$$

计算第 j 个指标的输出熵 H_j:

$$H_j = -k \sum_{i=1}^{m} f_{ij} \ln f_{ij}, (i = 1, 2, \cdots, m; j = 1, 2, \cdots, n) \tag{2}$$

其中,$k = \frac{1}{\ln m}$。

计算对象指标的熵权 ω_j:

$$\omega_j = \frac{1 - H_j}{n - \sum_{j=1}^{n} H_j} \tag{3}$$

第 i 个方案的地区绿色发展综合得分 V_i 可表示为:

$$V_i = \sum_{j=1}^{n} \omega_j \cdot x_{ij} \tag{4}$$

2. 数据的收集与处理

本报告选取 2008~2015 年山西省数据和全国数据,数据主要来源于历年《中国统计年鉴》以及各省份统计年鉴、水资源公报、经济和社会发展统计公报,个别数据来自各省份国土资源公报与当地新闻报道。

(三)山西省绿色发展水平分析

根据建立的山西绿色发展指标评价体系,对山西的指标数据进行标准化

---

① 本报告采用向量规范法对数据进行处理,$X'_{ij} = \frac{X_{ij}}{\sqrt{\sum_{i=1}^{n} X_{ij}^2}}$,其中 X_{ij} 表示原始统计指标,X'_{ij} 为标准化后的指标值。

处理，应用熵值法计算出山西经济增长绿化度、资源环境承载能力、政策支持度三大子系统的权重，分别为0.3392、0.1331、0.4585。如图1所示，山西省各级政府对绿色发展的支持力度逐年加大，2013年综合得分出现微小波动，但仍高于2011年。从整体上看，山西绿色发展水平逐年提高。其中，政策支持度的权重最大，这与山西一直将经济建设作为主要发展目标一致。资源环境承载能力在绿色发展指标评价体系中的权重最小，对山西绿色发展的影响最小，这是因为在山西经济发展过程中，对资源的有效利用率不高，对环境的关注度也不高。

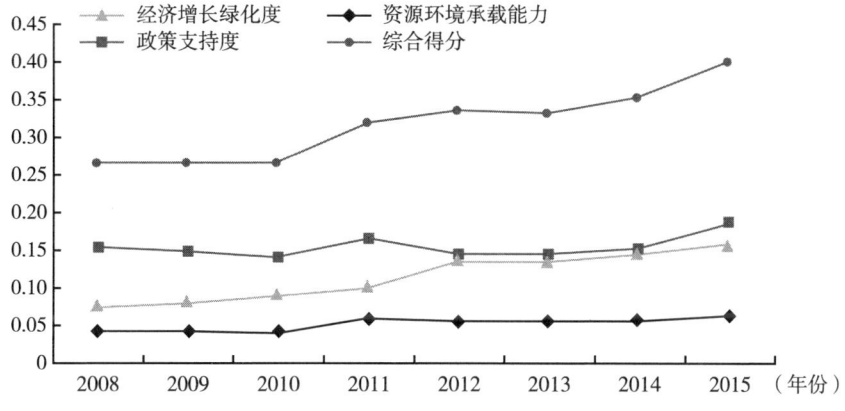

图1　2008~2015年山西绿色发展指标评价得分

就一级指标来说，得分从高到低依次为政策支持度指标、经济增长绿化度指标、资源环境承载能力指标（见表2）。

表2　山西绿色发展三大指标得分情况

指标	2008年	2009年	2010年	2011年	2012年	2013年	2014年	2015年
经济增长绿化度	0.073	0.078	0.089	0.100	0.135	0.134	0.145	0.158
资源环境承载能力	0.041	0.043	0.038	0.058	0.055	0.055	0.056	0.059
政策支持度	0.152	0.147	0.140	0.164	0.146	0.145	0.152	0.184
综合得分	0.267	0.268	0.267	0.322	0.336	0.333	0.353	0.401

经济增长绿化度指标方面。山西经济增长绿化度指标得分总体呈逐年上升趋势,受2008年经济危机的影响,2008~2009年的得分变化不明显,除了2013年经济增长绿化度指标得分有所下降外(但仍高于2011年),其余年份得分均逐年提高。2011~2012年提升幅度最大,这与山西不断加大战略性新兴产业的投资,不断开发电能、水能等新型能源,拉动工业经济增长有关。

资源环境承载能力指标方面。山西的资源环境承载能力得分变化不明显,2010年有所下降,主要是单位地区生产总值工业废气排放量、单位地区生产总值工业废水排放量的得分下降造成的。资源环境承载能力得分从2008年的0.041提高到2015年的0.059,上升了0.018。这说明山西在经济发展的同时,也注重资源环境承载能力,在不超过资源环境承载阈值的情况下发展经济。

政策支持度指标方面。总体来说,各级政府对绿色发展的支持力度比较大,但在个别年份政策支持度得分出现波动的现象,主要是当年污染治理施工项目个数、科教文卫支出占GDP比重指标的得分有所下降造成的。山西省对文化相关产业发展的投入相对较少,重视程度有待提高。环境保护支出占财政支出比重指标的得分呈现下降的趋势,环境治理的投资有待加大。

本报告利用相同的指标体系与方法,计算出全国绿色发展三大指标得分情况(见表3)。全国经济增长绿化度、资源环境承载能力、政策支持度三大子系统的权重分别为0.4597、0.1160、0.4244,全国各指标权重和山西各指标权重中,都是经济增长绿化度与政策支持度两个指标权重较大。随着绿色发展理念的提出,国家对绿色发展给予了高度重视。如图2所示,从整体上看,2008~2015年全国绿色发展三大指标综合得分呈逐年上升的趋势,山西绿色发展综合得分在2010年之前变化不明显,2011年之后绿色发展水平提升趋势明显。从总体上分析,山西绿色发展与全国绿色发展之间存在差异,在个别年份差异逐年增大。

表3 全国绿色发展三大指标得分情况

指标	2008年	2009年	2010年	2011年	2012年	2013年	2014年	2015年
经济增长绿化度	0.129	0.132	0.139	0.148	0.161	0.173	0.183	0.192
资源环境承载能力	0.050	0.047	0.044	0.051	0.054	0.056	0.055	0.057
政策支持度	0.097	0.103	0.112	0.130	0.140	0.144	0.156	0.178
综合得分	0.276	0.282	0.295	0.329	0.355	0.373	0.394	0.427

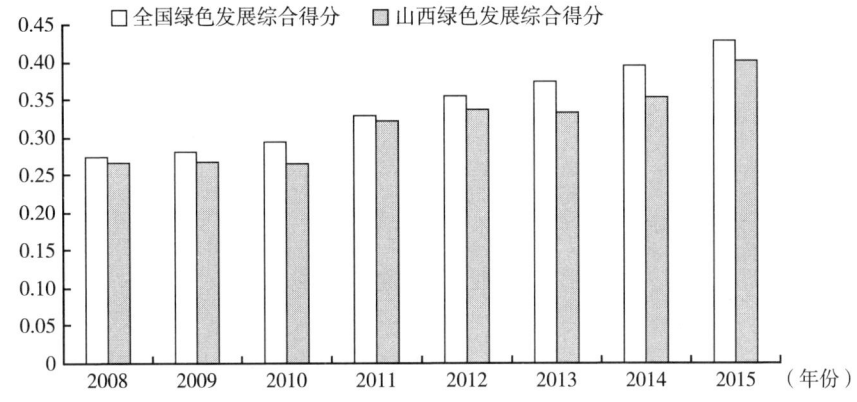

图2 2008~2015年山西绿色发展与全国绿色发展综合得分

总体来看，全国经济增长绿化度、资源环境承载能力和政策支持度指标得分均呈逐年提高的趋势。对比数据分析，山西与全国在经济增长绿化度方面还有一定的差距，但是差距在逐年缩小，由2008年的0.056变为2015年的0.034；在政策支持度方面，山西的投资力度大于全国；山西的产业结构不均衡，多以高污染、高能耗的能源产业为主，轻工业和第三产业发展较为缓慢，导致山西的资源环境承载能力不足，生态环境遭到破坏。

三 推进山西绿色发展的政策建议

经济新常态下，解决好经济发展与环境保护的先后问题，完成山西的经济转型升级，实质上是把握好发展与保护之间的关系，形成绿色的生活、生产方式，最终走向经济、资源、环境的协调可持续发展。伴随着资

源型地区绿色发展中经济增长绿化度、资源环境承载能力和政策支持度三方面出现的不平衡、不协调、不可持续问题,如何实现绿色发展受到全社会的广泛关注。近年来,全国各地就如何推动绿色发展进行了不断探索。山西在不断的体制改革中,坚持以新兴产业推动绿色低碳发展,以科技创新加速绿色低碳发展,在关键的技术方面进行创新,使绿色低碳发展产生事半功倍的效果。

(一)贯彻绿色发展理念,奠定山西绿色发展的思想基础

深化绿色发展内涵,从根本上转变绿色发展理念,使绿色发展理念深入人心。加大绿色发展理念的宣传力度,增强政府、企业、社会的绿色发展意识。政府部门要深刻认识到环境问题刻不容缓,以及绿色发展理念的诸多良好效应,相关部门要严格把控环境承载能力、安全、水资源利用、矿产资源开发利用等的技术标准,严格控制高能耗、高污染企业的规模;清除绿色消费过程中的种种障碍,规范绿色消费的市场秩序,降低绿色消费产品的市场准入门槛;充分发挥电视、网络等媒体的作用,举办与绿色相关的画展、作品展,利用名人效应提高群众对绿色发展的认识,做好绿色知识的宣传普及工作。在社会生活中,培养绿色生活、绿色消费理念,对生活废水、固体废弃物妥善安置,践行绿色出行;从消费终端倒逼,倡导绿色产品消费,促使企业生产绿色产品,走绿色发展之路;倡导企业树立循环利用理念,在企业内部促进原料和能源的循环利用,在企业与企业之间建立循环机制,实现"原材料—产品—废弃物—回收再利用"的循环。

(二)加大政策支持力度,形成山西绿色发展的制度保障

山西的绿色发展中,政府在政策上的支持对地区绿色发展起着举足轻重的作用。要加大政策支持力度,完善绿色发展体制,推进机制创新;加大环境治理力度,推动绿色发展立法;增加绿色投资,促进各领域协同发展。

机制建设。建立产业扶持和援助机制,加大国家补贴力度和地方政

府投资，满足建设水电、风电及光伏发电等新型能源的基本条件；完善区域间环境信息共享机制，加强区域间的交流合作与联合防控工作，促使区域环境良性发展；建立绿色产业发展联盟，给予对口产业技术、资本等要素支持，探索产业扶贫新模式；建立农业自然风险管控体系，不断创新农业补贴方式，对农业灾害出台一系列保险政策，政府对参保的农户给予一定的经济和技术补贴；完善创新管理机制，加大对创新的投入力度，引发社会各界对创新的关注，激发创新活力；建立碳排放总量控制制度和碳排放额度分配制度，开展低碳园区、低碳城市的试点工作，努力将资源型地区打造成国家低碳实践区；增加产业转型升级资金，不断提高传统产业的设备与技术水平，升级传统产业，大力扶持节能环保的新兴产业。

环境治理。加快建立资源的有偿使用制度，实施污染付费制度，鼓励企业和个人在生产、生活中积极参与污染防治与生态修复活动，进一步改善人居环境。政府要加大生态环境保护的宣传力度，通过大众传媒平台、广告牌、宣传册等多种宣传方式大力宣传生态文化，加快全民参与生态建设的步伐。企业要将存在污染性的项目进行转型升级，实现清洁生产；坚持不懈地推进节能减排，创新生态保护方式方法，从源头抓起，严格管控，对破坏性行为进行严惩，多管齐下，不断远离生态红线，提高环境承载能力。

绿色投资。着力建设医疗健康产业，加大投资力度，增加社会保障和提供就业机会的财政支出，充分发挥碧海蓝天的生态优势，吸引中高端人才；采取搭建各类创新创业孵化平台等措施，大力推进"双创"工作，打造创新创业的资源型地区；加大科学技术、教育、文化传媒及卫生方面的财政支出，优化教育资源配置，实现科技创新，培养优秀人才。

（三）推进科技创新，形成山西绿色发展的动力之源

科技创新是山西摆脱资源依赖困境、实现绿色发展的迫切需要。推进科技创新，需要从知识、技术和管理三个方面着手。

知识创新。培养创新思维,树立全新的资源观、发展观,不断推动绿色低碳可持续发展;培养技能型的在校学生,进行产业人才的再教育,不断为资源型地区注入新鲜血液,提升资源型省份绿色发展的负熵值;培育优秀的科学技术人才,促进政产学研融合发展,实现文化强省目标。

技术创新。进行产业技术设备的更新,创新开发新技术,实现资源的集约利用和循环利用,整改和取缔高能耗、高污染的企业,促进新兴产业创新突破;紧跟形势,运用"互联网+"、大数据等先进技术发展绿色能源产业,实施全产业链科技创新示范工程,努力形成一批市场前景广阔的高新技术产业集群;开展科技创新服务业试点工作,建立以众创空间、孵化器为代表的技术创新战略联盟,促进传统产业创新提质;不断钻研低碳技术,节约能源,提高效率,减少碳排放量,应对日益严峻的环境污染。

管理创新。积极创新商业模式,依靠互联网创新营销模式,采用"互联网+渠道"构建智能网络,通过线上销售带动线下销售,拓展企业的销售渠道;以"互联网+产品"实现精准营销,让互联网渗透于商品交易的各个领域,提高商品交易效率;以"互联网+服务"创新企业的服务理念,为客户提供极致体验,建立及时高效的服务反馈机制,提高企业的运营效率。

(四)优化产业结构,形成山西绿色发展的核心产业

山西面临资源型产业"一业独大"的问题,其最大的特点就是资源型产业社会贡献率高,必然会导致产业结构的畸形。要推进主导产业形成多元化格局,优化配置有限的资源,将目光转向对自然环境负荷小的新兴产业,推进资源节约高效利用。优化产业结构,应该从三个方面着手。

提高生产要素在产业间的配置效率。社会发展过程中,由于资源的有限性,投入一种产品的资源过多会导致投入其他产品的资源相应减少,人类的经济活动与社会行为已超出生态环境和资源的承受能力,为了使社会效率最高,企业要将有限的资源进行合理配置,运用到对自然环境负荷小的新兴产

业中，推进资源节约高效利用。

推进主导产业形成多元化格局。在政府的主导下，发展先进制造业和第三产业迫在眉睫，要积极寻找替代产业，特别是医疗、环保等先进制造业和高新技术产业。积极发展现代农业、高新制造业、现代服务业等产业；加快绿色农业发展，平衡绿色产品的需求；提高产业间的关联度，推动产业的融合，发展替代资源消耗大的产业，力求实现产业再造；加快形成以现代服务业为主体的产业结构，拉动资源型地区的经济增长。

转移产业结构重心。优化产业结构，大力加强第一产业，调整提高第二产业，积极发展第三产业，实现产业之间的协调；认清煤炭资源的不可再生性，将"引进来"和"走出去"并举；深化煤炭管理体制改革，制定"煤炭管理革命"路线图和时间表，合理掌控煤炭的开发利用；形成科技含量高、资源消耗低、环境污染少的产业结构，淘汰"三高一低"的产业和企业，推动产业结构转型升级；优化产业结构布局，延伸产品上下游产业链，提高产品附加值。

参考文献

[1] 北京师范大学科学发展观与经济可持续发展研究基地、西南财经大学绿色经济与经济可持续发展研究基地、国家统计局中国经济景气监测中心编《中国绿色发展指数报告摘编》，《经济研究参考》2012年第34期。
[2] 郑宏娜：《中国绿色发展系统模型构建与评价研究》，大连理工大学硕士学位论文，2013。
[3] 孟莉：《基于熵理论的人类社会可持续宏观发展研究》，东北林业大学硕士学位论文，2006。
[4] 孟春、孟莉、王立海、苏义坤、刘美爽：《基于熵理论的人类社会系统可持续发展分析》，《森林工程》2010年第4期。
[5] 陈立军：《论负熵》，《晋中学院学报》2013年第3期。
[6] 顾颖、李志强、陈泽珅：《基于熵值法的山西省转型综改区建设绩效评价》，《经济问题》2015年第7期。
[7] 张铁男、程宝元、张亚娟：《基于耗散结构的企业管理熵Brusselator模型研

究》,《管理工程学报》2010年第3期。

[8] 莫琦:《基于耗散结构的区域创新系统动态分析》,《工业技术经济》2009年第3期。

[9] 吴尤可、钟坚:《基于耗散系统理论的创新型城市演化机制研究》,《湖南师范大学社会科学学报》2011年第5期。

[10] 李志强主编《山西资源型经济转型发展报告(2016)》,社会科学文献出版社,2016。

B.16
践行绿色发展战略
创新山西生态文明制度体系

郭 沛*

摘 要: 在全球关注生态文明的背景下，山西生态文明制度建设更是迫在眉睫。本报告梳理了山西生态文明制度的现状，分析了山西生态文明制度建设存在的问题，阐明了山西生态文明制度建设面临的契机，在此基础上，构建了山西生态文明制度体系。

关键词: 绿色发展战略 生态文明 制度体系

一 引言

随着世界各国工业化进程的加快，尤其是发展中国家以牺牲环境资源为代价加速经济发展，随之而来的是全球性的生态环境危机，气候恶化，水、土壤、植被等生态环境遭到严重破坏，引起了国际社会的高度关注，重树生态文明制度成为世界各国可持续发展的潮流和趋势。中国作为世界上经济增长速度较快的国家，在长期的经济发展过程中，已带来了不容忽视的生态环境恶化问题，亟待建立生态文明制度体系[①]。党的十八大和十八届三中全会

---

* 郭沛，山西大学经济与管理学院、山西大学中国中部发展研究中心，博士、硕士生导师、讲师，主要研究方向为低碳经济。
① 王丽娟：《生态文明必须依托制度建设》，《南方日报》2013年2月4日。

将生态文明纳入经济社会发展的总体布局,提出今后将着力推进绿色发展、循环发展、低碳发展,将生态文明制度体系建设提升到了新的战略高度。

山西是中国的能源大省,为中国的经济发展提供了源源不断的煤炭资源,为拉动中国经济增长做出了巨大贡献,但也由此造成了严重的生态环境破坏。近年来,山西省大气温度上升趋势明显,《气候变化国家评估报告》曾预测山西将成为未来100年内全国增温最大的地区之一①;降水量下降趋势明显,水资源供给量不断减少;极端天气频发,发生频率和强度不断提高。不利的气候变化导致山西水资源紧张的情况加剧,病虫害传播范围扩大、程度加重,植被蓄水保土、净化空气和保护生物多样性等生态功能降低。生态环境的破坏不仅使山西的生存环境和发展条件恶化,而且对京津冀等周边省份的生态环境产生了不利影响,给山西和周边区域经济社会的可持续发展带来了一定的阻力。

2010年,经国务院批准,山西省被设立为"国家资源型经济转型综合配套改革试验区",提出要建设资源节约型和环境友好型社会。2015年12月经山西省委十届七次全会审议,确立了"六大发展"战略,其中绿色发展被放在极为重要的位置。这些举措都表明了山西省对生态文明建设的支持力度和决心。在此背景下,开展山西省生态文明制度体系相关研究,提出生态文明制度建设政策建议,不仅有利于山西省生态环境的恢复和补偿,而且有利于实现山西省的经济结构转型,对实现经济可持续发展具有重要的实践意义。

二 山西省生态文明制度现状

(一)生态文明制度的建立情况

1. 针对塌陷土地恢复的制度

由于山西省在长期的煤炭开采过程中对土壤的破坏程度较强,因此山西

---

① 张磊、张宁:《山西省高温天气对农业生产的影响研究》,《中国农业信息》2015年第6期,第52~54页。

省较早在煤炭行业实施了管理制度，以减少对土壤的破坏，并为后期的土壤修复提供了依据。2007年11月，山西省制定了《山西省煤炭开采生态环境恢复治理实施方案》和《山西省矿山环境恢复治理保证金提取使用管理办法（试行）》；2013年7月，为促进矿山生态环境保护，山西省落实了《矿山生态环境保护与恢复治理技术规范（试行）》等两项标准；2015年4月，山西省发布了《山西省采煤沉陷区治理2015年行动方案》。2016年，省发展改革委、省住房和城乡建设厅、省国土资源厅、省环保厅联合发布了《关于加大采煤沉陷区治理力度的实施细则》。这些制度在对塌陷土地恢复和治理保证金的计提、使用等方面较为清晰，在全国矿产资源型省份的土地恢复制度方面尚属先进[1]。

2. 针对水资源保护的制度

目前，山西省关于水资源保护的法规、制度主要如下。2008年经修改后实施的《山西省水资源管理条例》第三章明确规定了水资源开发利用和保护的相关细则，这是山西省水资源保护的法律依据。2015年12月，山西省人民政府发布了《山西省水污染防治工作方案》，提出系统推进水污染防治、水生态保护和水资源管理，将水资源保护的任务提上新的日程。

3. 针对森林资源保护的制度

山西省长期坚持"植被幼育"计划，但关于植被保护的制度相对较少。2015年12月，《山西省国有林场改革实施方案》正式获批，山西省被纳入全国国有林场改革重点推进省，将国有林场的主要功能定位于保护培育森林资源、提供生态公益服务和生态产品。自此，山西省的森林资源保护有了可依据的规定。

4. 针对温室气体排放导致气候变化的制度

近年来，山西省的气候环境变化问题主要体现在极端天气出现的频率和

---

[1] 岚县人民政府办公室：《关于印发岚县地方税务局矿山环境恢复治理保证金监缴办法的通知》，《中国科技投资》2012年第10期。

强度提高,这一问题的产生与山西省温室气体,如二氧化碳等的排放量居高不下有很大的相关性。针对这一问题,山西省开始致力于发展低碳经济,制定了相关的低碳经济发展制度。2014年,山西省政府印发了《山西省低碳创新行动计划》;2014年10月,山西省政府颁布《山西省2014~2015年节能减排低碳发展行动方案》,确保全面完成山西省"十二五"节能减排降碳目标。

山西省生态文明制度概览见表1。

表1 山西省生态文明制度概览

类别	出台日期	具体制度
针对塌陷土地恢复的制度	2007年	《山西省煤炭开采生态环境恢复治理实施方案》
	2007年	《山西省矿山环境恢复治理保证金提取使用管理办法(试行)》
	2013年	《矿山生态环境保护与恢复治理技术规范(试行)》
	2015年	《山西省采煤沉陷区治理2015年行动方案》
	2016年	《关于加大采煤沉陷区治理力度的实施细则》
针对水资源保护的制度	2008年	《山西省水资源管理条例》
	2015年	《山西省水污染防治工作方案》
针对森林资源保护的制度	2015年	《山西省国有林场改革实施方案》
针对温室气体排放导致气候变化的制度	2014年	《山西省低碳创新行动计划》
	2014年	《山西省2014~2015年节能减排低碳发展行动方案》

(二)生态文明制度的成效

在政府相关部门出台的一系列政策、制度引导下,山西省生态文明建设逐步推进,鉴于数据的可获得性,以下主要列举林业建设和应对气候变化方面的成效和举措。

1. 林业建设投资

通过多年的"植被幼育"计划,山西省植被覆盖得到了迅速发展。从图1可以看出,2011~2013年,山西省林业投资额总体呈稳步上升趋势,2011年林业投资额为1040002万元,2013年上升至1101015万元;生态建设与保护本年完成投资额从2011年的765393万元增加到2013年的952452

万元；林业产业发展本年完成投资额从 2011 年的 5968 万元增加到 2013 年的 9724 万元。截至 2013 年，山西省的造林总面积达 29.88 万公顷，其中当年人工造林面积为 24.084 万公顷①。

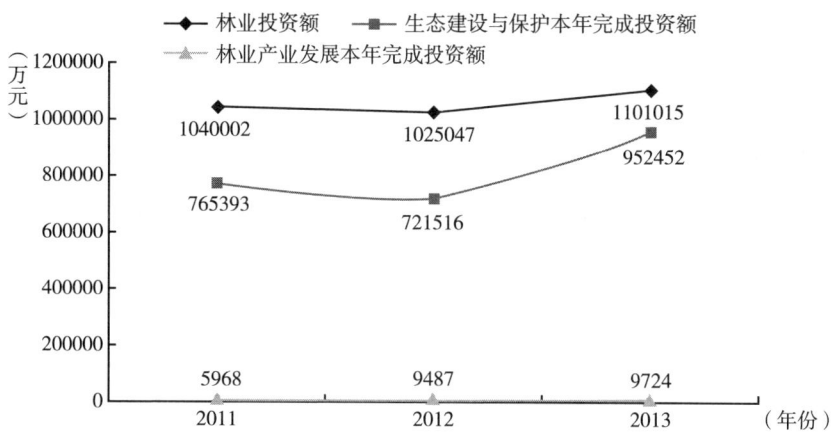

图 1　山西省林业投资情况

资料来源：根据《中国统计年鉴 2015》数据绘制。

2. 应对气候变化

山西省气象局科技与预报处正在逐步实施"山西省气候变化业务平台建设"项目，收集整理了山西省气象、社会经济、卫星遥感、极端事件等资料，建立了山西省气候变化专用数据库。同时，整合现有气候变化工作中所使用的监测检测方法，基于 B/S 架构开发了气候变化业务平台，实现了多手段、多方法的气候变化监测、检测及评估，为开展气候变化工作打下了基础。项目落实后可快捷有效地提供气候变化业务服务材料，为做好气候变化应对和决策服务提供了基础条件。此外，进一步揭示了山西省气候变化的时空规律以及气候变化对行业的影响，为加快山西省气候服务体系发展，进而为使气候变化在生态文明建设中发挥应有作用、做出积极贡献创造了良好条件。

---

① 《山西省国有林场改革实施方案》，《山西林业》2016 年第 2 期。

山西蓝皮书

三 山西省生态文明制度建设存在的问题和发展契机

(一)山西省生态文明制度建设存在的问题

1. 经济发展水平较低限制了生态文明制度建设的步伐

山西省属于资源大省,资源开采以及与之相关的工业行业产出值对其他行业产生了必然的"挤出效应",导致山西省长期产业结构单一,且严重依赖资源。在这样的经济条件下,山西省在生态文明建设方面难免束手束脚,很长一段时间默许了资源开发造成的对生态环境的破坏行为。

2. 现有生态文明制度缺乏系统性和科学性

从制度层面上来看,山西省虽然出台了许多相关的办法,用于保障生态环境的治理和恢复,但各种办法缺乏系统性,重叠和缺失问题并存,制度设计缺乏合理的理论依据,尚未形成一套较为完善的、科学的生态文明制度体系[1]。因此,作为生态文明制度建设的主体,政府应在追求经济增长的过程中注重生态文明建设,建立从"产前定价制度"到"产中生态环境治理制度"再到"产后生态环境补偿制度"等一系列生态文明制度,为生态文明建设提供制度保障,确保经济与生态环境实现良性、可持续发展。

3. 生态文明制度执行部门之间缺乏一致性与协调性

从山西省生态文明制度建设现状不难看出,在生态环境保护方面,不同的行政主体都出台了相关的制度或办法,但部门之间缺乏相互协调。由于生态环境之间是一个相互联系的有机整体,因此相互割裂的各部门之间难免出现管理界限不清的情况,导致管理效率难以提高[2]。

4. 企业、公众对生态文明的关注度较低

虽然全球范围内对生态环境保护的呼声日渐高涨,发达国家也在企业、

---

[1] 刘洋:《如何加强生态文明制度建设:访北京林业大学人文社会科学学院院长严耕》,《环境保护与循环经济》2012年第12期。

[2] 张瑞、秦书生:《我国生态文明的制度建构探析》,《自然辩证法研究》2010年第8期。

公众内部形成了生态环境保护的意识，但是长期以来山西省经济严重依赖煤炭资源，煤炭开采成本、煤炭企业的收益直接关系到企业和个人的生存，企业、公众对生态环境的保护意识较为淡薄。

（二）山西省生态文明建设的契机

1. 煤炭产能过剩，扭转山西过分依赖煤炭资源的"荷兰病"

长期以来，山西省作为资源大省，经济结构对资源，尤其是煤炭资源的依赖程度较高，煤炭开采、加工过程中对生态环境造成的破坏没有得到足够的重视，即便出台了相关办法和补偿措施，也没有完全达到生态环境保护的目的。在煤炭、钢铁等产能过剩的条件下，供给侧结构性改革全面展开，重视资源开采和煤炭相关产业发展对生态环境的破坏效应，降低对煤炭资源的依赖程度，调整产业结构，从制度上推动生态环境保护，比以往任何时期都具有可行性和迫切性。

2. 供给侧结构性改革，经济下滑需要寻求新的经济增长点

伴随着2008年的经济危机，全球对能源资源的需求程度下降，山西省的经济增长也出现了明显的下滑，这既给山西省带来了严峻的挑战，也为山西省调整产业结构、转变经济增长方式提供了难得的机遇。在全球经济不景气的大背景下，寻求新的经济增长点，无疑是拉动经济发展的突破口。山西省制定生态文明制度，一方面，可以改善长期以来因偏重经济发展而对生态环境造成的破坏；另一方面，在追求生态文明的过程中，绿色经济、绿色金融成为新的经济增长点，能够拉动经济的回升，缓解经济危机带来的压力，同时借此契机改变山西省传统的经济增长路径，形成一条可持续的发展道路。

3. 政府关注程度提升，"绿色发展"战略提上议程

2015年12月，山西省委十届七次全会确立了创新发展、协调发展、绿色发展、开放发展、共享发展、廉洁和安全发展"六大发展"战略，其中绿色发展被放在极为重要的位置，这表明山西省对生态文明建设给予了极大的支持，也是推进生态文明制度建设和完善的重要契机。

四 山西省生态文明制度体系构建

根据前文的分析,鉴于山西省生态文明制度尚不完善,且缺乏科学性,因此需要依据相关理论构建科学的生态文明制度体系。本报告主要从经济学的视角探索生态文明制度体系构建的理论依据和制度设计,提出构建从"产前定价制度"到"产中生态环境治理制度"再到"产后生态环境补偿制度"等一系列生态文明制度(见图2),并配合相关法律条例,保证其真正落实到位。

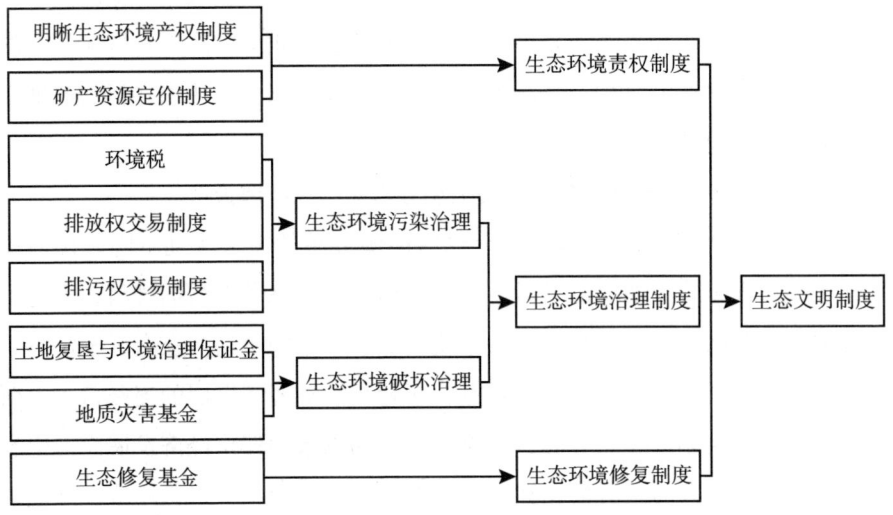

图2 山西省生态文明制度体系构建

(一)产前定价制度

山西省作为全国重要的资源型省份,矿产资源十分丰富,但长期以来,资源的定价机制没有考虑资源生产过程中对环境造成的外部成本,存在定价机制不合理的现象,因此建立生态文明制度体系,首先应该制定资源开采、生产之前的定价制度,以便降低对生态环境的破坏程度,并将对生态环境的破坏纳入企业成本核算体系，有助于企业在资源开采过程中以对生态环境破坏程度最小为代价进行生产。

1. 考虑生态环境成本的资源定价机制理论框架

资源在定价上与普通商品存在两个方面的不同。第一，资源是一种可耗竭的天然性产品，一旦被开采利用，其实物形态便开始逐渐减少，直至完全耗尽。因此，资源存在当代人与后代人在消费资源上的替代关系，如果当代人消费的资源过度，必然会对后代人造成损失。为了实现代际消费资源之间的帕累托最优，应将可耗竭资源的开采租金进行储蓄，并进一步转化为生产性投资。这种对后代人的补偿应该反映在矿产资源价格上。第二，资源的开采对生态环境造成了污染和破坏，对生态环境产生了外部性，因此应该计入开采者的外部成本①。

基于上述分析，资源的定价机制应该包括四个部分：生产成本、企业正常利润、使用者成本、环境外部成本。生产成本取决于资源开采企业的技术、地质开采条件等；企业正常利润取决于行业的平均利润率；使用者成本和环境外部成本要根据相关的数据进行核算。政府要根据核算的成本建立资源税、环境保护基金等制度，将其切实纳入企业的成本之中，并在资源交易过程中掌握资源的定价权。

2. 山西省煤炭资源定价制度分析

（1）使用者成本核算

根据传统的对使用者成本的核算方法，资源的使用者成本可按照以下公式进行推算②：

$$V_0 = \sum_{t=1}^{\infty} \frac{X}{(1+r)^t} = \frac{X}{r} \tag{1}$$

其中，r 表示利率；X 为真实收入，表示将不可再生资源开采的毛收入

---

① 曾先峰、李国平、汪海洲：《基于完全成本的碳酸稀土理论价格研究——兼论中国稀土资源定价机制改革》，《财经研究》2012年第9期，第12~15页。

② 曾先峰、李国平：《非再生能源资源使用者成本：一个新的估计》，《资源科学》2013年第2期。

转换成无限期收入流时的年收入；V_0 为无穷期真实收入流 X 的现值。

对于某种不可再生资源，在其开采期限 t 内，毛收入的现值可以表示为以下等式：

$$W_0 = \sum_{t=1}^{T} \frac{R}{(1+r)^t} = \frac{R}{r}\left[1 - \frac{1}{(1+r)^T}\right] \tag{2}$$

其中，R 表示不可再生资源在有限的开采期限内扣除开采成本的年毛收入，W_0 表示毛收入 R 的现值，T 表示开采年限。

由于真实收入 X 是开采不可再生资源可用于代际消费的部分，可将 $R-X$ 部分进行投资，以保证获得无限期的真实收入流。因此，当投资发生时，毛收入的现值 W_0 应与真实收入流的现值 V_0 相等。根据该理论，结合式（1）和式（2）可得：

$$R = X + \frac{R}{(1+r)^T} \tag{3}$$

使用者成本即毛收入 R 与真实收入 X 之差，令 D 代表使用者成本，则其公式如下：

$$D = \frac{R}{(1+r)^T} \tag{4}$$

（2）外部成本核算

对生态环境经济价值损失的测算方法已有许多，包括直接市场法、替代市场法、假设市场法等，其中应用最广的是直接市场法，即利用市场价格赋予生态环境损害以价值，或评估生态环境改善所带来的收益。

（3）山西省煤炭资源定价的外部成本核算

以山西省煤炭资源为例，在原煤开采过程中对生态环境造成的破坏主要包括废水、废气、固体废弃物的排放，地质塌陷，水土流失，地震等地质灾害。根据《山西省煤炭开采环境污染和生态破坏经济损失评估研究报告》的相关数据，山西省 2003 年开采 1 吨煤所造成的生态环境价值损失约为 64.23 元。根据李国平 2010 年的计算数据，山西省生产单位焦炭应缴的排污费为103.6元/吨。而2010年山西省对炼焦行业实际征收的排污费为8.47元/吨,因此,山西省政府在焦炭定价机制上存在95.13元/吨的未补偿生态环境成本。为了实现生态环境良性循环,寻求经济和环境的可持续发展,政府必须严格建立资源定价机制,并将其纳入企业成本,以减少对生态环境的破坏,真正落实生态文明制度。

(二)产中生态环境治理制度

1. 探索环境税的开征

我国目前没有施行环境税,仅在各地方开征资源税,而现存资源税存在诸多不合理的现象,有必要将生态环境治理的费用纳入环境税制度中。鉴于目前我国没有关于环境税征收的法律依据、法律程序和制度体系,各地方治理生态环境污染主要是征收各种排污费等环境费,而环境费的征收一直存在诸多弊端,如只针对大中型企业,缺乏对污染严重的小型企业的监管处罚措施,环境费征收的依据不清、收效不大。因此,作为资源大省,山西省要进行环境费改环境税的相关制度建设,包括征收依据、税率核定和相关法律制度的制定等。在环境税制度制定方面,可以参照发达国家的环境税征收标准(见表2)。

表2 美国与资源开采相关的环境税率

指标	税率	内容
煤炭税	1.1美元/吨,地下矿 0.55美元/吨,露天矿	计入黑肺病补偿基金,上限不超过从价的4.4%
臭氧折耗化学品税	4.35美元/磅(1992年)	税率逐年提高,臭氧折耗因子的变动范围为0.1~10
超级基金	0.12%	对超过200万美元营业收入的部分征收
百分比耗竭补贴	15%,石油、天然气 5%~22%,其他矿产资源	面向独立生产商和权利金所有者,以最低税为计算依据
野生动物保护账户	从价的10%	—

资料来源:Don Fullerton, "Why have Separate Environmental Taxes", *Tax Policy and the Economy*, 1995, 10 (7), pp. 22 – 70。

2. 完善以碳排放权交易为基础的排放权和排污权交易制度

排放权交易制度是由政府牵头进行相关规则的制定，按照市场化的机制完成企业对环境过量的排放权利的购买、交换、使用等过程的一种制度，建立市场化的排放权交易机制可以有效降低生态环境保护的交易成本。在排放权交易制度逐渐成熟后，可在排污权交易领域进行推广。以碳排放权交易制度为例，它是有关二氧化碳等温室气体排放权的交易制度，《京都议定书》对不同国家的碳减排义务做出了明确的规定，也成为碳排放权交易制度的具体实施纲领。

我国的碳排放权交易制度已经初步形成，碳排放权交易市场于2013年在深圳市鸣锣开市，目前已经建立了深圳、上海、北京、广东、天津、湖北、重庆7个碳排放权交易市场试点，在碳排放权交易的运行过程中取得了显著成果。现行的碳排放权交易市场试点交易的主要产品有碳配额和CCER两种，前者是指国家强制碳排放减少量；后者则指国家核证自愿减排量，即由企业针对特定的标的开发所得的碳减排量。

山西省可以借鉴全国碳排放权交易市场试点的运行机制，将碳排放权定价，并作为商品进行交易，将开采、生产过程中产生的负外部性纳入企业成本核算，客观上督促企业改进设备、技术，减少对生态环境造成的污染和破坏。山西省要根据现实的经济、社会情况设计符合自身特点的碳排放权交易制度，具体可以从以下几个方面采取措施。

第一，鉴于碳排放权交易中对企业初次分配的碳配额直接关系到碳排放权交易市场能否顺利运行，因此要科学制定企业的碳配额分配制度。

从碳配额初次分配的收费情况来看，目前关于碳配额的初次分配方法主要有免费分配和出售分配两种，由于山西省企业对碳排放权交易的认识程度不够、热情不高，因此在碳配额的初次分配上较宜采用免费分配法，将企业纳入碳排放权交易市场。

在免费分配法的原则下，根据对企业的碳配额分配大小，可以分为历史法和基准法，历史法是基于企业的历史碳排放数据进行分配，这种方式较为简便，但容易对高碳排放企业的碳排放行为形成纵容，不利于生态环境治理的推进；基准法是根据一定的绩效标准进行碳配额的分配，如根据行业的碳排放因子，或每单位产出品、投入品的能源利用成分，或企业生产采用的技术，等等，这一方法能够参照政府的碳减排技术标准，激励企业采取碳减排行动，但该方法的施行需要确立绩效标准，这一工作需要大量的数据支撑。

在碳排放权交易制度运行的初期阶段，山西省相关企业对碳排放权交易了解程度不够、参与热情不高，如果单纯按照基准法进行碳配额的分配，可能会给不少企业带来减排压力，加之国外经济形势严峻和国内产能过剩的双重压力，山西省企业的生存压力空前增大，难以承受过度的碳减排压力，因此相关政府机构应在碳配额免费分配的前提下，主要依据历史法进行分配，同时适度结合绩效标准，在企业可承受的范围内调整碳配额的额度。在碳排放权交易制度运行的中期阶段，可以逐渐采取拍卖等方式进行碳配额的分配。

第二，建立政府或相关机构对碳配额的储存释放制度。

碳配额初次发放之后，由于经济周期的波动、企业生产周期的调整等情况不可预先估计，因此难免会出现碳配额初次分配额度过度或紧缺的情况。针对该情况，可以建立政府或相关机构的碳配额储存释放制度，在配额过多的时期购回过度的配额，在配额不足的时期释放一定的配额，调节碳排放权交易市场中碳配额的流动性，保证碳排放权交易市场平稳运行。

第三，充分利用碳排放权交易市场试点的 CCER 交易经验，对企业进行有关 CCER 项目开发方面的培训，在进入碳排放权交易市场之前，做好充分准备。

根据碳资产管理公司提供的数据估算，截至 2015 年底，我国 7 个碳排放权交易市场试点的 CCER 累计交易量约为 3600 万吨，其中上海的 CCER 交易量遥遥领先，且 100% 完成履约。因此，CCER 是碳排放权交易制度中不可缺少的重要资产，可以吸引企业进入碳排放权交易平台，并在此基础上逐步完成履约、减排等活动。在山西省碳排放权交易制度的构建中，政府应把 CCER 相关知识、规定的培训放在重要位置，并搭建企业与金融机构之间的平台，尽快实现企业 CCER 的申请与核证。

第四,制定山西省碳排放权交易企业的排放报告制度。

定期举办碳排放核算与报告培训会,在此基础上,由企业按照相关方法与报告的要求,分年度核算历史碳排放数据,并在之后的年份逐年提供碳排放数据报告。在这一碳排放数据核算、报告制度中,企业既是报告主体,又是减排主体,因此会存在瞒报、漏报的行为,需要委托第三方核查机构对企业碳排放数据进行核查。

(三)产后生态环境补偿制度

生态环境补偿制度应遵循污染者负担原则,同时以集体负担和共同负担为补充。山西省在长期"一煤独大"的发展过程中,对生态环境造成了较为严重的破坏,但是配套的生态环境补偿制度没有及时建立和完善,相关的补偿金也没有明确其使用用途,不同的补偿制度存在重复现象①。因此,山西省生态环境补偿制度的完善还需从以下几个方面继续推进。

1. 生态环境补偿的协调制度

鉴于目前环境补偿费用存在重复、杂乱的问题,应设立协调机构,整合具有相关性的费规,统一纳入环境治理保证金和环境治理基金中,建立生态环境治理和生态恢复政府部门之间的协调机制,打破国土资源部门、环保部门、水利部门等的条块分割,明确协调机构的组成和职权,保证制度的运行并加强监督。

2. 生态环境补偿的法律制度

鉴于生态环境补偿制度不同于环境税等制度,它是一种点对点的生态文明制度,面向市场的程度更高,因此,不同的法律制度规定对生态环境补偿各利益主体的影响较大,需要运用意愿调查法,切实了解利益主体的参与意愿,分析影响个体利益主体参与意愿的因素,运用公平原则,探索能够调动

---

① 刘登娟、黄勤、邓玲:《中国生态文明制度体系的构建与创新》,《贵州社会科学》2014年第2期,第17~21页。

各方利益主体参与生态补偿的法律保障①。从法律主体、途径、程度等方面优化立法要素,建立企业利益、个人利益、区域利益和公共利益兼顾的公平与效率参与式法律制度。

3. 生态环境补偿的非正式制度

制定生态环境补偿制度的主要目的是督促企业成为补偿的主体,因此完善生态环境补偿制度需要分析其对企业的影响,从中发现影响企业参与的制度原因,进而进行改善,从教育和技术帮助、财政刺激等方面,帮助企业主动成为生态环境补偿制度的主体,并推动生态文明制度不断完善②。

山西省政府生态文明制度建设行动规划见表3。

表3 山西省政府生态文明制度建设行动规划

制度阶段	制度领域	具体措施
产前定价制度	煤炭资源定价制度	煤炭资源的定价原则/计算方法
产中生态环境治理制度	环境税制度	环境税的合理税率设计
	排放权交易制度	碳配额分配制度 碳配额储存释放制度 CCER项目开发制度 企业的排放报告制度
产后生态环境补偿制度	生态环境补偿制度	生态环境补偿的协调制度 生态环境补偿的法律制度 生态环境补偿的非正式制度

---

① 周红格:《论循环经济立法中的基本激励制度:以回归人性为基础》,《生态经济》2010年第5期。
② 徐岩:《国家生态安全视角下的生态补偿机制的构建》,《改革与战略》2011年第9期。

企业发展篇

Enterprises' Development

B.17
加强企业家队伍建设
重塑晋商发展新形象

顾颖 李政*

摘 要：经济新常态下，山西目前处于实现全面小康的最后关键窗口期，企业家队伍建设对山西经济发展有着重要的作用，对实现全面小康提供了有力的支撑。针对山西企业家队伍建设中存在的人力资源不足、市场自动配置受阻、创新意识不强等问题，本报告提出了以下对策建议：建立企业家市场双轨制，保障人才供应，规范市场价格机制，推进企业家职业化、市场化；建立全面有效的激励机制、全方位的培训机制、合理科学的约束机制，持续提升企业家队伍整体素质；激发工匠

---

* 顾颖，太原师范学院经济系，教授、山西大学硕士生导师，山西大学中国中部发展研究中心特聘研究员，主要研究方向为制度理论与转型发展；李政，山西大学经济与管理学院。

精神和企业家精神一体发展,强化社会责任,传承晋商文化,重塑山西企业发展新形象;等等。

关键词: 经济新常态 企业家队伍 晋商文化

企业家是中国经济发展中宝贵的社会资源。张维迎教授曾经说过,如果价格是市场经济发展过程中的非人格化机制,那么企业家就是人格化主体。中国经济的发展从来都离不开企业的发展,而企业家作为企业的领导,对整体经济发展走向有着重要的引领作用。其内在的专业魅力和外在的柔性魄力近三十来一直在持续攀升回旋,在中国市场上,也涌现了一大批杰出的企业家代表。而他们身上所表现出的进取、创新和坚韧的企业家精神为中国经济发展提供了强大的力量。经济新常态下,山西企业家队伍建设过程中仍存在诸多不容忽视的问题。

一 经济新常态下企业家队伍建设的背景及意义

(一)加强企业家队伍建设是推动山西经济发展的迫切要求

加强企业家队伍建设是经济新常态下山西经济发展的必然选择。社会需要企业进行不断的改革创新,而企业家是企业的掌舵者,企业家队伍建设就显得尤为重要。经济是一个国家的命脉,那么企业家就是城市中最宝贵和最稀缺的资源,他们不仅可以创造社会物质财富,而且在构建和谐社会和发展先进文化等方面也发挥着重要的作用。从山西目前的情况来看,山西经济发展主要依赖资源型粗放式经济,这种发展方式已不再适应新常态下经济的发展,并且这种以资源换经济的发展方式必然要被淘汰。制造业是山西的支柱产业之一,在转型发展过程中,必然不能舍弃制造业,制造业再创新是山西经济发展的战略重点。谁能够率先创新发展,谁就可以把握主导权,化压力为动力,抓住机会,开辟新的发展方向,获得长久竞争力。如果企业家故步

自封,无法及时获得社会信息从而进行转变,或者因个人因素忽略快速变化的世界经济形态,仍然沿用旧理念、旧经营管理方式必然会使企业陷于危难境地。处于变化中的世界经济,必要要求企业时刻关注市场信息,克服困难,创新发展,而企业家是企业发展方向的指导者,企业家队伍素质的提高,对于社会、对于企业、对于个人,都有极其重要的作用。

(二)加强企业家队伍建设是推动山西"六大发展"战略的有力支撑

从政治角度看,企业家队伍建设是关乎国计民生、影响富民强省这一伟大目标实现的重大决策。富民强省是党自身对人民的责任,也是全省人民的共同愿望。经济发展水平是衡量一个国家、一个省份和一个地区发展水平的主要指标之一,也是全省的战略关键。一方面,企业家作为社会财富创造活动的主要领导者,对山西经济的整体发展具有至关重要的作用,推动企业家队伍建设,对推动山西"六大发展"战略具有重要的主导性作用。另一方面,企业家是企业精神的主要带领者,提升企业家队伍素质,可以更为有效地推动广大员工的精神发展,连点成面。因此,企业家队伍建设对山西经济和政治形态具有不可忽视的作用。从政治形态来讲,经济发展中的关键岗位必须由政治立场坚定的人来担当,因此建设一支政治立场坚定、职业素质高、社会责任感强的企业家队伍是目前中国经济发展的人才保证。

(三)加强企业家队伍建设是打造山西企业新形象的必经之路

企业形象建设,是山西企业文化建设的核心,形象已成为一种软实力,潜移默化地影响着一个地区的政治形态和经济形态。塑造山西企业家队伍新形象,对于净化政治生态具有重要的作用。民营企业家是集资源组织者、企业拥有者和企业经营者于一体的特殊群体,对经济社会发展具有重要的作用。企业家队伍建设与政商关系的界定密切相关,是构建山西良好政治生态的重要组成部分。山西自古就以商业为名,晋商更是山西古老商业形象的代名词。李克强总理在山西考察时曾说:"山西有两座富'矿',一座是自然赋予的地下煤'矿',一座是历史见证的晋商精神。"山西在之前的经济发展中对资源的依赖程度过高,现在要转向挖掘晋商文化,既要发展可持续的煤炭产业,科学合理利用煤炭资源,也要重拾取之不竭、用之不尽的晋商精神财富。在经济转型发展的关键期,加强企业家队伍建设是打造山西企业新形象的必经之路。要抓住"万里茶路"的机会,书写当代晋商"行大道、重仁义"的责任与担当,塑造山西企业家队伍新形象。

二 经济新常态下山西企业家队伍建设存在的主要矛盾与问题

(一)企业家队伍行业分布集中,新型产业发展人才不足

企业家队伍行业分布情况直接反映在企业单位数量上。从《山西统计年鉴》数据来看,2012年山西省登记在册的法人单位为244814个,产业活动单位为323296个,2013年分别为258920个、345722个,2014年分别为304889、392428个。从整体来看,企业数量呈现直线上升趋势。从数量上来看,山西省绝大多数企业在产业分布上还属于传统产业,制造业和采矿业仍占主导,信息传输、计算机服务和软件业,科学研究和技术服务业等新兴高新技术、信息产业的企业数量较沿海城市不足,人才战略作用不突出。相关行业具体数据见表1。

表1 2015年山西省部分行业法人单位、产业活动单位数及从业人员数

单位:个,人

行业	法人单位		产业活动单位	
	单位数	从业人员数	单位数	从业人员数
采矿业	8473	1146901	9057	1252584
制造业	20806	1681795	23101	1760446
信息传输、计算机服务和软件业	1074	73570	2761	82322
科学研究和技术服务业	2784	79433	3786	87012
服务业	1559	29137	2213	51675

注:根据山西省人民政府网2015年山西省各行业从业人员数据整理。

从经济效益来看，2015年山西省企业家协会公开的数据显示，在山西省制造业100强中，焦煤集团有限公司以25773258元的营业收入稳居第一位，太原重型机械集团有限公司以2301976元的营业收入居第二位；而在山西省服务业80强中，晋能集团有限公司以19296321元的营业收入排在第一位，山西煤炭进出口集团有限公司以10263596元的营业收入居第二位，与第一位相差较多。相比来看，服务业收入与制造业收入仍有一定差距。

（二）企业家队伍建设体制机制滞后，人才信息不通畅

企业家队伍的发展水平不仅取决于企业家自身的素质，社会体制机制问题也制约着其整体发展。山西在经济发展现阶段，一方面，企业中"子承父业"的家族企业传承现象普遍存在，这种企业家传承方式存在很多潜在问题，同时暴露了企业家市场中职业企业家人才的缺乏和认同感不够。另一方面，人才难留、人才找不到工作问题同时存在，企业家市场人才信息不通畅，从而无法通过市场选择来解决匹配问题。在现有的企业中，企业家对继续培训和再教育的重视程度不够，激励和规范程序不完善，这些潜在问题严重制约了山西经济的发展。

（三）创新意识不强，创新投入不足，发展观念陈旧

2013年山西省第三次全国经济普查数据显示，企业对科研的重视程度不断提高，科研成果显著增多，但总体水平仍然较低。2013年，规模以上工业企业法人单位R&D经费支出为123.77亿元，比2008年增长153.18%；R&D经费投入强度为0.67%，比2008年提高0.19个百分点。2013年，规模以上工业企业法人单位全年专利申请量为5083件，其中发明专利申请量为1807件，分别比2008年增长310.58%和350.62%；发明专利申请量所占比重为35.55%，比2008年提高3.16个百分点。

山西省一直以煤炭产业为主要经济来源，这也造成全省形成了"靠山吃山"的发展观念，企业家的创新意识和冒险精神普遍缺乏，对再教育的

重视程度不够,再加上企业后期研发投入不足,创新能力不够,导致企业整体发展失衡。另外,"吃老本"问题严重,只注重眼前的经济利益,发展动力不足,创新意识不够,不能及时与现代企业制度接轨,无法跟上时代经济发展的步伐,这必然要被淘汰出局。这些问题在山西家族企业中尤为突出。

三 经济新常态下加强山西企业家队伍建设的政策建议

(一)推进企业家职业化、市场化,加快建立和完善企业家市场

1. 完善人才供应机制,加快推进企业家市场职业化

在职业企业家市场建立的过程中,人才储备充足是推进企业家市场职业化的重要保障。针对山西的实际,人才储备分为两种情况。第一,针对现有企业家(主要指的是私有企业、民营企业等非公有制经济主体),要对其进行宣传教育,增强职业化、市场化意识,加强职业化培训和再教育,实行资格认证和等级评选,从思想上和能力上促进现有企业家队伍素质的提高,加速其向职业化、市场化方向过渡,妥善解决"子承父业"等现象造成的企业管理危机。第二,针对公有制经济主体或潜在的职业企业家,要营造企业和人才双向选择的环境,促进人才有序合理流动,打破"官本位"思想,废除不适应市场的选人用人机制,清除区域之间、单位之间、部门之间各种阻碍人才合理流动的障碍,通过市场公开、公平、充分、自由的竞争,保证企业和人才自由双向选择,为企业选择最合适的经营管理者提供优质服务。

2. 建立企业家市场双轨制,加快推进职业企业家市场化

双轨制指的是组织任命制度和市场选择制度同时运作。应学习借鉴西方发达国家的经验,建立充分竞争、自由流通的企业家市场,发挥企业家的最大经济价值,推动山西经济发展。对于山西而言,经济发展中占主要地位的是国有经济,国有经济的重要地位决定了其并不能完全适应自由市场的选择,关键领域和关键职位仍要由组织来任命,目前国有经济正在进行改革创

新，对于企业家的任命也逐渐趋于双轨制同驱进行，在事关国计民生的主要企业中，组织任命和市场选择互相交织。对于民营企业而言，要破除世袭制，就要基于市场选择，尊重市场规律，实行优胜劣汰，进行螺旋式淘汰和创新，最终实现整体发展。

3. 规范企业家市场价格机制，加快稳定职业企业家市场

价格稳定是市场稳定的基本保证，企业家市场的价格机制也不例外。价格是经济指标，从市场化的角度来看，凡是具有价值的物品都具有各自的价格。相较于普通职工而言，企业家的经济价值更容易衡量，它应该包括两个方面：一方面，企业家才能的衡量可以与企业盈利直接挂钩；另一方面，企业发展的好坏可以通过对同行业的影响来衡量。考虑到企业家工作性质的特殊性，应以市场为主、调控为辅，规范企业家市场价格，推动企业家市场稳定运行。

4. 提供人才交流平台，加快完善职业企业家市场

提供企业家人才交流平台，可以充分发挥优秀企业家的带动作用。首先，应建立完备的企业家人才库，做好建库基础性工作。在信息收集方面，要建立企业家档案，包括企业家的生活经历、工作资历、能力素质、技术专长、主要业绩以及爱好等，建设高质量的全方位信息库，为后期进行交流和探讨做准备，同时可以为企业和人才在双向选择时提供帮助。其次，应形成相应的组织，组织成员包括组织者和参与者，由于企业家工作具有特殊性，除了在交流中心进行有针对性和目的性的直接探讨外，组织者还可以定期召开主题会议。一方面，召开主题会议可以帮助企业家寻找合适的合作伙伴，促进双方共同进步；另一方面，由优秀企业家牵头，举行企业家演讲或问题讨论会，能够促进行业之间的信息交流和经验共享，以优带整，从而提高企业家队伍的整体素质，推动企业家队伍建设。

（二）健全三大机制，持续提升企业家队伍整体素质

1. 建立全面有效的激励机制，实施企业服务保障工程

建立科学考核机制，积极探索多种薪酬激励模式。一方面，构建科学的

企业家绩效考核体系，吸收先进的企业绩效管理技术、理论与方法，既要考核评价企业的各种存量指标，如销售额、利润额、利税额、净资产收益率等，也要注意各种动态指标，以及利益相关者的目标等，注重绩效考核的平衡、合理、综合和科学。另一方面，从企业家的薪酬上加以改进，企业家的收入来源于基本薪金、年终奖金、股票期权等。相较于稳定的基本薪金，年终奖金和股票期权会有较大程度的浮动，会与企业家能力挂钩，也最具有激励作用，是最符合企业家职业特点的激励方式。因此，在薪酬完善中，应妥善结合绩效和风险，把企业家与企业紧密联系在一起，为企业家标注"价格"等级，积极鼓励企业家发展企业，提高创新能力。

完善企业家社会保障机制，创新支持爱护机制。针对企业家工作的特殊性和经济发展地位的重要性，要完善企业家社会保障机制，建立企业家特殊社会保险。企业家承担的风险较大，消费层级较高，这种特殊性决定了企业家不能完全适应统一的社会保障体制，因此，应针对企业家建立投资失败保险和失业保险。鼓励山西企业转型创新发展，由于企业所承担的风险较大，政府应提供一定的资金保障，为积极创新的企业提供失败保险，避免企业在转型过程中因风险过大而放弃发展。从失业问题来看，企业家的失业保险金必然要高于普通职工，具体金额应根据其原有规模和消费水平来衡量。只有为企业家提供社会保障，才能让企业家安心地放手一搏。

提高企业家的社会地位，增强优秀企业家的社会认同感。从社会地位来看，企业家在社会发展中的重要地位已经得到了足够的认识和承认，但是从政治地位和经济地位比较中可以发现，企业家在政治发展方面仍有较大的上升空间。优秀企业家是经济发展的"武器"，在政治发展方面，应对企业家予以足够的重视，为其提供参政议政的机会，尤其是在经济发展的重大事件上，要听取企业家的建议和意见，发挥其智囊团的作用，同时要增强其社会责任感和荣誉感。另外，要对其职业能力进行测评，强化对优秀企业家的社会认同，通过设立各大奖项和开展创新能力评比，帮助企业家准确把握自我定位，激发企业家的竞争精神，推动企业创新发展。

2. 建立全方位的培训体系机制，实施"专精特"新企业培育工程

加大培训力度，提高企业家群体的整体素质。一是加大企业用于企业家培训的资金投入，针对企业家的预测能力、专业能力和创新能力进行针对性培养。二是建立政府财政专项资金。针对山西省对后期培训力度不足问题，应加大政府在资金方面的支持力度，建立专项资金，支持鼓励企业再培训、再发展。另外，对于重点岗位、重点人才、重点企业，要进行重点倾斜，针对各个企业的具体问题，有针对性地进行资金扶持，将资金扶持工作落到实处。政府在提供资金支持的同时，要注重对培训内容的引导，主动引入国外的新方法，主动共享沿海城市的发展经验，在吸收先进经验的基础上，提供有针对性的培训，精准发展。

突出培训重点，以优带整推动创新发展。要坚持以优秀企业带动整体企业发展，以优秀个人带动企业发展，在培训对象和目标上要有针对性。在企业家队伍中，要按照能力和经验对企业家进行分类，对能力较强的企业家进行重点培训，在培训内容上做到有重点、有方向，如重点培训国际经济发展、社会主义市场经济理论、外向型经济特点，以及行业中的前沿发展知识和管理方法等内容。同时，提升企业家的管理能力、战略决策能力和快速反应能力，从思想上强化企业家不断努力学习和关注国际前沿发展的意识。

3. 建立科学合理的约束机制，实施企业规范发展工程

完善企业制约管理结构，建立契约化管理机制。从历史和经验发展角度来看，法人治理结构是现代企业制度中最有效、最科学、最合理的约束手段。从结构上来看，法人制公司主要分为四大组成部分：股东大会（权力机关）、董事会（决策机关）、经理（管理执行机构）以及监事会（监督机构）。从运行情况来看，各大组成部分都有各自的职权和管理范围。从约束角度来看，各大部门独立而又相互制约，既可以保证股东和职工的权益，又可以保证决策尽可能正确以及监督管理人员不断创新、有所作为。经济新常态下，山西省可以建立上下互通的契约化管理机制，在上下级之间构建责权利统一的契约，相互监督、相互促进。企业内部要做好职权独立和相互制约的平衡,以发挥企业家的最大作用。

健全考核制度,完善风险经营责任制。目前,对企业家的能力考核仍有欠缺。一方面,要建立专门的考核机构,对企业各个层次的管理者进行考核和监督,建立有效合理的考核制度,包括专业能力考核、市场反应能力考核、创新能力考核,以及绿色发展能力考核。通过考核建立约束机制,促进企业家有所作为。另一方面,要建立风险经营责任制,把管理者的薪酬和风险有机地结合在一起,除了以薪金鼓励企业家创新外,还要以薪金来约束企业家进行风险预估。这样可以有效帮助企业家全面预估风险,通过契约关系把资产、经营责任人格化和物质化,实行有偿风险抵押赔偿制,对于因违法违规等人为因素而给企业带来重大损失的,要予以法律制裁,以不断净化企业发展环境。

建立企业"红黑"名单,构建企业家信用体系。企业家对社会发展起着重大的作用,一般拥有较大额度的资金调配权,为规范企业家市场,应建立企业家信用体系。应把工商、工会、税务、银行、劳动保障等部门结合在一起,并且配备相应的职工举报和评价体系,把政府、企业和职工融为一体,建立企业信用档案,根据企业信用情况进行等级划分,对信用较低者要进行重点监督检查,对信用较高者可进行扶持,推进山西企业信用体系建设。

(三)传承晋商文化,激发企业家精神,重塑企业新形象

1. 弘扬工匠精神和企业家精神,为企业创新升级注入新能量

企业家提高自身素质,实现两大精神同频共振。工匠精神,最原始的意义是指工匠对自己所从事的工作认真负责、精益求精。具体到企业家身上,工匠精神表现为两个方面:一方面,企业家具有较强的市场反应能力,能对快速变化的市场做出准确的判断,并且可以做出快速的选择;另一方面,企业家对自己的企业具有精雕细琢的精神,对企业的战略、管理和产品追求完美,努力做到最好、最优。对企业家来说,要做到工作态度上积极向上,工作目标上追求极致,工作推进上细心专业,工作落实上持之以恒。工匠从入

行开始，必定要经历种种挫折，而只有直面困难，才能走出困境，成长为一名合格的"匠人"。在工作中，企业家应该有"争做同行之最"的精神，一丝不苟，反复商讨改进企业产品，提高产品品质，确保不达标产品绝不轻易交货，确保企业发展战略的选择要做到精致，以工匠精神来提升"匠人"能力。

政府加强正面引导，助力两大精神一体发展。经济新常态下，政府应加快打造新型政商关系。企业在发展过程中，很重要的一个环节就是正确处理政府与企业之间的关系。习近平总书记提出，要以"亲"和"清"的标准来打造新型政商关系，创造公平竞争的市场环境，强化标准引领。一方面，要鼓励企业积极创新，以市场为主导实施优胜劣汰，推动企业以优质的产品和科学的商业模式获得竞争力，这是企业追求和培育工匠精神的内生动力；另一方面，要做到法治先行，严格监管市场中存在的假冒伪劣产品，保护企业知识产权不受侵害，确保优质高端产品得到应有的高额回报，确保企业权益不受损害。

2. 丰富企业文化内涵，重塑晋商企业新形象

传承传统晋商文化，积极参与社会公益活动。晋商文化体现在企业中，就是企业文化。企业文化对于企业的发展具有潜移默化的作用，企业文化在影响企业收益的同时，也影响企业员工的价值观。对于社会公益活动，企业家要予以重视，积极参加，一方面可以回报社会，另一方面可以丰富员工的精神文化生活。在社会有重大事件需要企业给予资金和人力支持时，企业家应义不容辞，虽然有可能会暂时影响企业效益，但是有大家，才有小家。

强化企业社会责任，重塑山西企业新形象。企业在进行重大决策时，要确保不以损害他人利益为前提。企业是以获取利润为目的的社会组织，但是也要兼顾社会责任。首先，企业在进行重大决策时，要确保经济效益和环境效益的统一。山西经济在长期发展过程中存在一个致命的问题，就是很多企业以资源换经济，这种粗放式的经济发展模式使企业自身发展受限，社会环境遭到破坏，企业整体发展水平不高等问题越来越突出。因此，企业要坚定地走可持续的科学发展道路,做到经济效益和环境效益的统一,这才是企业长期发展之策。其次,企业不能以恶意宣传为发展手段。大众媒体在企业宣传中起着主要的作用,目前仍存在企业为了获得社会关注而恶意炒作、恶意宣传等现象,这样不仅会影响社会风气,而且会传输给他人错误的价值观。在完全竞争的市场环境中,企业要坚持正直正义,不走歪门邪道。

参考文献

[1] 张维迎:《为什么企业家如此重要》,搜狐读书网,2016年1月3日,http://book.sohu.com/20160103/n433302353.shtml。
[2] 中国企业家调查系统:《中国企业家成长20年:能力、责任与精神——2013·中国企业家队伍成长二十年调查综合报告》,《管理世界》2014年第6期。
[3] 张婷婷、白鸿滨:《转型振兴迫在眉睫 山西未来如何发展》,人民网,2016年11月3日,http://sx.people.com.cn/n2/2016/1103/c189132-29250636.html。
[4] 中共成都市委党校领导科学教研部课题组:《成都市企业家队伍建设的调查与思考》,《中共成都市委党校学报》2005年第4期。
[5] 梁思琪:《工匠精神,一种对技术和质量精益求精的"傻劲"》,新华网思客,2016年3月14日,http://www.qstheory.cn/politics/2016-03/14/c_1118318723.htm。

B.18 山西资源型企业创新能力系统提升策略研究

赵建凤*

摘　要： 资源型企业是山西省企业竞争力的集中体现，其创新能力是山西经济转型的典型代表。本报告首先根据《资源型企业创新能力评价》的研究结果，真实反映了山西资源型企业的创新能力；其次剖析其主要影响因素；最后从内生性创新能力与企业创新三维空间两个方面提出了资源型企业创新能力的提升策略。

关键词： 资源型企业　内生性创新能力　企业创新三维空间

企业是资源配置的主体，而资源型企业如何对其资源实现优化配置，在很大程度上依托于"创新"这一企业发展的核心要素。

一　山西资源型企业创新背景及系统作用机理

（一）山西资源型企业现状

资源型企业，相比劳动密集型企业、技术密集型企业、知识密集型企业、资金密集型企业而言，从广义上讲涵盖了所有自然资源领域的企业，狭义的资

---

* 赵建凤，山西大学经济与管理学院、山西大学中国中部发展研究中心，博士、讲师，主要研究方向为公司治理、内部控制与财务管理。

源型企业仅指在矿产资源领域运作的企业。无论是广义还是狭义概念,山西作为资源型地区,依托自然资源,尤其是煤炭资源运营的企业占了很大比重。

2010年,山西成为第一个全省域国家级综改区。2013年底国务院印发的《全国资源型城市可持续发展规划(2013~2020年)》中,山西省10个地级市、3个县级市入列262个全国资源型城市名单。《山西统计年鉴2015》数据显示,从事采矿业与制造业的产业活动单位数共35776个,占山西省产业活动总单位数的比重为7.5%;从业人员数共2845566人,占比近30%(见表1)。

表1 山西省按行业划分的法人单位、产业活动单位数及从业人员数(2015年)

行 业	法人单位				产业活动单位		
	单位数(个)	单产业法人所属的法人单位数(个)	多产业法人所属的法人单位数(个)	从业人员数(人)	单位数(个)	多产业法人所属的产业活动单位数(个)	从业人数(人)
采矿业	6410	6237	173	1243412	6805	568	1188913
制造业	27601	26824	777	1561702	28971	2147	1656653
电力、热力、燃气及水生产和供应业	2183	2045	138	147395	3141	1096	217344
总 计	382166	357119	25047	9074603	475789	118670	9735233

注:法人单位是指有权拥有资产、承担负债,并独立从事社会经济活动(或与其他单位进行交易)的组织;产业活动单位是指位于一个地点,从事一种或主要从事一种社会经济活动的组织或组织的一部分。

资料来源:山西省统计局网站。

截至2016年底,山西省域内共有上市公司38家,其行业分布主要集中于制造业和采矿业两类行业(见表2)。据调查,采矿业中7家企业全部从事煤炭开采和洗选业;制造业中有3家企业从事石油加工、炼焦和核燃料加工业,各有2家企业分别从事非金属矿物制品业、黑色金属冶炼和延边加工业、有色金属冶炼和延边加工业。上述16家企业的业务经营均与当地煤炭、金属等自然资源密切相关,主要进行资源开采和初级加工,是典型的资源型企业。4家电力、热力、燃气及水生产和供应业,以及1家批发和零售业(山煤国际)也与自然资源有着或多或少的联系,故资源型企业的转型升级对于山西省经济发展来说至关重要,是山西省经济转型的重要一环,而创新是企业转型的必然之路。

表2 山西省上市公司按行业划分情况汇总(2016年)

单位:家,%

行业	公司数	占比	行业	公司数	占比
制造业	22	57.9	交通运输、仓储和邮政业	1	2.6
采矿业	7	18.4	电力、热力、燃气及水生产和供应业	4	10.5
批发和零售业	2	5.3	金融业	1	2.7
文化、体育和娱乐业	1	2.6	—	—	—

资料来源:国泰安数据库。

(二)资源型企业创新系统作用机理

企业是生产要素的集合,资源是各要素的体现。资源对于不同的企业具有异质性,其表现在资源的种类、比例、数量和结构等方面都存在一定的差异。而对企业本身来说,其资源是一定的。但是资源的使用效率对于同一企业来说,因处于不同的时空会有所不同,对于不同企业也呈现异质性。这种资源的使用效率,即生产要素使用价值量的差异是企业创新的来源,它们共同形成了企业的创新系统。

在创新系统中,生产要素融入企业价值链的形成过程,从而实现内生创新要素与外部环境的交互。随着开放程度的不断提高,现代企业的边界得以不断拓展。对资源型企业来说,企业创新不再是企业自身的独立行为,不仅受到企业内生创新要素集聚和合理配置的影响,而且受到来自企业外部的创新环境的影响。企业内生创新要素与外部环境的结合是企业进行资源优化配置的必然途径,也是企业规避风险的有效措施。

企业的创新能力依托于企业内外条件中各创新相关生产要素的链式交互作用。在价值链中,创新要素通过企业生产或相应的资源配置方式,在内部产生创新知识,同时注重与外部环境的联系,使创新知识得以扩散,实现了创新信息的外部化。创新要素在自由的社会环境中与各生产要素相互作用,产生生产要素新的使用价值量，然后在企业内部付诸应用，进而带来企业生产或相应环节的创新。在企业与环境之间这种知识与信息的交换持续进行，从不间断，故企业创新系统是动态变化的。

二 山西资源型企业创新能力评价

根据《资源型企业创新能力评价》①的研究结果，资源型企业创新能力评价体系由内生性创新能力与企业创新三维空间两部分构成（见图1），

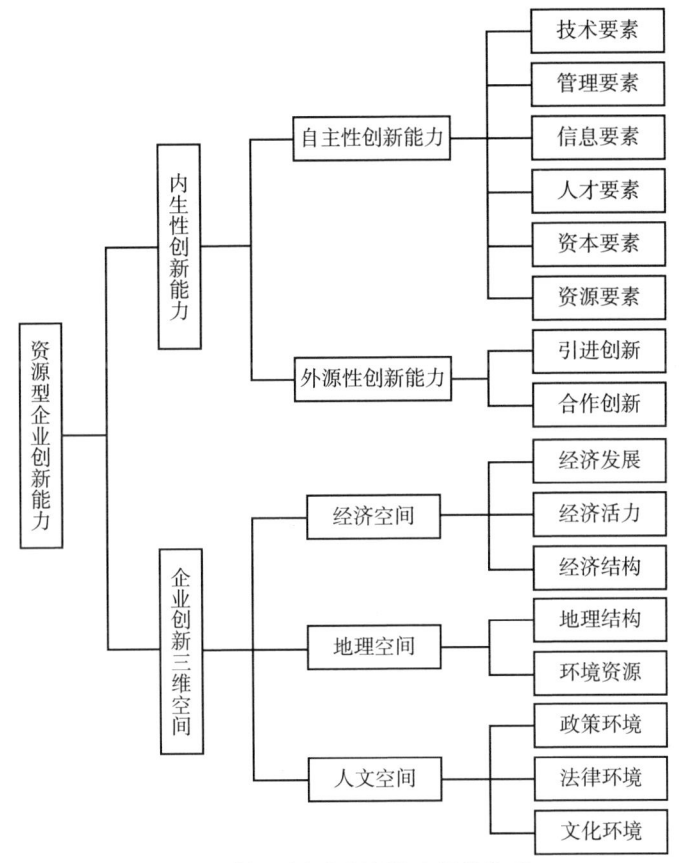

图1 资源型企业创新能力评价体系

① 陈泽明、付红玲：《资源型企业创新能力评价》，科学出版社，2015。

其权重分别为内生性创新能力38.93%、企业创新三维空间61.07%。其中，内生性创新能力中自主性创新能力的权重为28.79%，外源性创新能力的权重为10.14%。下面我们以2012年A股上市资源型企业为分析样本，这些样本具有代表性，且覆盖了我国资源型企业的基本面，本报告以山煤国际为例来分析山西省资源型企业的创新能力现状。

（一）整体层面

资源型企业创新能力指数用综合层指标指数来衡量，从评价结果看，我国资源型企业创新能力普遍偏低，所选16家企业中有2家企业的创新能力为良（科恒股份、昊华能源），1家企业的创新能力为差（吉恩镍业），其余企业的创新能力均为中（见表3）。

表3　资源型企业创新能力评价体系中结构层与综合层指标指数

指标		创兴资源	炼石有色	昊华能源	科恒股份	冀中能源	金钼股份	中国石油	鄂尔多斯
结构层指标	内生性创新能力	0.42	0.59	0.70	0.98	0.58	0.45	0.62	0.37
	企业创新三维空间	0.40	0.26	0.36	0.40	0.26	0.26	0.27	0.26
综合层指标		0.41	0.41	0.52	0.66	0.40	0.34	0.43	0.31
指标		开滦股份	东华能源	山煤国际	云海金属	河北钢铁	沙钢股份	中国铝业	吉恩镍业
结构层指标	内生性创新能力	0.47	0.43	0.39	0.48	0.57	0.49	0.43	0.25
	企业创新三维空间	0.26	0.32	0.23	0.32	0.26	0.32	0.29	0.24
综合层指标		0.35	0.37	0.30	0.39	0.40	0.39	0.35	0.24

资料来源：陈泽明、付红玲：《资源型企业创新能力评价》，科学出版社，2015。

山煤国际得分0.30，居全样本中倒数第二位，不到最高分（0.66）的一半。可见，山西资源型企业创新能力整体偏低，现状堪忧，这会制约山西经济的转型跨越。

（二）内生性创新能力

资源型企业创新能力评价体系中，反映企业内部创新能力的指标——内生性创新能力，山煤国际得分0.39，居全样本中倒数第三位，仅为最大值（0.98）的1/3左右。二级指标中，自主性创新能力与外源性创新能力2个指标得分都偏低，其中外源性创新能力指标得分几近于零。继续深入分析，发现引进创新指标得分为0.00，这里的引进创新主要包括企业技术引进费用、企业国内技术购买费用、企业技术引进合同金额等方面，这些是山煤国际的短板，应该加以重视。其中，资源替代品多寡（将很容易被替代、容易被替代、不容易被替代分别赋以1、0.5、0）得分为1.00，为极大值，说明山煤国际的产品很容易被替代，技术含量较低，产品竞争力不足。

（三）企业创新三维空间

资源型企业创新能力评价体系中，反映外部创新环境的指标——企业创新三维空间，山煤国际得分0.23，是样本的最小值，表明山西省企业创新的外部环境条件很差。二级指标中，经济空间、地理空间与人文空间3个指标得分都偏低，其中人文空间得分为0.36，是样本的最小值（见表4）。深入剖析，经济活力、地理结构、政策环境、法律环境得分都偏于最低，即一半左右反映外部环境的指标得分较低，呈现外部创新环境的不足（见表5）。

表4 资源型企业创新能力评价体系中能力层指标指数

二级指标	创兴资源	炼石有色	昊华能源	科恒股份	冀中能源	金钼股份	中国石油	鄂尔多斯
自主性创新能力	1.06	1.48	1.77	2.48	1.46	1.13	1.56	0.95
外源性创新能力	0.03	0.01	0.03	0.05	0.16	0.01	0.03	0.00
经济空间	0.88	0.65	0.74	1.04	0.54	0.65	0.66	0.63
地理空间	0.48	0.19	0.53	0.19	0.14	0.19	0.21	0.15
人文空间	0.74	0.43	0.64	0.70	0.59	0.43	0.46	0.49
二级指标	开滦股份	东华能源	山煤国际	云海金属	河北钢铁	沙钢股份	中国铝业	吉恩镍业
自主性创新能力	1.19	1.10	0.98	1.21	1.41	1.22	1.09	0.64
外源性创新能力	0.01	0.01	0.01	0.15	0.03	0.02	0.00	0.10
经济空间	0.95	0.61	0.95	0.54	0.95	0.66	0.60	0.54
地理空间	0.14	0.20	0.16	0.20	0.14	0.20	0.21	0.19
人文空间	0.59	0.37	0.36	0.37	0.59	0.37	0.56	0.39

注：数值是0.00，原因在于计算过程中的四舍五入。

资料来源：陈泽明、付红玲：《资源型企业创新能力评价》，科学出版社，2015。

表5 资源型企业创新能力评价体系中要素层指标指数

三级指标	创兴资源	炼石有色	昊华能源	科恒股份	冀中能源	金钼股份	中国石油	鄂尔多斯
技术要素	4.56	6.98	7.08	12.10	4.87	5.82	4.70	3.45
管理要素	0.55	2.85	3.65	3.95	4.39	0.78	4.16	1.68
信息要素	2.24	1.57	3.28	3.55	3.56	1.47	3.73	1.91
人才要素	2.66	2.45	3.25	3.14	2.26	2.20	3.88	2.38
资本要素	2.83	1.41	3.16	3.01	2.54	1.47	3.20	1.91
资源要素	0.44	0.62	1.05	0.64	0.92	0.32	1.58	1.08
引进创新	0.48	0.11	0.32	1.00	3.91	0.06	0.51	0.03
合作创新	0.69	0.53	0.97	0.81	0.37	0.69	0.46	0.19
经济发展	3.47	2.86	3.00	2.66	1.74	2.86	1.90	3.14
经济活力	4.78	1.85	4.56	6.00	1.65	1.85	3.02	1.48
经济结构	2.51	4.33	1.20	3.91	4.07	4.33	3.60	4.32
地理结构	4.63	0.77	5.24	1.79	1.51	0.77	1.72	1.03
环境资源	2.51	2.56	2.58	0.98	0.49	2.56	1.49	1.35
政策环境	3.56	1.17	3.15	0.61	0.19	1.17	1.14	1.50
法律环境	5.04	2.66	3.04	5.74	5.12	2.66	3.47	3.84
文化环境	2.57	2.77	3.96	4.03	3.39	2.77	2.34	1.96
技术要素	4.99	4.72	3.72	4.04	4.43	5.42	2.52	2.74
管理要素	1.87	2.03	1.92	3.94	4.04	2.26	3.06	1.04
信息要素	2.37	2.37	1.91	2.75	3.64	2.16	3.76	1.29
人才要素	2.28	2.03	1.76	3.03	3.16	2.43	3.24	1.31
资本要素	1.89	0.94	2.07	0.64	2.15	0.87	2.38	0.90
资源要素	0.93	0.74	1.06	0.40	1.21	0.71	1.21	0.18
引进创新	2.42	0.18	0.00	0.22	3.30	0.50	0.23	0.00
合作创新	0.19	0.19	0.46	0.39	0.97	0.71	0.67	0.30
经济发展	1.74	2.83	2.58	2.83	1.74	2.83	1.90	2.45
经济活力	1.65	5.09	1.76	5.09	1.65	5.09	3.02	2.10
经济结构	4.07	3.72	4.14	3.72	4.07	3.72	3.60	3.67
地理结构	1.51	1.88	0.98	1.88	1.51	1.88	1.72	1.27
环境资源	0.49	1.11	1.65	1.11	0.49	1.11	1.49	1.88
政策环境	0.19	0.84	0.23	0.84	0.19	0.84	1.19	0.94
法律环境	5.12	1.77	2.35	1.77	5.12	1.77	4.66	2.68
文化环境	3.39	3.30	2.88	3.30	3.39	3.30	2.35	2.23

注:数值是0.00,原因在于计算过程中的四舍五入。

资料来源:陈泽明、付红玲:《资源型企业创新能力评价》,科学出版社,2015。

经济活力主要包括地区居民人均消费水平、地区全社会固定资产投资、地区实际使用外资、地区金融机构资金信贷合计、地区上市公司比重、地区社会零售商品总额、地区能源消耗总量、地区创新型企业发展程度（高新技术企业产出占 GDP 比重）、地区创新产品市场容量等方面。地理结构主要包括地区人均公路里程、地区人均铁路营业里程、地区高速公路比重、地区每万人拥有公共交通数量、地区城镇化发展水平、地区地理区位优势等方面。政策环境主要包括地区人均行政诉讼案件数、地区人均税收收入、地区人均财政支出、地区政府廉洁水平等方面。法律环境主要包括地区法院人均收案数、地区刑事犯罪人数比重、地区律师数比重、地区技术创新成果保护法的完善与实施情况等方面。这些方面综合构成了企业创新的外部环境条件，也是制约山西资源型企业创新能力的关键方面。不过，也有一些指标得分为极大值，其中地区经济发展全国排名得分为 26.00，地区能源消耗总量占 GDP 比重得分为 1.76，地区第二、第三产业增加值比重得分为 1.68，地区资源丰度得分为 3.00，这些是山西省经济发展的重要资源优势。

三 山西资源型企业创新能力系统提升策略

（一）优化外部环境，创造良好创新环境

通常我们将外部环境分为"硬环境"与"软环境"两个方面，"硬环境"涵盖地域空间和经济空间环境，"软环境"暗指人文空间环境。"硬环境"将直接影响企业创新的内容与方向，对企业的生存与发展至关重要；而"软环境"对企业创新起着安全保障作用，是企业创新的基础。

突出效益引领，持续进行供给侧结构性改革。市场是企业运营的直接环境，其结构对资源型企业的技术创新影响较大。山西的资源主要是煤炭，而煤炭市场近年来出现较大衰退。2016 年的煤炭市场，全国范围内实现退出产能 2.9 亿吨以上，2017 年预计继续退出产能超过 1.5 亿吨。考虑到煤炭行业的可持续发展，有效实现新产品新技术的应用与该行业的稳定，去产能

目标有一定幅度的缩减,但我国煤炭产能过剩的总体格局仍未根本改变。因此,山西资源型企业应做好准备,持续进行供给侧结构性改革,主要突出大型煤炭基地、大型骨干企业集团、大型现代化煤矿的主体地位,并以此影响企业内技术创新及企业间合作技术创新的动机、模式与绩效。随着去产能政策的有序推进,煤炭市场的供需关系有了一定改善,市场趋于恢复中。煤炭行业的发展状况越好,资源型企业越有意愿通过企业间的合作技术创新来减轻市场的竞争压力,同时增强合作双方产品的竞争力,这样合作绩效也越高,有利于实现行业的良性发展。

有效利用自然资源,提高技术能力。资源型企业的运营高度依赖自然资源,其创新要素也较多地针对自然资源,而研发活动是一个耗费较大的过程,需要以一定的实物资源为代价。当资源型企业采用合作技术创新方式时,那些拥有资源优势的企业会偏向于选择产权式合作,这样合作绩效会更高。同时,对于资源型企业来说,其自身的技术能力越强,企业越有可能获得比自身独立创新更大的知识溢出或技术溢出,越有可能学到合作企业的新技术,也越有可能实现企业间技术上的互补,从而更愿意进行技术创新活动。因此,资源型企业需要进行技术创新,山西资源型企业更需投入创新活动,有效、高效地利用自然资源,不断提高企业的技术能力,进而实现山西的可持续发展。

持续给予政策支持,监督实施效率。创新是一个需要投入的过程,其效益的实现带有很大的不确定性。有些企业可能为了短期利益而对创新活动投入有限,但创新是企业乃至国家持久竞争优势的来源,必须加以重视。对于地方政府来说,可以采取一定的产业投资、财政资助、税赋优惠等有利于企业技术创新的政策及措施,鼓励、激励企业开展技术创新活动。如政府应继续降税减费,为企业降低成本费用,从而减轻企业负担,使企业有更多的财力投入技术创新中。同时,政府应发挥有效的监督职能,定期对与创新相关的政策实施效率进行评价,对效率高的企业、项目持续给予支持,而对效率低的企业、项目应减少甚至停止支持,从而有效提高政策的实施效率,即提高企业的创新效率。

（二）利用内部条件，寻找有效创新渠道

充分挖掘要素潜力，提高自主性创新能力。自然资源既影响资源型企业自主创新方式的选择，又对企业自主创新的内容有着重要的影响。依托自然资源，运用创新资本，依靠一批懂生产、会设计、懂工艺、能创新的科研队伍，凭借新技术，资源型企业可以在企业生产过程中将技术含量高的新设计、新工艺融入新产品的生产中去；充分利用信息，依靠一批懂经营、善管理、能创新的企业营销队伍，企业才能在短时间内将产品推向市场。这样的要素组合与资源配置，发挥了要素彼此的协同作用，对提高组织的创新绩效至关重要。对于资源型企业来说，各要素缺一不可，只有协调配合，才能促进企业不断推进科技创新，形成企业竞争力。

通过协同合作，强化外源性创新能力。企业的外源性创新包括合作创新和引进创新两方面。这两方面创新能力的实现都有赖于企业与外部单位或个体的合作，有赖于企业与外部环境的协同。在这个协同大系统中，资源型企业要注意与大学和科研机构、中介机构、政府等的协同，优化系统的空间结构，实现研发过程、产品更新与知识信息传递等的协同。若该功能得以实现，系统中各单位将走向有序竞争与合作，系统组织结构得以优化，其功能达到最佳。对于资源型企业来说，其在所处系统中将具有很强的自组织性和自适应性，从而在发挥自身优势的同时能够不断拓展新的领域，打破各种发展瓶颈，进而不断提高企业的创新能力。

资源型企业在合作中应注意合作伙伴与合作方式的选择问题，二者对合作效果起着重要的作用。合作前，企业应充分了解合作方所拥有的自然资源、技术因素、政策支持及市场地位，通过预测对方的合作动机来选择合适的合作伙伴；通过分析评价双方的各种内外部条件来选择合适的合作方式，实现双方优势的充分利用，以积极影响企业间的合作技术创新绩效。同时，资源型企业也应不断提升自身条件，以寻得更优质的合作资源。

自主性创新与外源性创新之间相互影响、相互促进。自主性创新是根本，是外源性创新的前提和保障；外源性创新可以引入新的知识与信息，提

高企业的技术水平,为自主性创新的提升提供渠道。研发是企业创新的关键,一个企业只有持之以恒地从事研发活动,不断提升自主性创新能力,才能在未来的外源性创新中更高效地实现合作,从而实现资源型企业创新能力的螺旋式提升。

参考文献

［1］陈泽明、付红玲:《资源型企业创新能力评价》,科学出版社,2015。
［2］陈升、毛咪、刘泽:《资源型企业创新绩效影响因素实证研究——以资源型地区为例》,《经济问题探索》2014年第8期。
［3］郭存芝、黄青、何荧非:《资源型城市能耗增长因素分解及差异分析》,《中国人口·资源与环境》2017年第1期。
［4］孙永平、张平、叶初升:《资源收益、创新要素与创新能力》,《南京社会科学》2016年第11期。
［5］吴宁、马志强、顾国庆:《科技型小微企业合作研发绩效评价实证研究:基于资源整合视角》,《科技进步与对策》2016年第24期。

B.19
发展创新科技型中小微企业
激发山西转型升级活力

常涛 丰瑞 董丹丹*

摘 要： 推动创新科技型中小微企业发展将为促进山西省资源型经济转型升级注入持久的新活力。本报告从政策体系、融资机制、创新科技型人才、服务平台等方面剖析山西省创新科技型中小微企业发展进展及其存在的问题，并进一步提出相应的发展思路及政策建议，以期为山西省以科技创新驱动转型升级提供切实可行的突破路径。

关键词： 科技型中小微企业 科技创新 转型升级

随着科学技术的迅猛发展，新一轮科技发展浪潮涌现了一大批具有广阔前景的创新科技型中小微企业。这些从事与高新技术相关的企业由于富有创新意识和很强的市场应变能力，并拥有灵活适应性的研发与经营管理机制，成为有效加快科技成果转化及产品研发的重要载体，并成为我国企业中最富活力的自主创新主体。同时，由此促进形成的横向集群效应与纵向集群效应将对一个国家或地区构建经济竞争优势产生深刻影响。因此，对于正处于转型升级发展关键时期的山西省来说，大力发展创新科技型中小微企业无疑将

---

* 常涛，山西大学经济与管理学院、山西大学中国中部发展研究中心，副教授、博士、硕士生导师，主要研究方向为科技创新、知识管理与人力资源管理；丰瑞，山西大学经济与管理学院；董丹丹，山西大学经济与管理学院。

成为一大突破口。

然而,山西省在创新科技型中小微企业的发展上还处于探索期,在政策、融资、人才及服务平台等方面还不完善。因此,山西省亟待以大力推动创新科技型中小微企业发展为突破路径,以全面提升自主创新能力为目的,全方位带动传统产业的技术升级改造和战略性新兴产业的孵育成长,加快推进资源型经济战略转型升级的步伐。

一 山西省创新科技型中小微企业的发展现状

(一)近年来取得的进展

近年来,山西省政府高度重视创新科技型中小微企业的培育和发展,通过在相关政策、融资、服务平台等方面的大力推进,这些企业已成为山西经济发展中的新生力量,其总体实力与科技创新能力均得到了不同程度的提升。

在政策方面,山西省出台并实施了科技创新券等一系列扶持政策,为创新科技型中小微企业提高技术研发水平、拓展技术合作空间创造了更多机会。例如,山西省太原市设立"太原市科技型小微企业信贷风险补偿专项资金"6000万元,在财政科技投入方面积极探索和尝试新型模式,先后开展了"万人培训""营改增"等专题培训,并对小微企业加大了"六补一缓"的扶持力度。

在融资方面,自2013年以来,山西省先后设立10只政府投资基金,多元化拓展创新科技型中小微企业的融资渠道[①]。为解决这些企业的融资难题,2015年12月山西省针对小微企业探索"推进银税合作"的政策模式,联合省国税局、地税局、金融工作办公室、中国人民银行太原中心支行、银监局、工商联合会、中小企业局等政府部门和18家省域内金融机构,专门

---

① 《政府投资基金助力实体经济发展》,《山西日报》2016年10月27日。

为纳税信用良好的小微企业开辟了无抵押、无担保贷款服务，帮助这些企业解决高融资成本的经营难题。

在服务平台方面，近年来，山西省创建了创新科技型中小微企业统一科技研发服务平台。目前，山西省已拥有 26 个国家级企业技术中心[①]、5 个国家重点实验室[②]。此外，2016 年，山西省科技厅建立了 8 家省级科技企业孵化器[③]，国家级科技企业孵化器已多达 11 家[④]，还有一批省级孵化器正在认定中[⑤]。山西省在创新科技型中小微企业的孵育能力上得到了较大提升。

上述工作的开展，取得了显著成效。2016 年，山西省中小企业发展的增速在 6% 以上，并新增从业人员 30 万人，新创办小微企业 3 万户以上[⑥]，这些都为山西省培育、扶持、壮大创新科技型中小微企业奠定了良好基础。

（二）发展中存在的问题

1. 有待进一步完善政策体系

虽然山西省在推动创新科技型中小微企业的政策上取得了较大进展，但是这些企业在运营过程中经常会出现市场秩序混乱、无法可依的管理问题。一方面，这是由于我国在国家层面的政策和法律上对这些企业的扶持力度还有待加大，截至目前，仅有一部指导性法律——《中小企业促进法》出台，其他相关内容大多零散分布于其他法规、规范性文件中。另一方面，在山西省以《中小企业促进法》为指导的相关配套实施办法还有待完善，从而导致管理中存在操作性不强、执行力较弱等问题。

2. 有待进一步健全融资机制

一方面，山西省目前还缺乏为企业贷款服务的社会化资信评级机构和专

[①] 《关于发布 2016 年国家企业技术中心名单的通知》，国家税务总局网，2016 年 12 月 15 日。
[②] 《山西省人民政府关于印发山西省"十三五"工业和信息化发展规划的通知》，山西省人民政府网，2016 年 10 月 29 日。
[③] 《山西确定 8 家省级科技企业孵化器》，山西省人民政府网，2016 年 11 月 14 日。
[④] 《科技部关于公布 2016 年度国家级科技企业孵化器的通知》，中华人民共和国科学技术部网，2016 年 12 月 29 日。
[⑤] 《山西确定 8 家省级科技企业孵化器》，山西省科学技术厅网，2016 年 11 月 14 日。
[⑥] 《今年山西新创办小微企业 3 万户以上》，《三晋都市报》2017 年 3 月 9 日。

业化队伍，同时，相关信用担保机构本身的运作机制不完善，这在很大程度上增大了创新科技型中小微企业的信用管理风险。另一方面，这些中小微企业发展规模较小，经营不稳定，在客观上增大了银行信贷的金融风险。虽然许多中小微企业进行了改制，但仍未达到股份制企业的要求，这使得银行对这些创新科技型中小微企业的贷款管理成本比大企业高出很多，从而进一步增大了这些企业的贷款难度。此外，对于不断出现的新型融资渠道，如P2P、众筹、风投等，由于它们在贷款额度、筹资期限、客户选择、资金介入方式等方面对这些中小微企业有更多的限制，从这些新型融资渠道中获益的企业并不多。综上，山西省亟待进一步健全和完善创新科技型中小微企业的融资机制。

3. 有待进一步培育创新科技型人才

一方面，创新科技型中小微企业的自身规模较小，有形资产较少，且在工资水平上缺乏竞争优势，同时，优秀的应届毕业生和成熟的科技人才更倾向于去大型企业、外资企业工作，企业难以吸引到符合自身创新发展要求的关键技术人才。另一方面，这些企业常常运用注重短期效益的人才培养模式，即在人才招聘时，往往选择经验丰富的管理人才与科技人才，然后进行岗前职业培训。这种传统人才开发模式无法与人才自身的发展特点、企业的长期人力资源需求规划有机结合，由此造成的人才不合理配置，将难以提高企业对人才的吸引力，不利于培育和发展长期稳定的人才队伍。

4. 有待进一步发挥服务平台功能

近年来，有助于促进创新科技型中小微企业发展的研发服务平台数量明显增加，但从总体上看仍然为数较少。截至目前，山西省只有11家国家级科技企业孵化器，而全国共768家，仅占全国总数的1.43%①；国家重点实验室共计5家，在全国的占比仅为2.87%②；国家级企业技术中心共计26

---

① 《科技部：2016年度国家级科技企业孵化器名单（129家）》，搜狐网，2017年1月14日。
② 邹文卿、段美宇：《创新型省份目标下山西省科技研发现状与政策建议》，《山西科技》2016年第5期。

家,仅占全国总数的2.03%①。可见,现阶段的科技研发服务平台还无法充分满足山西省创新科技型中小微企业快速发展的需求,严重制约了山西省以科技创新驱动的全面转型升级。

此外,科技研发服务平台还处于初期探索阶段,同时,在产学研合作上尚未形成有效的运作机制,这在一定程度上阻碍了山西省创新科技型中小微企业之间的技术转移与合作研发,使得有价值的技术成果难以转化,限制了这些企业求之若渴的科技创新需求。

二 山西省创新科技型中小微企业发展思路及策略

(一)基本思路

全面贯彻落实《"十三五"国家科技创新规划》中提出的关于支持创新科技型中小微企业健康发展的各项要求,充分发挥创新科技型中小微企业在深化改革、支撑经济、保障民生、扩大就业等方面的重要作用。以促进山西省资源型经济转型升级为根本目标,以着力发展创新科技型中小微企业为突破口,充分发挥政府引领和市场机制的潜在作用,大力拓展融资渠道,加强科技型人力资源培育与开发,推动产业链集聚化发展,优化外部发展环境,充分激发创新活力,培养更多市场竞争能力强、发展潜力大、自身成长性好的创新科技型中小微企业群体,使之成为推动山西省由资源型经济向创新型经济转型的强行军。

(二)对策建议

1. 加强政府引导,以政策带动创新科技型中小微企业发展

完善相关政策体系。在政府各级机构充分而广泛的调研工作基础上,专门制定"山西省创新科技型中小微企业长期发展规划",并编制"十三五"

---

① 《关于发布2016年国家企业技术中心名单的通知》,国家税务总局网,2016年12月15日。

期间"山西省创新科技型中小微企业五年成长计划",对山西创新科技型中小微企业发展制定纲领性规划与阶段性目标。在此基础上,以政府为主导,不断完善相关政策体系,为培育和促进创新科技型中小微企业构建长效发展机制。此外,还需认真落实2015年以来科技部出台的《关于进一步推动科技型中小企业创新发展的若干意见》(国科发高〔2015〕3号)以及山西省出台的一系列相关政策文件,使各项优惠政策切实落地。

完善各相关部门间的协调机制。成立专门职能管理部门,负责对创新科技型中小微企业的培育和发展进行总体规划与管理;提高相关行政管理部门的审批效率,简化创新科技型中小微企业的注册审批程序;搭建信息化管理平台,建立专项动态性管理数据库,对创新科技型中小微企业的动态运营状况、动态融资状况、动态风险投资状况、人力资源流动状况等进行实时记录和追踪管理。

2. 健全融资机制,为创新科技型中小微企业拓展多元化融资渠道

加大财政支持力度。完善并切实落实各项政府财政补贴政策,帮助创新科技型中小微企业打破成长中的投资和供给瓶颈;增设各类创新科技型中小微企业创新基金,从制度上明确其用途、对象等,并加强过程监管;学习先进省份的经验,积极探索创建政府风险投资基金,鼓励创新科技型中小微企业勇于探索新型发展模式;通过设立两阶段发展目标,逐步扩大对创新科技型中小微企业的创业投资基金规模。其中,第一阶段截至2018年,创业基金力争达到5亿元;第二阶段为2019~2020年,创业基金力争达到30亿元。

设立资信评定机构。由相关工商管理部门牵头,制定中小微企业信用评级制度,以加强信贷风险控制;联合税务、科技等机构以及银行,设立资信评定机构,以提高企业资信的透明度;通过地方性政策引导和资金补助性扶持,积极发展一批专门性中小金融机构或省域性商业银行,深入研究创新科技型中小微企业的经营风险、资产结构特征、资金利用效能等,有针对性地设计相应贷款流程和贷款产品,以促进融资渠道的多元化。

完善融资担保体系。利用政府财政资金为创新科技型中小微企业贷款提供再担保，缓解贷款机构的"惜贷"心理和担保机构的"惜保"心理；充分发挥政府在金融服务体系中的宏观调控作用，专门设立政策性担保机构，有效解决这类企业的融资难题；鼓励引导创新科技型中小微企业自发成立信用担保合作组织，倡导互帮互助、同舟共济，共同攻克融资难的问题。此外，结合这类企业"以知识产权等无形资产为主"的资产结构特点，山西省政府应积极鼓励银行探索和开发专门针对这类企业的"动产质押""知识产权质押"等创新融资模式，引导科技型产业链上的各协同主体，如某些知识产权潜在使用者出面予以担保、准客户出面和企业签订销售协议以及知识产权评估机构、资信评定机构为企业提供更为可靠的评估报告等，大胆拓展创新科技型中小微企业的融资渠道。

加强民间融资监管。作为创新科技型中小微企业重要的融资渠道，民间资本存在较大的风险，甚至还会涉及非法集资等违法犯罪问题。为此，政府在加强对这类企业进行金融监管的同时，有必要通过建立民间融资信息化管理平台及实施登记备案制追踪管理等路径创新民间融资监管模式。

3. 精心锻造科技型产业链，探索创新科技型中小微企业的集聚化发展模式

积极促进创新科技型中小微企业"专精特新"发展。我国工业和信息化部于2013年出台《关于促进中小企业"专精特新"发展的指导意见》，指引和鼓励中小企业以"专业化""精细化""特色化""新颖化"为经营指导方针着力发展主营业务。

山西省应将促进创新科技型中小微企业"专精特新"发展作为经济转型升级的有效途径，通过政府的宏观引导、政策扶持以及市场竞争的历练，逐步培育并认定一批"专精特新"的中小微企业，使之成为"精""专""特""强"的"科技小巨人"和"行业新星"。

积极鼓励创新科技型中小微企业探索集群化发展模式。山西省应在分析国内外集群化发展新趋势和新动向的基础上，结合本省科技创新发展现状，因地制宜地制定"山西省创新科技型中小微企业集群发展战略规划"，通过总体发展布局，精心锻造科技型产业链，以创新科技型中小微企业的集聚化发展模式为突破口，从点到线，从线到面，实现"星火燎原"式发展。

具体来说，可在经营领域或研发方向相近的创新科技型中小微企业集聚区域建立专业孵化器，共建共享专业技术服务平台和市场网络，促进形成横向集聚效应；积极引导产业链上下游关联企业延伸创建创新科技型中小微企业，通过共享利益整合，打造科技型产业链，促进形成纵向集聚效应；以高科技园区为载体，积极引导创新科技型中小微企业与大型领军企业开展技术研发合作，通过打造创新型产业链，促进大型企业与中小微企业集群化发展，争取实现全省形成几十个"精""专""特""强"中小微企业产业集群的目标。

4. 完善科技人才支撑体系，增强创新科技型中小微企业的人才吸引力

优化科技人员的工作环境。为科技人才提供优厚的福利待遇，完善促进科技人才在中小微企业成长和发展的激励机制；为稀缺型科技人才切实解决好户籍手续办理、子女义务教育、住房安置等生活问题，通过倾斜性政策有效解除其后顾之忧；鼓励企业结合自身发展特点，因地制宜地采取谈判工资制、交流合作制、兼任制等创新用人模式。

加大科技人才培养力度。定期选派优秀的科技人才到国外进行考察、进修，拓展科技型人才的国际化视野和开放式发展思维；积极引导创新科技型中小微企业创新人才队伍的培养模式，充分利用和拓展企业内部网和远程教育资源，加强核心人才与潜力人才的在职培训工作，并通过产学研合作平台建设，积极加强与外部培训机构或高校的长期合作，引进技术专家进行指导，同时加强技术团队文化建设，逐步打造培养一批优秀的科技型人才队伍。

注重引进国外优秀的科技人才。创新科技型人才引进模式，根据对不同层次、不同类型科技人才的多样化需求，因地制宜地制定和实施差异化科技人才引进政策；将创新人才引进与重大科技研发项目引进、资金引进等结合起来，以满足这些中小微企业技术研发创新活动的人才需求，同时带动相应产业的集聚发展。

5. 优化孵育成长环境，拓展创新科技型中小微企业技术创新空间

加大政府的政策性支持力度。鼓励创新科技型中小微企业积极参与政府创办的大型创新项目,政府优先采购这些企业中拥有自主知识产权的科技型产品,促使相关科技产品的大规模研发与使用,为培育与增强其技术研发能力拓展更大的成长空间。

建立健全产学研协同创新机制。创新产学研一体化协同模式,充分发挥政府的导向作用,为企业、高校和科研院所牵线搭桥,起到产学研合作平台对接的作用,并对相关科技与研发经费给予倾斜性政策。与此同时,政府要引导这些企业通过产学研平台,尝试整合高校和科研院所的优势技术资源,充分发挥其自主创新的主体作用;切实突破企业发展中的技术瓶颈,进一步开拓创新,增强自主创新能力和科技成果转化能力,逐步构建核心竞争优势。

构建全方位的科技创业孵化体系。设立省级创新科技型中小微企业孵化基金,积极培育发展潜力好的创业企业;大胆创新科技孵化器培育模式,尝试建立一批"网络虚拟孵化器""微型孵化器""创新工场"等新兴科技创业孵化器;通过加强创业苗圃与技术加速器建设,精心打造新型的全过程式科技创新体系,提升创业孵化服务能力;加强物理空间、基础设施等硬件设施建设,并对软件设施进行精确设定。

完善区域和行业科技创新平台。由政府和行业协会牵头,在创新科技型中小微企业比较集中和具有产业集聚优势的区域,打造一体化公共创新科技型服务平台,为创新科技型中小微企业提供前沿技术发展资讯、技术合作交流对接、技术研发、技术成果转化与市场化支持等一体化服务;在创新科技园区内设立公共服务平台、会计师事务所、律师事务所等,为企业提供"一站式"服务,并实施收费减免政策,加大对创新科技型中小微企业的优惠政策和服务力度,为其加快科技创新步伐提供助力。

参考文献

[1] 高新才、李炎亭:《科技型小微企业发展的生态环境建设与政策支撑》,《科技

进步与对策》2013年第18期。

［2］黄黎平：《对科技型小微企业发展问题的探索》，《理论探讨》2013年第6期。

［3］李高阳、孙鹏、朱永跃：《科技型小微企业创业环境分析及优化对策研究》，《江苏大学学报》（社会科学版）2014年第4期。

［4］王立军、谢芳：《培育科技型小微企业》，《浙江经济》2015年第3期。

［5］魏丹、李晓琳：《科技型小微企业金融支持研究》，《中国科技纵横》2016年第10期。

［6］徐柏安、陈福时、陈晓峰：《创新助力科技型小微企业发展——"科技型小微企业创新发展论坛"综述》，《科技进步与对策》2013年第18期。

［7］袁希钢：《关于促进科技型中小微企业健康发展的提案》，《中国科技产业》2016年第3期。

［8］朱云浩：《科技企业孵化器效率及对区域创新经济的影响研究》，中国科学技术大学博士学位论文，2014。

案例研究
Case Study

B.20
山西省试点县转型综改工作进展报告（2016）

顾 颖 王星星*

摘 要： 本报告分析了山西省11个转型综改、扩权强县"双试点"县（市、区）和16个扩权强县试点县（市、区）2016年工作进展情况，在此基础上提出以下建议：以供给侧结构性改革为主线，化解产能过剩矛盾，发展高端制造业和战略性新兴产业，推动产业结构调整和优化升级；以保障和改善民生为重点，统筹推进脱贫攻坚、就业、教育、社会保障等民生工程，夯实民生基础，增进人民福祉；以生态文明发展理念为引领，加强环境治理和保护，推进绿色低碳循环发展，持

---

* 顾颖，太原师范学院经济系，教授、山西大学硕士生导师，山西大学中国中部发展研究中心特聘研究员，主要研究方向为制度理论与转型发展；王星星，山西大学经济与管理学院。

续改善人居环境；以重点领域和关键环节改革为突破口，推进政府职能转变，加快体制机制创新，增强内生发展动力。

关键词： 转型综改　试点县　扩权强县

试点县（市、区）的确立为发展县域经济提供了重要的政策机遇、项目机遇、空间机遇等多重机遇。截至目前，山西省共有27个扩权强县试点县（市、区），其中有11个县（市、区）作为省级转型综改试点县（市、区）[省级转型综改、扩权强县"双试点"县（市、区）]开展试点工作。2016年以来，面对复杂严峻的经济形势，各试点县（市、区）按照省委"一个指引、两手硬"的重大思路和要求，严格落实省委、省政府的重大决策部署，始终坚持把试点工作作为提升县域经济综合竞争力、促进转型发展的重要抓手，迎难而上，先行先试，坚定不移深化供给侧结构性改革，实施创新驱动、转型升级战略，实现了"十三五"的良好开局。本报告在对2016年各试点县（市、区）在经济运行、产业转型、民生改善、环境保护、体制机制改革等方面的工作进展情况进行总结的基础上，提出深入推进试点县（市、区）转型综改的建议，以期更好地推动试点县（市、区）建设，推动县域经济有速度、有质量、有效益地发展。

一　山西省各试点县（市、区）工作进展情况

（一）经济运行稳步向好

面对严峻复杂的经济形势，各试点县（市、区）主动适应经济新常态，积极探索发展新路径，经济在克服困难中稳步向好。太原市经济发展首位度有所提升，地区生产总值同比增长7.8%。晋中市持续推进项目提质增效，固定资产投资增幅连续保持全省领先，深入推进受理项目和待落地项目

"两个项目大起底"。忻州市深入开展工业稳增长和项目建设"双百攻坚行动",大力促进项目早落地早投产早见效,积极发现、培育新的增长点,地区生产总值同比增长4.7%,经济增长缓中趋稳。运城市以推进供给侧结构性改革为主线,深入实施"三动三新"战略,地区生产总值同比增长4%,全市经济呈现企稳向好态势。朔州市通过主抓"六个发力点",释放煤炭先进产能,力促优势企业增产增效,帮助新建企业投产达效,推进重点工程开工,维持农业农村经济稳定增长,促进服务业提质增效,经济企稳回升,地区生产总值同比增长4.2%。吕梁市地区生产总值同比增长4.1%,增速排名从2015年的全省末位上升到第6位,规模以上工业增加值扭转了连续30个月下行的局面,经济发展走出最困难时期。长治市地区生产总值同比增长4.6%,呈"一产平稳、二产回升、三产加快"的格局。晋城市坚持"大开放、大转型、大创新"发展思路,积极谋划推进"十大战略工程",进而推进稳增长、调结构、促改革,地区生产总值同比增长3.9%。灵丘县地区生产总值完成30.48亿元,同比增长10.2%,万元GDP综合能耗下降3.2%。柳林县整体经济运行稳定向好,主要经济指标由负转正,地区生产总值同比增长5.3%,投资、消费稳步增长,居民收入持续增长,中小企业不断发展壮大。

(二)产业转型迈出新步伐

试点县(市、区)坚定不移调优结构、调强动能,改造提升传统产业,发展壮大新兴产业,致力构建多元支柱产业体系,产业转型迈出坚实步伐。太原市产业结构优化成绩显著,非煤产业增加值占比为90.2%,新兴产业占比达70.9%,服务业增加值占比为62.6%。大同市着力打造转型升级项目群,发展重点由煤炭支柱型向多元支撑型转变,非煤工业占比稳定在50%以上。阳泉市煤炭"去产能"工作顺利推进,产业集中度大幅提升,同时产业结构不断优化,服务业占GDP比重上升至50.3%。朔州市大力发展非煤产业,积极推动新能源电力、装备制造、电动汽车、新材料、医药、食品、陶瓷等非煤产业发展,非煤产业增加值占比为32.5%,产业结构得到进一步优化。古交市实行"一产转方式、二产转结构、三产转方向",即第一产业由传统农业向现代农业转变,第二产业由单纯依靠煤焦向输气、输电、输热以及新兴产业转变,第三产业由商贸餐饮向电子商务、文化旅游、现代物流转变。忻州市创新五台山景区行政管理体制机制,成立五台山文旅集团公司,被列入第二批国家全域旅游示范区创建单位,全市旅游总收入同比增长15.1%。盂县全力推进产业转型,全面实施"1+6"产业提升工程,煤炭产业企稳回升,电力产业多元发展,现代农业特色初显,旅游业发展提质上档,现代服务业积极催生。平定县农业稳步发展,工业优化升级,非煤产业增加值占比达到53.07%,比上年上升13.71个百分点,服务业快速发展,旅游业收入同比增长68%,驿拓电子商务产业园被认定为省级众创空间。襄垣县以实施"六大工程"为承接,改造升级传统产业,培育壮大新兴产业,产业转型升级取得显著成效,被列为国家首批产业转型升级示范区。

(三)民生改善取得新成绩

试点县(市、区)着力打好脱贫攻坚、教育、就业、社会保障四张牌,采取多项惠民措施,切实保障和改善民生,人民福祉持续提高。阳泉市精准脱贫8843人,退出贫困村45个,脱贫攻坚首战告捷,在全省率先实现60岁以上农民基础养老金发放全覆盖。吕梁市以脱贫攻坚统揽经济社会发展全局,打出"3105"政策组合拳,全面开展"三个一"扶贫行动,精准实施"十项重点工程",扎实推进"五项机制"创新,使278个贫困村11.1万人脱贫。平鲁区聚焦产业扶贫、生态建设促进脱贫、就业扶贫、特殊群众致贫返贫、贫困户精神动力等短板,在解决问题上不断寻求突破,圆满完成26个贫困村1923户5214人脱贫任务。孝义市积极推进国家新型城镇化综合试点改革,探索推进新型城镇化的新体制新机制,着力建设创新开放城市、新兴产业基地、特色文化名城、生态绿色家园、幸福和谐社会、廉洁安全模范"六型城市";精准推进"十大脱贫专项行动",创新"金融精准扶贫贷"模式,全年脱贫1411人;"义务教育学校管理标准"实验工作在全省推广;

各类社会保险不断扩面提标，启动城乡基本医保并轨。灵丘县通过加大资金整合力度、推进"一村一品一主体"产业扶贫工程、推进易地扶贫搬迁工作三大措施加快脱贫攻坚步伐，带动贫困群众整体脱贫、共同致富。永济市乡村清洁工程、农村困难群众危房改造等"十件民生实事"圆满完成。盂县坚持把保障和改善民生放在首位，就业再就业稳步扩大，新增城镇就业人员3355人，通过创业带动就业1000余人，城镇登记失业率控制在3.5%；卫计食药创新发展，县人民医院与省人民医院合作成立医疗联合体，打通了城乡居民在县内就能享受省级医院优质医疗资源的便利通道。

（四）生态环境得到新改善

好的生态环境就是城市的核心竞争力，2016年以来，试点县（市、区）标本兼治、保护生态，环境质量显著改善。运城市深入推进环保综合整治"三治一化"（集中治理扬尘污染、垃圾污染和机动车尾气污染，化解群众信访举报问题），将环境保护部指出的170个问题作为整治重点，压实责任，强化措施，截至目前，除2个项目要求2017年底前完成、2家焦化厂停产整治外，其余166个环境问题均完成整治，环境质量得到持续改善。朔州市持续推进大气污染防治工作，坚决淘汰黄标车和燃煤小锅炉，实施电力行业超低排放改造、清洁燃煤替代等重点工程；扎实推进生态修复治理、水污染防治、地质灾害治理；持续推进绿色村庄创建工作，致力于改善农村人居环境。灵丘县狠抓县城环境卫生治理，实施农村垃圾治理工程，大力实施农村安居工程。截至目前，全县共创建车河、张家湾、上北泉和觉山4个省级美丽宜居示范村，以及韩家坊、南张庄、花塔3个市级美丽宜居示范村。尖草坪区全力推动"三区"建设，人文生态休闲区建设全面铺开，创新产业转型区建设亮点频现，现代宜居都市区建设有声有色。怀仁县多管齐下，强化矿产资源开发生态环境综合整治，通过强化矿产资源规划管控，严厉打击破坏生态环境的非法违法采矿行为，狠抓矿山生态环境恢复治理、居民区环境恢复治理、自然灾害恢复治理，有力地推动了全县生态环境保护和建设进程。孝义市颁布《孝义市排污许可证"一证式"改革试点实施方案》，通

过建设项目试生产审批、"三同时"验收和排污许可制度深度融合，行政审批关口前移，简化审批程序，减少审批环节，强化事中事后监管，实现了行政监管提效和企业减负双赢。

（五）体制机制实现新变革

试点县（市、区）在完善民营经济发展促进机制、建立健全权力清单动态管理机制、推动农村集体产权制度改革、深化供销合作社综合改革等方面进行了创新性的尝试。

民营经济是县域经济增长的重要力量和支撑，而加快民营经济发展，激发其内在活力就必须完善其促进机制。运城市出台《关于加快民营经济发展的意见》，从优化民营经济发展环境、强化民营企业发展要素供给、引导民营企业转型升级、健全民营经济社会化服务体系等方面，明确促进民营经济发展的政策措施，培育行业龙头，带动产业集群实现横向配套、纵向延伸，全力推动民营经济发展。阳泉市郊区稳步推进建立金融机构支持地方经济绩效考核机制和建立支持服务民营经济发展机制两项省级重点任务，并制定了《关于建立支持服务民营经济发展机制的工作方案》和《阳泉市郊区金融机构支持地方经济绩效考核机制2016年细化工作方案》。河津市通过梳理落实现有政策并汇总摘编印发到企业，推行"一个窗口"受理、"一站式"审批登记和"一条龙"服务，优化招商环境，加大信贷投放力度，推进上市融资，围绕集群加快产业转型升级，鼓励企业"走出去"，推动"总部经济""飞地经济"发展，构建"亲""清"政商关系等方式促进民营企业发展。长治县以促进中小企业集群式发展为着力点，引导民营企业进入"四大园区"集聚、集群、集约发展，着力培植有影响力、带动能力强的规模中小企业集群。

农村集体产权制度改革对激活农村各类要素潜力、盘活农村"沉睡"资产、保障农民权利、增添农村发展新动能具有极其重要的意义。潞城市自2015年被确定为"积极发展农民股份合作赋予农民对集体资产股份权能改革试点市"以来，积极推进农村集体产权制度改革试点工作，并取得了阶段性成效：在原有4个试点村的基础上又确定15个试点村，对各试点村采取"两必须、四入户、八公告"工作法，目前17个村已完成了成员资格界定、股权配置等工作，出台了《合作社章程》，成立了股份经济合作社，股改工作现已基本结束，其他村试点工作也在稳妥有序地推进。晋城市积极探索农村集体所有制有效实现形式，加快农村土地承包经营权确权登记颁证工作进程，积极推动建立以县级为主体的土地交易平台，进而规范引导土地流转。

深化供销合作社综合改革是党中央、国务院关于新时期深化农村改革、加强"三农"工作的重大战略部署。晋中市加快左权、平遥两个供销合作社综改试点县综改步伐，出台《关于深化供销合作社综合改革的实施方案》；基层组织建设稳步推进，恢复改造基层社20个；为农服务能力不断增强，引领专业合作社发展效果突出，服务领域和经营范围逐步扩大，惠农服务功能得到提升，为农服务队伍不断壮大；创新服务体系成效明显，积极探索建立农村金融服务体系，推进农村电商平台发展，打造"网上供销合作社"，为打通农村"最后一公里"奠定了基础。运城市出台《运城市供销合作社综合改革实施方案》，全力推动供销合作社综合改革，进一步加大财政支持力度，重点扶持一批果业类专业合作社、苹果示范基地和惠农服务中心，开展农业社会化服务体系建设，加大项目建设力度，目前支持供销合作社系统发展龙头企业21家，年助农增收2.5亿元，储备各类项目38个，垣曲山里红公司、河津农之龙公司的2个项目被列入"三个一百"重点项目库。柳林县以深化供销社综合改革为主题，以服务"三农"为宗旨，全面推进农村星级便民连锁商店升级改造，狠抓农资现代经营服务网络建设、信访稳定工作、安全生产经营工作，目前全县共建成农村综合服务社8个，全面完成了年初确定的主要工作任务目标，全系统全年商品销售较上年同期增长40.65%，成绩喜人。

权力清单动态管理体制是加快政府职能转变、规范行政权力运行的重要举措。太原市政府为加快政府职能转变，规范行政权力运行，出台权力清单动态管理试行办法，建立健全权力清单动态管理机制，将市级行政主体实施的行政职权事项列入市级政府行政权力清单，实行统一管理，禁止擅自设置或行使行政职权，市机构编制部门负责市政府部门权责清单的动态管理。平定县政府出台《平定县人民政府部门权力清单》，加强县政府部门权力清单动态管理，要求根据法律法规的立改废释和部门机构职能的变化情况，按程序审定后，及时做出相应调整并予以公布，进一步规范县政府部门的权力运行。

除以上体制机制变革外，试点县（市、区）还承担了其他体制机制改革方面的综改重点任务。高平市深化"五个一"行政管理体制改革，重点推进行政审批制度改革和综合执法改革：组建行政审批局，探索实行相对集中的行政许可权；组建行政执法局，推进跨部门、跨行业综合执法，建立权责统一、权威高效的行政执法体制，目前已建成集"行政审批、公共服务、资源交易、一号通热线、政务云数据、效能监察"于一体的政务服务中心。阳城县积极探索旅游景点一体化开发经营发展机制，将部分旅游资源、产品的经营权向社会资本开放，鼓励各类资本进入旅游业，鼓励省外、国外大企业对县旅游企业和旅游资源、产品实施跨行业、跨所有制兼并重组，探索重点推动旅游景点采用市场的办法实施资源整合和一体化开发经营。侯马市积极推进侯马－曲沃同城化改革，加快两地规划、空间布局、产业发展、公共服务等一体化进程，逐步消除各项公共服务的地区差异，实现基本公共服务一体化。吕梁市推进市区公交经营机制改革，打破公交经营私人垄断，回归城市公交公益属性，将市区公共交通发展纳入政府的公共财政体系，建立健全公共交通投入制度和补偿机制，进一步提高市区公交覆盖率，提高公交服务水平和运行效益。

二 深入推进山西省试点县（市、区）转型综改工作的建议

（一）以供给侧结构性改革为主线，化解产能过剩矛盾，发展高端制造业和战略性新兴产业，推动产业结构调整和优化升级

有序化解过剩产能。主动对接国家和省去产能政策，制订并落实化解过

剩产能方案，综合运用市场、技术、法律、质量、环保等手段稳妥化解钢铁、煤炭等困难行业过剩产能，对"僵尸企业"进行市场出清，淘汰落后产能；积极引进战略投资者，通过兼并重组推进产业整合，促进生产要素向优势产业和企业集聚，提高产业集中度，增加有效供给。

加快传统产业改造升级。推进设备更新改造，鼓励支持传统产业淘汰落后工艺技术和设备，推广应用自动化、网络化、数字化等先进装备和技术，全面提升装备水平；推动大数据、云计算、物联网等与传统产业融合，推动传统产业智能化、网络化升级；加快产品升级改造，鼓励支持企业提升技术研发能力，发扬工匠精神，提升品牌质量水平。

大力发展高端制造业和战略性新兴产业。以专业化、高端化、智能化为目标，大力推动科技创新，鼓励和支持发展信息技术、高端装备制造、节能环保、生物技术、新能源等新兴产业；加大招商引资引智引技力度，力争在重点领域引进一批高质量项目，推进战略性新兴产业发展；培育一批"产品档次高、科技含量高、市场占有率高"的骨干企业，发挥其品牌效应和带动作用，促进产业升级。

发展现代服务业。着力发展信息服务、现代物流、科技创新、文化创意、节能环保等高端生产性服务业，促进生产性服务业高端化、精细化、品质化，培育发展服务业新业态；注重人才开发和储备，主动集聚培养人才，加强人才需求预测，引导支持人才培养和集聚，不断满足现代服务业发展的人才需求。

（二）以保障和改善民生为重点，统筹推进脱贫攻坚、就业、教育、社会保障等民生工程，夯实民生基础，增进人民福祉

扎实推进脱贫攻坚。深入推进农业供给侧结构性改革，明确县区功能定位，做大做强优势特色产业，加快实现农业生产全程机械化，扎实推进基层农技推广，稳步提升农产品质量安全水平，加强农产品品牌建设和品牌营销；坚持精准扶贫、精准脱贫，推动特色产业发展、易地移民搬迁、金融扶贫、健康扶贫，实现目标任务细化实化量化、政策措施到村到户到人；建立

严格的评估考核及退出机制,实行定期核查、严格进退、动态管理。

着力促进就业创业。注重以创业带动就业,制订并实施高校毕业生就业创业促进计划,完善创业扶持政策,改善创业金融环境和社会环境;积极扩大就业,加强职业技能培训,统筹做好高校毕业生、城镇失业人员、农村转移劳动力、残疾人等群体就业工作;开展就业援助专项行动,托底帮扶就业困难人员,确保零就业家庭动态清零。

发展教育事业。全面推进教育公平,合理配置教育资源,统筹规划学校布局,促进区域、城乡教育协调发展;大力发展现代职业技术教育,推动中职校企合作,加强产教对接融合;全面实施素质教育,创新育人方式,加强教师队伍建设,改善各级各类学校办学条件,全面提高教育质量;推进"互联网+教育"发展,加快教育信息化体系建设,扩大优质教育资源覆盖面。

健全社会保障体系。加快推进城乡医保制度整合并轨,实现医保监管、经办、资源、信息的统一,全面提高医疗保障水平;完善城乡基本养老保险制度,加快推进城市社区养老中心建设,鼓励社会资本进入养老服务业,增加养老服务产品供给;完善社会救助体系,提高城乡低保标准和特困人员救助供养标准;完善医疗救助政策,探索重特大疾病医疗"费用+病种"救助模式,发挥托底保障作用。

(三)以生态文明发展理念为引领,加强环境治理和保护,推进绿色低碳循环发展,持续改善人居环境

加强大气污染防治。加快实施集中供热全覆盖,淘汰建成区燃煤小锅炉,全力解决燃煤污染;开展重点行业治污专项行动,严控工业污染排放;强化机动车尾气治理,依法依规淘汰黄标车、老旧车,鼓励使用环保节能汽车;加强对大气污染源及雾霾形成机理研究,提高应对的科学性、有效性,强化预警和应急措施。

加强水、土壤污染防治。加快重点流域区域水污染治理步伐,确保水质量好转;加快实施现有污水处理厂扩容工程,加强工业集聚区污水处理厂建

设；加大环境执法监管力度，严控各类企业排污；落实最严格的耕地保护制度，开展土壤污染详查且实施分类治理；加大土壤环境监测力度，加强农业面源污染防治；加大环境整治力度，普遍推行垃圾分类制度。

加强绿化造林。加大绿化力度，持续推进退耕还林、荒山绿化、贫困山区造林、天然森林资源保护等生态工程，筑牢生态安全屏障；严守生态保护红线，加强森林资源监管，严厉打击涉林违法犯罪行为；推进林产品供给侧结构性改革，积极发展绿色产业，增加无公害、绿色、有机林产品供给。

推进低碳循环发展。全面节约和高效利用资源，强化重点用能行业节能管理，鼓励传统企业实行节能环保技术改造，扶持发展低碳制造业，推进资源集约、节约、高效利用；大力支持普及清洁能源，加大新能源汽车推广应用力度；倡导绿色生活方式，广泛开展绿色生活行动，传播绿色理念，引导形成绿色、低碳、健康的生活方式。

（四）以重点领域和关键环节改革为突破口，推进政府职能转变，加快体制机制创新，增强内生发展动力

深化行政体制改革。以转变政府职能为核心，推进"放管服"三管齐下。全面实行清单管理制度，按要求公布权力清单，建立健全权力清单动态管理机制；推进审批制度改革，优化审批流程，推进综合执法改革，探索建立权责统一、权威高效的行政执法体制；创新和加强事中事后监管，全面实行"双随机、一公开"监管；发展"互联网+政务服务"，建立互联网政务服务平台，开展网上办事。

深化投融资体制改革。创新企业投资管理，建立投资项目"三个清单"管理制度，优化管理流程，探索建立多审合一、多评合一、多图联审等新模式；创新融资机制，发展直接融资，完善保险资金等机构资金对项目建设的投资机制，加快推广PPP、债券、基金等市场化融资模式；充分利用信息化和大数据技术，完善投资项目在线审批监管平台。

深化国资国企改革。推进市场化改革，建立完善现代企业制度，促进形成权责对等、有效制衡的公司法人治理结构；严格国有资产监管，以"管

资本"为主加强国资监管,构建有效的"国资监管机构—国有资本投资运营公司—国有企业"监管模式;加强国有资本运营,建立灵活高效的市场化经营运行机制,加快推进经营性国有资产集中统一监管,推动国有资产优化配置,提高其使用效率。

推进农村综合改革。深化农村集体产权制度改革,开展集体资产清产核资工作,明确集体资产所有权,有效实行所有权、承包权、经营权"三权分置",建立农村产权交易平台,有序引导农村土地经营权等产权交易。深化供销合作社综合改革,创新为农服务体系,提供全程农业社会化服务,扩大为农服务规模;创新经营服务体系,大力推进"互联网+供销合作社",搭建农产品电子商务综合服务平台。

参考文献

[1]《山西省2016年国民经济和社会发展统计公报》,中国统计信息网,2017年3月15日,http://www.tjcn.org/tjgb/04sx/34853.html。

[2]《2017年太原市政府工作报告》,山西省人民政府网,2017年4月6日,http://www.shanxigov.cn/xxgk/zfgzbg/szfgzbg_2208/201704/t20170421_296253.shtml。

[3]《2017年晋城市政府工作报告》,山西省人民政府网,2017年3月13日,http://www.shanxigov.cn/xxgk/zfgzbg/szfgzbg_2208/201704/t20170421_296241.shtml。

[4]《2016年山西省环境状况公报》,山西省人民政府网,2017年8月23日,http://www.shanxi.gov.cn/gzsj/tjtb/201708/t20170823_330415.shtml。

B.21
制定完善标准体系 大力推进中药标准化建设

——山西振东集团中药标准化工作实践与探索

李安平*

摘　要： 标准化的现代中药工业需要标准化的现代中药农业作为基础，中药工业企业应成为推动中药标准化建设的主体。以中药为主的山西振东集团作为山西中药标准化项目的积极承担者，肩负着推进中药规范化、标准化的重任。本报告基于山西振东集团中药标准化建设的实践，详尽阐述其标准的制定与完善、体系的搭建等工作现状，提出推进中药标准化的思路，致力于使中药走上规范化、标准化道路，提升中药产业整体竞争力。

关键词： 振东集团　中药　标准化

标准是提升产品质量、确保产品安全、增强产品市场竞争力的基础。近年来，国内外中医药需求持续旺盛，中医药产业步入快速发展轨道。但中药种植和加工模式粗放，整体质量非但没有因此而"水涨船高"，反而呈现滑坡

---

* 李安平，山西振东健康产业集团总裁，山西振东制药股份有限公司董事长，山西中医学院医药管理学院院长，北京大学、上海交通大学、山西大学、山西财经大学等高校客座教授，中国中药材基地共建共享联盟副主席，主任药师，中华慈善楷模、全国劳动模范、全国优秀企业家。

现象。山西作为我国重要的中药材基地，为适应当前国内外市场对中药需求不断升温的要求，亟须建立统一、科学、高质量的标准体系，提升并完善中药质量标准。为此，振东集团积极承担了10个中药品种的国家标准制定工作，大力实施中药标准化项目，引领中药产业整体提质增效，推动中医药走出国门。

一 集中精力做产业，厚植领先优势，凝心聚力筑牢中药产业发展之基

思路决定出路。振东集团发展中药产业是形势所迫，更是思路的转变。中医药是民族瑰宝，是中国在世界上最具话语权、最深奥、最系统的一门科学技术，振东集团将中药研究作为一种责任、一种使命，在发展中药产业的道路上不畏困难，凝聚共识，阔步前进，为中药产业持续发展注入了强劲力量，成为引领中药产业发展的先行者。

（一）适应常态破解难题，需求牵引为质起步

振东集团收购金晶药业之初，由于拳头产品的原材料——苦参的品质参差不齐，严重影响了产品质量。中药材质量成为当时制约企业发展，甚至危及企业生存的重大问题。面对现状，公司迫切需要自建中药材基地，从源头保障产品质量，振东中药材为质起步。经过多年的探索，振东集团不仅把中药材做成了一个产业，而且成为全国中药材行业的引领者。2009年振东集团被科技部授予中药现代化科技产业基地建设优秀单位，现已在长治平顺、武乡、沁县，大同浑源，吕梁中阳，运城闻喜，晋城沁水，晋中左权、榆社等地建立了中药材种植基地60余万亩。2016年，中药饮片新增品种427个，药材种植品种增至76个，药材收购品种由128个增至203个。

（二）积极推进基地建设，优质实施精准发展

中药材稀有是宝，少了是药，多了是草。振东集团遵循中药材的道地性原则，结合全国种质资源调查和评价结果，重点对山西贫困地区开展中药材

种植区域性规划，建立了包括土壤、光照、海拔等数据翔实的全国中药材数据库，在沁县、武乡等地建立了苦参规范化种植基地 10 万亩，在江苏邳州建立了银杏叶基地，在沁县、武乡、平顺、陵川建立了苦参、党参、黄芩、柴胡等种子种苗示范田，实施中药材产业精准发展。2012 年，苦参规范化种植基地被山西省科技厅列为"山西省中药现代化中药材规范化种植科技示范基地"，在行业内起到了良好的示范效应和带动作用。

（三）夯实基础砥砺前行，凝聚力量引领发展

振东集团有丰富的产品资源，这是一笔巨大的财富。从 2013 年起，振东集团先后发起成立了"全国中药材基地共建共享联盟""环太行山连翘产业协同创新联盟""山西省中药材行业协会"，主导并引领行业发展。振东集团自行设计的国内唯一的青翘杀青烘干一体化生产线建成投产，国内首创的中药材溯源体系投入使用，"10 万亩连翘野生抚育及产地加工一体化基地建设项目"被列为工信部标杆项目，探索出"公司+政府+基地+合作社+农户"的先进种植模式。当前，振东集团中药材全国种植面积已达 80 万亩，种植面积及品种均居全国第一，成为引领行业发展的先行力量。

二 全力以赴抓重点，完善标准体系，科学规划引领中药产业提质增效

质量提升，标准先行。企业间最高的竞争就是标准的竞争，谁掌握了标准，谁就占领了制高点。中药是珍贵的国宝，最大限度地发挥中药作用，推进中药产业健康发展，提升中医药国际竞争力，严格标准是当务之急。山西振东集团积极开展中药标准化工作，承担了国家"连翘、苦参、党参、黄芪、远志、柴胡、山楂、酸枣仁、款冬花、白土苓 10 个中药材大品种的标准制定"工作，致力于全面提高山西乃至全国的中药产品质量，引领中药产业整体提质增效。

（一）制定完善中药种植标准，实现源头标准管理规范化

建立种质资源圃、种子种苗基地、规范化种植/野生抚育基地。开展种质资源调查、收集、保存和评价等研究工作，建立相应品种的种质资源圃，为新品种选育打下基础。每个品种建立种子种苗基地100亩、规范化种植/野生抚育基地100亩。建立种子种苗、种植等生产过程信息化管理，完善质量信息溯源系统。

制定中药材良种繁育技术规范及种子种苗标准。开展优良品种选育工作，建立种子种苗繁育基地，为规范化生产基地提供优质种源，并制定中药材良种繁育技术规范及种子种苗标准。

制定中药材规范化种植/抚育操作规程、标准。推进基地建设，研究中药材规范化种植（投入品、田间管理、采收）和野生抚育关键技术，制定可操作性强的标准作业程序（SOP）并集成示范；指导建设规范化的生产示范基地和生产基地，制定无公害种植过程中田间管理、投入品（水、肥料、农药等）施用等操作环节的技术要求和控制标准，并对规范化种植及非规范化种植的中药材进行有效性及安全性研究。根据9种不同药材的功能主治特点，分别采用药效学试验及毒理学试验进行对比，对结果进行科学的分析，从而阐明规范化种植药材的科学性及重要性，对中药材的规范化种植/抚育形成示范带动作用。

（二）制定完善中药加工及运输标准，实现过程标准监管常态化

制定采收加工与产地加工规范及标准。采用现代分析技术，分析不同年限、不同采收季节对主要成分含量的影响，并以此来确定最佳的采收时节或年限。制定药材的采收规范和标准，通过化学成分分析手段对药材产地加工过程中的各影响因素进行分析，并确定中药材的最佳加工工艺。制定其产地加工技术规范和生产设备质量标准，优化药材拣选、净制、浸润、切制、干燥等操作工序的参数。

制定炮制加工工艺规范及标准。采用现代分析技术，分析不同加工方式

对主要有效成分的影响，通过对中药材炮制前后化学成分的变化进行深入系统的研究，从而找到最佳炮制工艺，确定具体的炮制加工工艺技术参数，并探讨辅料的质量标准和设备标准，制定炮制工艺技术标准及所需辅料和炮制设备的质量标准，建立标准操作规程，从而实现中药材及其饮片炮制工艺的规范化、炮制品质量的标准化。对不同炮制方法制成的饮片进行有效性研究，针对不同饮片的功能主治各异的情况，设计药效学实验方法，对实验结果进行系统的分析，阐明不同炮制方法对饮片功效的影响。实施生产过程信息化管理，完善质量信息溯源系统。

制定包装规范及控制标准。对不同的药用包装材料在不同条件下进行储藏养护研究，筛选出适合中药材及饮片的最佳包装材料，为中药材及饮片在生产、储藏、运输等过程中选用包装材料提供科学依据。

制定中药材包装技术规范及控制标准。如包装材料的选择，要依据包装材料须满足安全性、可降解性、可重复利用性、稳定性、合法性的基本要求，分别考察确定10种中药材及饮片适宜的包装材料；包装方法的选择，要从能否延长保质期、降低包装成本、便于储藏、搬运方便，以及实现标准化、规范化、机械化等方面，考察确定适宜的包装方法。

制定仓储规范及控制标准。根据不同中药材及饮片的来源、含有的成分，考察保存过程中的不同影响因素，制定中药材仓储管理规范，建设规模化仓库。储藏方式的选择，要充分考察空气、温度、湿度、日光、微生物、昆虫、含水量、含氧量、光照等内外因素的影响，确定适宜的储藏方式。如怕热的中药材及饮片，应注意对温度的控制；易霉变的中药材及饮片，应注意对湿度的控制；易挥发的中药材及饮片，应注意密闭。不同类型的中药材及饮片需要不同的仓储条件，不能一概而论，要按中药材及饮片的类型和不同的变异性质，分类存放于阴凉库、常温库及冷藏库中。

制定运输规范及控制标准。根据不同中药材及饮片的包装、特点，考察运输过程中可能影响质量改变的因素，制定不同性质中药材及饮片的运输管理规范。根据10种中药材及饮片的特点、包装性能、储藏要求，以及运输距离与季节的不同，采用不同的运输手段，确保中药材及饮片、成药无损害、无污染。

建立完善的质量信息溯源系统。完善包装标识，对包装上的品名、规格、产地、采收时间、重量、发货单位和合格标志等信息进行规范，做到各种信息可追溯，建立完善的质量信息溯源系统。

（三）制定质量规格等级标准，精益求精构筑质量堡垒

制定质量规格等级标准和商品规格等级标准。运用传统分级方法并与有效性、安全性相结合，在传统"辨状论质"法的基础上，运用现代科学方法从中药材及饮片的有效性和安全性等方面综合评价中药质量，制定中药材及饮片基础标准，一级品、二级品、三级品分级标准，以及优质的评价标准和商品规格等级标准。同时，通过中药材及饮片标准的制定，对比中药材及饮片在化学成分、含量等方面的不同，进行优质中药材及饮片与非优质中药材及饮片的有效性、安全性对比分析研究。

确定系统质量评价方法和技术。在2015年版《中国药典》的基础上对检查项、含量测定项进行优化，研究各味中药材及饮片的特征指纹图谱，鉴别浸出物、有害物质检测等项参照《中国药典》附录进行，确定系统质量评价方法和技术，为中药材及饮片等级的划分提供依据。对不同质量等级的中药材及饮片采取的辨识、检测技术和方法有：基于感官智能评价的饮片外观物性特征的客观化评价技术；现代质量评价技术；基于多源数据融合的传统鉴别与现代质量指标的关联分析；采用生物活性检测，对中药材及饮片进行有效性评价，并运用相关分析法和线性回归分析法对药材等级和生物学效应进行关联分析；进行有害物质检测，对中药材及饮片进行安全性评价；采用饮片质量分级关键技术，运用相关分析法和线性回归分析法对药材等级和有效成分含量、生物学效应进行关联分析，为等级标准制定和中药材"辨状论质"提供依据。

完善保质期、质量复检期标准。对中药材及饮片进行稳定性考察，确定保质期，并在保质期内根据制定的质量标准进行质量复查，根据药品的性质与特点，结合季节、气候变化情况和储藏条件进行质量检查；

确定质量复检期,及时了解中药材及饮片的质量变化情况,采取有力、有效防护措施。

(四)完善标准体系建设,推进行业标准品牌化

建立基于DNA二维条形码的质量追溯系统。基于DNA二维条形码的质量追溯系统,采用扩容的DNA二维条形码,把基因序列信息、生产信息以及生产流通信息等进行兼容,包括分子条形码、化学条形码及流通条形码三部分,分子条形码记录鉴定物种基原信息,化学条形码记录质量评价信息,流通条形码记录准确的原材料产地、加工方式、物流公司、经销商等全面信息。

建立源头追溯、全程追溯的标准体系。通过中药材及饮片质量溯源系统的建立,实现中药材从农田到成品药的全程跟踪与追溯。消费者可以通过产品包装上的条形码,了解所购药品的生产企业、原材料产地、生产日期、检验信息、原药材种植(如施用农药次数)、原药材加工(如加工温度、炮制方式)等各项信息。通过中药材各环节质量标准的制定,建立从种子种苗、种植抚育、采收、产地加工、炮制、包装、质量检测到仓储养护与运输配送等一体化流程,实现品质溯源(见图1)。

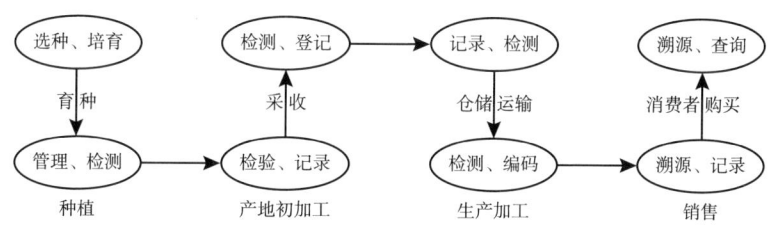

图1 中药材产品溯源流程

制定项目管理和培训管理文件规范。通过组织培训学习,基于中药材生产质量管理规范(GAP)和药品生产质量管理规范(GMP),建立"种子发放—种植、记录—采收、运输—产地加工—饮片炮制—质量检测—包装仓储—销售"的全过程项目管理体系。制定人员管理和培训规范,以及岗位操

作规程,形成"追踪溯源、去向可查"的文件管理体系,为中药材及饮片标准化工作落地提供有力的支持和保障。

新建生产线,提升中药生产能力。振东集团新建中药材及饮片生产车间,引进中药材及饮片炮制加工设备,达到年产精品中药材及饮片5000吨的生产能力。

三 创新思路求突破,明晰发展定位,持续助力中药标准落地实施

中药标准化建设是一项长期工作,任重道远,必须高起点谋划、高水平推进、高效率落实。振东集团依托山西启动国家中药标准化项目这一大平台,解放思想,创新思路,大胆实践,积极探索,以实现中药产业提质增效为目标,整合资源,精细管理,合力攻坚,全力推进中药材及饮片生产全过程规范化操作标准体系建立,为中药进军国际市场打下了坚实的基础。

(一)科学布局,合理规划,加快形成中药标准化工作服务体系

从中药材种植、加工、运输、销售等各环节入手,有计划、有步骤地对当前标准制修订情况进行统计、梳理,完善中药标准明细表。既着眼于现在,又注重把脉未来发展,充分考虑中药标准化的总体需求,制定切合实际的中药标准化发展规划。申请开展中药标准创新示范基地及推广平台建设,开展中药材及饮片全过程规范化操作标准体系建立研究,精心布局,精耕细作。充分发挥"振东集团-山西中医学院-山西大学-山西医科大学"晋药研究网络,构建"大健康+大平台+大数据+大服务"体系框架,为中药标准化工作健康有序开展提供有力指导。

(二)加强宣传,提升服务,全面推动中药标准化工作落实进程

加大中药标准化项目宣传、引导与培训力度,充分发挥山西中药材行业协会的作用,依托专业的中药产业技术人才和雄厚的技术力量,策划开展形

式多样的技术培训，多方进行技术指导，提高专业人员的技术水平，提升种植加工人员的生产技能。加强与相关省份、企业的标准化工作交流与合作。加大标准宣贯推广力度，宣传中药材产品，宣传开展中药标准化工作的重要性及意义，提高中药影响力，培育品牌。创新推进中药标准化推广与实施的途径与方法，使中药标准的制定与实施在原有工作基础上有所突破。有针对性地对中药标准化项目开展的效果进行评价，将理论研究与实际工作相结合，更直观地展现中药标准化所起的作用和所产生的效果。及时总结交流中药标准化项目实施过程中的经验，为后续工作推进提供借鉴与指导，以山西中药标准"走出去"带动山西中药产品"走出去"。

（三）加大投入，整合资源，资金助力中药标准化工作持续实施

资金是项目运作的"血液"，是项目创效的保证，要多渠道吸收资金，加大投入力度。积极争取各级政府对开展中药标准化项目工作的支持，争取政府出台配套扶持政策，争取信贷资金投放，加大项目整合及资金筹措力度。引导和鼓励企业、技术人才参与中药标准化生产，秉持"谁投资、谁受益"的理念，吸引民间资本投入中药产业，建立企业、种植大户、合作社等参与的多渠道投入机制，吸引更多的资本用于中药标准化建设。整合产业资源，激发各方的积极性和主动性，规范中药标准化建设各环节工作。加大对中药标准化生产基地的扶持力度，将资金、资源及时合理地运用到标准化生产基地，引导中药标准化生产基地提质增点扩面。

（四）培养人才，组建团队，持续保障中药标准化工作人才供给

人才队伍是推进和落实中药标准化工作的中坚力量，对中药标准化项目的顺利实施具有重要的意义。在推进中药标准化项目的过程中，要引进国内外标准化专业高端人才，组建强有力的项目组，结合山西省中药标准化生产实际与发展需求，加强科研攻关，强化技术培训，制定完善并高标准推行中药品种的技术标准，稳定中药产业标准化发展步伐。争取创办标准化专业网站，开展各种类型的标准化专题培训。加强技术人才对中药标准化生产基地

种植、采收等方面的技术指导，落实基地生产档案管理，保障标准化工作有序开展。加强对种植大户、合作社等的指导，建立适合中药材标准化基地建设的新型组织管理模式，提高组织化程度，提升综合管理水平。建立中药标准化人才共享的教育培养模式，以项目为载体，积极组织开展培训学习活动，提升项目人员的综合素质，为中药标准化项目工作的开展提供坚实的人力资源保障。

实现优势药材品种引领国家标准，责任重大、使命光荣、任重道远。中药标准化项目已经启动，我们要有一种舍我其谁的胆识和气魄，喊响"晋药"战略，打造"晋药"大品种，创建"晋药"大品牌，唱响"中国中药质造"，奋力推进中药材全产业链发展，倾心助力中药标准化建设，引领中医药走出国门、走向世界。

参考文献

[1] 董磊：《标准化良方熬出好"中药"》，中国经济网，2016年8月18日，http：//www.ce.cn/xwzx/gnsz/gdxw/201608/18/t20160818_14991149.shtml。
[2] 王茂、沈绍武、常凯、毛树松：《我国中药标准化现状及发展对策研究》，《医学信息学杂志》2013年第3期。
[3] 《国务院关于印发〈中医药发展战略规划纲要（2016～2030年）〉的通知》，中国政府网，2016年2月26日，http：//www.gov.cn/zhengce/content/2016-02/26/content_5046678.htm。

B.22
易地扶贫搬迁"空壳村"的出路探索：
左权县庄园经济剖析*

梁红岩 郭铖 何安华**

摘 要： 随着我国易地扶贫搬迁的加快推进，移民区将出现大量的闲置土地，如何有效利用这些土地成为当前一个突出的问题。近年来，山西省左权县为了充分使用原有居民搬离原居住地后没有开发利用的空闲资源，积极探索发展庄园经济。本报告将左权县庄园经济与古今中外庄园经济进行对比，以明确左权县庄园经济的内涵，进而分析左权县庄园经济兴起的原因及其结构和功能，并探讨其发展的困境及出路。左权县庄园经济在提高资源配置效率、推动支柱产业形成、增加农民收入、促进农业技术推广、助力生态环境建设等方面起到了显著的积极作用。但是，当前市场、资金、人才和土地等方面的困境制约了庄园经济未来的发展，应从强化政府服务、探索融资渠道、成立行业协会、创新土地制度等方面推动庄园经济进一步发展。

---

* 本报告是山西省哲学社科规划课题"山西省产业转型过程中生态与产业融合发展研究"（2016054006）与中国农业科学院农业信息研究所委托课题"全球贫困动态变化信息咨询与研究服务项目"（011502151110066）的阶段性研究成果，课题主持人为梁红岩，完成时间为2017年5月。

** 梁红岩，山西大学经济与管理学院，副教授、硕士生导师、经济学系主任、产业经济研究所所长，研究方向为产业经济与区域发展；郭铖，山西大学经济与管理学院，讲师、经济学博士，研究方向为农村经济发展；何安华，中国农村经济发展研究中心，经济学博士，研究方向为"三农"问题与区域发展。

山西蓝皮书

关键词： 易地扶贫搬迁　庄园经济　左权县

易地扶贫搬迁是指将贫困人口从发展落后、居住环境差的地方搬迁到经济发展和生存环境相对较好的地区，改善他们的生活条件，增加他们接受教育的机会，提高他们的生活水平，帮助他们早日脱离贫困。我国的地形种类多样，全国仅1/3不是山区。山区一般交通不便，与外界联系相对较少，经济和社会处于较低的发展水平。特别是在一些深山区、石山区、高寒区、荒漠化区等地区，贫困与恶劣严酷的自然生态条件往往是共生的，生态环境脆弱、各种自然灾害频发使得这些生态贫困地区脱贫的难度增大，即使依靠政府提供的各种便利条件脱离贫困，也会因多种自然灾害而又变得贫困。因此，易地扶贫搬迁是帮助这些地区脱离贫困最有效的措施之一。2015年6月，习近平总书记在贵州调研期间首次提出"四个一批"[①]的扶贫攻坚行动计划。2015年11月，《中共中央关于制定国民经济和社会发展第十三个五年规划的建议》发布，进一步给出了"四个一批"的具体分布计划[②]。2017年中央一号文件明确提出了《关于深入推进农业供给侧结构性改革加快培育农业农村发展新动能的若干意见》，要求扎实推进脱贫攻坚，将精准扶贫各项政策措施落地生根，确保2017年再脱贫1000万人以上。易地扶贫搬迁的扶贫方式成为我国扶贫体系中重要的方式之一，按照"十三五"时期易地扶贫搬迁1000万人的行动计划，必然会使扶贫搬迁地区在短期内形成大量的"空壳村"。如何有效利用这些地区的土地资源以及由当地居民和政府长期投资形成的水、电、路、房等设施，成为在扶贫的同时提升社会整体经济效率的又一紧迫问题。作为全国扶贫开发工作重点县，山西省左权县于

[①] "四个一批"即"通过移民搬迁安置一批，通过低保政策兜底一批，通过扶持生产和就业发展一批，通过医疗救助扶持一批"。

[②] 《中共中央关于制定国民经济和社会发展第十三个五年规划的建议》提出："到2020年，通过产业扶持，可以解决3000万人脱贫；通过转移就业，可以解决1000万人脱贫；通过易地搬迁，可以解决1000万人脱贫，总计5000万人左右。还有2000多万完全或部分丧失劳动能力的贫困人口，可以通过全部纳入低保覆盖范围，实现社保政策兜底脱贫。"

2001年开始将易地扶贫搬迁作为扶贫工作的重点,并逐步探索形成了通过发展庄园经济有效利用移民搬迁后的闲置资源的发展模式。该模式在发展中已初见成效,但其发展也进入了一个瓶颈期,问题凸显。对其经验和问题进行总结与反思,有助于为我国易地扶贫搬迁造成的移民区闲置资源处理问题提供参考和借鉴。

一 左权县庄园经济的内涵

(一)左权县发展庄园经济的背景

左权县位于山西省晋中市东南部,是著名的太行革命老区,共有10个乡镇、200多个行政村;总面积为2000多平方公里,其中农业耕地面积仅20余万亩;人口约有16万人,其中农业人口占85%。左权县是全国的贫困县,是急需脱贫的地区之一。截至2015年底,全县65%的地区仍然没有脱离贫困,贫困人口达5万多人,占全县总人口的33%。左权县大多数地区是山区,可以用来耕地的面积特别少,不到总面积的8%,有"八山一水一分田"之称。由于山地所占面积大,很多贫困人口零零散散地分布在生活极不便利的山区。极其分散的人口对地区的发展造成了严重的困难,基础设施很难集中建设,对脱贫工作的开展带来了极大的不便。

2001年,为了做好山区贫困人口的扶贫工作,全县确立了"1城34中心村"的易地扶贫搬迁计划。以县城为基础,选择发展相对较好、交通相对便利、人口相对较多的34个行政村作为中心村,统筹规划,将分布在山区的贫困人口有计划地迁入县城和中心村。到2020年,县城人口必须超过10万人,剩下的人口全部迁入中心村,形成"1城34村"的城乡新格局。该计划自2001年启动,截至2016年8月,全县整体搬迁行政村19个、自然村近120个,移民6000多户,总计2万多人,加上群众自发搬离原居住地,累计移民4万余人。县城人口从2000年到现在增加了1倍多。

随着移民搬迁工程的不断推进,出现了一些荒无人烟的村庄,这些村庄原有的土地荒废，经过几代人几十年建设起来的水、电、路、房屋等资源被搁置，无人使用。如何将这些无人使用的资源重新利用起来成为左权县的重要工作之一。2005年，左权县开始发展庄园经济，截至2016年8月，已经发展各类庄园250多处，总计投资约16亿元。

（二）左权县庄园经济的概念界定

左权县发展的庄园经济有两个显著特点。一是政府以有效利用移民搬迁旧址上的耕地、林地、宅基地、"四荒"地以及水、电、路、房屋等资源为目标，鼓励、引导当地民间资本以承包、转包、租赁、入股等方式将分散的土地集中起来。调研中发现，面积最小的庄园经营土地面积也将近200亩。二是在集中起来的土地上，承包者通常使用企业化的手段和市场化的方式来发展多元化的经营。绝大多数经营者既从事种植业、养殖业，又建造或修缮住宿、餐饮等旅游接待设施，具备了一定的旅游接待能力。其中一些经营者建立了自己的加工厂，将种植出来的初级农产品进行加工。不同经营方向之间通过产品提供和资金调配联系在一起，形成一个多功能的有机整体。

之所以被称为"庄园经济"，是因为左权县发展的这种经济模式具有浓厚的庄园经济特征。中世纪欧洲的庄园经济是全世界从古至今最有特点的庄园经济，这种经济制度是欧洲封建制度的核心。中世纪欧洲庄园是指封建领主获得封地后，在适当的地点建起住宅和其他公共建筑（如教堂、磨坊），在这些建筑物周围则围之以农奴的房舍，房舍的外围分布着广阔的耕地、林地，于是形成一个个彼此孤立、互不统属的村落，即庄园。庄园有四个显著特征：一是领主以接受分封的方式获得土地；二是领主不仅拥有土地，而且可以自主经营自己的土地；三是农奴必须依靠领主，地租以劳役地租为主；四是庄园是一个自给自足的经济单元，其经济结构表现为以农业经济和庄园手工业经济为主的多种经济的稳定结合。我国自东汉时期开始兴起庄园制经济，在魏晋时期发展最好，之后逐渐没落，直到唐朝中期的时候又重新发展起来。其基本特征是"一家地主拥有一大片土地，形成自己的庄园，然后用来剥削和奴役农民"。与欧洲农奴制不同，我国采取租佃制，地租以实物地租为主，农民对地主的依附关系较弱。20世纪中期，欧洲和美国等发达地区开始出现现代庄园经济，它依靠各种现代化的经营手段，以满足市场需求为目的，逐渐成为一种全新的现代农业发展模式。它曾极大地提高了美国、荷兰、澳大利亚等国的农业经济发展水平，创造出了大量令人惊讶的奇迹，如美国新奇士橙、荷兰花卉等。日本的"都市农业"或"工厂化农业"以及我国台湾的"观光农业""市民农园"等，其实也属于庄园经济的范畴。

左权县庄园经济具有中世纪欧洲庄园经济和我国古代庄园经济经营规模大、多种经济有机结合的特点，同时又具备现代庄园经济以私人投资为基础、以现代化管理为手段、以市场为导向的要素，因此将其称为"庄园经济"。其本质是一种通过民间投资将移民区土地资源与现代化的经营管理技术相结合的农业经营模式。

二 左权县庄园经济兴起的原因

左权县庄园经济的兴起可以归因于两个方面的力量：政府支持和能人带动。

（一）政府支持是庄园经济形成的动因，并为其提供了有利的发展环境

1. 实施扶贫搬迁政策，为庄园经济的形成创造了前提条件

庄园经济的重要特点是规模化经营，为此必须有大面积的土地资源。左权县扶贫搬迁形成的大量闲置资源为庄园经济的兴起创造了基础条件。

2. 创立农村土地产权交易市场，规范土地经营权流转

为了保证庄园经济的稳定经营，要求土地经营权必须相对稳定。为了规范土地流转，左权县在2013年9月成立了"土地银行"，即农村土地产权交易市场。"土地银行"主要承担信息存储、规范流转功能，截至2016年8月，累计发布收储土地流转信息6774条，规范流转土地85344亩。

3. 给予庄园经济多项资金支持

自2007年以来,县级财政累计投入专项扶持资金2300万元,各涉农部门累计投入资金不低于8000万元。左权县创新财政资金使用形式,建立农业特别流转金制度。从2014年开始,县财政每年拿出500万元用于庄园经济资金流转,激励和推动庄园经济发展。

4. 为庄园经济提供生产资料补贴

根据地区的自然条件,政府鼓励各庄园种植核桃树。在推动核桃产业发展的初期,政府为种植核桃树的庄园提供苗木补贴,承担核桃苗价格的60%。此外,政府为符合条件的庄园免费提供肥料,解决了庄园发展初期种植果树所需肥料问题。

5. 为庄园经济发展提供生产技术支持

在政府推动下,全县成立了30个核桃树修剪服务队,为核桃种植户提供服务。修剪小树的费用是每株5元,完全由政府补贴;修剪大树的费用是每株30元,政府补贴20元。县林业局还常年从山西核桃研究所、晋中职业技术学院、河北农业大学等机构聘请专家,为农户提供技术咨询服务。

6. 为庄园经济发展提供金融、保险支持

"土地银行"下设抵押信贷中心,在规范土地流转的基础上为庄园经济提供物权抵押贷款,截至2016年8月,已为庄园经济办理物权抵押贷款1600万元。政府还出面为庄园经济和保险公司搭桥,目前主要为种植核桃树的庄园提供保险。每亩或每32株的保险费为100元,政府补贴50%。

(二)能人带动是庄园经济发展的关键因素

在左权县的调研中我们发现,每个庄园都有一个能力较强的庄园主,他们大多是有外出打工、工作或经商经历的本村村民。庄园从建立到成长的每一步,这些能人都起到了重要的推动作用,主要表现在以下几个方面。

1. 庄园主的非农资金积累满足了庄园经济发展前期建设资金投入的需求

庄园在初创阶段需要大量的资金投入用于土地流转、种苗种畜购买、房屋和设施建设等。庄园的创始人通常都有非农资金的积累。鑫淼葡萄庄园创

始人于1999年在左权县开办超市,目前已拥有3家超市。庄园的前期投资基本来自这3家超市的利润。骊山宫庄园创始人国和平早年与人合伙开过铁矿、跑过运输,积累了庄园发展的前期资金。

2. 庄园主的企业家才能满足了庄园经营管理和业务开拓的需要

庄园经济的特点之一是经营方向的多样性,往往同时涉及三大产业,这就需要经营者有较丰富的组织管理经验和较强的业务开拓能力。白垤生态庄园创始人张家声早年在北京铁路局任职,1998年创建山西靖日中铁实业有限公司,主营铁路产品,在业内颇具口碑。日月星庄园创始人陈拉成同时还在晋中信用社金融大酒店任总经理,积累了丰富的酒店管理经验及经营资源,这为庄园发展餐饮业和旅游业提供了极大的帮助。骊山宫庄园创始人国和平曾与人合伙开发以旅游、餐饮为主的莲花岩生态庄园,积累了发展旅游型生态庄园的经验。

3. 庄园主的社会资本为庄园经济发展提供了稳定的外部环境

庄园经济存在于农村地区,庄园的建立和发展不可避免地要与当地原住农民发生交易和谈判,在此过程中会产生各种问题,如有些农民违背流转合约想要回转出的土地,有些村庄的宗族势力、黑恶势力可能会排挤庄园经济,等等。受偏远山区执法成本较高的影响,这些问题如果单纯由法律来解决,效率极低,这就需要庄园主在当地有较好的社会关系。日月星庄园创始人陈拉成曾任村支书,具有良好的群众基础,确保了土地流转的顺利进行。庄园建成后,他为当地村民提供了20个就业岗位。此外,他还出资为全村60岁以上老人每月发放200元生活费。这些善举使陈拉成在当地深得民心,庄园在经营中得到了村民的大力支持。白垤生态庄园创始人张家声、莲花岩生态庄园创始人高乃文等都在当地担任多年村支书,有良好的群众基础。

三 左权县庄园经济的结构

(一)按经营领域划分的庄园类型

按照主要经营领域,可以把左权县庄园分为三类:种养为主型、旅游为主型、种植加工型、三产融合型。

1. 种养为主型

这类庄园约占全县庄园总数的70%，主要从事当地特色作物如核桃、苹果、梨、中药材、用材林的种植和羊、猪、鸡、牛、山猪等畜禽的养殖，其中大多数庄园也兼营农家休闲旅游，但客流量较小，对其影响不大。

和会生态庄园位于左权县粟城乡粟城村关长沟。2004年，本村村民赵和会夫妻以8000元的价格取得关长沟198亩宜林荒山的承包经营权，开始发展种养殖业。目前，和会生态庄园经营面积达198亩，累计投资70多万元，栽植矮化核桃树1500株、连翘2000株、柿子树150株、板栗树150株、杨树4000株、花椒树120株，嫁接酸枣树1.1万余株，养鸡2000多只，形成了以牧养林、以林促牧的循环农业模式。

骊山宫庄园成立于2013年，位于左权县桐峪镇西峧村，业务范围包括富硒果树种植和旅游资源开发。当前庄园重点发展果树种植业，用种植业的收入投资开发旅游业。庄园总占地面积为1500余亩，其中流转土地260余亩，购买"四荒"地400余亩，使用集体荒山900余亩。已注册"合不高""红不落"两个富硒苹果商标。截至2015年底，庄园已累计投资700余万元用于果树种植，种植富硒苹果树250余亩、富硒梨树150余亩，年产苹果约30万斤，年销售额约180万元。丰产后，可年产富硒苹果200多万斤、富硒梨100多万斤。

2. 旅游为主型

这类庄园约占全县庄园总数的20%，在种植、养殖的同时，还开展农家休闲旅游，并进行具有当地特色的旅游资源开发，为游客提供餐饮、住宿等服务，形成了一定的旅游接待能力。

莲花岩生态庄园成立于2009年，位于左权县桐峪镇莲花岩自然村，注册资金为1000万元。庄园充分利用移民搬迁村的"四荒"资源，总面积为12000亩，规划实施面积5600亩，用于发展经济林、中药材种植和旅游度假资源开发。庄园成立后，确立了"原生态旅游度假为主，林果药种植为辅"的发展定位，着力打造"千年古崖居""莲花岩峡谷风光""左权开花调情境园"的旅游品牌。截至 2016 年 8 月，庄园建设工程已完成投资 5000 余万元，修缮原生态村落 2500 平方米、古崖居 2600 平方米，建设原生态"桃花庄"2800 平方米、人工湖 3900 平方米、景区大门及停车场 3600 平方米，种植矮化核桃树 360 余亩，套种中药材 100 余亩，并完成蓄水库、灌溉管网、农用道路、护村堤堰等基础设施建设。目前，庄园已通过 3A 级景区认证，每年来旅游参观的游客约有 10 万人次。

左权县石匣乡红都村是左权"开花调"民歌的发源地，当地民歌的代表人物石占明于 2013 年投资成立了"桃花红·杏花白"庄园。该庄园被列为左权县 2014 年重点工程、晋中市文化产业重点项目。基地建设预计总投资 9860 万元，总面积为 1843 公顷，项目建设内容包括民歌培训基地、原生态民歌博物馆、传习场所和民歌演出广场等。项目建成后，将成为我国首家原生态民歌传承基地，为挖掘、传承、发展优秀传统文化起到积极作用。目前，项目已完成投资 1886 万元，流转了 31 座农家院落，已建设完工水电、道路、绿化、演出广场、接待中心、博物馆等设施。

3. 种植加工型

这类庄园约占全县庄园总数的 5%，依托杂粮、核桃等当地特色农产品，庄园本身建有特色农产品种植基地，并建有加工厂开展农产品加工，以统一的品牌和包装对外销售。

龙鑫种植农民专业合作社位于左权县龙泉乡连壁村，由松树坪国有煤矿下岗职工张国忠和左权县龙泉乡连壁村 4 户农民共同发起成立。合作社成立于 2008 年，最初注册资金为 85 万元，于 2012 年变更登记，注册资金改为 500 万元。目前，合作社共有社员 68 户，经营范围包括谷物、经济林种植，羊、生猪养殖，农产品加工销售，农机服务，生物有机肥生产销售五项业务，其中以小米种植和加工为主营业务。截至 2016 年 8 月，合作社累计总投资 872 万元，建成 2700 亩杂粮种植基地。2015 年，合作社实现销售收入 435.2 万元，利润达 8.6 万元。2010～2015 年，庄园连续 6 年通过有机产品认证，注册有"隆兴""辽州黄"品牌，2014 年被农业部评为"国家级农民合作社示范社"，2015 年 3 月被国家环保部评为"全国有机杂粮生产基

地"。

白堠生态庄园成立于2008年，位于左权县石匣乡白堠村。该庄园最初以种养殖和乡村体验旅游为发展方向。庄园累计总投资3000万元，用地来自承包的94亩荒坡地和村集体的12000亩宜林荒山。2015年起，由于客流量较小，庄园发展重心由种养殖和乡村体验旅游转向即食小米加工业。庄园与中国农业大学签订即食小米合作协议，由中国农业大学提供专利技术和设备，解决了加工技术问题。该项目第一期计划投资26000万元，每年实现销售收入300万元。

麻田顺康庄园是一家首先进行农产品种植，然后进行再加工和销售的一体化庄园。主要加工产品有核桃系列产品、柿饼、花椒和杂粮等。目前庄园总资产达5700万元，使用土地20000平方米，建筑使用面积达10000平方米，拥有良种核桃基地示范园6000亩。主要产品核桃、核桃仁通过了有机产品认证，核桃油在中国特色农产品交易博览会上获得金奖和优秀科技创新产品奖，被中国农产品品牌大会评为优质农产品金奖，"麻田顺康农坊"商标被评为山西省著名商标。

4. 三产融合型

这类庄园约占全县庄园总数的5%，其特点是将种养殖、休闲旅游和农产品加工通过产品提供和资金互补形成互相促进、均衡发展的有机整体。

鑫森葡萄庄园成立于2008年，位于石匣乡左权湖畔，由左权县鸿兴鑫森食品有限公司投资兴建。庄园注册资金为1000万元，以租赁形式流转附近村庄农用耕地100多亩，宜林荒坡、荒山2000多亩，主要从事优质酿酒葡萄种植、葡萄酒酿造、葡萄酒销售、鲜食葡萄采摘和旅游观光。庄园采取三步走战略。第一步，葡萄园建设，葡萄种植。庄园已建成500亩冰葡萄示范园，所种植的葡萄都是世界上有名的品种，生成过程采用有机种植方式，并且已经通过有机认证。第二步，葡萄酒生产，产品推广。庄园已建成年产210吨冰葡萄酒的生产线，并且相关的配套设施也已经逐步建设完工。第三步，停车场、酒店等设施建设，发展酒庄旅游观光。酒窖、停车场和更大面积的冰葡萄种植园已经开始动工建设。计划申请3A级景区，大力发展餐饮、住宿业。

日月星庄园成立于 2008 年，位于左权县芹泉镇下庄村营圪道自然村，是一家集经济林、养殖业、农家乐、农副产品加工于一体的庄园。庄园的发展战略分为三步。第一步，发展种植和养殖业，主要种植核桃树，养殖野鸡、野猪。该村所处地理位置、气候条件非常适宜种植用材林、经济林。林区充足的水源和无污染的环境适宜养殖，当地农作物以玉米、大豆、谷物为主，可以为养殖业提供充足的饲料，养殖业产生的大量粪便可以作为有机肥料用于种植，这样就形成了一种循环农业格局。目前已建成 1700 亩核桃林和 20 万平方米散养基地。核桃林年收入可达 50 万元。第二步，发展观光旅游业。庄园从 2006 年开始，围绕"发展观光旅游业，壮大养殖业，做强林果业"的发展思路，积极发展生态旅游业。现已建成特色餐饮、住宿、会议、娱乐等功能区，年接待游客量已超过 20 万人次，营业收入在 200 万元以上。庄园计划未来 3 年加大投资力度，扩建餐饮、会议、客房等功能区，达到每日 1000 人次的接待能力。第三步，将种植的农产品进行加工，提高农产品附加值。庄园规划建设农产品加工厂，占地 3000 平方米，主要加工核桃、板栗、豆类、杂粮、庄园肉制品等。

（二）按组织形式划分的庄园类型

在组织形式上，左权县绝大多数庄园实行一个实体、两块牌子，既注册为公司，又注册为农民合作社。注册为公司体现了庄园经济的本质特征，即采取私人投资、公司化经营、市场导向。很多庄园目前并不具备合作社性质，与农民没有任何契约关系，却注册为农民合作社，这一方面可能是政府推动的产物，另一方面庄园可以争取到与合作社相关的政策扶持。如白堰生态庄园既注册为公司——太行明珠农业科技发展有限公司，又注册为农民合作社——白堰农民专业合作社，但庄园目前并没有与其他农户发生合作关系。实际上，左权县庄园经济的组织形式可以分为以下五种类型。

1. 纯公司型

这类庄园采取公司化的资本和业务运营方式。公司初始资金完全由私人提供，业务环节也与农户不存在任何契约关系。日月星庄园由董事长陈拉成等6人集资30多万元，以租赁方式流转营圪道自然村的3700亩荒地荒坡成立。庄园完全采取公司化管理，根据公司制的发展需要设立相应的机构，雇用职工20人。公司业务虽然涉及种植养殖、旅游和农产品加工业，但全部业务均由公司统一以雇用或临时雇用的方式组织经营，与农户之间不存在契约关系。麻田顺康庄园由麻田顺康天然农产品有限公司投资成立。庄园成立以来，一直延续原公司的组织形式。现有职工36名，其中管理人员8名。庄园的加工业务完全由这36名正式职工承担。此外，庄园还拥有6000亩良种核桃示范基地，在栽种环节曾雇用200多名临时工。庄园所需原料主要来自自己的基地以及农产品经纪人，没有与当地的农民签订合同。

2. "公司+农户"型

这类庄园通常以农产品加工为主营业务，由于需要大量的农产品作为原料，公司通常与农户签订购销合同，把相对稳定的签约农户作为其原料供应方，并由专门机构负责管理签约农户。以加工即食小米为主营业务的白堠生态庄园目前年加工能力为3万吨，原料主要来自本县的100多户农户。庄园计划采取"公司+农户"模式，分三步走。第一步，庄园与农户签订合同，合同载明农户的种植面积以及交付谷子的最低数量，农户从庄园领取种子、肥料等投入品。第二步，农户种植，承担生产风险。第三步，农户把生产的谷子卖给庄园，庄园按高于市价20%的价格收购，并扣除之前垫支的投入品费用，如果农户交付的谷子数量没有达到合同的最低要求，农户将承担一定的赔偿。合同一年一签，农户享有较充分的退出自由权。公司成立了专门团队负责管理农户，以确保农户能够按照公司的要求种植并把产品出售给公司。

3. **合作社型**

这类庄园主要从事农产品的种植和加工，由农户入股成立合作社，农户同时获得社员资格，能够享受合作社提供的各项服务，享有相应权利，同时承担相应义务，如社员要按照合作社统一要求从事种植养殖，并将农产品交售合作社。合作社将农户种植的农产品集中到一起，统一进行加工和包装，并以自己的品牌打入市场。隆鑫庄园属于典型的农民专业合作社。合作社设有社员大会、理事会、监事会等组织机构，其中理事会由 5 名理事组成。5 名理事分别负责合作社五大项业务中的一项，形成了多元发展的组织结构。合作社逐步建立并完善了人力、财务、生产、销售等各项经营管理制度，保障了合作社的正常运行。特别是合作社建立了严格的产品追溯系统，对种植、加工的每一道程序都设置了标准，将入库原粮和加工产品统一编号，每个编号卡都注明了原料出处地块和经营管理人姓名，一旦发现问题即可找出源头进行控制。合作社与社员建立了密切的联结机制。社员以承包耕地入股合作社，67 户社员入股土地共计 700 亩，每亩抵 1000 元股金。合作社为社员统一提供种子、肥料、技术，社员将产品交售合作社，收购价高于市价 5%。合作社还负责引进新品种和新技术，并对社员进行培训，制定农产品的质量标准并进行监督检查，同时承担农产品种植后的加工和销售等职能。合作社利润在提取公积金和公益金后按股金和交易额相结合的方式在社员间分配。2015 年，平均每户分红 8000 元。同时，合作社的发展还将周围 400 多户农民发动起来种植杂粮。

4. "公司+合作社"型

这类庄园从事多元化经营，同时注册合作社和企业两块牌子，合作社和企业分别负责庄园不同的业务部门。骊山宫庄园同时注册了左权县和平果业农民专业合作社和骊山宫庄园开发有限公司两块牌子。合作社目前主要从事富硒果树种植，注册资金为 60 万元，共有社员 65 名，采取合作社的机构设置和运营方式。骊山宫庄园开发有限公司注册资金为 600 万元，主要从事旅游资源开发，采取有限责任公司的组织形式。合作社理事长和公司董事长均由国和平一人担任，目前庄园的发展重点是果树种植，并逐步将合作社利润的一部分投资于公司的旅游开发业务。

5. 家庭农场型

这类庄园以从事种植养殖业为主，实行市场导向、家庭经营，通常没有固定职工，只是在农忙时按需要临时雇工。和会庄园主要由本村村民赵和会

夫妻经营，所需劳动力主要依靠临时雇工，雇工以当地村民为主，男性劳动力每天支付100元的报酬，女性劳动力支付60元。庄园产品销售给农产品经纪人，销售价格随行就市。

四 左权县乡村现代庄园经济的功能

（一）促进了闲置资源与现代市场要素的合理配置

庄园经济通过流转因扶贫搬迁而闲置的耕地、宅基地、林地，以及"四荒"用地等土地资源，将资金、管理、技术等现代生产要素与大量山区土地资源相结合，从事多元化经营，兼营种植养殖、乡村旅游、农产品加工等，不仅规避了山区生态脆弱、土壤贫瘠的劣势，而且通过农业的多功能化提高了经济效益。在10年的时间里发展了相当数量的农业规模化经营主体，部分主体发展效益良好，极大地促进了县域经济的发展。总体来看，庄园经济对左权县经济发展是一种帕累托改进。

（二）带动了传统农业与第二、第三产业的协同发展

截至2015年底，左权县庄园经济年产值达到6500万元。依托庄园经济，左权县已形成核桃种植加工、杂粮种植加工、乡村旅游、畜禽养殖四大支柱产业。全县已有3个核桃品牌和9个杂粮品牌通过有机产品认证，17个杂粮品牌通过无公害产品认证，10个庄园已形成在省内有影响力的旅游品牌。

（三）拓展了搬迁农民多种形式的增收渠道

庄园经济的发展增加了农民的收入。截至2015年底，左权县有800多户农民以土地经营权、资金、饲养的畜禽等形式入股庄园经济，以股东身份获得资产性收入。庄园经济给当地农户增加了1万多个就业岗位，平均每人收入增加2680元。

（四）推动了现代科技成果在生产中的传播与应用

庄园经济的发展极大地带动了当地农业技术的推广。白堠生态庄园与山西农业大学合作，引入51号谷子，要求与其签约的农户统一采用。该品种亩产谷子800斤，比当地主流品种亩产高出50%，且品质较好。龙鑫庄园山西省杂粮研究所与山西农业大学合作，引入优质杂粮品种免费提供给67户社员，建立了2657亩有机杂粮基地。骊山宫庄园免费为65户社员提供富硒苹果、富硒梨种植技术，推动了当地富硒果树产业的形成。

（五）改善了荒地弃村及采矿沉陷区的生态环境

庄园经济发展以来，累计种植生态林7.5万余亩，由于产权明晰、管护到位，成活保存率达到95%以上，种植以核桃林为主的经济林30多万亩，显著改善了山区的生态环境。截至2015年底，左权县森林覆盖率达35%，比2010年上升6个百分点。

五　左权县乡村现代庄园经济的困境

左权县257个庄园中，具有一定规模、经济效益较好的庄园只有20个左右，不足庄园总数的10%。大多数庄园还处于开发建设阶段，尚无盈利。总体来看，目前左权县庄园经济发展处于瓶颈期，主要面临四个方面的困境：一是面对激烈的市场竞争，处于贫困县城的庄园经济靠什么赢得市场？二是资金前期需求大、见效慢的庄园经济如何解决资金问题？三是如何获得庄园经济发展所需的经营型人才？四是如何突破当前的土地困境？

（一）市场困境

左权县交通、通信等基础设施较为落后，与发展旅游业相配套的交通路线、通信设施尚未建成，影响了游客流入；政府对庄园经济发展缺乏统一规划，对外缺乏统一宣传，旅游业未形成品牌，对游客吸引力不大；当地庄园数量较多，不同庄园之间的旅游项目大同小异，同业竞争严重。加工业品牌建设较为落后，全县注册自有品牌的庄园只有不到10个；市场竞争较为激烈，近年来，由于核桃产品的市场竞争日趋激烈，核桃产品销售困难。

（二）资金困境

庄园开发前期资金需求大，回报周期长，见效慢，大部分庄园后期发展资金短缺。当地政府鼓励庄园将土地经营权作为抵押申请贷款，但实践中，相对于其他抵押品，土地经营权抵押涉及关系复杂，不确定性较大。银行出于交易成本考虑，一般不接受将土地经营权作为抵押发放贷款，有的庄园主不得不以个人房产抵押取得贷款投资庄园建设。

（三）人才困境

大多数庄园处于开发建设期，尚未盈利，没有条件聘请懂管理、善经营的管理人才。一些庄园在经营管理、市场定位方面问题明显，不少庄园发展几年后因经营不善而关闭。莲花岩庄园在市场定位上走中高端路线，希望通过当地独有的古崖居景观、优美的景区建设环境和较好的食宿条件吸引消费能力较强的游客。与左权县其他庄园不同，该庄园采取对游客收门票的经营方式。左权县属于贫困县，本地居民消费水平较低，同时在短期内左权县庄园旅游尚未形成全国性品牌，对外来游客的吸引力较弱，导致庄园目前客流量较少，陷入了经营困境。与经营业务相同、自然条件相近的日月星庄园相比，其年接待游客量少了一半。

（四）土地困境

庄园经济经营的土地一部分是庄园主自己承包的，主要是"四荒"地和部分林地，也有流转自农户的耕地、林地和宅基地。在实践中，庄园经济基本没有通过抵押流转自农户的土地获得贷款。在实际操作过程中，庄园流转土地并不能取得承包经营权证，然而该权证是银行发放农地承包经营权贷款的必要条件之一。因此，部分庄园无法获得贷款，限制了其发展。

六　左权县庄园经济的出路

针对左权县庄园经济发展的困境，庄园经济的进一步发展可以从以下四个方面破题。

（一）制定引导庄园经济跨越升级的统一规划

当前左权县庄园经济在数量上已经形成很大规模，在政府的支持下，也形成了核桃、杂粮等品牌产品和几个旅游业发展典型。如何在此基础上，围绕庄园经济形成当地的主导产业，打出具有全省乃至全国影响力的品牌，使庄园经济提质增效，是左权县庄园经济下一步发展的重点。为此，政府需要合理规划资源，制定科学的产业发展规划；加强交通、通信等基础设施建设；加强城市宣传，为庄园经济的进一步发展提供有利条件。

（二）鼓励或协调庄园多种渠道解决融资难问题

当前庄园经济普遍由于市场前景不明朗、缺乏合适抵押品等原因，无法从正规金融机构获得贷款，面临较大的资金约束。对此，可以尝试借鉴其他地区的经验和当前的一些新兴业态，多种渠道解决融资难问题。例如，可以采取广东省发展庄园经济的经验，将庄园土地均分为若干等份，然后将土地权益证或股份受益凭证向社会统一出售，以此来引入社会资本。每个购买者仅需要支付一次资金用来投资，之后不再需要进行资金投入，庄园由专业人员统一管理和运营，收益在庄园和投资者之间按比例分成，权益长期不变。另外，还可以尝试当前新兴的"众筹"模式，通过互联网渠道联系目标消费者，由消费者参与庄园的种植养殖、旅游资源开发等投资，庄园为消费者提供相应的产品和服务。

（三）推动成立行业协会，形成庄园经济发展合力

在庄园经济发展的初期，政府为庄园经济提供了生产资料补贴、生产技术支持、金融保险支持等多方面的扶持政策。但随着庄园经济发展到一定规

模，政府应转变职能，将庄园经济的发展交由市场，政府作为监督者监督其健康发展。政府可以推动成立庄园经济发展协会，使庄园经济发展协会成为各庄园之间交流市场信息和生产技术、建立资金融通和产品供求关系、调节相互矛盾、统一提供服务的平台，使庄园之间避免恶性竞争，相互交流学习，实现合作共赢。

（四）进一步完善农地权利的政策法规体系

深化农村集体产权制度改革，按照2017年中央一号文件的要求，具体落实农村土地集体所有权、农户承包权、土地经营权"三权分置"办法，加快推进农村承包地确权登记颁证，扩大整省试点范围。统筹协调推进农村土地征收、集体经营性建设用地入市、宅基地制度改革试点，允许承包土地的经营权向金融机构抵押融资的具体措施。政府应加快法治建设和制定具体实施办法，明确区分农地的承包权和经营权，并明确各自内涵，以确保农地经营权的稳定并发挥其融资功能。

参考文献

[1] 白文固：《东汉庄园经济说质疑》，《贵州师范大学学报》（哲学社会科学版）1984年第3期。

[2] 国务院发展研究中心农村经济研究部：《集体所有制下的产权重构》，中国发展出版社，2015。

[3] 李继东、张建武：《现代庄园经济的兴起与我国农业的创新——广东庄园经济发展的启示》，《中国农村经济》2000年第10期。

[4] 孙文军、吴永红：《庄园经济的特征、模式及前景》，《经济问题》1999年第4期。

[5] 项东：《迅速崛起的越南庄园经济》，《当代亚太》1999年第2期。

[6] 于建嵘：《中国现代庄园经济研究》，《农业经济问题》1999年第3期。

[7] 郑昌淦：《论唐宋封建庄园的特征——与邓广铭同志商榷之一》，《历史研究》1964年第2期。

附 录

Appendices

B.23 附录1 书记省长谈转型改革与发展

山西经济正处于爬坡过坎、滚石上山的关键时期,经济回稳向好的基础还比较脆弱。为深入理解供给侧结构性改革,积极推进创新驱动转型升级,特精选骆惠宁书记和楼阳生省长关于山西转型改革与发展的重要论述,以飨读者。

稳中求进 优化结构 标本兼治
不断激发资源型地区转型升级内生动力
—— 骆惠宁书记谈转型改革与发展

(一)深化供给侧结构性改革,落实六大重点任务

一是以事关结构调整的重要问题为着力点,深入推进"三去一降一补"。要把煤炭、钢铁去产能与优化产业结构结合起来,解决好去产能涉及

的重大问题,提高先进产能占比,优化产业结构,提高煤炭产业综合效益和竞争力。要把电力去产能与深化电力体制改革结合起来,构建煤、电、网、载能产业协同发展新格局,使山西的能源优势、电力优势转化为企业成本优势、经济发展优势。要把去库存与促进房地产平稳健康发展有机结合起来,打通去库存与棚户区和城中村改造之间的通道、去库存与农业转移人口进城购房之间的通道。要把去杠杆与提高金融服务实体经济水平结合起来,降低企业负债率,有序开展市场化债转股,大力发展直接融资。要把降成本与加强企业管理结合起来,政府通过优化政策环境等从外部降低企业成本,企业要从内部挖潜增效。二是以提高质量和核心竞争力为中心,全面振兴实体经济。围绕"六大工程"加速培育各类新的市场主体。鼓励引导企业加快传统产业技术改造,通过科技创新提升企业核心竞争力。抓好质量、品牌和标准建设,以服务企业常态化为抓手创优发展环境。三是以关键环节和重点领域改革为突破口,在深化经济体制改革中打造后发优势。积极稳妥推进财税和金融体制改革,推动财政预算改革和全过程绩效管理,推动地方金融机构改革。深化社保改革,全面实施全民参保登记计划,大力提升社保服务水平。推进开发区改革创新,与国际国内先进做法接轨,真正使开发区成为转型综改试验主战场,省转型综改示范区要切实发挥引领作用。深入推进"放管服"改革,进一步激发市场活力和社会创造力。牢牢把握中央提出的正确方向,深化山西省国资国企改革,这是决定山西转型前途的关键一招。要把握市场化取向、竞争力目标、专业化重组、股份制改造、现代化管理、科学化监管的重大要求,制定国资国企改革实施方案,对看准的事情先行组织试点。四是以农业供给侧结构性改革为引领,促进农业增效、农民增收和城乡一体化发展。把推进农业供给侧结构性改革落实到政策制定、工作部署、财力投放、干部培训各个方面。在推进功能农业发展上实现重大突破,把产品调特、品质调高、产业调强、结构调优。培育新型农业经营主体和服务主体,优化农业供给政策,深化农村产权制度改革。提高城市建设管理水平和综合承载能力,开展宜居宜业城镇创建,加大美丽乡村建设力度。五是以适度扩大总需求为途径,进一步增添发展后劲和扩大对外开放。着力提高投资的有效性，突出产业转型升级、重大基础设施、城乡一体化、社会事业四大方面有效投资，创新投资机制和方式。着力提升消费的带动力，以消费升级带动服务业升级，努力扩大本地产品消费，健全消费基础设施，创造良好消费环境。着力扩大经济外向度，积极参与"一带一路"建设，对接京津冀协同发展。围绕转型方向选大商、引好商。加快在山西省推广上海自贸区可复制的改革试点经验。六是以脱贫攻坚为重中之重，在增进民生福祉上实现新进展。紧紧扭住脱贫攻坚责任制这个根本环节，坚持四级书记进村，把各项政策措施精准落实到位。严格退出机制。千方百计促进就业和增收，精准服务促进就业，盯住重点援助就业，完善制度稳定就业，确保城乡居民收入增幅高于GDP增幅。完善基本公共服务体系，加大对社会事业投入力度。加强社会管理和安全生产工作，加强矛盾排查化解，提高全社会安全生产治理能力。加强生态环保工作，加快国土绿化步伐，扎实推进重点水利工程，严厉打击环境违法行为，增进人民群众生态福祉。

（资料来源：《中共山西省委十一届二次全体会议暨经济工作会议在太原召开》，《山西日报》2017年1月1日。）

（二）依托转型综改试验区，坚定不移实施创新驱动发展战略

要明确战略导向，抓住科技创新发力点；坚持围绕产业转型方向部署科技创新链，新兴产业抓创新突破，传统产业抓创新提质，农业抓创新增效，社会民生抓创新服务，推动新技术、新产业、新业态加快成长，为经济社会发展提供强劲新动能。要加强平台建设，打通科技成果转化通道。发挥转型综改示范区的带动作用，构筑功能型创新平台，支持鼓励大众创业、万众创新，全面提高科技供给能力，打造辐射全省的科技创新集聚区，构建科研成果从创意、研发到融资、孵化，再到产业化的环环相扣的"生态系统"；加强科技与经济、金融深度融合，下大力气打通科技成果转化的"最先一公里"和"最后一公里"，促使更多优秀科技成果在山西省开花结果。要深化科技体制改革，激发科技创新活力。转变科技管理职能和服务，推动政府科技管理职能向科技发展战略、规划、政策、布局和监管服务转变；进一步发

挥市场在资源配置中的决定性作用,充分发挥企业在创新项目提出、科技资源配置、科技项目实施中的主导作用,支持高等院校和科研院所改革,赋予其更多的科技创新自主权。要强化创新保障,营造全面创新良好环境。各级党委、政府要切实担负起领导和组织创新发展的责任,加强对创新发展的组织领导,大力实施人才强省战略,注重科学普及和创新文化建设,让创新成为全社会的广泛共识和价值导向,形成同心协力推进科技创新的社会环境。

(资料来源:《省委十一届二次全体会议暨经济工作会议就深入贯彻全国科技创新大会、卫生与健康大会、国有企业党的建设工作会议、高校思想政治工作会议精神做出部署》,《山西日报》2017年1月2日。)

(三)抓住关键时间节点,自觉推动转型发展

当前山西正处于经济步入合理区间的重要节点,处于创新驱动、转型升级的发力阶段,处于全面走向"大治"的关键时期,越是经济增速加快,越要自觉推动转型发展。一是旗帜鲜明引领转型。坚持认识引领,深刻汲取历史教训,主动打破固有的路径依赖。坚持改革引领,进一步把深化供给侧结构性改革与深化转型综改试验区建设作为主线,落实好"三去一降一补"各项任务,加快国资国企等重大改革,用改革的办法推动转型。坚持政策引领,落实支持转型发展的政策,加快制定相关配套措施,大胆借鉴运用省外的好做法好经验。坚持考核引领,发挥好考核对转型发展的"指挥棒"作用。二是综合施策推动转型。全面推动山西省能源革命,争当全国能源革命排头兵;以招商引资为抓手,培育壮大战略性新兴产业;以技术改造为动力,培育传统产业发展新动能;以提高农民收入为中心,深化农业供给侧结构性改革,特别是抓好种养结合,大力发展城郊农业;以促进消费升级为方向,提高服务业发展水平。三是提高标准倒逼转型。落实技术标准,实施标准化战略。坚持环保标准,倒逼企业加大技术改造力度,推进传统产业改造升级。同时,进一步做好安全生产各项工作。提高工作标准,牢固树立干工作就要干到最好的理念,在转型发展中创造一流的业绩。四是创优环境保障转型。营造良好的政治生态、法治环境、政务环境、舆论环境,在全社会形

成抓转型、促转型的良好氛围，进一步激发全省上下创新驱动、转型发展的积极性和创造力。

（资料来源：《骆惠宁主持召开山西省十一届省委18次常委会议》，《山西日报》2017年4月23日。）

（四）准确把握六大经济发展方向

一要把握"稳中求进"工作总基调。要坚持稳是主基调、稳是大局，在关键领域有所进取，在把握好度的前提下奋发有为，有效促进山西省经济平稳健康发展，有效维护社会大局稳定。二要把握宏观经济政策的取向。中央关于2017年经济政策的设计指向鲜明，丰富了党的十八大以来的经济政策框架，将促使经济运行保持在合理区间。要结合省情实际，把这些政策措施运用好，为经济发展创造更加有利的条件。三要把握深化供给侧结构性改革的部署。在深入推进"三去一降一补"的同时，还要抓好农业供给侧结构性改革，着力振兴实体经济，促进房地产市场平稳健康发展，牵住经济发展的"牛鼻子"。要切实增强供给侧结构性改革的自觉性、坚定性和有效性，巩固成果，乘势而上，不断取得新的进展。四要把握统筹推进经济工作的任务。进一步释放内需潜力，促进新动能发展壮大、传统动能焕发生机，加强节能环保和生态建设，进一步织密扎牢民生保障网，等等。要推进政策协同配套，推动消费升级和有效投资良性互动、生态保护和经济发展协调共进，让人民群众有更多的获得感。五要把握关键性改革的举措。深化国资国企、产权保护、财税金融、养老保险改革，有重点地推进对外开放，深化一批具有重大牵引作用的改革举措。要坚持用改革的办法解决经济社会发展中的突出问题，在细化改革举措、突破关键环节上下功夫，为经济发展不断增添动力和活力。六要把握加强经济工作领导的要求。会议提出各级领导干部特别是高级干部要把落实党中央经济决策部署作为政治责任，深入调研、加强学习、提高本领，抓住想干事、敢干事这两个关键点，健全正向激励机制，促进干部创造性地开展工作。要牢固树立"四个意识"，进一步从观念、能力、政策、方法和作风多个角度入手，提高全省各级干部的领导水

平,以干事创业的用人导向营造良好的从政环境。

(资料来源:《省委召开常委扩大会议 传达学习中央经济工作会议精神 骆惠宁主持并讲话》,《山西日报》2016年12月18日。)

精准方略 多措并举 突出重点
进一步加快推进转型综改试验区建设
——楼阳生省长谈转型改革与发展

(一)坚持多措并举,奋力开创转型综改新局面

山西经济正处于爬坡过坎、滚石上山的关键时期,未来要持续深化转型综改,在保持一定经济增速的基础上,积极推进创新驱动转型升级。深化转型综改,一是搭平台,把开发区改革创新发展作为关键之举,全省按国土面积的2%左右,一次规划、滚动开发,力争用5~10年时间,形成"一市一国家级开发区、一县一省级开发区"格局。依托太原都市区成立山西转型综合改革示范区,经过3个月努力,示范区党工委、管委会正式揭牌运行,起步区将在4月底开工建设。二是壮实体,聚焦产业、企业、企业家,大力实施"六大工程",培育壮大战略性新兴产业,改造提升传统产业,努力实现从"一煤独大"到"多元支撑",构建中高端现代产业体系。在培育壮大新兴产业上,既做"有心栽花花要开"的事,也做"无心插柳柳成行"的事。三是增动力,向国资国企改革,民营经济发展,大众创业、万众创新要动力,加大选商引资力度,形成龙头企业巨木参天、小巨人企业百木成林、小微企业漫山遍野的发展态势。四是强支撑,重点围绕产业链安排创新链、配置供应链、保障要素链、制定政策链,不断强化科技、人才、金融等支撑。五是创环境,对标中央要求,对标发达地区做法,对接国际投资贸易通行惯例,优化投资营商环境,打造审批最少、流程最优、体制最顺、机制最活、效率最高、服务最好的政务环境。六是严考核,制定区域经济转型升级考核评价指标体系,引导促进转型。

(资料来源:《楼阳生就转型发展和脱贫攻坚答记者问》,《山西日报》2017年3月8日。)

(二)突出重点,厚植持续向好转型发展基础

加大选商引资、招才引智力度,是增强发展动力、促进转型升级的重要途径。要明确定位,发挥省直相关部门的指导协调作用,将招商引资主体下沉到市县和开发区,促进先进生产要素向开发区集聚,加快形成产业集群,实现集约发展。要理顺体制,强化投资促进单位、驻外办事处的招商引资和对外合作职能。要创新机制,制定产业目录、招商地图,开展专业化、精准化招商,完善考核奖励机制,重点考核招商引资质量成效。要宣传政策,梳理现有招商、人才和产业促进政策,加大推介力度,提高政策知晓度。要优化服务,认真梳理、密切跟踪已签约项目,实行全程无缝对接,促进签约项目尽快落地、开工建设。

稳增长在经济工作中具有先导性和基础性作用,当前的重点是稳工业。要加强工作调度,密切监测研判,高度关注重点行业、重点企业、重点项目的运行和建设情况。要紧盯增长点项目,推动大数据、新材料、新能源汽车、智能制造等项目早日建成投产。要大力帮扶企业,推动干部入企服务常态化,通过实施大用户直供电、协调铁路运力、加大产销衔接、促进银企对接等措施,帮助企业降本增效、提质增速。

扩大有效投资,既事关稳增长,又事关促转型。要深化投融资体制改革,落实促进民间投资政策措施,优化投资营商环境,引导资金、技术、土地等要素更多地投向促转型、调结构、增动能、补短板等领域;积极谋划新兴产业项目和"铁、公、机""岸、港、网"等基础设施项目,滚动充实省重点工程项目目录;迅速掀起开工复工热潮,有效解决大项目少、好项目少、工业项目少、进度慢等问题。

要将重点工作任务、重大改革事项、重点工程项目、重点技改项目、重点招商项目纳入督办系统,一抓到底、确保见效。要转变观念,善于运用信息化手段开辟深入基层一线新途径,走好网上群众路线,切实提高行政效能

效率，推进政府治理体系和治理能力现代化。

（资料来源：《楼阳生在省直相关部门调研时强调：突出重点工程重点技改重点招商厚植持续向好转型发展基础》，《山西日报》2017年3月22日。）

（三）实施精准方略，确保脱贫攻坚再战再胜

坚持把人民利益放在首位，从巩固党执政的阶级基础和群众基础、保持党同人民群众血肉联系的高度出发，增强推进脱贫攻坚工作的使命感和责任感，以脱贫攻坚统揽经济社会发展全局，用绣花的功夫实施精准方略，确保2017年脱贫攻坚再战再胜。要"从严过细抓落实"，严格对照目标责任书，把各项政策措施精准落实到村到户到人，把从严要求贯穿于脱贫攻坚全过程的各方面各环节。要先难后易补短板，下大气力抓好易地扶贫搬迁、特色产业发展、龙头企业培育，既要为贫困群众"输血"，又要为贫困群众"造血"。要敢想善做重创新，运用市场机制，创新脱贫攻坚手段、措施和办法，充分调动各方面积极性，形成脱贫攻坚的强大合力。要动真碰硬强考核，树立抓过程、过程抓的理念，按照节点任务逐月逐季强化考核，检点不足，及时补课，确保如期完成、做足成色。要心系群众转作风，带着对人民群众的深厚感情，撸起袖子、扑下身子，扎扎实实做好工作，切实把党和政府的惠民政策转化为贫困群众的获得感和幸福感。

脱贫攻坚再战再胜要重点打好"关键仗"。一是抓产业扶贫，把产业扶贫与县域经济发展结合起来，把"一村一品"与"一县一业"结合起来，把因地制宜与做精特色结合起来，宜农则农，宜工则工，宜商则商，宜游则游。二是抓金融扶贫，力争2017年贫困户小额贷款新增50亿元，产业扶贫贷款新增100亿元。三是抓易地搬迁扶贫，确保2016年项目全部竣工，10万人入住，确保2017年项目开工率达100%，投资完成率在60%以上。四是抓生态扶贫，完善造林扶贫专业合作社机制，增加贫困群众资产性和工资性收益。五是抓教育扶贫，着力解决因学致贫、因贫失学问题，加大技能培训力度，提高转移就业竞争力。六是抓健康扶贫，落实政策，提高标准，扩大范围，保障贫困群众健康权益。七是抓兜底扶贫，以县为单位，用两年时

间实现脱贫线和低保线"两线合一",2020年前实现省级统筹。再战再胜,要落实兑现"军令状",进一步压实各级党政"一把手"第一责任,压实村"两委"主体责任,压实行业部门工作责任,压实包村领导、驻村工作队、第一书记帮扶责任,压实督察部门考核责任,以钉钉子的精神,一个工程一个工程地抓,一年一年地抓,直至2020年决战决胜、决战完胜。

(资料来源:《山西省长楼阳生:坚决打赢脱贫攻坚仗》,《中国产经新闻报》2017年3月13日;《楼阳生在左权县调研脱贫攻坚时强调:从严抓落实 下好绣花功 精准见成效》,《山西日报》2017年4月13日。)

(四)贯彻绿色发展理念,促进经济可持续发展

生态环境没有替代品,用之不觉、失之难存。绿色发展理念一定要内化于心、外化于行,贯彻在经济社会发展的方方面面,落实在政府工作的全过程。关键是贯彻新发展理念,树立正确的政绩观,切实做到"三个不要""三个要"。"三个不要":一是不要带血的GDP,人命关天,要坚决守住安全生产这条底线;二是不要污染环境、破坏生态的GDP,污染环境、破坏生态,是对人民、对历史的犯罪;三是不要掺假带水分的GDP。"三个要":一是要有质量、有效益、真金白银的GDP;二是要绿水青山、可持续发展的GDP;三是要老百姓有实实在在获得感、幸福感的GDP。

要像抓安全生产那样抓环保,促进生态环境持续改善。要以铁的担当尽责。不管是主体责任还是监督责任,都要铁肩担当,一抓到底,抓出成效。自觉接受媒体等各方面监督,不护短,不遮丑,坚持问题导向,认真整改,切实解决突出问题。要以铁的心肠问责。加大环境督察工作力度,严肃查处违纪违法行为,严格追责问责,通过追责来担责,进一步强化各级各部门各单位保护生态环境的责任意识。要以铁的手腕治患。在全省范围立即开展3个月的铁腕治污专项行动,采取强有力措施,全覆盖、零容忍、严执法,该关的关、该停的停、该退的退、该改的改、该治的治。同时,坚持实事求是,分类指导,注重实效,把严格环境执法与促进转型发展结合起来。要以铁的办法治本。提高环境监管信息化水平,做到第一时间发现问题、第一时

间依法有效处置。统筹抓好源头治理、过程治理、重点治理、专项治理和系统治理,实现标本兼治、彻底治理。立足当前,着眼长远,系统推进生态环境保护和修复,大力实施山水林田湖系统治理,做到有谋划、有设计、有组织、有实施。通过一届又一届、一任又一任、一代又一代的不懈奋斗,努力建设山清水秀、天蓝地净的美丽山西。

(资料来源:《山西省省长楼阳生:以铁的担当抓环保》,《人民日报》2016年12月14日。)

B.24 附录2　社科界专家学者建言转型综改区建设

引　言：凝心汇智助发展，建言献策促转型。为进一步深化供给侧结构性改革，实现资源型经济转型发展，现将山西省部分专家学者转型综改建言精选记录于此，以飨读者。

煤炭改革重点是去产能降成本补短板

山西省社会科学院院长　李中元

根据供给侧结构性改革的要求，煤炭行业的改革重点是去产能、降成本和补短板。具体要解决用工多、效率低的问题，提高生产技术，改变生产方式、工艺技术和安全生产的粗放投入。调整产业结构、技术结构和产品结构，将煤炭功用从单一的燃料作用向原料和燃料并重转变。创新销售模式和商业模式，有效利用互联网，完善物流体系。不仅如此，煤炭企业要与下游行业企业积极签订符合煤炭产品特征、供求关系固定、数量相对稳定的中长期合同，充分利用煤炭交易平台，加快煤炭行业脱困。煤炭供给侧结构性改革的重点任务就是去产能，并建立矿产资源退出机制和企业职工安置补偿制度，具体内容有以下六项：向整合兼并重组的方向调整推进；向上下游特别是煤电一体化的方向调整发展；向煤炭清洁化利用和可再生能源的方向转型发展；向煤炭深度加工的方向转化调整；向建设统一开放、竞争有序煤炭市场体系的方向发展；向构建煤炭退出机制的方向着力。

未来几十年,山西通过推动煤炭产业向市场主导型、清洁低碳型、集约高效型、延伸循环型、生态环保型和安全保障型"六型"转变,走出一条"革命兴煤"之路,实现煤炭产业由产量速度型向质量效益型转变,由单一煤炭生产向煤炭综合利用、深加工方向转变,由粗放的煤炭开采向以高新技术为支撑的安全高效开采转变,由单纯控制煤矿伤亡事故向全面性保障职业安全转变,由资源环境制约型向生态环境友好型转变。

(资料来源:《"山西经济与煤炭供给侧结构性改革"研讨会》,《山西日报》2016年6月22日。)

去产能的经济思维和产业思维应该同一

山西省人民政府发展研究中心主任　李劲民

"去产能"政策中的经济思维和产业思维应该同一。"经济思维"从逻辑导向出发,认同普遍的市场规律,尊重市场的价格信号和竞争规则,认为任何结构性问题、比例失调问题等,其根源在于市场的各种制度扭曲和价格扭曲。"产业思维"从问题导向出发,强调经济生活的特殊性和发展阶段的特征,认为结构性问题是产业本身的问题,应该直面问题本身,通过各种手段化解危机,解决过剩问题、产业保护问题、产业发展方向问题,在结构性调整中,多采用政府主导等手段。

"经济思维"与"产业思维"的根本区别是是否认同煤炭产业的特殊性。"经济思维"不看重产业的特殊性,认为市场已经用价格信号给出了煤炭资源是否重要、煤炭产业是否重要的数量化评价。"产业思维"认为煤炭资源、煤炭产业的重要性和未来前景有可能被市场忽视,应该采取相应的保护和扶持政策,纠正市场的错误。

"经济思维"之下的产业调整政策模式有两种:一是"市场出清式";二是"产能提升式"。"产业思维"之下的产业调整政策模式也有两种:一是"市场保护式";二是"加工延伸式"。

由于国情、能情、企情的不同,这两种思维在煤炭产业应对各个国家和地区的发展挑战时各擅胜场，没有绝对意义上的对错。

《山西省煤炭供给侧结构性改革实施意见》是两种思维、四种模式在现实条件下为追求最好社会经济效果而推出的政策组合。"化解过剩产能"中，既有按照市场机制和安全生态标准淘汰产能的"市场思维"，又有减量化生产、通过审批手段调控增量的"产业思维"；"国企改革"中，虽然"市场出清式"的成分没有直接体现很多，但是从国情、省情出发，推进国企改革是更接近现实的客观选择，三项制度改革、分离办社会职能、厂办大集体改革、带薪转岗、内部退养等"市场思维"的分量相当大。"产能置换式"得到了国有煤炭企业和山西省各部门的普遍认可，是山西省勇于直面市场竞争的积极努力。

（资料来源：《"山西经济与煤炭供给侧结构性改革"研讨会》，《山西日报》2016年6月22日。）

破解发展难题　助推"民营突破"

山西省发展和改革委员会宏观研究院科研部部长　李刚

在破解市场准入上下功夫，不断开拓民营经济发展的新空间。坚持"法无禁止皆可为"，加快清理整顿现有不合理的市场准入限制，积极鼓励省内外各类民间投资在山西省"落地生根"；在重大基础设施建设、重点项目推进上加强政府与社会资本的合作，在推进项目建设的同时，为企业提供广阔的发展空间；加快推进商事制度改革，合理把握"放"与"管"，在"放"的同时要加大制度法规方面的监管力度，在"管"的同时要尽可能把该放的放到位，做到放而不乱、管而不死；加大行政部门间政策法规的衔接力度，打破"各管一摊、各自为政"的利益僵局，使政出多门导致的"盖章难、难盖章"的状况得到根本性改观。

在优化发展环境上下功夫，为民营经济提供更加宽松的发展环境。加快转变政府职能，着力构建服务型政府，让为人民服务的理念牢牢扎根于全省各级干部内心深处，为全省民营企业提供更优质、更高效、更快捷的服务；

加快推进政务信息的公开、透明,让政府的权力在阳光下运行,从制度层面筑牢廉洁政府创建的防火墙;加快完善法治环境,让民营企业的合法权益充分得到法律保护,最大限度地减轻企业的后顾之忧;加强社会信用体系建设,引导企业诚信经营、诚信合作,让"诚信晋商"的历史在全社会重新点燃。

在结构调整上下功夫,让民营经济在各行各业全面开花。充分发挥山西省煤、焦、电等传统工业基础优势,引导企业创新发展理念,加快推动传统工业改造升级;大力发展现代农业,对一个国家而言,农业是"立国之本",对个人而言,老百姓深信"家有余粮心不发慌"的深刻道理;加快发展现代服务业,不断满足人们多样化、个性化的消费需求。

在解决企业融资难、融资贵上下功夫,为民营经济发展提供强大的资金支撑。加快"金融振兴"步伐,积极发展各类资本市场,最大限度地开拓企业直接融资的渠道,降低融资成本;引导企业盘活存量资本,通过政府引导、企业实施的方式,让广大企业最大限度地变存量资本为现实可用的资源。

(资料来源:《山西省实施"民营经济突破"战略的路径与措施研究》,《山西日报》2016年5月3日。)

实施生态补偿脱贫一批的"六条路径"

山西省社会科学院能源所所长　韩东娥

制定完善的生态资产产权制度。生态资产产权制度,是指生态治理主体对生态资源或生态产品拥有的所有、使用、占有以及收益等各种权利的集合。经过企业化治理后的生态资源,与自然生态资源相比并非公共物品,其所有权是私人的,或者是公有和私有混合的,使用权、收益权应当是企业的。只有明晰生态治理主体使用土地、建设、经营生态资产的预期收益,才能吸引企业投资到周期长、见效慢的生态治理产业中。

建立贫困地区生态补偿基金。为保障贫困地区生态治理产业健康发展,筹集必要的生态治理产业资金,政府应建立贫困地区生态补偿专项基金。在将国家和地方政府财政扶贫资金作为底垫资金的基础上，开辟基金来源渠道，包括林业、水利、环保财政资金，还有国际组织、国内外企业、民间组织、个人等社会捐赠和海外发展援助等资金。

实施政府购买贫困地区生态公益林制度。政府购买贫困地区生态公益林制度是指各级政府为贫困地区购买生态建设公共服务，在财政监督下，以法定的方式、方法和程序，购买个人或企业生态治理产品的一系列管理制度的总称。程序包括确定采购主体和供应商，确定采购量、采购方式、采购合同，进行采购信息发布，等等。

制定区域生态建设面积交易制度。依据山西省确定的生态建设面积目标和任务，本着生态建设和保护各县区共同负责、公平合理的原则，确定各县区生态公益林面积比例等指标。借鉴环境领域的配额交易制度，要求生态公益林面积欠缺、经济相对发达的县区，购买生态公益林面积富余、经济贫困县区的指标，增加贫困地区农民收入。

建立生态资产价值评估和核算体系。完善贫困地区生态建设补偿制度，必须改变认为生态产品廉价或可以无偿使用的想法。资源无价或廉价使用，就谈不上生态补偿制度的实施。牢固树立生态资源具有市场价值的理念，研究建立生态资源价值评估和核算体系，使生态补偿标准具有科学性和可操作性。

制定全体公民广泛参与贫困地区生态建设制度。建立贫困地区生态补偿机制，需要政府、社会和公民的广泛参与，需要各利益相关方的协调配合和相互监督。为了解决"市场失灵"问题，生态建设选择了政府。但由于政府建设资金所限，贫困地区生态建设补偿可采取在政府引导下，动员全体公民参与。

（资料来源：《实施生态补偿 致力脱贫攻坚》，《山西日报》2016年6月14日。）

山西低碳发展生态价值路径选择

山西大学哲学社会学学院教授　薛勇民

树立低碳发展理念，健全支撑低碳发展的制度保障机制。第一，加快推进低碳发展立法工作，探索低碳发展立法的可行性模式。第二，加大低碳税收政策改革，利用税收政策引导全社会低碳发展。第三，转变干部政绩考核办法，实施绿色GDP考核干部任用体系。把低碳发展纳入综合考核评价，强化环境成本的观念，杜绝不计环境代价发展经济的倾向。

强力推进节能减排，构建以低碳发展为指导的产业体系。第一，发展壮大山西循环经济，重点抓好工业节能减排。第二，合理调整产业结构，加快发展第三产业。第三，加大财政资金投入力度，建立相应的资金保障机制。注重支持能源产业和能耗低、效益高的产业发展，推进节能技术和产品推广、重点行业重大节能技术改造、重大节能技术示范工程、可再生能源发展以及节能管理的能力建设。建立"谁节能减排、谁受益"的机制，对节能减排的项目提供低息贷款、资金担保或直接补贴。

开发低碳能源技术，加速低碳科技成果的转化和应用。第一，加快推动山西洁净煤技术产业化。第二，重视低碳技术的研究开发和技术转化。第三，加强国际低碳技术交流与合作。调整能源结构，逐步降低煤炭终端消费比例，大力发展洁净煤技术，避免和减少能源开发利用引起的环境污染，推进技术进步，促进能源效率的提高，深入开发风能、太阳能、水能、地热能和生物质能等可再生能源，减少煤炭在能源消费结构中的比重，将是低碳发展的重要方向。

加快森林碳汇工程建设，再造青山绿水优美的自然生态风光。通过各种渠道，开展林业碳汇知识的宣传和普及，提高公众对气候变化、碳汇林业、碳补偿的认知，增强公众应对气候变化意识、造林固碳意识；完善区域森林生态补偿制度。使通过市场实现森林生态效益价值成为可能，在完善政府财政转移支付制度的同时，逐步完善生态环境产权机制、交易机制、价格机制；多渠道推进碳汇林工程。鼓励企业捐资造林增汇，志愿减排，特别要鼓励群众或社会公益组织向绿化基金会捐资，向绿色碳基金购买碳汇。深入开展全民义务植树活动，切实落实部门造林绿化责任制，尤其要加大科技投入，强化碳汇林业的科技支撑。

（资料来源：《山西低碳发展生态价值路径选择》，《山西日报》2016年6月28日。）

走出煤炭经济转型发展新道路

山西财经大学资源型经济转型发展研究院院长、教授 郭淑芬

实施现代服务业推进工程。深挖煤炭文化及矿工精神，发展独步全国的煤炭文化旅游新业态，打造独特的旅游文化名片。

当前，山西省的文化产业发展速度快、势头猛，正在与旅游产业相融合，成长为山西省经济发展的新引擎、新支柱。具有悠久历史的山西孕育了丰厚的文化，独特的寻根觅祖、古建宗教、晋商民俗、太行山水、红色经典等是山西一张张亮丽的文化名片。同时，对煤炭资源的开采也经历了漫长的百余年，伴随采煤工艺与设备的进步，经历了人工挖、手工采、半机械、机械化、综采化、半智能化等若干阶段，孕育出别具一格的煤炭产业文化，这是讲好山西故事不可或缺的一部分。如何借力发展文化旅游产业的大好时机，深挖煤炭文化及矿工精神，发展煤炭文化新业态，是煤炭经济转型的新路径之一。

早在20世纪80年代，山西省委、省政府就联合原煤炭工业部扶持建设了中国煤炭博物馆，这无疑是山西挖掘煤炭文化的最早尝试。历经30余年的探索，目前山西省的煤炭文化博物馆、煤炭文化旅游等新业态已具雏形，以煤雕为主的煤炭文化工艺品制造业已有发展，煤炭文化会展业已有萌芽，以煤炭文化为题材的动画、图书、报刊等产品也不时出现。但这些煤炭文化新业态还没有形成规模，影响力不大，盈利能力也不强。此外，对煤炭业长期孕育出的矿工精神、采煤文化、矿区民俗等深层次煤炭文化资源的开发利用尚不足；对煤炭形成及煤炭自身所凝结的科学知识挖掘尚欠缺；对数字技术、网络技术、通信技术及高新制造技术等的引入利用尚不够。因此，尚需多视角深耕细挖煤炭文化，如女娲炼石补天等传说和典故、烧旺火驱邪祈福等历史民俗，以及煤炭地质、化学知识与行业文物、煤炭工业发展史、煤炭城市创业故事、煤炭人模范事迹、煤炭工业体验游等。同时，尝试开发煤炭文化浓郁的动漫、手机游戏、网络游戏等新文化业态，高起点重新启动全国

煤炭系统书画展、全国煤矿机械设备展、晋煤年成就展等煤炭文化会展活动。在全省文化旅游产业高歌猛进的大语境中，通过文化创意产业与人才的引入，借助现代技术与平台讲出并讲好山西煤炭故事，阐发山西煤炭工业的时代价值，与其他文化旅游景区景点相协同，必将成长起独特的煤炭文化新业态。

（资料来源：《走出煤炭经济转型发展新道路》，《山西日报》2017年5月9日。）

B.25
附录3 山西省国家资源型经济转型综合配套改革试验区建设大事记（2016年5月~2017年6月）

山西大学中国中部发展研究中心＊

2016年

5月

5月4日 省长李小鹏主持召开省政府常务会议，会议指出要加强督察，确保督察发现的134项问题限期整改到位；会议研究通过了省政府部门行政审批中介服务事项清单，深化国资国企改革，促进国有企业提质增效；会议通过了《山西省通信设施建设与保护条例（草案）》。

5月10日 省长李小鹏主持召开省政府常务会议，研究部署加强环境保护等工作。会议同意成立省环境保护工作领导小组，原则通过了《环境保护督察实施方案（试行）》《环境保护工作职责规定（试行）》《在全省开展环境保护大检查的通知》。

5月10日 省十二届人大常委会召开第56次主任会议。会议同意确定阳泉市人民代表大会及其常务委员会自即日起可以开始制定地方性法规，要求相关机构抓紧做好后续工作。

5月12日 省委召开外事工作领导小组会议，深入学习贯彻习近平总书记关于外事工作的重要讲话精神，审议有关外事文件，研究部署下一步工

＊ 大事记由山西大学中国中部发展研究中心组织编写，具体由李政、南楠、王群群收集整理。

作。会议通过了《以煤会友加快友城建设工作规划》等文件。

5月17日 省扶贫办制定出台《关于建立"两包三到"精准帮扶联动机制的意见》。"两包"指的是单位包村、领导包带;"三到"指的是工作队到村、党员干部到户、第一书记到岗。

5月24~25日 省委书记王儒林深入太原经济区、高新区、交通科学研究院、省科技厅,就科技创新进行专题调研,并听取意见建议。他强调,要深入贯彻全省科技创新推进大会精神,把创新驱动放在核心位置,大力推进科技创新、全面创新,培育新产品,创造新供给,加快转型升级步伐。

5月27日 供销社出台《关于在专业合作社开展农村资金互助合作试点的实施方案》,在全省选择8个专业合作社开展农村资金互助合作试点,分别是娄烦县通利达养殖专业合作社、平遥晋伟中药材综合开发专业合作社、曲沃县星海蔬菜专业合作社、山阴县泰和牧业专业合作社、临猗县富一方苹果专业合作社、大同市南郊裕民农民专业合作社、汾阳市新合作核桃专业合作社和平定县东安农业生态专业经济合作社。

5月30日 省长李小鹏主持召开省政府常务会,研究承接加工贸易产业转移、推进脱贫攻坚等工作。安排部署了2016年和"十三五"时期全省易地扶贫搬迁工作,要求各级各部门把易地扶贫搬迁与采煤沉陷区治理结合起来,统筹推进搬迁改造与产业发展、教育卫生等公共服务事业发展、集体经济发展、搬出地生态修复治理和开发利用以及农村基层组织建设和社会治理等各方面工作。

6月

6月1日 省政协十一届十九次常委会议在太原闭幕。会议审议通过了《关于深化行政审批制度改革、推进简政放权的建议》和修订后的省政协《专门委员会通则》《委员履职工作规则》及人事事项。

6月7日 省长李小鹏主持召开省政府常务会,研究通过了《山西省"十三五"服务业发展规划》《综合交通运输体系规划》《战略性新兴产业发展规划》《进一步支持服务业发展的若干措施》《省政府部门权责清单动态管理办法》《行政职权运行监督管理办法》；会议强调要坚持光伏扶贫，打赢脱贫攻坚战。

6月12日 省委书记王儒林主持省委常委会会议，会议通过了《山西省环境保护督察实施方案（试行）》《山西省环境保护工作职责规定（试行）》《关于在全省开展环境保护大检查的通知》。

6月12日 山西省政府办公厅出台文件《山西省科研项目经费和科技活动经费管理办法（试行）》，创新科技经费管理和收益分配机制，此次推出的一系列体制机制改革措施将大大激发科技创新活力。

6月18日 省长李小鹏主持召开省政府常务会议，分析当前经济形势，研究部署煤炭去产能减产量保增长，加强环境保护，会议听取新能源汽车发展专项督察工作汇报，指出要狠抓项目建设，完善配套设施。

6月21日 省委书记王儒林主持省委常委会会议，传达刘奇葆同志考察山西重要讲话精神，研究山西省贯彻落实意见，讨论通过了《关于坚决打赢全省脱贫攻坚战的实施意见》《全省脱贫攻坚战工作方案》。

6月28日 民营企业助推山西转型创新发展大会上举行项目集中签约仪式。大会共签约项目298个，总投资4152亿元，其中100亿元以上的项目有7个。

6月29日 省长李小鹏主持召开省政府常务会议，研究"十三五"工业和信息化、农村旅游公路建设等规划，安排部署整合使用财政扶贫资金。会议原则通过《山西省实施〈中华人民共和国老年人权益保障法〉办法（修订草案）》。

6月30日 山西省召开全省领导干部会议，王儒林主持会议并讲话。中央组织部副部长姜信治出席会议并宣布中央决定：骆惠宁同志任山西省委委员、常委、书记，王儒林同志不再担任山西省委书记、常委、委员职务。

7月

7月5日 省长李小鹏主持召开省政府常务会议，研究部署承接煤层气矿业权审批，完善山西省专利促进与激励机制，会议通过了《山西省重大

建设项目稽查办法》，保证工程质量，保障资金安全。

7月7日 省政府出台《山西省新兴制造业2016年行动计划》，将装备制造、新材料、节能环保、信息技术、食品、医药、轻工和纺织八个新兴制造业确定为行业发展目标。

7月13日 省长李小鹏主持召开省政府常务会议，会议研究了建设山西科技创新城产业合作区事宜，决定将阳曲大盂、太古水秀和祁县东观三个工业区确定为科技城首批产业合作区；会议通过了《灵石县相对集中行政许可权改革试点方案》。

7月21日 省长李小鹏主持召开省政府常务会议，学习贯彻习近平总书记关于加强安全生产和做好当前防汛抗洪抢险救灾工作重要讲话精神，传达贯彻全国安全生产会议精神、国务院地方负责人促进社会投资健康发展会议精神，研究部署山西省煤炭供给侧结构性改革、工业经济运行和固定资产投资等工作。

7月25日 山西省委、省政府正式出台《关于坚决打赢全省脱贫攻坚战的实施意见》，对打赢全省脱贫攻坚战进行全面部署。

7月30日 省委书记骆惠宁主持召开常委会议，听取山西省政府党组关于上半年全省经济形势的报告，研究部署下半年经济工作。

8月

8月4日 省长李小鹏主持召开省政府常务会议，会议指出践行"五大发展"新理念，大力推动电力供给侧结构性改革；会议通过了《新形势下推进知识产权强省建设的实施意见》。

8月9日 省长李小鹏主持召开省政府常务会议，研究通过了《山西省"十三五"科技创新和文化强省规划》以及《山西省贯彻落实国务院关于进一步加强文物工作的指导意见》。

8月8~10日 省委书记骆惠宁深入朔州、大同进行调研，并召集部分煤炭企业召开座谈会，强调要认真贯彻"7·30"省委常委会会议精神，坚持问题导向，认真做好下半年经济工作，努力实现经济稳步向好；要深入推进煤炭供给侧结构性改革，抓住市场倒逼机遇，加快煤炭企业转型升级。

8月15日 省委书记骆惠宁主持召开全省经济发展推进大会，强调各市要按照"一个指引、两手硬"的重大思路和要求，乘势而上，凝心聚力。

8月19日 省长李小鹏主持召开政府常务会议，分析当前经济运行情况，研究部署煤炭去产能减产量保增长、固定资产投资、税收征管体制改革等工作。

8月23日 省长李小鹏主持召开省政府常务会议，研究部署旅游景区（景点）体制机制改革、全民健身和高速公路建设等工作。会议通过了《山西省全民健身实施计划（2016~2020年)》。

8月24日 山西省人社厅下发《关于机关事业单位养老保险制度改革有关具体问题的处理意见》，就山西省关于参加机关事业单位养老保险制度改革人员问题、改革试点期间个人缴费本息处理问题等给出明确处理意见。

8月25日 省委书记骆惠宁主持召开领导干部会议，传达全国卫生与健康大会精神，对贯彻落实工作做出安排。要求在深入调研的基础上，编制好"健康山西2030"规划，全面深化医改，积极发展健康产业，利用好山西省独特的中药资源优势，着力将山西打造成中医药强省。

9月

9月2日 代省长楼阳生主持召开省政府常务会议，研究部署重点工作督察、汾河流域生态修复治理、永久性生态公益林保护和安全生产等工作，会议研究通过同煤集团同生安平煤业有限公司"3·23"顶板大面积垮落导致瓦斯爆炸重大事故调查处理意见。

9月9日 代省长楼阳生主持召开省政府常务会议，研究通过了《山西省"十三五"环境保护规划》，部署加强档案管理、规范展会活动、促进煤层气产业发展和国家工作人员宪法宣誓等工作。

9月14日 省委书记骆惠宁主持召开省委常委会议，会议原则通过了《中共山西省委 山西省人民政府关于贯彻落实〈法治政府建设实施纲要（2015~2020年）〉的实施方案（草案）》。

9月19~22日 省委书记骆惠宁在吕梁和忻州调研,强调要强化责任担当,精准扶贫脱贫,确保贫困地区与全省同步进入小康。

9月23日 代省长楼阳生主持召开省政府常务会议,进一步部署山西省化解煤炭钢铁过剩产能、"三去一降一补"五大重点任务,研究继续取消下放一批行政职权事项和政务服务管理工作。

9月28日 《山西省光伏扶贫项目管理暂行办法(试行)》出台,对项目投资主体选择、建设条件、资金筹措、运营维护和资产收益分配等方面进行了具体规定。

9月29日 省委书记骆惠宁主持召开省委常委会议,传达学习全国党委秘书长会议精神,研究探讨《关于加强和改进党委办公厅(室)工作的若干意见》。

10月

10月1日 山西省涉及的房屋、林地、草原、土地等不动产将统一登记,不动产权证书将全面"停旧发新"。

10月11~12日 省委书记骆惠宁深入临汾、晋中,就全省万名干部入企服务工作进行调研,强调干部入企服务要坚持问题导向,对属于政府职责的事,要上下联动、部门联动,依法行政,尽快解决,为企业发展提供优质服务和良好环境。

10月14日 代省长楼阳生主持召开省政府常务会议,研究全面推行"双随机、一公开"综合能源发展规划、安全生产目标考核,会议通过了2015年度县域经济考核评价结果,决定对23个县(市、区)进行表彰。

10月19日 代省长楼阳生主持召开省政府常务会议,研究当前经济运行和生态环境监测等工作。

10月21日 省财政厅下发《关于开展行政事业单位内部控制基础性评价工作的实施意见》,决定通过"以评促进",推动全省行政事业单位在2016年底完成内部控制建议与实施工作。

10月24日 省委办公厅、省政府办公厅下发《山西省脱贫攻坚督察巡查工作办法》，旨在通过督察巡查，督察市县和省直有关单位落实工作责任和政策措施，严格遵守纪律和规定，查找解决问题、改进工作的方法，完成减贫任务，确保打赢脱贫攻坚战。

10月26日 山西省下发《关于调整山西省引进海外高层次人才"百人计划"相关政策的通知》《山西省引进支持海外高层次人才创业创新团队暂行办法》。

11月

11月4日 山西转型综改示范区管委会筹委会成立大会在太原举行，标志着示范区建设进入实质性推进阶段。

11月9日 《山西省关于整合城乡居民基本医疗保险制度的实施意见》出台，将现有的城镇居民基本医疗保险和新型农村合作医疗整合，建立统一的城乡居民医疗保险制度。

11月11日 代省长楼阳生主持召开省政府常务会议，听取万名干部入企服务工作情况汇报，安排部署加强食品安全、发展会展经济、建设山西"农谷"等工作，通过了《关于深化制造业与互联网融合发展的实施方案》。在干部入企服务的汇报中，楼阳生指出要着眼解决突出问题，强化法治思维，深化"放管服效"改革，加快政府职能转变，点对点精准解决个性问题，批处理研究解决共性问题。要着眼培育增量动能，切实做好签约项目落地、手续办理、开工准备等工作，为2017年开工建设一批大项目、好项目奠定基础。要着眼建立长效机制，不断探索服务企业的常态化办法，进一步激发企业活力，夯实经济低位企稳的基础。

11月16日 山西省退出27个PPP示范项目，总投资192.66亿元，涉及污水处理、市政道路、管网、体育、公园、公共卫生、文化旅游、供热、水利等领域。

11月21日 代省长楼阳生在太原市调研金融改革发展工作，强调要深化改革、扩大开放，做大做强金融产业，更好地服务于实体经济和转型升级。

11月23日 代省长楼阳生主持召开省政府常务会议，会议通过了《关于健全生态保护补偿机制的实施意见》，会议指出要建立社会信用体系，对守信者实行联合激励，对失信者实行联合惩戒。会议还通过了《山西省降低实体经济企业成本实施方案》，决定合理降低企业税费负担。

12月

12月1日 省委书记骆惠宁主持召开全省开发区改革创新发展会议，并就推进开发区改革创新发展的努力方向、工作方针和重点要求做了讲话。以这次会议为标志，山西省开发区建设迈入新阶段。

12月2日 省长楼阳生主持召开省政府常务会议，通过了《山西省贯彻中医药发展战略规划纲要（2016～2030年）实施方案》《山西省全民科学素质行动计划纲要实施方案（2016～2020年）》《山西省"十三五"加快残疾人小康进程发展规划》，研究了文化市场综合执法改革、妇女儿童工作、流动人口服务管理、文物保护等事项。

12月7日 山西省临汾市侯马市、吕梁市交城县、太原市古交市马兰镇入选国家新型城镇化综合试点地区。

12月15日 山西省出台了四项煤层气产业发展新政，构成了山西省实施煤层气矿业权审批制度改革的主要政策体系。

12月15日 山西省亚宝药业股份有限公司和中铁三局集团有限公司被国家知识产权局认定为2016年度国家知识产权优势企业。

12月20日 省委办公厅、省政府印发《关于实行审计全覆盖的实施意见》。

12月21日 省政府与中国信达资产管理公司在太原签署《金融支持山西供给侧结构性改革战略合作协议》，省长楼阳生出席。

12月23日 省长楼阳生主持召开省政府常务会议，研究主要经济指标和健康山西建设、医药卫生体制改革、生态文明建设、土地利用总体规划调整等工作。会议通过了《山西省土地利用总体规划（2006～2020年）调整方案》，并研究物流业降本增效问题。

2017年

1月

1月1日 山西省第三次全国农业普查正式登记工作全面启动。

1月3日 省长楼阳生主持召开省政府常务会议，会议指出，要深化投融资体制改革，建立公平竞争审查制度。会议还通过了《山西省实施〈校车安全管理条例〉办法（草案）》。

1月11日 省委书记骆惠宁深入吕梁市临县调研产业扶贫，指出要抓住机遇，加大投入，创新方式，大力推动产业扶贫，助推农业供给侧结构性改革，大力发展功能性农业。

1月15日 省长楼阳生参加长治代表团审议，指出要凝心聚力，坚定不移深化转型综改，聚焦产业，抓好国有企业"混改"和民营企业"股改"，有效破解"一煤独大""一股独大"等深层次矛盾和问题，加快形成经济增长的多业支撑。

1月18日 省长楼阳生主持省政府双月市长例会，强调要坚持转型为纲、产业为王、创新为上、改革为要，突出重点，统筹兼顾，全面落实省"两会"提出的各项目标任务。

1月22日 省委书记骆惠宁出席山西省与华为技术有限公司签订《战略合作框架协议》会议，双方将共同推动信息化创新发展，以及大数据、云计算、物联网产业发展，使"互联网＋政府"服务能力提升。

2月

2月3日 省委书记、省人大常委会主任骆惠宁深入晋城市各县和经济开发区调研，指出要以改革的精神推动重大问题的解决，促进经济转型升级。

2月4日 《山西省"十三五"中小微企业发展规划》发布，为全省

中小微企业指明了发展方向和路径。既要大力推进产业集聚发展,也要打造一批技术或服务出色、市场占有率高的"单项冠军"。

2月8日 省委书记骆惠宁主持召开省委常委会议,会议通过了《"健康山西2030"规划纲要》《关于贯彻落实〈国家创新驱动发展战略纲要〉的实施方案》。

2月10日 省长楼阳生主持召开省政府常务会议。会议指出,推进农业供给侧结构性改革,是以习近平同志为核心的党中央做出的重大决策部署;推进农村土地所有权承包权经营权分置,是继家庭联产承包责任制后的又一重大制度创新;脱贫线和低保线"两线合一",是实施精准扶贫精准脱贫的兜底性措施;推进金融扶贫,是脱贫攻坚的重要举措。

2月11日 《山西省"十三五"综合能源发展规划》发布,重点推进煤炭基地、煤电基地以及现代煤化工及煤层气、新能源等基地建设,加快推进能源装备和能源服务基地的配套建设。力争到2020年,全省一次能源生产总量达到8亿吨标准煤左右。

2月24日 省长楼阳生主持召开省政府常务会议,会议指出,山西省被国家统计局确定为2017年500万元及以上项目月报频率投资统计改革先行先试省份。会议还通过了《山西省大数据发展规划(2017~2020年)》。

2月27日 省政府与中国进出口银行举行工作会谈,签署了《战略合作协议》。根据该协议,"十三五"期间,中国进出口银行对山西信贷投放总量不低于1200亿元,在政策性贷款、信贷规模及业务创新等方面给予山西优先支持,为山西省重要基础设施建设、实体经济发展、国际产能合作等提供金融支持。

3月

3月16日 晋商晋才回乡创业创新工程启动大会在北京成功举办。省委书记、省人大常委会主任骆惠宁深情呼唤并且邀请各行各业各领域晋商晋才回乡创业创新、大展宏图。

3月20日 省长楼阳生到省商务厅、省经信委、省发改委调研招商引资、工业经济、固定资产投资等重点工作，实地考察"13710"工作制度落实情况，强调要突出重点工程重点技改重点招商，厚植持续向好转型发展基础。

3月21日 省政府新闻办举行《山西省区域经济转型升级考核评价暂行办法》新闻发布会。在省域、市域和县域三个层面，从产业转型、创新驱动、资源环境和增长质量四个方面，实行区域经济转型升级考核评价。

3月24日 省长楼阳生主持召开省政府常务会议，研究部署简政放权、新材料产业发展、晋商晋才回乡创业创新、大气和水污染防治、强农惠农补贴等工作，会议讨论通过了《太原都市区规划（2016~2040年）》《山西转型综合改革示范区潇河产业园起步区总体规划（2016~2030年）》《黄河壶口瀑布风景名胜区（山西）总体规划（2011~2030年）》。

3月30日 省十二届人大常委会第三十七次会议通过了《关于山西转型综合改革示范区行政管理事项的决定》，内容共七条，界定了适用范围，规定了综改示范区管委会的职责和职权等。

3月31日 省长楼阳生主持召开省政府常务会议，会议指出，要大力招商引资招才引智，持续改善城市人居环境。会议还通过了《山西省"十三五"对口支援新疆经济社会发展规划》《山西省矿产资源总体规划（2016~2020年）》《山西省煤层气资源勘查开发规划（2016~2020年）》。

4月

4月5日 省政府与阿里巴巴集团、蚂蚁金服集团签署了《战略合作协议》。双方将建立全面合作关系，在电子政务和大数据、电子商务、"互联网＋"服务与产业、互联网金融和公共信用建设等领域开展深入合作。

4月12日 省长楼阳生在太谷县调研山西农谷建设进展情况，强调要推进农谷建设，树立强烈的标准意识，以高标准确保高水平，以标准化促进现代化。

4月13日 省长楼阳生主持召开省政府常务会议，会议指出，土壤污染防治是改善环境质量"三大战役"的重要组成部分；统筹用好两个市场两种资源，促进农业对外合作，是推进农业供给侧结构性改革的重要途径。会议还通过了《工伤保险条例》。

4月14日 山西省发布了《关于建立全省服务企业常态化机制的通知》，标志着备受各个企业和各级入企服务干部关注的全省服务企业常态化机制正式建立。

4月20日 省长楼阳生主持召开省政府常务会议，会议讨论通过了《关于加快股权投资基金业发展的实施意见》《政府投资基金管理办法》，同意设立右玉生态文化旅游开发区和襄垣经济开发区。

4月24日 省长楼阳生主持召开省政府双月市长例会，要求坚持稳中求进，统筹做好稳增长、促转型、调结构、增动能、惠民生、防风险等各项工作，强调坚定转型信心决心，夯实持续向好基础。

4月27日 山西转型综合改革示范区首批总投资超千亿元的71个项目正式奠基开工，标志着示范区建设打响了第一场硬仗，在深化转型综改的宏大棋局中落下了关键一子。

5月

5月5日 省长楼阳生主持召开省政府常务会议，会议通过了《支持深化人才发展体制机制改革财政政策措施》，决定出台10个方面共40条财政支持政策；通过了《山西省招商引资相关政策》，包括要素类和产业类政策共224条；原则通过了《山西省科技创新促进条例（草案）》《动物防疫条例（修改草案）》。

5月12日 省长楼阳生主持召开省政府常务会议，会议决定，着眼对标一流、借鉴先进，在转型综改示范区实施20条改革创新措施。会议还通过了《关于加强省属国有金融类企业股权管理的意见》。

5月22日 2017年央企助力山西转型综改会议在太原召开，62个项目圆满签约，制造业项目比重大，新兴产业占比高，签约项目领域广泛。

5月24日 省长楼阳生主持召开省政府常务会议，强调要发展混合所有制经济，分离企业办社会职能，重点做好"三供一业"分离移交，医疗、教育机构和市政、社区剥离，消防机构分类改革等工作。

5月26日 省长楼阳生出席省政府与海航集团工作会谈并签署《战略合作协议》。省民航机场集团公司与海航旅业集团签署《联合成立山西航空旅游集团协议》，双方将打造以"航空＋旅游""文化＋旅游""产业＋金融"为主的山西航旅创新发展平台。

6月

6月2日 省长楼阳生主持召开省政府优化赢商环境"1＋9"专项行动专题会议，强调要树立强烈的敢为人先、先行先试意识，以改革创新精神强力推进"1＋9"专项活动，带动各行业各领域全面营造"六最"营商环境。

6月8日 省长楼阳生主持召开省政府常务会议，研究部署供给侧结构性改革、农村承包地确权登记颁证、水资源全域化配置、实行污染物排放许可制和医药卫生体制改革等工作。

6月16日 省长楼阳生主持召开省政府常务会议，研究部署扩大开放积极利用外资、促进创业投资持续健康发展、政府核准投资项目目录、促进土地集约高效利用和开发区扩区工作。会议还通过了《山西省农村扶贫开发条例》。

B.26 后　记

我国已全面开启建成小康社会的"倒计时",进入"十三五"与转型综改第二阶段的同步阶段。我国发展仍处于可以大有作为的重要战略机遇期,同时也面临诸多矛盾相互叠加的严峻挑战。坚持以转变经济发展方式为主线,以改革为动力,以问题为导向,立足前瞻性、操作性与科学性的有机统一,突出供给侧结构性改革的紧迫性和重要性,结合山西省面临的深层次矛盾和问题,走出一条深化资源型经济转型改革与发展的新路,形成产业多元支撑的结构格局,是当前面临的重大而紧迫的时代课题。在社会各界人士的大力支持下,《山西资源型经济转型发展报告(2017)》由社会科学文献出版社出版。这是我们编辑出版的第七部《山西资源型经济转型发展报告》,以"深化资源型经济转型改革与发展"为年度研究主题,是在经济新常态、供给侧结构性改革背景下针对山西创新转型需要解决的重大问题进行理论探索的研究成果。

放眼世界,国际金融危机发生以来,经济全球化不确定性明显增大,"黑天鹅"事件不断出现,经济增长的外部挑战更加严峻。环视中国,经济发展的制约因素依然较多,内外部挑战交织叠加,国内经济结构性失衡尚未扭转,新旧矛盾和问题错综复杂,经济持续向好的基础仍不稳固,经济形势的复杂性和走势的不确定性依然较大。着眼山西,"一煤独大""一股独大"的结构性矛盾依然突出,体制机制改革进展缓慢;城乡居民收入差距持续拉大,脱贫问题依然突出;环境保护工作任务艰巨,生态环境建设亟须加快推进;开放型经济发展滞后,对外开放程度亟待进一步提高等问题依然存在。未来的时与势、艰与险,将我们推到了资源转型升级的风口。要有效解决发展中存在的各种矛盾和问题,夯实经济持续稳定向好的基础,推动经济保持

后 记

中高速增长、产业迈向中高端水平，必须坚定不移持续深化改革。以思维和理念转型为先导，以企业转型为基础，以产业转型为重点，加快推动山西资源型经济社会的总体转型改革与发展。随着山西转型综改进入战略关键期，适时推出第七部《山西资源型经济转型发展报告》具有十分重要的现实意义。

当前，山西省处于实施"十三五"规划的重要时期和供给侧结构性改革的深化之年，主动适应经济发展新常态，紧紧抓住资源枯竭城市转型和新一轮中部崛起战略机遇，全力以赴在转方式、调结构、促改革、惠民生、补短板、建小康上取得突破性进展，实现逆势跨越，不断开拓发展新境界，为资源枯竭型城市转型蹚出一条新路。秉持"负重攀援，助力资源型经济转型发展理论与政策研究"理念，持续开展资源型地区结构均衡发展重大课题研究，围绕"深化资源型经济转型改革与发展"年度研究主题，探索以供给侧结构性改革为主线的深化资源型经济转型改革与发展的新思维、新动能、新结构、新路径和新举措。对资源型经济转型发展问题的探究是急需严格的科学精神，同时又极富严酷现实性的研究。习近平总书记于2017年6月21日在山西考察工作时强调，实现资源型地区经济转型发展，形成产业多元支撑的结构格局，是山西经济发展需要深入思考和突破的重大课题。《山西资源型经济转型发展报告（2017）》是一个阶段性研究成果，期待本书的出版能够继续引起社会各界的关注，引发各方对深化资源型经济转型改革与发展的进一步探索，也期待广大读者对书中的疏漏和不足之处予以批评指正。

在山西省政协主席薛延忠，省委常委、统战部部长廉毅敏，副省长贺天才，省政协副主席王宁，省委统战部常务副部长郭海刚，中共山西大学党委书记师帅，山西大学校长贾锁堂，山西财经大学校长刘维奇的关心支持下，本书主编李志强教授倾心带领研究团队，开放整合资源，倾力协同研究，多次讨论书稿内容、结构和风格，经过反复修改、加工和雕琢后完成书稿，最终把关审核定稿。

在本书付梓之际，谨向中共山西省委政策研究室、山西省转型综改办、山西省社会科学界联合会、山西省人民政府发展研究中心、山西省政府决策咨询委员会办公室、山西省社会科学院等单位以及诸多领导的关心和支持表示衷心感谢。社会科学文献出版社顾问周丽,经济与管理分社高雁副社长、冯咏梅编辑为本书的连续出版付出了辛勤的劳动,在此一并表示衷心感谢。

李志强
2017年6月25日于山西大学蕴华庄

社会科学文献出版社　　**皮书系列**

❖ 皮书起源 ❖

"皮书"起源于十七、十八世纪的英国,主要指官方或社会组织正式发表的重要文件或报告,多以"白皮书"命名。在中国,"皮书"这一概念被社会广泛接受,并被成功运作、发展成为一种全新的出版形态,则源于中国社会科学院社会科学文献出版社。

❖ 皮书定义 ❖

皮书是对中国与世界发展状况和热点问题进行年度监测,以专业的角度、专家的视野和实证研究方法,针对某一领域或区域现状与发展态势展开分析和预测,具备原创性、实证性、专业性、连续性、前沿性、时效性等特点的公开出版物,由一系列权威研究报告组成。

❖ 皮书作者 ❖

皮书系列的作者以中国社会科学院、著名高校、地方社会科学院的研究人员为主,多为国内一流研究机构的权威专家学者,他们的看法和观点代表了学界对中国与世界的现实和未来最高水平的解读与分析。

❖ 皮书荣誉 ❖

皮书系列已成为社会科学文献出版社的著名图书品牌和中国社会科学院的知名学术品牌。2016年,皮书系列正式列入"十三五"国家重点出版规划项目;2012~2016年,重点皮书列入中国社会科学院承担的国家哲学社会科学创新工程项目;2017年,55种院外皮书使用"中国社会科学院创新工程学术出版项目"标识。

中国皮书网

发布皮书研创资讯，传播皮书精彩内容
引领皮书出版潮流，打造皮书服务平台

栏目设置

关于皮书：何谓皮书、皮书分类、皮书大事记、皮书荣誉、皮书出版第一人、皮书编辑部

最新资讯：通知公告、新闻动态、媒体聚焦、网站专题、视频直播、下载专区

皮书研创：皮书规范、皮书选题、皮书出版、皮书研究、研创团队

皮书评奖评价：指标体系、皮书评价、皮书评奖

互动专区：皮书说、皮书智库、皮书微博、数据库微博

所获荣誉

2008年、2011年，中国皮书网均在全国新闻出版业网站荣誉评选中获得"最具商业价值网站"称号；

2012年，获得"出版业网站百强"称号。

网库合一

2014年，中国皮书网与皮书数据库端口合一，实现资源共享。更多详情请登录www.pishu.cn。

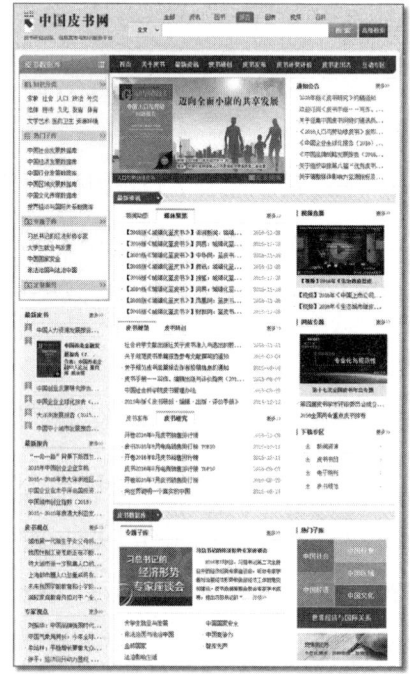

权威报告·热点资讯·特色资源

皮书数据库
ANNUAL REPORT(YEARBOOK) DATABASE

当代中国与世界发展高端智库平台

所获荣誉

- 2016年,入选"国家'十三五'电子出版物出版规划骨干工程"
- 2015年,荣获"搜索中国正能量 点赞2015""创新中国科技创新奖"
- 2013年,荣获"中国出版政府奖·网络出版物奖"提名奖
- 连续多年荣获中国数字出版博览会"数字出版·优秀品牌"奖

成为会员

通过网址www.pishu.com.cn或使用手机扫描二维码进入皮书数据库网站,进行手机号码验证或邮箱验证即可成为皮书数据库会员(建议通过手机号码快速验证注册)。

会员福利

- 使用手机号码首次注册会员可直接获得100元体验金,不需充值即可购买和查看数据库内容(仅限使用手机号码快速注册)。
- 已注册用户购书后可免费获赠100元皮书数据库充值卡。刮开充值卡涂层获取充值密码,登录并进入"会员中心"—"在线充值"—"充值卡充值",充值成功后即可购买和查看数据库内容。

数据库服务热线:400-008-6695
数据库服务QQ:2475522410
数据库服务邮箱:database@ssap.cn
图书销售热线:010-59367070/7028
图书服务QQ:1265056568
图书服务邮箱:duzhe@ssap.cn

子库介绍
Sub-Database Introduction

中国经济发展数据库

涵盖宏观经济、农业经济、工业经济、产业经济、财政金融、交通旅游、商业贸易、劳动经济、企业经济、房地产经济、城市经济、区域经济等领域，为用户实时了解经济运行态势、把握经济发展规律、洞察经济形势、做出经济决策提供参考和依据。

中国社会发展数据库

全面整合国内外有关中国社会发展的统计数据、深度分析报告、专家解读和热点资讯构建而成的专业学术数据库。涉及宗教、社会、人口、政治、外交、法律、文化、教育、体育、文学艺术、医药卫生、资源环境等多个领域。

中国行业发展数据库

以中国国民经济行业分类为依据，跟踪分析国民经济各行业市场运行状况和政策导向，提供行业发展最前沿的资讯，为用户投资、从业及各种经济决策提供理论基础和实践指导。内容涵盖农业，能源与矿产业，交通运输业，制造业，金融业，房地产业，租赁和商务服务业，科学研究，环境和公共设施管理，居民服务业，教育，卫生和社会保障，文化、体育和娱乐业等100余个行业。

中国区域发展数据库

对特定区域内的经济、社会、文化、法治、资源环境等领域的现状与发展情况进行分析和预测。涵盖中部、西部、东北、西北等地区，长三角、珠三角、黄三角、京津冀、环渤海、合肥经济圈、长株潭城市群、关中一天水经济区、海峡经济区等区域经济体和城市圈，北京、上海、浙江、河南、陕西等34个省份及中国台湾地区。

中国文化传媒数据库

包括文化事业、文化产业、宗教、群众文化、图书馆事业、博物馆事业、档案事业、语言文字、文学、历史地理、新闻传播、广播电视、出版事业、艺术、电影、娱乐等多个子库。

世界经济与国际关系数据库

以皮书系列中涉及世界经济与国际关系的研究成果为基础，全面整合国内外有关世界经济与国际关系的统计数据、深度分析报告、专家解读和热点资讯构建而成的专业学术数据库。包括世界经济、国际政治、世界文化与科技、全球性问题、国际组织与国际法、区域研究等多个子库。

法律声明

"皮书系列"(含蓝皮书、绿皮书、黄皮书)之品牌由社会科学文献出版社最早使用并持续至今,现已被中国图书市场所熟知。"皮书系列"的 LOGO( )与"经济蓝皮书""社会蓝皮书"均已在中华人民共和国国家工商行政管理总局商标局登记注册。"皮书系列"图书的注册商标专用权及封面设计、版式设计的著作权均为社会科学文献出版社所有。未经社会科学文献出版社书面授权许可,任何使用与"皮书系列"图书注册商标、封面设计、版式设计相同或者近似的文字、图形或其组合的行为均系侵权行为。

经作者授权,本书的专有出版权及信息网络传播权为社会科学文献出版社享有。未经社会科学文献出版社书面授权许可,任何就本书内容的复制、发行或以数字形式进行网络传播的行为均系侵权行为。

社会科学文献出版社将通过法律途径追究上述侵权行为的法律责任,维护自身合法权益。

欢迎社会各界人士对侵犯社会科学文献出版社上述权利的侵权行为进行举报。电话:010-59367121,电子邮箱:fawubu@ssap.cn。

社会科学文献出版社

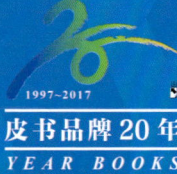

皮书品牌20年
YEAR BOOKS

皮书系列

2017年

智库成果出版与传播平台

社会科学文献出版社
SOCIAL SCIENCES ACADEMIC PRESS (CHINA)

社长致辞

2017年正值皮书品牌专业化二十周年之际，世界每天都在发生着让人眼花缭乱的变化，而唯一不变的，是面向未来无数的可能性。作为个体，如何获取专业信息以备不时之需？作为行政主体或企事业主体，如何提高决策的科学性让这个世界变得更好而不是更糟？原创、实证、专业、前沿、及时、持续，这是1997年"皮书系列"品牌创立的初衷。

1997~2017，从最初一个出版社的学术产品名称到媒体和公众使用频率极高的热点词语，从专业术语到大众话语，从官方文件到独特的出版型态，作为重要的智库成果，"皮书"始终致力于成为海量信息时代的信息过滤器，成为经济社会发展的记录仪，成为政策制定、评估、调整的智力源，社会科学研究的资料集成库。"皮书"的概念不断延展，"皮书"的种类更加丰富，"皮书"的功能日渐完善。

1997~2017，皮书及皮书数据库已成为中国新型智库建设不可或缺的抓手与平台，成为政府、企业和各类社会组织决策的利器，成为人文社科研究最基本的资料库，成为世界系统完整及时认知当代中国的窗口和通道！"皮书"所具有的凝聚力正在形成一种无形的力量，吸引着社会各界关注中国的发展，参与中国的发展。

二十年的"皮书"正值青春，愿每一位皮书人付出的年华与智慧不辜负这个时代！

社会科学文献出版社社长
中国社会学会秘书长

2016年11月

皮书系列
重点推荐

社会科学文献出版社简介

社会科学文献出版社成立于1985年，是直属于中国社会科学院的人文社会科学学术出版机构。成立以来，社科文献出版社依托于中国社会科学院和国内外人文社会科学界丰厚的学术出版和专家学者资源，始终坚持"创社科经典，出传世文献"的出版理念、"权威、前沿、原创"的产品定位以及学术成果和智库成果出版的专业化、数字化、国际化、市场化的经营道路。

社科文献出版社是中国新闻出版业转型与文化体制改革的先行者。积极探索文化体制改革的先进方向和现代企业经营决策机制，社科文献出版社先后荣获"全国文化体制改革工作先进单位"、中国出版政府奖·先进出版单位奖，中国社会科学院先进集体、全国科普工作先进集体等荣誉称号。多人次荣获"第十届韬奋出版奖""全国新闻出版行业领军人才""数字出版先进人物""北京市新闻出版广电行业领军人才"等称号。

社科文献出版社是中国人文社会科学学术出版的大社名社，也是以皮书为代表的智库成果出版的专业强社。年出版图书2000余种，其中皮书350余种，出版新书字数5.5亿字，承印与发行中国社科院院属期刊72种，先后创立了皮书系列、列国志、中国史话、社科文献学术译库、社科文献学术文库、甲骨文书系等一大批既有学术影响又有市场价值的品牌，确立了在社会学、近代史、苏东问题研究等专业学科及领域出版的领先地位。图书多次荣获中国出版政府奖、"三个一百"原创图书出版工程、"五个'一'工程奖"、"大众喜爱的50种图书"等奖项，在中央国家机关"强素质·做表率"读书活动中，入选图书品种数位居各大出版社之首。

社科文献出版社是中国学术出版规范与标准的倡议者与制定者，代表全国50多家出版社发起实施学术著作出版规范的倡议，承担学术著作规范国家标准的起草工作，率先编撰完成《皮书手册》对皮书品牌进行规范化管理，并在此基础上推出中国版芝加哥手册——《SSAP学术出版手册》。

社科文献出版社是中国数字出版的引领者，拥有皮书数据库、列国志数据库、"一带一路"数据库、减贫数据库、集刊数据库等4大产品线11个数据库产品，机构用户达1300余家，海外用户百余家，荣获"数字出版转型示范单位""新闻出版标准化先进单位""专业数字内容资源知识服务模式试点企业标准化示范单位"等称号。

社科文献出版社是中国学术出版走出去的践行者。社科文献出版社海外图书出版与学术合作业务遍及全球40余个国家和地区并于2016年成立俄罗斯分社，累计输出图书500余种，涉及近20个语种，累计获得国家社科基金中华学术外译项目资助76种、"丝路书香工程"项目资助60种、中国图书对外推广计划项目资助71种以及经典中国国际出版工程资助28种，被商务部认定为"2015-2016年度国家文化出口重点企业"。

如今，社科文献出版社拥有固定资产3.6亿元，年收入近3亿元，设置了七大出版分社、六大专业部门，成立了皮书研究院和博士后科研工作站，培养了一支近400人的高素质与高效率的编辑、出版、营销和国际推广队伍，为未来成为学术出版的大社、名社、强社，成为文化体制改革与文化企业转型发展的排头兵奠定了坚实的基础。

经济类

经 济 类

经济类皮书涵盖宏观经济、城市经济、大区域经济，提供权威、前沿的分析与预测

经济蓝皮书
2017年中国经济形势分析与预测

李扬/主编　2017年1月出版　定价：89.00元

◆ 本书为总理基金项目，由著名经济学家李扬领衔，联合中国社会科学院等数十家科研机构、国家部委和高等院校的专家共同撰写，系统分析了2016年的中国经济形势并预测2017年中国经济运行情况。

中国省域竞争力蓝皮书
中国省域经济综合竞争力发展报告（2015～2016）

李建平　李闽榕　高燕京/主编　2017年5月出版　定价：198.00元

◆ 本书融多学科的理论为一体，深入追踪研究了省域经济发展与中国国家竞争力的内在关系，为提升中国省域经济综合竞争力提供有价值的决策依据。

城市蓝皮书
中国城市发展报告No.10

潘家华　单菁菁/主编　2017年9月出版　估价：89.00元

◆ 本书是由中国社会科学院城市发展与环境研究中心编著的，多角度、全方位地立体展示了中国城市的发展状况，并对中国城市的未来发展提出了许多建议。该书有强烈的时代感，对中国城市发展实践有重要的参考价值。

经济类

人口与劳动绿皮书
中国人口与劳动问题报告 No.18
蔡昉　张车伟 / 主编　2017 年 10 月出版　估价：89.00 元

◆　本书为中国社会科学院人口与劳动经济研究所主编的年度报告，对当前中国人口与劳动形势做了比较全面和系统的深入讨论，为研究中国人口与劳动问题提供了一个专业性的视角。

世界经济黄皮书
2017 年世界经济形势分析与预测
张宇燕 / 主编　2017 年 1 月出版　定价：89.00 元

◆　本书由中国社会科学院世界经济与政治研究所的研究团队撰写，2016 年世界经济增速进一步放缓，就业增长放慢。世界经济面临许多重大挑战同时，地缘政治风险、难民危机、大国政治周期、恐怖主义等问题也仍然在影响世界经济的稳定与发展。预计 2017 年按 PPP 计算的世界 GDP 增长率约为 3.0%。

国际城市蓝皮书
国际城市发展报告（2017）
屠启宇 / 主编　2017 年 2 月出版　定价：79.00 元

◆　本书作者以上海社会科学院从事国际城市研究的学者团队为核心，汇集同济大学、华东师范大学、复旦大学、上海交通大学、南京大学、浙江大学相关城市研究专业学者。立足动态跟踪介绍国际城市发展时间中，最新出现的重大战略、重大理念、重大项目、重大报告和最佳案例。

金融蓝皮书
中国金融发展报告（2017）
王国刚 / 主编　2017 年 2 月出版　定价：79.00 元

◆　本书由中国社会科学院金融研究所组织编写，概括和分析了 2016 年中国金融发展和运行中的各方面情况，研讨和评论了 2016 年发生的主要金融事件，有利于读者了解掌握 2016 年中国的金融状况，把握 2017 年中国金融的走势。

经济类　皮书系列 重点推荐

农村绿皮书
中国农村经济形势分析与预测（2016～2017）

魏后凯　黄秉信/主编　2017年4月出版　定价：79.00元

◆　本书描述了2016年中国农业农村经济发展的一些主要指标和变化，并对2017年中国农业农村经济形势的一些展望和预测，提出相应的政策建议。

西部蓝皮书
中国西部发展报告（2017）

徐璋勇/主编　2017年8月出版　定价：89.00元

◆　本书由西北大学中国西部经济发展研究中心主编，汇集了源自西部本土以及国内研究西部问题的权威专家的第一手资料，对国家实施西部大开发战略进行年度动态跟踪，并对2017年西部经济、社会发展态势进行预测和展望。

经济蓝皮书·夏季号
中国经济增长报告（2016～2017）

李扬/主编　2017年5月出版　定价：98.00元

◆　中国经济增长报告主要探讨2016~2017年中国经济增长问题，以专业视角解读中国经济增长，力求将其打造成一个研究中国经济增长、服务宏微观各级决策的周期性、权威性读物。

就业蓝皮书
2017年中国本科生就业报告

麦可思研究院/编著　2017年6月出版　定价：98.00元

◆　本书基于大量的数据和调研，内容翔实，调查独到，分析到位，用数据说话，对中国大学生就业及学校专业设置起到了很好的建言献策作用。

皮书系列重点推荐　社会政法类

社会政法类

社会政法类皮书聚焦社会发展领域的热点、难点问题，提供权威、原创的资讯与视点

社会蓝皮书

2017年中国社会形势分析与预测

李培林　陈光金　张翼 / 主编　2016年12月出版　定价：89.00元

◆ 本书由中国社会科学院社会学研究所组织研究机构专家、高校学者和政府研究人员撰写，聚焦当下社会热点，对2016年中国社会发展的各个方面内容进行了权威解读，同时对2017年社会形势发展趋势进行了预测。

法治蓝皮书

中国法治发展报告 No.15（2017）

李林　田禾 / 主编　2017年3月出版　定价：118.00元

◆ 本年度法治蓝皮书回顾总结了2016年度中国法治发展取得的成就和存在的不足，对中国政府、司法、检务透明度进行了跟踪调研，并对2017年中国法治发展形势进行了预测和展望。

社会体制蓝皮书

中国社会体制改革报告 No.5（2017）

龚维斌 / 主编　2017年3月出版　定价：89.00元

◆ 本书由国家行政学院社会治理研究中心和北京师范大学中国社会管理研究院共同组织编写，主要对2016年社会体制改革情况进行回顾和总结，对2017年的改革走向进行分析，提出相关政策建议。

皮书系列
重点推荐

社会政法类

社会心态蓝皮书
中国社会心态研究报告（2017）
王俊秀 杨宜音/主编 2017年12月出版 估价：89.00元

◆ 本书是中国社会科学院社会学研究所社会心理研究中心"社会心态蓝皮书课题组"的年度研究成果，运用社会心理学、社会学、经济学、传播学等多种学科的方法进行了调查和研究，对于目前中国社会心态状况有较广泛和深入的揭示。

生态城市绿皮书
中国生态城市建设发展报告（2017）
刘举科 孙伟平 胡文臻/主编 2017年10月出版 估价：118.00元

◆ 报告以绿色发展、循环经济、低碳生活、民生宜居为理念，以更新民众观念、提供决策咨询、指导工程实践、引领绿色发展为宗旨，试图探索一条具有中国特色的城市生态文明建设新路。

城市生活质量蓝皮书
中国城市生活质量报告（2017）
中国经济实验研究院/主编 2018年2月出版 估价：89.00元

◆ 本书对全国35个城市居民的生活质量主观满意度进行了电话调查，同时对35个城市居民的客观生活质量指数进行了计算，为中国城市居民生活质量的提升，提出了针对性的政策建议。

公共服务蓝皮书
中国城市基本公共服务力评价（2017）
钟君 刘志昌 吴正杲/主编 2017年12月出版 估价：89.00元

◆ 中国社会科学院经济与社会建设研究室与华图政信调查组成联合课题组，从2010年开始对基本公共服务力进行研究，研创了基本公共服务力评价指标体系，为政府考核公共服务与社会管理工作提供了理论工具。

行业报告类

行业报告类皮书立足重点行业、新兴行业领域，提供及时、前瞻的数据与信息

企业社会责任蓝皮书
中国企业社会责任研究报告（2017）

黄群慧　钟宏武　张蒽　翟利峰/著　2017年10月出版　估价：89.00元

◆ 本书剖析了中国企业社会责任在2016~2017年度的最新发展特征，详细解读了省域国有企业在社会责任方面的阶段性特征，生动呈现了国内外优秀企业的社会责任实践。对了解中国企业社会责任履行现状、未来发展，以及推动社会责任建设有重要的参考价值。

新能源汽车蓝皮书
中国新能源汽车产业发展报告（2017）

中国汽车技术研究中心　日产（中国）投资有限公司
东风汽车有限公司/编著　2017年8月出版　定价：98.00元

◆ 本书对中国2016年新能源汽车产业发展进行了全面系统的分析，并介绍了国外的发展经验。有助于相关机构、行业和社会公众等了解中国新能源汽车产业发展的最新动态，为政府部门出台新能源汽车产业相关政策法规、企业制定相关战略规划，提供必要的借鉴和参考。

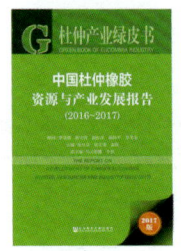

杜仲产业绿皮书
中国杜仲橡胶资源与产业发展报告（2016~2017）

杜红岩　胡文臻　俞锐/主编　2017年11月出版　估价：85.00元

◆ 本书对2016年杜仲产业的发展情况、研究团队在杜仲研究方面取得的重要成果、部分地区杜仲产业发展的具体情况、杜仲新标准的制定情况等进行了较为详细的分析与介绍，使广大关心杜仲产业发展的读者能够及时跟踪产业最新进展。

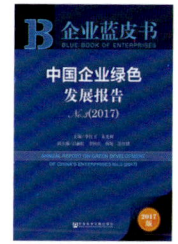

企业蓝皮书
中国企业绿色发展报告 No.2（2017）

李红玉　朱光辉 / 主编　　2017 年 11 月出版　　估价：89.00 元

◆ 本书深入分析中国企业能源消费、资源利用、绿色金融、绿色产品、绿色管理、信息化、绿色发展政策及绿色文化方面的现状，并对目前存在的问题进行研究，剖析因果，谋划对策，为企业绿色发展提供借鉴，为中国生态文明建设提供支撑。

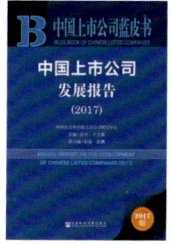

中国上市公司蓝皮书
中国上市公司发展报告（2017）

张平　王宏淼 / 主编　　2017 年 9 月出版　　定价：98.00 元

◆ 本书由中国社会科学院上市公司研究中心组织编写的，着力于全面、真实、客观反映当前中国上市公司财务状况和价值评估的综合性年度报告。本书详尽分析了 2016 年中国上市公司情况，特别是现实中暴露出的制度性、基础性问题，并对资本市场改革进行了探讨。

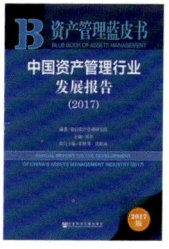

资产管理蓝皮书
中国资产管理行业发展报告（2017）

智信资产管理研究院 / 编著　　2017 年 7 月出版　　定价：98.00 元

◆ 中国资产管理行业刚刚兴起，未来将成为中国金融市场最有看点的行业。本书主要分析了 2016 年度资产管理行业的发展情况，同时对资产管理行业的未来发展做出科学的预测。

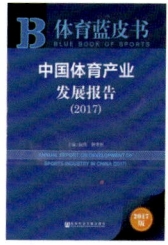

体育蓝皮书
中国体育产业发展报告（2017）

阮伟　钟秉枢 / 主编　　2017 年 12 月出版　　估价：89.00 元

◆ 本书运用多种研究方法，在体育竞赛业、体育用品业、体育场馆业、体育传媒业等传统产业研究的基础上，并对 2016 年体育领域内的各种热点事件进行研究和梳理，进一步拓宽了研究的广度、提升了研究的高度、挖掘了研究的深度。

国际问题类

国际问题类皮书关注全球重点国家与地区，
提供全面、独特的解读与研究

美国蓝皮书
美国研究报告（2017）

郑秉文 黄平 / 主编　2017 年 5 月出版　定价：89.00 元

◆ 本书是由中国社会科学院美国研究所主持完成的研究成果，它回顾了美国 2016 年的经济、政治形势与外交战略，对 2017 年以来美国内政外交发生的重大事件及重要政策进行了较为全面的回顾和梳理。

日本蓝皮书
日本研究报告（2017）

杨伯江 / 主编　2017 年 6 月出版　定价：89.00 元

◆ 本书对 2016 年日本的政治、经济、社会、外交等方面的发展情况做了系统介绍，对日本的热点及焦点问题进行了总结和分析，并在此基础上对该国 2017 年的发展前景做出预测。

亚太蓝皮书
亚太地区发展报告（2017）

李向阳 / 主编　2017 年 5 月出版　定价：79.00 元

◆ 本书是中国社会科学院亚太与全球战略研究院的集体研究成果。2017 年的"亚太蓝皮书"继续关注中国周边环境的变化。该书盘点了 2016 年亚太地区的焦点和热点问题，为深入了解 2016 年及未来中国与周边环境的复杂形势提供了重要参考。

国别与地区类 | 皮书系列 重点推荐

德国蓝皮书
德国发展报告（2017）

郑春荣 / 主编　2017年6月出版　定价：79.00元

◆ 本报告由同济大学德国研究所组织编撰，由该领域的专家学者对德国的政治、经济、社会文化、外交等方面的形势发展情况，进行全面的阐述与分析。

日本经济蓝皮书
日本经济与中日经贸关系研究报告（2017）

张季风 / 编著　2017年6月出版　定价：89.00元

◆ 本书系统、详细地介绍了2016年日本经济以及中日经贸关系发展情况，在进行了大量数据分析的基础上，对2017年日本经济以及中日经贸关系的大致发展趋势进行了分析与预测。

俄罗斯黄皮书
俄罗斯发展报告（2017）

李永全 / 编著　2017年6月出版　定价：89.00元

◆ 本书系统介绍了2016年俄罗斯经济政治情况，并对2016年该地区发生的焦点、热点问题进行了分析与回顾；在此基础上，对该地区2017年的发展前景进行了预测。

非洲黄皮书
非洲发展报告 No.19（2016～2017）

张宏明 / 主编　2017年7月出版　定价：89.00元

◆ 本书是由中国社会科学院西亚非洲研究所组织编撰的非洲形势年度报告，比较全面、系统地分析了2016年非洲政治形势和热点问题，探讨了非洲经济形势和市场走向，剖析了大国对非洲关系的新动向；此外，还介绍了国内非洲研究的新成果。

皮书系列
重点推荐

地方发展类

地方发展类

地方发展类皮书关注中国各省份、经济区域，提供科学、多元的预判与资政信息

北京蓝皮书
北京公共服务发展报告（2016~2017）

施昌奎 / 主编　2017年3月出版　定价：79.00元

◆ 本书是由北京市政府职能部门的领导、首都著名高校的教授、知名研究机构的专家共同完成的关于北京市公共服务发展与创新的研究成果。

河南蓝皮书
河南经济发展报告（2017）

张占仓　完世伟 / 主编　2017年4月出版　定价：79.00元

◆ 本书以国内外经济发展环境和走向为背景，主要分析当前河南经济形势，预测未来发展趋势，全面反映河南经济发展的最新动态、热点和问题，为地方经济发展和领导决策提供参考。

广州蓝皮书
2017年中国广州经济形势分析与预测

魏明海　谢博能　李华 / 主编　2017年6月出版　定价：85.00元

◆ 本书由广州大学与广州市委政策研究室、广州市统计局联合主编，汇集了广州科研团体、高等院校和政府部门诸多经济问题研究专家、学者和实际部门工作者的最新研究成果，是关于广州经济运行情况和相关专题分析、预测的重要参考资料。

文化传媒类

文化传媒类

文化传媒类皮书透视文化领域、文化产业，探索文化大繁荣、大发展的路径

新媒体蓝皮书
中国新媒体发展报告 No.8（2017）

唐绪军 / 主编　2017年6月出版　定价：79.00元

◆ 本书是由中国社会科学院新闻与传播研究所组织编写的关于新媒体发展的最新年度报告，旨在全面分析中国新媒体的发展现状，解读新媒体的发展趋势，探析新媒体的深刻影响。

移动互联网蓝皮书
中国移动互联网发展报告（2017）

余清楚 / 主编　2017年6月出版　定价：98.00元

◆ 本书着眼于对2016年度中国移动互联网的发展情况做深入解析，对未来发展趋势进行预测，力求从不同视角、不同层面全面剖析中国移动互联网发展的现状、年度突破及热点趋势等。

传媒蓝皮书
中国传媒产业发展报告（2017）

崔保国 / 主编　2017年5月出版　定价：98.00元

◆ "传媒蓝皮书"连续十多年跟踪观察和系统研究中国传媒产业发展。本报告是在对传媒产业总体以及各细分行业发展状况与趋势进行深入分析基础上，对年度发展热点进行跟踪，剖析新技术引领下的商业模式，对传媒各领域发展趋势、内体经营、传媒投资进行解析，为中国传媒产业正在发生的变革提供前瞻性参考。

经济类

"三农"互联网金融蓝皮书
中国"三农"互联网金融发展报告（2017）
著(编)者：李勇坚 王弢　　2017年8月出版 / 估价：98.00元
PSN B-2016-561-1/1

"一带一路"投资安全蓝皮书
中国"一带一路"投资与安全研究报告（2017）
著(编)者：邹统钎 梁昊光　　2017年4月出版 / 定价：89.00元
PSN B-2017-612-1/1

G20国家创新竞争力黄皮书
二十国集团（G20）国家创新竞争力发展报告（2016~2017）
著(编)者：李建平 李闽榕 赵新力　周天勇
2017年8月出版 / 估价：158.00元
PSN Y-2011-229-1/1

产业蓝皮书
中国产业竞争力报告（2017）No.7
著(编)者：张其仔　　2017年12月出版 / 估价：98.00元
PSN B-2010-175-1/1

城市创新蓝皮书
中国城市创新报告（2017）
著(编)者：周天勇 旷建伟　　2017年11月出版 / 估价：89.00元
PSN B-2013-340-1/1

城市蓝皮书
中国城市发展报告 No.10
著(编)者：潘家华 单菁菁　　2017年9月出版 / 估价：89.00元
PSN B-2007-091-1/1

城乡一体化蓝皮书
中国城乡一体化发展报告（2016~2017）
著(编)者：汝信 付崇兰　　2017年7月出版 / 估价：85.00元
PSN B-2011-226-1/2

城镇化蓝皮书
中国新型城镇化健康发展报告（2017）
著(编)者：张占斌　　2017年11月出版 / 估价：89.00元
PSN B-2014-396-1/1

创新蓝皮书
创新型国家建设报告（2016~2017）
著(编)者：詹正茂　　2017年12月出版 / 估价：89.00元
PSN B-2009-140-1/1

创业蓝皮书
中国创业发展报告（2016~2017）
著(编)者：黄群慧 赵卫星 钟宏武 等
2017年11月出版 / 估价：89.00元
PSN B-2016-578-1/1

低碳发展蓝皮书
中国低碳发展报告（2017）
著(编)者：张希良 齐晔　　2017年6月出版 / 定价：79.00元
PSN B-2011-223-1/1

低碳经济蓝皮书
中国低碳经济发展报告（2017）
著(编)者：薛进军 赵忠秀　　2017年7月出版 / 估价：85.00元
PSN B-2011-194-1/1

东北蓝皮书
中国东北地区发展报告（2017）
著(编)者：姜晓秋　　2017年2月出版 / 定价：79.00元
PSN B-2006-067-1/1

发展与改革蓝皮书
中国经济发展和体制改革报告No.8
著(编)者：邹东涛 王再文　　2017年7月出版 / 估价：98.00元
PSN B-2008-122-1/1

工业化蓝皮书
中国工业化进程报告（1999~2015）
著(编)者：黄群慧 李芳芳 等
2017年5月出版 / 定价：158.00元
PSN B-2007-095-1/1

管理蓝皮书
中国管理发展报告（2017）
著(编)者：张晓东　　2017年10月出版 / 估价：98.00元
PSN B-2014-416-1/1

国际城市蓝皮书
国际城市发展报告（2017）
著(编)者：屠启宇　　2017年2月出版 / 定价：79.00元
PSN B-2012-260-1/1

国家创新蓝皮书
中国创新发展报告（2017）
著(编)者：陈劲　　2018年3月出版 / 估价：89.00元
PSN B-2014-370-1/1

金融蓝皮书
中国金融发展报告（2017）
著(编)者：王国刚　　2017年2月出版 / 定价：79.00元
PSN B-2004-031-1/6

京津冀金融蓝皮书
京津冀金融发展报告（2017）
著(编)者：王爱俭 李向前
2017年7月出版 / 估价：89.00元
PSN B-2016-528-1/1

京津冀蓝皮书
京津冀发展报告（2017）
著(编)者：祝合良 叶堂林 张贵祥 等
2017年4月出版 / 估价：89.00元
PSN B-2012-262-1/1

经济蓝皮书
2017年中国经济形势分析与预测
著(编)者：李扬　　2017年1月出版 / 定价：89.00元
PSN B-1996-001-1/1

经济蓝皮书·春季号
2017年中国经济前景分析
著(编)者：李扬　　2017年5月出版 / 定价：79.00元
PSN B-1999-008-1/1

经济蓝皮书·夏季号
中国经济增长报告（2016~2017）
著(编)者：李扬　　2017年9月出版 / 估价：98.00元
PSN B-2010-176-1/1

经济信息绿皮书
中国与世界经济发展报告（2017）
著(编)者：杜平　　2017年12月出版 / 定价：89.00元
PSN G-2003-023-1/1

就业蓝皮书
2017年中国本科生就业报告
著(编)者：麦可思研究院　　2017年6月出版 / 估价：98.00元
PSN B-2009-146-1/2

 经济类

皮书系列 2017全品种

就业蓝皮书
2017年中国高职高专生就业报告
著(编)者：麦可思研究院　2017年6月出版 / 定价：98.00元
PSN B-2015-472-2/2

科普能力蓝皮书
中国科普能力评价报告（2017）
著(编)者：李富 强李群　2017年8月出版 / 估价：89.00元
PSN B-2016-556-1/1

临空经济蓝皮书
中国临空经济发展报告（2017）
著(编)者：连玉明　2017年9月出版 / 估价：89.00元
PSN B-2014-421-1/1

农村绿皮书
中国农村经济形势分析与预测（2016~2017）
著(编)者：魏后凯 黄秉信
2017年4月出版 / 定价：79.00元
PSN G-1998-003-1/1

农业应对气候变化蓝皮书
气候变化对中国农业影响评估报告 No.3
著(编)者：矫梅燕　2017年8月出版 / 估价：98.00元
PSN B-2014-413-1/1

气候变化绿皮书
应对气候变化报告（2017）
著(编)者：王伟光 郑国光　2017年11月出版 / 估价：89.00元
PSN G-2009-144-1/1

区域蓝皮书
中国区域经济发展报告（2016~2017）
著(编)者：赵弘　2017年5月出版 / 定价：79.00元
PSN B-2004-034-1/1

全球环境竞争力绿皮书
全球环境竞争力报告（2017）
著(编)者：李建平 李闽榕 王金南
2017年12月出版 / 定价：198.00元
PSN G-2013-363-1/1

人口与劳动绿皮书
中国人口与劳动问题报告 No.18
著(编)者：蔡昉 张车伟　2017年11月出版 / 估价：89.00元
PSN B-2000-012-1/1

商务中心区蓝皮书
中国商务中心区发展报告 No.3（2016）
著(编)者：李国红 单菁菁　2017年9月出版 / 估价：98.00元
PSN B-2015-444-1/1

世界经济黄皮书
2017年世界经济形势分析与预测
著(编)者：张宇燕　2017年1月出版 / 定价：89.00元
PSN Y-1999-006-1/1

世界旅游城市绿皮书
世界旅游城市发展报告（2017）
著(编)者：宋宇　2017年7月出版 / 定价：128.00元
PSN G-2014-400-1/1

土地市场蓝皮书
中国农村土地市场发展报告（2016~2017）
著(编)者：李光荣　2017年7月出版 / 估价：89.00元
PSN B-2016-527-1/1

西北蓝皮书
中国西北发展报告（2017）
著(编)者：任宗哲 白宽犁 王建康
2017年4月出版 / 定价：88.00元
PSN B-2012-261-1/1

西部蓝皮书
中国西部发展报告（2017）
著(编)者：徐璋勇　2017年8月出版 / 估价：89.00元
PSN B-2005-039-1/1

新型城镇化蓝皮书
新型城镇化发展报告（2017）
著(编)者：李伟 宋敏 沈体雁　2018年7月出版 / 估价：98.00元
PSN B-2014-431-1/1

新兴经济体蓝皮书
金砖国家发展报告（2017）
著(编)者：林跃勤 周文　2017年12月出版 / 估价：89.00元
PSN B-2011-195-1/1

长三角蓝皮书
2017年创新融合发展的长三角
著(编)者：王庆五　2018年3月出版 / 定价：88.00元
PSN B-2005-038-1/1

中部竞争力蓝皮书
中国中部经济社会竞争力报告（2017）
著(编)者：教育部人文社会科学重点研究基地
　　　　　南昌大学中国中部经济社会发展研究中心
2017年12月出版 / 估价：89.00元
PSN B-2012-276-1/1

中部蓝皮书
中国中部地区发展报告（2017）
著(编)者：宋亚平　2017年12月出版 / 定价：88.00元
PSN B-2007-089-1/1

中国省域竞争力蓝皮书
中国省域经济综合竞争力发展报告（2017）
著(编)者：李建平 李闽榕 高燕京
2017年2月出版 / 定价：198.00元
PSN B-2007-088-1/1

中三角蓝皮书
长江中游城市群发展报告（2017）
著(编)者：秦尊文　2017年9月出版 / 估价：89.00元
PSN B-2014-417-1/1

中小城市绿皮书
中国中小城市发展报告（2017）
著(编)者：中国城市经济学会中小城市经济发展委员会
　　　　　中国城镇化促进会中小城市发展委员会
　　　　　《中国中小城市发展报告》编纂委员会
　　　　　中小城市发展战略研究院
2017年11月出版 / 估价：128.00元
PSN G-2010-161-1/1

中原蓝皮书
中原经济区发展报告（2017）
著(编)者：李英杰　2017年7月出版 / 定价：88.00元
PSN B-2011-192-1/1

自贸区蓝皮书
中国自贸区发展报告（2017）
著(编)者：王力 黄育华　2017年6月出版 / 定价：89.00元
PSN B-2016-559-1/1

皮书系列 2017全品种　社会政法类

社会政法类

北京蓝皮书
中国社区发展报告（2017）
著(编)者：于燕燕　　2018年4月出版 / 估价：89.00元
PSN B-2007-083-5/8

殡葬绿皮书
中国殡葬事业发展报告（2017）
著(编)者：李伯森　　2017年11月出版 / 估价：158.00元
PSN G-2010-180-1/1

城市管理蓝皮书
中国城市管理报告（2016~2017）
著(编)者：刘林　刘承水　2017年7月出版 / 估价：158.00元
PSN B-2013-336-1/1

城市生活质量蓝皮书
中国城市生活质量报告（2017）
著(编)者：中国经济实验研究院
2018年2月出版 / 估价：89.00元
PSN B-2013-326-1/1

城市政府能力蓝皮书
中国城市政府公共服务能力评估报告（2017）
著(编)者：何艳玲　　2017年7月出版 / 估价：89.00元
PSN B-2013-338-1/1

慈善蓝皮书
中国慈善发展报告（2017）
著(编)者：杨团　　2017年6月出版 / 定价：98.00元
PSN B-2009-142-1/1

党建蓝皮书
党的建设研究报告No.2（2017）
著(编)者：崔建民　陈东平　2017年7月出版 / 估价：89.00元
PSN B-2016-524-1/1

地方法治蓝皮书
中国地方法治发展报告No.3（2017）
著(编)者：李林　田禾　2017年7出版 / 估价：108.00元
PSN B-2015-442-1/1

法治蓝皮书
中国法治发展报告No.15（2017）
著(编)者：李林　田禾　2017年3月出版 / 定价：118.00元
PSN B-2004-027-1/1

法治政府蓝皮书
中国法治政府发展报告（2017）
著(编)者：中国政法大学法治政府研究院
2018年4月出版 / 估价：98.00元
PSN B-2015-502-1/2

法治政府蓝皮书
中国法治政府评估报告（2017）
著(编)者：中国政法大学法治政府研究院
2017年11月出版 / 估价：98.00元
PSN B-2016-577-2/2

法治蓝皮书
中国法院信息化发展报告No.1（2017）
著(编)者：李林　田禾　2017年2月出版 / 定价：108.00元
PSN B-2017-604-3/3

反腐倡廉蓝皮书
中国反腐倡廉建设报告No.7
著(编)者：张英伟　　2017年12月出版 / 估价：89.00元
PSN B-2012-259-1/1

非传统安全蓝皮书
中国非传统安全研究报告（2016~2017）
著(编)者：余潇枫　魏志江　2017年7月出版 / 估价：89.00元
PSN B-2012-273-1/1

妇女发展蓝皮书
中国妇女发展报告No.7
著(编)者：王金玲　　2017年9月出版 / 估价：148.00元
PSN B-2006-069-1/1

妇女教育蓝皮书
中国妇女教育发展报告No.4
著(编)者：张李玺　　2017年10月出版 / 估价：78.00元
PSN B-2008-121-1/1

妇女绿皮书
中国性别平等与妇女发展报告（2017）
著(编)者：谭琳　　2017年12月出版 / 估价：99.00元
PSN G-2006-073-1/1

公共服务蓝皮书
中国城市基本公共服务力评价（2017）
著(编)者：钟君　刘志昌　吴正杲　2017年12月出版 / 估价：89.00元
PSN B-2011-214-1/1

公民科学素质蓝皮书
中国公民科学素质报告（2016~2017）
著(编)者：李群　陈雄　马宗文
2017年7月出版 / 估价：89.00元
PSN B-2014-379-1/1

公共关系蓝皮书
中国公共关系发展报告（2017）
著(编)者：柳斌杰　　2017年11月出版 / 估价：89.00元
PSN B-2016-580-1/1

公益蓝皮书
中国公益慈善发展报告（2017）
著(编)者：朱健刚　　2018年4月出版 / 估价：118.00元
PSN B-2012-283-1/1

国际人才蓝皮书
中国国际移民报告（2017）
著(编)者：王辉耀　　2017年7月出版 / 估价：89.00元
PSN B-2012-304-3/4

国际人才蓝皮书
中国留学发展报告（2017）No.5
著(编)者：王辉耀　苗绿　2017年10月出版 / 估价：89.00元
PSN B-2012-244-2/4

海关发展蓝皮书
中国海关发展前沿报告
著(编)者：于春晖　　2017年6月出版 / 定价：89.00元
PSN B-2017-616-1/1

社会政法类

海洋社会蓝皮书
中国海洋社会发展报告（2017）
著（编）者：崔凤 宋宁而　2018年3月出版／估价：89.00元
PSN B-2015-478-1/1

行政改革蓝皮书
中国行政体制改革报告（2017）No.6
著（编）者：魏礼群　2017年7月出版／估价：98.00元
PSN B-2011-231-1/1

华侨华人蓝皮书
华侨华人研究报告（2017）
著（编）者：贾益民　2017年12月出版／估价：128.00元
PSN B-2011-204-1/1

环境竞争力绿皮书
中国省域环境竞争力发展报告（2017）
著（编）者：李建平 李闽榕 王金南
2017年11月出版／定价：198.00元
PSN G-2010-165-1/1

环境绿皮书
中国环境发展报告（2016~2017）
著（编）者：李波　2017年4月出版／定价：89.00元
PSN G-2006-048-1/1

基金会蓝皮书
中国基金会发展报告（2016~2017）
著（编）者：中国基金会发展报告课题组
2017年7月出版／估价：85.00元
PSN B-2013-368-1/1

基金会绿皮书
中国基金会发展独立研究报告（2017）
著（编）者：基金会中心网 中央民族大学基金会研究中心
2017年7月出版／估价：88.00元
PSN G-2011-213-1/1

基金会透明度蓝皮书
中国基金会透明度发展研究报告（2017）
著（编）者：基金会中心网 清华大学廉政与治理研究中心
2017年12月出版／估价：89.00元
PSN B-2015-509-1/1

家庭蓝皮书
中国"创建幸福家庭活动"评估报告（2017）
国务院发展研究中心"创建幸福家庭活动评估"课题组著
2017年8月出版／估价：89.00元
PSN B-2015-508-1/1

健康城市蓝皮书
中国健康城市建设研究报告（2017）
著（编）者：王鸿春 解树江 盛继洪
2017年9月出版／估价：89.00元
PSN B-2016-565-2/2

健康中国蓝皮书
社区首诊与健康中国分析报告（2017）
著（编）者：高和荣 杨叔禹 姜杰
2017年4月出版／定价：99.00元
PSN B-2017-611-1/1

教师蓝皮书
中国中小学教师发展报告（2017）
著（编）者：曾晓东 鱼霞　2017年7月出版／估价：89.00元
PSN B-2012-289-1/1

教育蓝皮书
中国教育发展报告（2017）
著（编）者：杨东平　2017年4月出版／定价：89.00元
PSN B-2006-047-1/1

京津冀教育蓝皮书
京津冀教育发展研究报告（2016~2017）
著（编）者：方中雄　2017年4月出版／估价：98.00元
PSN B-2017-608-1/1

科普蓝皮书
国家科普能力发展报告（2016~2017）
著（编）者：王康友　2017年5月出版／定价：128.00元
PSN B-2017-631-1/1

科普蓝皮书
中国基层科普发展报告（2016~2017）
著（编）者：赵立 新陈玲　2017年9月出版／估价：89.00元
PSN B-2016-569-3/3

科普蓝皮书
中国科普基础设施发展报告（2017）
著（编）者：任福君　2017年7月出版／估价：89.00元
PSN B-2010-174-1/3

科普蓝皮书
中国科普人才发展报告（2017）
著（编）者：郑念 任嵘嵘　2017年7月出版／估价：98.00元
PSN B-2015-512-2/3

科学教育蓝皮书
中国科学教育发展报告（2017）
著（编）者：罗晖 王康友　2017年10月出版／估价：89.00元
PSN B-2015-487-1/1

劳动保障蓝皮书
中国劳动保障发展报告（2017）
著（编）者：刘燕斌　2017年9月出版／估价：188.00元
PSN B-2014-415-1/1

老龄蓝皮书
中国老年宜居环境发展报告（2017）
著（编）者：党俊武 周燕珉　2017年11月出版／估价：89.00元
PSN B-2013-320-1/1

连片特困区蓝皮书
中国连片特困区发展报告（2016~2017）
著（编）者：游俊 冷志明 丁建军
2017年4月出版／估价：98.00元
PSN B-2013-321-1/1

流动儿童蓝皮书
中国流动儿童教育发展报告（2016）
著（编）者：杨东平　2017年1月出版／定价：79.00元
PSN B-2017-600-1/1

皮书系列 2017全品种

社会政法类

民调蓝皮书
中国民生调查报告（2017）
著(编)者：谢耘耕　2017年12月出版／估价：98.00元
PSN B-2014-398-1/1

民族发展蓝皮书
中国民族发展报告（2017）
著(编)者：郝时远 王延中 王希恩
2017年4月出版／估价：98.00元
PSN B-2006-070-1/1

女性生活蓝皮书
中国女性生活状况报告No.11（2017）
著(编)者：韩湘景　2017年10月出版／估价：98.00元
PSN B-2006-071-1/1

汽车社会蓝皮书
中国汽车社会发展报告（2017）
著(编)者：王俊秀　2017年12月出版／估价：89.00元
PSN B-2011-224-1/1

青年蓝皮书
中国青年发展报告（2017）No.3
著(编)者：廉思 等　2017年12月出版／估价：89.00元
PSN B-2013-333-1/1

青少年蓝皮书
中国未成年人互联网运用报告（2017）
著(编)者：李文革 沈洁 李为民
2017年11月出版／估价：89.00元
PSN B-2010-165-1/1

青少年体育蓝皮书
中国青少年体育发展报告（2017）
著(编)者：郭建军 戴健　2017年9月出版／估价：89.00元
PSN B-2015-482-1/1

群众体育蓝皮书
中国群众体育发展报告（2017）
著(编)者：刘国永 杨桦　2017年12月出版／估价：89.00元
PSN B-2016-519-2/3

人权蓝皮书
中国人权事业发展报告No.7（2017）
著(编)者：李君如　2017年9月出版／估价：98.00元
PSN B-2011-215-1/1

社会保障绿皮书
中国社会保障发展报告（2017）No.8
著(编)者：王延中　2017年7月出版／估价：98.00元
PSN G-2001-014-1/1

社会风险评估蓝皮书
风险评估与危机预警评估报告（2017）
著(编)者：唐钧　2017年11月出版／估价：85.00元
PSN B-2016-521-1/1

社会管理蓝皮书
中国社会管理创新报告No.5
著(编)者：连玉明　2017年11月出版／估价：89.00元
PSN B-2012-300-1/1

社会蓝皮书
2017年中国社会形势分析与预测
著(编)者：李培林 陈光金 张翼
2016年12月出版／定价：89.00元
PSN B-1998-002-1/1

社会体制蓝皮书
中国社会体制改革报告No.5（2017）
著(编)者：龚维斌　2017年3月出版／定价：89.00元
PSN B-2013-330-1/1

社会心态蓝皮书
中国社会心态研究报告（2017）
著(编)者：王俊秀 杨宜音　2017年12月出版／估价：89.00元
PSN B-2011-199-1/1

社会组织蓝皮书
中国社会组织发展报告（2016~2017）
著(编)者：黄晓勇　2017年1月出版／定价：89.00元
PSN B-2008-118-1/2

社会组织蓝皮书
中国社会组织评估发展报告（2017）
著(编)者：徐家良 廖鸿　2017年12月出版／估价：89.00元
PSN B-2013-366-1/1

生态城市绿皮书
中国生态城市建设发展报告（2017）
著(编)者：刘举科 孙伟平 胡文臻
2017年9月出版／估价：118.00元
PSN G-2012-269-1/1

生态文明绿皮书
中国省域生态文明建设评价报告（ECI 2017）
著(编)者：严耕　2017年12月出版／估价：98.00元
PSN G-2010-170-1/1

土地整治蓝皮书
中国土地整治发展研究报告No.4
著(编)者：国土资源部土地整治中心
2017年7月出版／定价：89.00元
PSN B-2014-401-1/1

土地政策蓝皮书
中国土地政策研究报告（2017）
著(编)者：高延利 李宪文
2017年12月出版／定价：89.00元
PSN B-2015-506-1/1

退休生活蓝皮书
中国城市居民退休生活质量指数报告（2016）
著(编)者：杨一凡　2017年5月出版／定价：79.00元
PSN B-2017-618-1/1

遥感监测绿皮书
中国可持续发展遥感监测报告（2016）
著(编)者：顾行发 李闽榕 徐东华
2017年6月出版／定价：298.00元
PSN B-2017-629-1/1

 行业报告类

医改蓝皮书
中国医药卫生体制改革报告（2017）
著(编)者：文学国 房志武　2017年11月出版 / 估价：98.00元
PSN B-2014-432-1/1

医疗卫生绿皮书
中国医疗卫生发展报告 No.7（2017）
著(编)者：申宝忠 韩玉珍　2017年11月出版 / 估价：85.00元
PSN G-2004-033-1/1

应急管理蓝皮书
中国应急管理报告（2017）
著(编)者：宋英华　2017年9月出版 / 估价：98.00元
PSN B-2016-563-1/1

政治参与蓝皮书
中国政治参与报告（2017）
著(编)者：房宁　2017年8月出版 / 定价：118.00元
PSN B-2011-200-1/1

宗教蓝皮书
中国宗教报告（2016）
著(编)者：邱永辉　2017年8月出版 / 定价：79.00元
PSN B-2008-117-1/1

行业报告类

SUV蓝皮书
中国SUV市场发展报告（2016~2017）
著(编)者：靳军　2017年9月出版 / 估价：89.00元
PSN B-2016-572-1/1

保健蓝皮书
中国保健服务产业发展报告 No.2
著(编)者：中国保健协会 中共中央党校
2017年7月出版 / 估价：198.00元
PSN B-2012-272-3/3

保健蓝皮书
中国保健食品产业发展报告 No.2
著(编)者：中国保健协会
　　　　　中国社会科学院食品药品产业发展与监管研究中心
2017年7月出版 / 估价：198.00元
PSN B-2012-271-2/3

保健蓝皮书
中国保健用品产业发展报告 No.2
著(编)者：中国保健协会
　　　　　国务院国有资产监督管理委员会研究中心
2017年7月出版 / 估价：198.00元
PSN B-2012-270-1/3

保险蓝皮书
中国保险业竞争力报告（2017）
著(编)者：保监会　2017年12月出版 / 估价：99.00元
PSN B-2013-311-1/1

冰雪蓝皮书
中国滑雪产业发展报告（2017）
著(编)者：孙承华 伍斌 魏庆华 张鸿俊
2017年9月出版 / 定价：79.00元
PSN B-2016-560-1/1

彩票蓝皮书
中国彩票发展报告（2017）
著(编)者：益彩基金　2017年7月出版 / 估价：98.00元
PSN B-2015-462-1/1

餐饮产业蓝皮书
中国餐饮产业发展报告（2017）
著(编)者：邢颖　2017年6月出版 / 定价：98.00元
PSN B-2009-151-1/1

测绘地理信息蓝皮书
新常态下的测绘地理信息研究报告（2017）
著(编)者：库热西·买合苏提
2017年12月出版 / 估价：118.00元
PSN B-2009-145-1/1

茶业蓝皮书
中国茶产业发展报告（2017）
著(编)者：杨江帆 李闽榕　2017年10月出版 / 估价：88.00元
PSN B-2010-164-1/1

产权市场蓝皮书
中国产权市场发展报告（2016~2017）
著(编)者：曹和平　2017年5月出版 / 估价：89.00元
PSN B-2009-147-1/1

产业安全蓝皮书
中国出版传媒产业安全报告（2016~2017）
著(编)者：北京印刷学院文化产业安全研究院
2017年7月出版 / 估价：89.00元
PSN B-2014-384-13/14

产业安全蓝皮书
中国文化产业安全报告（2017）
著(编)者：北京印刷学院文化产业安全研究院
2017年12月出版 / 估价：89.00元
PSN B-2014-378-12/14

皮书系列 2017全品种

行业报告类

产业安全蓝皮书
中国新媒体产业安全报告（2017）
著(编)者：肖丽
2018年6月出版 / 估价：89.00元
PSN B-2015-500-14/14

城投蓝皮书
中国城投行业发展报告（2017）
著(编)者：王晨艳 丁伯康 2017年9月出版 / 定价：300.00元
PSN B-2016-514-1/1

电子政务蓝皮书
中国电子政务发展报告（2016~2017）
著(编)者：李季 杜平 2017年7月出版 / 估价：89.00元
PSN B-2003-022-1/1

大数据蓝皮书
中国大数据发展报告No.1
著(编)者：连玉明 2017年5月出版 / 定价：79.00元
PSN B-2017-620-1/1

杜仲产业绿皮书
中国杜仲橡胶资源与产业发展报告（2016~2017）
著(编)者：杜红岩 胡文臻 俞锐
2017年11月出版 / 估价：85.00元
PSN G-2013-350-1/1

对外投资与风险蓝皮书
中国对外直接投资与国家风险报告（2017）
著(编)者：中债资信评估有限公司
中国社科院世界经济与政治研究所
2017年4月出版 / 定价：189.00元
PSN B-2017-606-1/1

房地产蓝皮书
中国房地产发展报告No.14（2017）
著(编)者：李春华 王业强 2017年5月出版 / 定价：89.00元
PSN B-2004-028-1/1

服务外包蓝皮书
中国服务外包产业发展报告（2017）
著(编)者：王晓红 刘德军
2017年7月出版 / 估价：89.00元
PSN B-2013-331-2/2

服务外包蓝皮书
中国服务外包竞争力报告（2017）
著(编)者：王力 刘春生 黄育华
2017年11月出版 / 估价：85.00元
PSN B-2011-216-1/2

工业和信息化蓝皮书
世界网络安全发展报告（2016~2017）
著(编)者：尹丽波 2017年6月出版 / 定价：89.00元
PSN B-2015-452-5/6

工业和信息化蓝皮书
世界信息化发展报告（2016~2017）
著(编)者：尹丽波 2017年6月出版 / 定价：89.00元
PSN B-2015-451-4/6

工业和信息化蓝皮书
世界信息技术产业发展报告（2016~2017）
著(编)者：尹丽波 2017年6月出版 / 定价：89.00元
PSN B-2015-449-2/6

工业和信息化蓝皮书
移动互联网产业发展报告（2016~2017）
著(编)者：尹丽波 2017年6月出版 / 定价：89.00元
PSN B-2015-448-1/6

工业和信息化蓝皮书
战略性新兴产业发展报告（2016~2017）
著(编)者：尹丽波 2017年6月出版 / 定价：89.00元
PSN B-2015-450-3/6

工业和信息化蓝皮书
世界智慧城市发展报告（2016~2017）
著(编)者：尹丽波 2017年6月出版 / 定价：89.00元
PSN B-2017-624-6/6

工业和信息化蓝皮书
人工智能发展报告（2016~2017）
著(编)者：尹丽波 2017年6月出版 / 定价：89.00元
PSN B-2015-448-1/6

工业设计蓝皮书
中国工业设计发展报告（2017）
著(编)者：王晓红 于炜 张立群
2017年9月出版 / 估价：138.00元
PSN B-2014-420-1/1

黄金市场蓝皮书
中国商业银行黄金业务发展报告（2016~2017）
著(编)者：平安银行 2017年7月出版 / 定价：98.00元
PSN B-2017-525-1/1

互联网金融蓝皮书
中国互联网金融发展报告（2017）
著(编)者：李东荣 2017年9月出版 / 定价：128.00元
PSN B-2014-374-1/1

互联网医疗蓝皮书
中国互联网健康医疗发展报告（2017）
著(编)者：芮晓武 2017年6月出版 / 定价：89.00元
PSN B-2016-568-1/1

会展蓝皮书
中外会展业动态评估年度报告（2017）
著(编)者：张敏 2017年7月出版 / 定价：88.00元
PSN B-2013-327-1/1

金融监管蓝皮书
中国金融监管报告（2017）
著(编)者：胡滨 2017年5月出版 / 定价：89.00元
PSN B-2012-281-1/1

金融信息服务蓝皮书
中国金融信息服务发展报告（2017）
著(编)者：李平 2017年5月出版 / 定价：79.00元
PSN B-2017-621-1/1

金融蓝皮书
中国金融中心发展报告（2017）
著(编)者：王力 黄育华 2017年11月出版 / 估价：85.00元
PSN B-2011-186-6/7

建筑装饰蓝皮书
中国建筑装饰行业发展报告（2017）
著(编)者：刘晓一 葛道顺 2017年11月出版 / 估价：198.00元
PSN B-2016-554-1/1

行业报告类

皮书系列
2017全品种

客车蓝皮书
中国客车产业发展报告（2016~2017）
著（编）者：姚蔚　2017年10月出版／估价：85.00元
PSN B-2013-361-1/1

旅游安全蓝皮书
中国旅游安全报告（2017）
著（编）者：郑向敏 谢朝武　2017年5月出版／定价：128.00元
PSN B-2012-280-1/1

旅游绿皮书
2016~2017年中国旅游发展分析与预测
著（编）者：宋瑞　2017年2月出版／定价：89.00元
PSN G-2002-018-1/1

煤炭蓝皮书
中国煤炭工业发展报告（2017）
著（编）者：岳福斌　2017年12月出版／估价：85.00元
PSN B-2008-123-1/1

民营企业社会责任蓝皮书
中国民营企业社会责任报告（2017）
著（编）者：中华全国工商业联合会
2017年12月出版／估价：89.00元
PSN B-2015-510-1/1

民营医院蓝皮书
中国民营医院发展报告（2017）
著（编）者：庄一强　2017年10月出版／估价：85.00元
PSN B-2012-299-1/1

闽商蓝皮书
闽商发展报告（2017）
著（编）者：李闽榕 王日根 林琛
2017年12月出版／估价：89.00元
PSN B-2012-298-1/1

能源蓝皮书
中国能源发展报告（2017）
著（编）者：崔民选 王军生 陈义和
2017年10月出版／估价：98.00元
PSN B-2006-049-1/1

农产品流通蓝皮书
中国农产品流通产业发展报告（2017）
著（编）者：贾敬敦 张东科 张玉玺 张鹏毅 周伟
2017年7月出版／估价：89.00元
PSN B-2012-288-1/1

企业公益蓝皮书
中国企业公益研究报告（2017）
著（编）者：钟宏武 汪杰 顾一 黄晓娟 等
2017年12月出版／估价：89.00元
PSN B-2015-501-1/1

企业国际化蓝皮书
中国企业国际化报告（2017）
著（编）者：王辉耀　2017年11月出版／估价：98.00元
PSN B-2014-427-1/1

企业蓝皮书
中国企业绿色发展报告No.2（2017）
著（编）者：李红玉 朱光辉　2017年11月出版／估价：89.00元
PSN B-2015-481-2/2

企业社会责任蓝皮书
中国企业社会责任研究报告（2017）
著（编）者：黄群慧 钟宏武 张蒽 翟利峰
2017年11月出版／估价：89.00元
PSN B-2009-149-1/1

企业社会责任蓝皮书
中资企业海外社会责任研究报告（2016~2017）
著（编）者：钟宏武 叶柳红 张蒽
2017年1月出版／定价：79.00元
PSN B-2017-603-2/2

汽车安全蓝皮书
中国汽车安全发展报告（2017）
著（编）者：中国汽车技术研究中心
2017年7月出版／估价：89.00元
PSN B-2014-385-1/1

汽车电子商务蓝皮书
中国汽车电子商务发展报告（2017）
著（编）者：中华全国工商业联合会汽车经销商商会
　　　　　北京易观智库网络科技有限公司
2017年10月出版／估价：128.00元
PSN B-2015-485-1/1

汽车工业蓝皮书
中国汽车工业发展年度报告（2017）
著（编）者：中国汽车工业协会 中国汽车技术研究中心
　　　　　丰田汽车（中国）投资有限公司
2017年5月出版／定价：128.00元
PSN B-2015-463-1/2

汽车工业蓝皮书
中国汽车零部件产业发展报告（2017）
著（编）者：中国汽车工业协会 中国汽车工程研究院
2017年月出版／估价：98.00元
PSN B-2016-515-2/2

汽车蓝皮书
中国汽车产业发展报告（2017）
著（编）者：国务院发展研究中心产业经济研究部
　　　　　中国汽车工程学会 大众汽车集团（中国）
2017年8月出版／估价：98.00元
PSN B-2008-124-1/1

人力资源蓝皮书
中国人力资源发展报告（2017）
著（编）者：余兴安　2017年11月出版／估价：89.00元
PSN B-2012-287-1/1

融资租赁蓝皮书
中国融资租赁业发展报告（2016~2017）
著（编）者：李光荣 王力　2017年11月出版／估价：89.00元
PSN B-2015-443-1/1

商会蓝皮书
中国商会发展报告No.5（2017）
著（编）者：王钦敏　2017年7月出版／估价：89.00元
PSN B-2008-125-1/1

输血服务蓝皮书
中国输血行业发展报告（2017）
著（编）者：朱永明 耿鸿武　2016年12月出版／估价：89.00元
PSN B-2016-583-1/1

皮书系列 2017全品种 — 行业报告类

社会责任管理蓝皮书
中国上市公司社会责任能力成熟度报告（2017）No.2
著（编）者：肖红军 王晓光 李伟阳
2017年12月出版 / 估价：98.00元
PSN B－2015－507－2/2

社会责任管理蓝皮书
中国企业公众透明度报告(2017)No.3
著（编）者：黄速建 熊梦 王晓光 肖红军
2017年4月出版 / 估价：98.00元
PSN B－2015－440－1/2

食品药品蓝皮书
食品药品安全与监管政策研究报告（2016～2017）
著（编）者：唐民皓 2017年7月出版 / 估价：89.00元
PSN B－2009－129－1/1

世界茶业蓝皮书
世界茶业发展报告（2017）
著（编）者：李闽榕 冯廷栓 2017年5月出版 / 定价：118.00元
PSN B－2017－619－1/1

世界能源蓝皮书
世界能源发展报告（2017）
著（编）者：黄晓勇 2017年6月出版 / 定价：99.00元
PSN B－2013－349－1/1

水利风景区蓝皮书
中国水利风景区发展报告（2017）
著（编）者：谢婵才 兰思仁 2017年7月出版 / 估价：89.00元
PSN B－2015－480－1/1

碳市场蓝皮书
中国碳市场报告（2017）
著（编）者：定金彪 2017年11月出版 / 估价：89.00元
PSN B－2014－430－1/1

体育蓝皮书
中国体育产业发展报告（2017）
著（编）者：阮伟 钟秉枢 2017年12月出版 / 估价：89.00元
PSN B－2010－179－1/5

体育蓝皮书
中国体育产业基地发展报告（2015～2016）
著（编）者：李颖川 2017年4月出版 / 定价：89.00元
PSN B－2010－609－5/5

网络空间安全蓝皮书
中国网络空间安全发展报告（2017）
著（编）者：惠志斌 唐涛 2017年7月出版 / 估价：89.00元
PSN B－2015－466－1/1

西部金融蓝皮书
中国西部金融发展报告（2017）
著（编）者：李忠民 2017年8月出版 / 估价：85.00元
PSN B－2010－160－1/1

协会商会蓝皮书
中国行业协会商会发展报告（2017）
著（编）者：景朝阳 李勇 2017年7月出版 / 估价：99.00元
PSN B－2015－461－1/1

新能源汽车蓝皮书
中国新能源汽车产业发展报告（2017）
著（编）者：中国汽车技术研究中心
日产（中国）投资有限公司 东风汽车有限公司
2017年7月出版 / 估价：98.00元
PSN B－2013－347－1/1

新三板蓝皮书
中国新三板市场发展报告（2017）
著（编）者：王力 2017年7月出版 / 估价：89.00元
PSN B－2016－534－1/1

信托市场蓝皮书
中国信托业市场报告（2016～2017）
著（编）者：用益信托研究院
2017年1月出版 / 定价：198.00元
PSN B－2014－371－1/1

信息化蓝皮书
中国信息化形势分析与预测（2016~2017）
著（编）者：周宏仁 2017年8月出版 / 估价：98.00元
PSN B－2010－168－1/1

信用蓝皮书
中国信用发展报告（2017）
著（编）者：章政 田侃 2017年7月出版 / 估价：99.00元
PSN B－2013－328－1/1

休闲绿皮书
2017年中国休闲发展报告
著（编）者：宋瑞 2017年10月出版 / 估价：89.00元
PSN G－2010－158－1/1

休闲体育蓝皮书
中国休闲体育发展报告（2016～2017）
著（编）者：李相如 钟炳枢 2017年10月出版 / 估价：89.00元
PSN G－2016－516－1/1

养老金融蓝皮书
中国养老金融发展报告（2017）
著（编）者：董克用 姚余栋
2017年9月出版 / 估价：89.00元
PSN B－2016－584－1/1

药品流通蓝皮书
中国药品流通行业发展报告（2017）
著（编）者：佘鲁林 温再兴 2017年8月出版 / 估价：158.00元
PSN B－2014－429－1/1

医院蓝皮书
中国医院竞争力报告（2017）
著（编）者：庄一强 曾益新 2017年3月出版 / 定价：108.00元
PSN B－2016－529－1/1

瑜伽蓝皮书
中国瑜伽业发展报告（2016~2017）
著（编）者：张永建 徐华锋 朱泰余
2017年3月出版 / 定价：108.00元
PSN B－2017－675－1/1

文化传媒类 | 皮书系列 2017全品种

邮轮绿皮书
中国邮轮产业发展报告（2017）
著(编)者：汪泓　2017年10月出版 / 估价：89.00元
PSN G-2014-419-1/1

智能养老蓝皮书
中国智能养老产业发展报告（2017）
著(编)者：朱勇　2017年10月出版 / 估价：89.00元
PSN B-2015-488-1/1

债券市场蓝皮书
中国债券市场发展报告（2016~2017）
著(编)者：杨农　2017年10月出版 / 估价：89.00元
PSN B-2016-573-1/1

中国节能汽车蓝皮书
中国节能汽车发展报告（2016~2017）
著(编)者：中国汽车工程研究院股份有限公司
2017年9月出版 / 估价：98.00元
PSN B-2016-566-1/1

中国上市公司蓝皮书
中国上市公司发展报告（2017）
著(编)者：张平　王宏淼
2017年9月出版 / 定价：98.00元
PSN B-2014-414-1/1

中国陶瓷产业蓝皮书
中国陶瓷产业发展报告（2017）
著(编)者：左和平　黄速建　2017年10月出版 / 估价：98.00元
PSN B-2016-574-1/1

中医药蓝皮书
中国中医药知识产权发展报告No.1
著(编)者：汪红　屠志涛　2017年4月出版 / 定价：158.00元
PSN B-2016-574-1/1

中国总部经济蓝皮书
中国总部经济发展报告（2016~2017）
著(编)者：赵弘　2017年9月出版 / 估价：89.00元
PSN B-2005-036-1/1

中医文化蓝皮书
中国中医药文化传播发展报告（2017）
著(编)者：毛嘉陵　2017年7月出版 / 估价：89.00元
PSN B-2015-468-1/1

装备制造业蓝皮书
中国装备制造业发展报告（2017）
著(编)者：徐东华　2017年12月出版 / 估价：148.00元
PSN B-2015-505-1/1

资本市场蓝皮书
中国场外交易市场发展报告（2016~2017）
著(编)者：高峦　2017年7月出版 / 估价：89.00元
PSN B-2009-153-1/1

资产管理蓝皮书
中国资产管理行业发展报告（2017）
著(编)者：智信资产管理研究院
2017年7月出版 / 定价：98.00元
PSN B-2014-407-2/2

文化传媒类

传媒竞争力蓝皮书
中国传媒国际竞争力研究报告（2017）
著(编)者：李本乾　刘强
2017年11月出版 / 估价：148.00元
PSN B-2013-356-1/1

传媒蓝皮书
中国传媒产业发展报告（2017）
著(编)者：崔保国　2017年5月出版 / 定价：98.00元
PSN B-2005-035-1/1

传媒投资蓝皮书
中国传媒投资发展报告（2017）
著(编)者：张向东　谭云明
2017年7月出版 / 估价：128.00元
PSN B-2015-474-1/1

动漫蓝皮书
中国动漫产业发展报告（2017）
著(编)者：卢斌　郑玉明　牛兴侦
2017年9月出版 / 估价：89.00元
PSN B-2011-198-1/1

非物质文化遗产蓝皮书
中国非物质文化遗产发展报告（2017）
著(编)者：陈平　2017年7月出版 / 估价：98.00元
PSN B-2015-469-1/1

广电蓝皮书
中国广播电影电视发展报告（2017）
著(编)者：国家新闻出版广电总局发展研究中心
2017年7月出版 / 估价：98.00元
PSN B-2006-072-1/1

广告主蓝皮书
中国广告主营销传播趋势报告No.9
著(编)者：黄升民　杜国清　邵华冬　等
2017年10月出版 / 估价：148.00元
PSN B-2005-041-1/1

国际传播蓝皮书
中国国际传播发展报告（2017）
著(编)者：胡正荣　李继东　姬德强
2017年11月出版 / 估价：89.00元
PSN B-2014-408-1/1

皮书系列 2017全品种 — 文化传媒类·地方发展类

国家形象蓝皮书
中国国家形象传播报告（2016）
著(编)者：张昆　2017年3月出版／定价：98.00元
PSN B-2017-605-1/1

纪录片蓝皮书
中国纪录片发展报告（2017）
著(编)者：何苏六　2017年9月出版／估价：89.00元
PSN B-2011-222-1/1

科学传播蓝皮书
中国科学传播报告（2017）
著(编)者：詹正茂　2017年7月出版／估价：89.00元
PSN B-2008-120-1/1

两岸创意经济蓝皮书
两岸创意经济研究报告（2017）
著(编)者：罗昌智　林咏能
2017年10月出版／估价：98.00元
PSN B-2014-437-1/1

媒介与女性蓝皮书
中国媒介与女性发展报告（2016~2017）
著(编)者：刘利群　2018年5月出版／估价：118.00元
PSN B-2013-345-1/1

媒体融合蓝皮书
中国媒体融合发展报告（2017）
著(编)者：梅宁华　宋建武　2017年7月出版／估价：89.00元
PSN B-2015-479-1/1

全球传媒蓝皮书
全球传媒发展报告（2016~2017）
著(编)者：胡正荣　李继东
2017年6月出版／定价：89.00元
PSN B-2012-237-1/1

少数民族非遗蓝皮书
中国少数民族非物质文化遗产发展报告（2017）
著(编)者：肖远平（彝）　柴立（满）
2017年8月出版／估价：98.00元
PSN B-2015-467-1/1

视听新媒体蓝皮书
中国视听新媒体发展报告（2017）
著(编)者：国家新闻出版广电总局发展研究中心
2017年11月出版／估价：98.00元
PSN B-2011-184-1/1

文化创新蓝皮书
中国文化创新报告（2016）No.7
著(编)者：于平　傅才武　2017年4月出版／定价：89.00元
PSN B-2009-143-1/1

文化建设蓝皮书
中国文化发展报告（2017）
著(编)者：江畅　孙伟平　戴茂堂
2017年5月出版／估价：98.00元
PSN B-2014-392-1/1

文化金融蓝皮书
中国文化金融发展报告（2017）
著(编)者：杨涛　余巍　2017年5月出版／定价：98.00元
PSN B-2017-610-1/1

文化科技蓝皮书
文化科技创新发展报告（2017）
著(编)者：于平　李凤亮　2017年11月出版／估价：89.00元
PSN B-2013-342-1/1

文化蓝皮书
中国公共文化服务发展报告（2017）
著(编)者：刘新成　张永新　张旭
2017年12月出版／估价：98.00元
PSN B-2007-093-2/10

文化蓝皮书
中国公共文化投入增长测评报告（2017）
著(编)者：王亚南　2017年2月出版／定价：79.00元
PSN B-2014-435-10/10

文化蓝皮书
中国少数民族文化发展报告（2016~2017）
著(编)者：武翠英　张晓明　任乌晶
2017年9月出版／估价：89.00元
PSN B-2013-369-9/10

文化蓝皮书
中国文化产业发展报告（2016~2017）
著(编)者：张晓明　王家新　章建刚
2017年7月出版／估价：89.00元
PSN B-2002-019-1/10

文化蓝皮书
中国文化产业供需协调检测报告（2017）
著(编)者：王亚南　2017年2月出版／定价：79.00元
PSN B-2013-323-8/10

文化蓝皮书
中国文化消费需求景气评价报告（2017）
著(编)者：王亚南　2017年2月出版／定价：79.00元
PSN B-2011-236-4/10

文化品牌蓝皮书
中国文化品牌发展报告（2017）
著(编)者：欧阳友权　2017年7月出版／估价：98.00元
PSN B-2012-277-1/1

文化遗产蓝皮书
中国文化遗产事业发展报告（2017）
著(编)者：苏杨　张颖岚　王宇飞
2017年8月出版／估价：98.00元
PSN B-2008-119-1/1

文学蓝皮书
中国文情报告（2016~2017）
著(编)者：白烨　2017年5月出版／定价：69.00元
PSN B-2011-221-1/1

新媒体蓝皮书
中国新媒体发展报告No.8（2017）
著(编)者：唐绪军　2017年7月出版／定价：79.00元
PSN B-2010-169-1/1

新媒体社会责任蓝皮书
中国新媒体社会责任研究报告（2017）
著(编)者：钟瑛　2017年11月出版／估价：89.00元
PSN B-2014-423-1/1

皮书系列 2017全品种

地方发展类

移动互联网蓝皮书
中国移动互联网发展报告（2017）
著(编)者：余清楚　2017年6月出版　定价：98.00元
PSN B-2012-282-1/1

舆情蓝皮书
中国社会舆情与危机管理报告（2017）
著(编)者：谢耘耕　2017年9月出版　估价：128.00元
PSN B-2011-235-1/1

影视蓝皮书
中国影视产业发展报告（2017）
著(编)者：司若　2017年4月出版　定价：98.00元
PSN B-2016-530-1/1

地方发展类

安徽经济蓝皮书
合芜蚌国家自主创新综合示范区研究报告（2016～2017）
著(编)者：黄家海　王开玉　蔡宪
2017年7月出版　估价：89.00元
PSN B-2014-383-1/1

安徽蓝皮书
安徽社会发展报告（2017）
著(编)者：程桦　2017年5月出版　定价：89.00元
PSN B-2013-325-1/1

澳门蓝皮书
澳门经济社会发展报告（2016～2017）
著(编)者：吴志良　郝雨凡　2017年7月出版　定价：98.00元
PSN B-2009-138-1/1

澳门绿皮书
澳门旅游休闲发展报告（2016～2017）
著(编)者：郝雨凡　林广志　2017年5月出版　定价：88.00元
PSN G-2017-617-1/1

北京蓝皮书
北京公共服务发展报告（2016～2017）
著(编)者：施昌奎　2017年3月出版　定价：79.00元
PSN B-2008-103-7/8

北京蓝皮书
北京经济发展报告（2016～2017）
著(编)者：杨松　2017年6月出版　定价：89.00元
PSN B-2006-054-2/8

北京蓝皮书
北京社会发展报告（2016～2017）
著(编)者：李伟东　2017年7月出版　定价：79.00元
PSN B-2006-055-3/8

北京蓝皮书
北京社会治理发展报告（2016～2017）
著(编)者：殷星辰　2017年7月出版　定价：79.00元
PSN B-2014-391-8/8

北京蓝皮书
北京文化发展报告（2016～2017）
著(编)者：李建盛　2017年5月出版　定价：79.00元
PSN B-2007-082-4/8

北京律师绿皮书
北京律师发展报告No.3（2017）
著(编)者：王隽　2017年7月出版　估价：88.00元
PSN G-2012-301-1/1

北京旅游绿皮书
北京旅游发展报告（2017）
著(编)者：北京旅游学会　2017年7月出版　估价：88.00元
PSN B-2011-217-1/1

北京人才蓝皮书
北京人才发展报告（2017）
著(编)者：于淼　2017年12月出版　估价：128.00元
PSN B-2011-201-1/1

北京社会心态蓝皮书
北京社会心态分析报告（2016～2017）
著(编)者：北京社会心理研究所
2017年11月出版　估价：89.00元
PSN B-2014-422-1/1

北京社会组织管理蓝皮书
北京社会组织发展与管理（2016～2017）
著(编)者：黄江松　2017年7月出版　估价：88.00元
PSN B-2015-446-1/1

北京体育蓝皮书
北京体育产业发展报告（2016～2017）
著(编)者：钟秉枢　陈杰　杨铁黎
2017年9月出版　估价：89.00元
PSN B-2015-475-1/1

北京养老产业蓝皮书
北京养老产业发展报告（2017）
著(编)者：周明明　冯喜良　2017年11月出版　估价：89.00元
PSN B-2015-465-1/1

非公有制企业社会责任蓝皮书
北京非公有制企业社会责任报告（2017）
著(编)者：宗贵伦　冯培　2017年6月出版　定价：89.00元
PSN B-2007-613-1/1

滨海金融蓝皮书
滨海新区金融发展报告（2017）
著(编)者：王爱俭　张锐钢　2018年4月出版　估价：89.00元
PSN B-2014-424-1/1

地方发展类

城乡一体化蓝皮书
北京城乡一体化发展报告（2016~2017）
著(编)者：吴宝新 张宝秀 黄序
2017年5月出版 / 定价：85.00元
PSN B-2012-258-2/2

创意城市蓝皮书
北京文化创意产业发展报告（2017）
著(编)者：张京成 王国华　2017年10月出版 / 估价：89.00元
PSN B-2012-263-1/7

创意城市蓝皮书
天津文化创意产业发展报告（2016~2017）
著(编)者：谢思全　　　2017年11月出版 / 估价：89.00元
PSN B-2016-537-7/7

创意城市蓝皮书
武汉文化创意产业发展报告（2017）
著(编)者：黄永林 陈汉桥　2017年11月出版 / 估价：99.00元
PSN B-2013-354-4/7

创意上海蓝皮书
上海文化创意产业发展报告（2016~2017）
著(编)者：王慧敏 王兴全　2017年11月出版 / 估价：89.00元
PSN B-2016-562-1/1

福建妇女发展蓝皮书
福建省妇女发展报告（2017）
著(编)者：刘群英　2017年11月出版 / 估价：88.00元
PSN B-2011-220-1/1

福建自贸区蓝皮书
中国（福建）自由贸易实验区发展报告（2016~2017）
著(编)者：黄茂兴　　2017年4月出版 / 定价：108.00元
PSN B-2017-532-1/1

甘肃蓝皮书
甘肃经济发展分析与预测（2017）
著(编)者：安文华 罗哲　　2017年1月出版 / 定价：79.00元
PSN B-2013-312-1/6

甘肃蓝皮书
甘肃社会发展分析与预测（2017）
著(编)者：安文华 包晓霞 谢增虎
2017年1月出版 / 定价：79.00元
PSN B-2013-313-2/6

甘肃蓝皮书
甘肃文化发展分析与预测（2017）
著(编)者：王俊莲 周小华　　2017年1月出版 / 定价：79.00元
PSN B-2013-314-3/6

甘肃蓝皮书
甘肃县域和农村发展报告（2017）
著(编)者：朱智文 包东红 王建兵
2017年1月出版 / 定价：79.00元
PSN B-2013-316-5/6

甘肃蓝皮书
甘肃舆情分析与预测（2017）
著(编)者：陈双梅 张谦元　　2017年1月出版 / 定价：79.00元
PSN B-2013-315-4/6

甘肃蓝皮书
甘肃商贸流通发展报告（2017）
著(编)者：张应华 王福生 王晓芳
2017年1月出版 / 定价：79.00元
PSN B-2016-523-6/6

广东蓝皮书
广东全面深化改革发展报告（2017）
著(编)者：周林生 涂成林　2017年12月出版 / 估价：89.00元
PSN B-2015-504-3/3

广东蓝皮书
广东社会工作发展报告（2017）
著(编)者：罗观翠　　　2017年7月出版 / 估价：89.00元
PSN B-2014-402-2/3

广东外经贸蓝皮书
广东对外经济贸易发展研究报告（2016~2017）
著(编)者：陈万灵　　　2017年6月出版 / 定价：89.00元
PSN B-2012-286-1/1

广西北部湾经济区蓝皮书
广西北部湾经济区开放开发报告（2017）
著(编)者：广西北部湾经济区规划建设管理委员会办公室
广西社会科学院广西北部湾发展研究院
2017年7月出版 / 估价：89.00元
PSN B-2010-181-1/1

巩义蓝皮书
巩义经济社会发展报告（2017）
著(编)者：丁同民 朱军　　2017年7月出版 / 估价：58.00元
PSN B-2016-533-1/1

广州蓝皮书
2017年中国广州经济形势分析与预测
著(编)者：魏明海 谢博能 李华
2017年6月出版 / 定价：85.00元
PSN B-2011-185-9/14

广州蓝皮书
2017年中国广州社会形势分析与预测
著(编)者：张强 何镜清
2017年6月出版 / 定价：88.00元
PSN B-2008-110-5/14

广州蓝皮书
广州城市国际化发展报告（2017）
著(编)者：朱名宏　　2017年8月出版 / 估价：79.00元
PSN B-2012-246-11/14

广州蓝皮书
广州创新型城市发展报告（2017）
著(编)者：尹涛　　2017年6月出版 / 估价：79.00元
PSN B-2012-247-12/14

广州蓝皮书
广州经济发展报告（2017）
著(编)者：朱名宏　　2017年7月出版 / 估价：79.00元
PSN B-2005-040-1/14

广州蓝皮书
广州农村发展报告（2017）
著(编)者：朱名宏　　2017年8月出版 / 估价：79.00元
PSN B-2010-167-8/14

皮书系列 2017全品种 — 地方发展类

广州蓝皮书
广州汽车产业发展报告（2017）
著（编）者：杨再高 冯兴亚　2017年7月出版 / 估价：79.00元
PSN B-2006-066-3/14

广州蓝皮书
广州青年发展报告（2016~2017）
著（编）者：徐柳 张强　2017年9月出版 / 估价：79.00元
PSN B-2013-352-13/14

广州蓝皮书
广州商贸业发展报告（2017）
著（编）者：李江涛 肖振宇 荀振英
2017年7月出版 / 定价：79.00元
PSN B-2012-245-10/14

广州蓝皮书
广州社会保障发展报告（2017）
著（编）者：蔡国萱　2017年8月出版 / 定价：79.00元
PSN B-2014-425-14/14

广州蓝皮书
广州文化创意产业发展报告（2017）
著（编）者：徐咏虹　2017年7月出版 / 定价：79.00元
PSN B-2008-111-6/14

广州蓝皮书
中国广州城市建设与管理发展报告（2017）
著（编）者：董皞 陈小钢 李江涛
2017年11月出版 / 定价：85.00元
PSN B-2007-087-4/14

广州蓝皮书
中国广州科技创新发展报告（2017）
著（编）者：邹采荣 马正勇 陈爽
2017年8月出版 / 定价：85.00元
PSN B-2006-065-2/14

广州蓝皮书
中国广州文化发展报告（2017）
著（编）者：屈哨兵 陆志强
2017年6月出版 / 定价：79.00元
PSN B-2009-134-7/14

贵阳蓝皮书
贵阳城市创新发展报告No.2（白云篇）
著（编）者：连玉明　2017年5月出版 / 定价：98.00元
PSN B-2015-491-3/10

贵阳蓝皮书
贵阳城市创新发展报告No.2（观山湖篇）
著（编）者：连玉明　2017年5月出版 / 定价：98.00元
PSN B-2011-235-1/1

贵阳蓝皮书
贵阳城市创新发展报告No.2（花溪篇）
著（编）者：连玉明　2017年5月出版 / 定价：98.00元
PSN B-2015-490-2/10

贵阳蓝皮书
贵阳城市创新发展报告No.2（开阳篇）
著（编）者：连玉明　2017年5月出版 / 定价：98.00元
PSN B-2015-492-4/10

贵阳蓝皮书
贵阳城市创新发展报告No.2（南明篇）
著（编）者：连玉明　2017年5月出版 / 定价：98.00元
PSN B-2015-496-8/10

贵阳蓝皮书
贵阳城市创新发展报告No.2（清镇篇）
著（编）者：连玉明　2017年5月出版 / 定价：98.00元
PSN B-2015-489-1/10

贵阳蓝皮书
贵阳城市创新发展报告No.2（乌当篇）
著（编）者：连玉明　2017年5月出版 / 定价：98.00元
PSN B-2015-495-7/10

贵阳蓝皮书
贵阳城市创新发展报告No.2（息烽篇）
著（编）者：连玉明　2017年5月出版 / 定价：98.00元
PSN B-2015-493-5/10

贵阳蓝皮书
贵阳城市创新发展报告No.2（修文篇）
著（编）者：连玉明　2017年5月出版 / 定价：98.00元
PSN B-2015-494-6/10

贵阳蓝皮书
贵阳城市创新发展报告No.2（云岩篇）
著（编）者：连玉明　2017年5月出版 / 定价：98.00元
PSN B-2015-498-10/10

贵州房地产蓝皮书
贵州房地产发展报告No.4（2017）
著（编）者：武廷方　2017年7月出版 / 定价：89.00元
PSN B-2014-426-1/1

贵州蓝皮书
贵州册亨经济社会发展报告（2017）
著（编）者：黄德林　2017年11月出版 / 估价：89.00元
PSN B-2016-526-8/9

贵州蓝皮书
贵安新区发展报告（2016~2017）
著（编）者：马长青 吴大华　2017年11月出版 / 估价：89.00元
PSN B-2015-459-4/9

贵州蓝皮书
贵州法治发展报告（2017）
著（编）者：吴大华　2017年5月出版 / 定价：89.00元
PSN B-2012-254-2/9

贵州蓝皮书
贵州国有企业社会责任发展报告（2016~2017）
著（编）者：郭丽 周航 万强
2017年12月出版 / 估价：89.00元
PSN B-2015-511-6/9

贵州蓝皮书
贵州民航业发展报告（2017）
著（编）者：申振东 吴大华　2017年10月出版 / 估价：89.00元
PSN B-2015-471-5/9

贵州蓝皮书
贵州民营经济发展报告（2017）
著（编）者：杨静 吴大华　2017年11月出版 / 估价：89.00元
PSN B-2016-531-9/9

皮书系列 重点推荐

地方发展类

贵州蓝皮书
贵州人才发展报告（2017）
著(编)者：于杰 吴大华　2017年11月出版 / 估价：89.00元
PSN B-2014-382-3/9

贵州蓝皮书
贵州社会发展报告（2017）
著(编)者：王兴骥　2017年3月出版 / 定价：98.00元
PSN B-2010-166-1/9

贵州蓝皮书
贵州国家级开放创新平台发展报告（2017）
著(编)者：申晓庆　吴大华　李泓
2017年7月出版 / 估价：89.00元
PSN B-2016-518-1/9

海淀蓝皮书
海淀区文化和科技融合发展报告（2017）
著(编)者：陈名杰 孟景伟　2017年11月出版 / 估价：85.00元
PSN B-2013-329-1/1

杭州都市圈蓝皮书
杭州都市圈发展报告（2017）
著(编)者：沈翔 威建国　2017年11月出版 / 估价：128.00元
PSN B-2012-302-1/1

杭州蓝皮书
杭州妇女发展报告（2017）
著(编)者：魏颖　2017年11月出版 / 估价：89.00元
PSN B-2014-403-1/1

河北经济蓝皮书
河北省经济发展报告（2017）
著(编)者：马树强 金浩 张贵
2017年7月出版 / 估价：89.00元
PSN B-2014-380-1/1

河北蓝皮书
河北经济社会发展报告（2017）
著(编)者：郭金平　2017年1月出版 / 定价：79.00元
PSN B-2014-372-1/3

河北蓝皮书
河北法治发展报告（2017）
著(编)者：郭金平 李永君　2017年1月出版 / 定价：79.00元
PSN B-2017-622-3/3

河北蓝皮书
京津冀协同发展报告（2017）
著(编)者：陈路　2017年1月出版 / 定价：79.00元
PSN B-2017-601-2/3

河北食品药品安全蓝皮书
河北食品药品安全研究报告（2017）
著(编)者：丁锦霞　2017年11月出版 / 估价：89.00元
PSN B-2015-473-1/1

河南经济蓝皮书
2017年河南经济形势分析与预测
著(编)者：王世炎　2017年3月出版 / 定价：79.00元
PSN B-2007-086-1/1

河南蓝皮书
2017年河南社会形势分析与预测
著(编)者：牛苏林　2017年5月出版 / 定价：79.00元
PSN B-2005-043-1/9

河南蓝皮书
河南城市发展报告（2017）
著(编)者：张占仓 王建国　2017年5月出版 / 定价：79.00元
PSN B-2009-131-3/9

河南蓝皮书
河南法治发展报告（2017）
著(编)者：丁同民 张林海　2017年7月出版 / 估价：89.00元
PSN B-2014-376-6/9

河南蓝皮书
河南工业发展报告（2017）
著(编)者：张占仓　2017年5月出版 / 定价：89.00元
PSN B-2013-317-5/9

河南蓝皮书
河南金融发展报告（2017）
著(编)者：河南省社会科学院
2017年7月出版 / 估价：89.00元
PSN B-2014-390-7/9

河南蓝皮书
河南经济发展报告（2017）
著(编)者：张占仓 完世伟　2017年4月出版 / 定价：79.00元
PSN B-2010-157-4/9

河南蓝皮书
河南能源发展报告（2017）
著(编)者：魏胜民 袁凯声　2017年3月出版 / 定价：79.00元
PSN B-2017-607-9/9

河南蓝皮书
河南农业农村发展报告（2017）
著(编)者：吴海峰　2017年11月出版 / 估价：89.00元
PSN B-2015-445-8/9

河南蓝皮书
河南文化发展报告（2017）
著(编)者：卫绍生　2017年7月出版 / 定价：78.00元
PSN B-2008-106-2/9

河南商务蓝皮书
河南商务发展报告（2017）
著(编)者：焦锦淼 穆荣国　2017年5月出版 / 定价：88.00元
PSN B-2014-399-1/1

黑龙江蓝皮书
黑龙江经济发展报告（2017）
著(编)者：朱宇　2017年1月出版 / 定价：79.00元
PSN B-2011-190-2/2

黑龙江蓝皮书
黑龙江社会发展报告（2017）
著(编)者：谢宝禄　2017年1月出版 / 定价：79.00元
PSN B-2011-189-1/2

湖北文化蓝皮书
湖北文化发展报告（2017）
著(编)者：吴成国　2017年10月出版 / 估价：95.00元
PSN B-2016-567-1/1

皮书系列 重点推荐 — 地方发展类

湖南城市蓝皮书
区域城市群整合
著(编)者：童中贤 韩未名
2017年12月出版 / 估价：89.00元
PSN B-2006-064-1/1

湖南蓝皮书
2017年湖南产业发展报告
著(编)者：梁志峰　2017年7月出版 / 估价：128.00元
PSN B-2011-207-2/8

湖南蓝皮书
2017年湖南电子政务发展报告
著(编)者：梁志峰　2017年7月出版 / 估价：128.00元
PSN B-2014-394-6/8

湖南蓝皮书
2017年湖南经济发展报告
著(编)者：卞鹰　2017年5月出版 / 定价：128.00元
PSN B-2011-206-1/8

湖南蓝皮书
2017年湖南两型社会与生态文明发展报告
著(编)者：卞鹰　2017年5月出版 / 定价：128.00元
PSN B-2011-208-3/8

湖南蓝皮书
2017年湖南社会发展报告
著(编)者：卞鹰　2017年5月出版 / 定价：128.00元
PSN B-2014-393-5/8

湖南蓝皮书
2017年湖南县域经济社会发展报告
著(编)者：梁志峰　2017年7月出版 / 估价：128.00元
PSN B-2014-395-7/8

湖南蓝皮书
湖南城乡一体化发展报告（2017）
著(编)者：陈文胜 王文强 陆福兴 邝奕轩
2017年8月出版 / 定价：89.00元
PSN B-2015-477-8/8

湖南县域绿皮书
湖南县域发展报告 No.3
著(编)者：袁准 周小毛 黎仁寅
2017年3月出版 / 定价：79.00元
PSN G-2012-274-1/1

沪港蓝皮书
沪港发展报告（2017）
著(编)者：尤安山　2017年9月出版 / 估价：89.00元
PSN B-2013-362-1/1

吉林蓝皮书
2017年吉林经济社会形势分析与预测
著(编)者：邵汉明　2016年12月出版 / 定价：79.00元
PSN B-2013-319-1/1

吉林省城市竞争力蓝皮书
吉林省城市竞争力报告（2016~2017）
著(编)者：崔岳春 张磊　2016年12月出版 / 定价：79.00元
PSN B-2015-513-1/1

济源蓝皮书
济源经济社会发展报告（2017）
著(编)者：喻新安　2017年7月出版 / 估价：89.00元
PSN B-2014-387-1/1

健康城市蓝皮书
北京健康城市建设研究报告（2017）
著(编)者：王鸿春　2017年8月出版 / 估价：89.00元
PSN B-2015-460-1/2

江苏法治蓝皮书
江苏法治发展报告 No.6（2017）
著(编)者：蔡道通 龚廷泰　2017年8月出版 / 估价：98.00元
PSN B-2012-290-1/1

江西蓝皮书
江西经济社会发展报告（2017）
著(编)者：张勇 姜玮 梁勇　2017年6月出版 / 估价：128.00元
PSN B-2015-484-1/2

江西蓝皮书
江西设区市发展报告（2017）
著(编)者：姜玮 梁勇　2017年10月出版 / 估价：79.00元
PSN B-2016-517-2/2

江西文化蓝皮书
江西文化产业发展报告（2017）
著(编)者：张圣才 汪春翔
2017年10月出版 / 估价：128.00元
PSN B-2015-499-1/1

经济特区蓝皮书
中国经济特区发展报告（2017）
著(编)者：陶一桃　2017年12月出版 / 估价：98.00元
PSN B-2009-139-1/1

辽宁蓝皮书
2017年辽宁经济社会形势分析与预测
著(编)者：梁启东
2017年6月出版 / 定价：89.00元
PSN B-2006-053-1/1

洛阳蓝皮书
洛阳文化发展报告（2017）
著(编)者：刘福兴 陈启明　2017年10月出版 / 估价：89.00元
PSN B-2015-476-1/1

南京蓝皮书
南京文化发展报告（2017）
著(编)者：徐宁　2017年10月出版 / 估价：89.00元
PSN B-2014-439-1/1

南宁蓝皮书
南宁法治发展报告（2017）
著(编)者：杨维超　2017年12月出版 / 估价：79.00元
PSN B-2015-509-1/3

南宁蓝皮书
南宁经济发展报告（2017）
著(编)者：胡建华　2017年9月出版 / 估价：79.00元
PSN B-2016-570-2/3

皮书系列重点推荐 — 地方发展类

南宁蓝皮书
南宁社会发展报告（2017）
著（编）者：胡建华　2017年9月出版　/　估价：79.00元
PSN B-2016-571-3/3

内蒙古蓝皮书
内蒙古反腐倡廉建设报告 No.2
著（编）者：张志华　无极　2017年12月出版　/　估价：79.00元
PSN B-2013-365-1/1

浦东新区蓝皮书
上海浦东经济发展报告（2017）
著（编）者：沈开艳　周奇　2017年2月出版　/　定价：79.00元
PSN B-2011-225-1/1

青海蓝皮书
2017年青海经济社会形势分析与预测
著（编）者：陈玮　2016年12月出版　/　估价：79.00元
PSN B-2012-275-1/1

人口与健康蓝皮书
深圳人口与健康发展报告（2017）
著（编）者：陆杰华　罗乐宣　苏杨
2017年11月出版　/　定价：89.00元
PSN B-2011-228-1/1

山东蓝皮书
山东经济形势分析与预测（2017）
著（编）者：李广杰　2017年7月出版　/　估价：89.00元
PSN B-2014-404-1/4

山东蓝皮书
山东社会形势分析与预测（2017）
著（编）者：张华　唐洲雁　2017年7月出版　/　估价：89.00元
PSN B-2014-405-2/4

山东蓝皮书
山东文化发展报告（2017）
著（编）者：涂可国　2017年5月出版　/　定价：98.00元
PSN B-2014-406-3/4

山西蓝皮书
山西资源型经济转型发展报告（2017）
著（编）者：李志强　2017年7月出版　/　估价：89.00元
PSN B-2011-197-1/1

陕西蓝皮书
陕西经济发展报告（2017）
著（编）者：任宗哲　白宽犁　裴成荣
2017年1月出版　/　定价：69.00元
PSN B-2009-135-1/6

陕西蓝皮书
陕西社会发展报告（2017）
著（编）者：任宗哲　白宽犁　牛昉
2017年1月出版　/　定价：69.00元
PSN B-2009-136-2/6

陕西蓝皮书
陕西文化发展报告（2017）
著（编）者：任宗哲　白宽犁　王长寿
2017年1月出版　/　定价：69.00元
PSN B-2009-137-3/6

陕西蓝皮书
陕西精准脱贫研究报告（2017）
著（编）者：任宗哲　白宽犁　王建康
2017年6月出版　/　定价：69.00元
PSN B-2017-623-6/6

上海蓝皮书
上海传媒发展报告（2017）
著（编）者：强荧　焦雨虹　2017年2月出版　/　定价：79.00元
PSN B-2012-295-5/7

上海蓝皮书
上海法治发展报告（2017）
著（编）者：叶青　2017年7月出版　/　估价：89.00元
PSN B-2012-296-6/7

上海蓝皮书
上海经济发展报告（2017）
著（编）者：沈开艳　2017年2月出版　/　定价：79.00元
PSN B-2006-057-1/7

上海蓝皮书
上海社会发展报告（2017）
著（编）者：杨雄　周海旺　2017年2月出版　/　定价：79.00元
PSN B-2006-058-2/7

上海蓝皮书
上海文化发展报告（2017）
著（编）者：荣跃明　2017年2月出版　/　定价：79.00元
PSN B-2006-059-3/7

上海蓝皮书
上海文学发展报告（2017）
著（编）者：陈圣来　2017年7月出版　/　估价：89.00元
PSN B-2012-297-7/7

上海蓝皮书
上海资源环境发展报告（2017）
著（编）者：周冯琦　汤庆合
2017年2月出版　/　定价：79.00元
PSN B-2006-060-4/7

社会建设蓝皮书
2017年北京社会建设分析报告
著（编）者：宋贵伦　冯虹　2017年10月出版　/　估价：89.00元
PSN B-2010-173-1/1

深圳蓝皮书
深圳法治发展报告（2017）
著（编）者：张骁儒　2017年6月出版　/　定价：79.00元
PSN B-2015-470-6/7

深圳蓝皮书
深圳经济发展报告（2017）
著（编）者：张骁儒　2017年6月出版　/　定价：79.00元
PSN B-2008-112-3/7

深圳蓝皮书
深圳劳动关系发展报告（2017）
著（编）者：汤庭芬　2017年7月出版　/　估价：89.00元
PSN B-2007-097-2/7

皮书系列重点推荐 · 地方发展类·国际问题类

深圳蓝皮书
深圳社会治理与发展报告（2017）
著(编)者：张骁儒 邹从兵　2017年6月出版／定价：79.00元
PSN B-2008-113-4/7

深圳蓝皮书
深圳文化发展报告(2017)
著(编)者：张骁儒　2017年5月出版／定价：79.00元
PSN B-2016-555-7/7

丝绸之路蓝皮书
丝绸之路经济带发展报告（2017）
著(编)者：任宗哲 白宽犁 谷孟宾
2017年1月出版／定价：75.00元
PSN B-2014-410-1/1

法治蓝皮书
四川依法治省年度报告 No.3（2017）
著(编)者：李林 杨天宗 田禾
2017年3月出版／定价：118.00元
PSN B-2015-447-1/1

四川蓝皮书
2017年四川经济形势分析与预测
著(编)者：杨钢　2017年1月出版／定价：98.00元
PSN B-2007-098-2/7

四川蓝皮书
四川城镇化发展报告（2017）
著(编)者：侯水平 陈炜　2017年4月出版／定价：75.00元
PSN B-2015-456-7/7

四川蓝皮书
四川法治发展报告（2017）
著(编)者：郑泰安　2017年7月出版／估价：89.00元
PSN B-2015-441-5/7

四川蓝皮书
四川企业社会责任研究报告（2016～2017）
著(编)者：侯水平 盛毅
2017年5月出版／定价：79.00元
PSN B-2014-386-4/7

四川蓝皮书
四川社会发展报告（2017）
著(编)者：李羚　2017年6月出版／定价：79.00元
PSN B-2008-127-3/7

四川蓝皮书
四川生态建设报告（2017）
著(编)者：李晟之　2017年5月出版／定价：75.00元
PSN B-2015-455-6/7

四川蓝皮书
四川文化产业发展报告（2017）
著(编)者：向宝云 张立伟
2017年4月出版／定价：79.00元
PSN B-2006-074-1/7

体育蓝皮书
上海体育产业发展报告（2016～2017）
著(编)者：张林 黄海燕
2017年10月出版／估价：89.00元
PSN B-2015-454-4/4

体育蓝皮书
长三角地区体育产业发展报告（2016～2017）
著(编)者：张林　2017年7月出版／估价：89.00元
PSN B-2015-453-3/4

天津金融蓝皮书
天津金融发展报告（2017）
著(编)者：王爱俭 孔德昌
2018年3月出版／估价：98.00元
PSN B-2014-418-1/1

图们江区域合作蓝皮书
图们江区域合作发展报告（2017）
著(编)者：李铁　2017年11月出版／估价：98.00元
PSN B-2015-464-1/1

温州蓝皮书
2017年温州经济社会形势分析与预测
著(编)者：蒋儒林 王春光 金浩
2017年4月出版／定价：79.00元
PSN B-2008-105-1/1

西咸新区蓝皮书
西咸新区发展报告（2016~2017）
著(编)者：李扬 王军　2017年11月出版／估价：89.00元
PSN B-2016-535-1/1

扬州蓝皮书
扬州经济社会发展报告（2017）
著(编)者：丁纯　2017年12月出版／估价：98.00元
PSN B-2011-191-1/1

云南社会治理蓝皮书
云南社会治理年度报告（2016）
著(编)者：晏雄 韩全芳
2017年5月出版／估价：99.00元
PSN B-2011-191-1/1

长株潭城市群蓝皮书
长株潭城市群发展报告（2017）
著(编)者：张萍　2017年12月出版／估价：89.00元
PSN B-2008-109-1/1

中医文化蓝皮书
北京中医文化传播发展报告（2017）
著(编)者：毛嘉陵　2017年7月出版／估价：79.00元
PSN B-2015-468-1/2

珠三角流通蓝皮书
珠三角商圈发展研究报告（2017）
著(编)者：王先庆 林至颖
2017年7月出版／估价：98.00元
PSN B-2012-292-1/1

遵义蓝皮书
遵义发展报告（2017）
著(编)者：曾征 龚永育 雍思强
2017年12月出版／估价：89.00元
PSN B-2014-433-1/1

国际问题类

"一带一路"跨境通道蓝皮书
"一带一路"跨境通道建设研究报告(2017)
著(编)者:郭业洲　2017年8月出版 / 估价:89.00元
PSN B-2016-558-1/1

"一带一路"蓝皮书
"一带一路"建设发展报告(2017)
著(编)者:李永全　2017年6月出版 / 定价:89.00元
PSN B-2016-553-1/1

阿拉伯黄皮书
阿拉伯发展报告(2016~2017)
著(编)者:罗林　2018年3月出版 / 估价:89.00元
PSN Y-2014-381-1/1

巴西黄皮书
巴西发展报告(2017)
著(编)者:刘国枝　2017年5月出版 / 定价:85.00元
PSN Y-2017-614-1/1

北部湾蓝皮书
泛北部湾合作发展报告(2017)
著(编)者:吕余生　2017年12月出版 / 估价:85.00元
PSN B-2008-114-1/1

大湄公河次区域蓝皮书
大湄公河次区域合作发展报告(2017)
著(编)者:刘稚　2017年11月出版 / 估价:89.00元
PSN B-2011-196-1/1

大洋洲蓝皮书
大洋洲发展报告(2017)
著(编)者:喻常森　2017年10月出版 / 估价:89.00元
PSN B-2013-341-1/1

德国蓝皮书
德国发展报告(2017)
著(编)者:郑春荣　2017年6月出版 / 定价:89.00元
PSN B-2012-278-1/1

东北亚区域合作蓝皮书
2016年"一带一路"倡议与东北亚区域合作
著(编)者:刘亚政　金美花
2017年5月出版 / 定价:89.00元
PSN B-2017-631-1/1

东盟黄皮书
东盟发展报告(2017)
著(编)者:杨晓强　庄国土
2017年7月出版 / 估价:89.00元
PSN Y-2012-303-1/1

东南亚蓝皮书
东南亚地区发展报告(2016~2017)
著(编)者:厦门大学东南亚研究中心　王勤
2017年12月出版 / 估价:89.00元
PSN B-2012-240-1/1

俄罗斯黄皮书
俄罗斯发展报告(2017)
著(编)者:李永全　2017年6月出版 / 定价:89.00元
PSN Y-2006-061-1/1

非洲黄皮书
非洲发展报告No.19(2016~2017)
著(编)者:张宏明　2017年7月出版 / 估价:89.00元
PSN Y-2012-239-1/1

公共外交蓝皮书
中国公共外交发展报告(2017)
著(编)者:赵启正　雷蔚真　2017年11月出版 / 估价:89.00元
PSN B-2015-457-1/1

国际安全蓝皮书
中国国际安全研究报告(2017)
著(编)者:刘慧　2017年11月出版 / 定价:98.00元
PSN B-2016-522-1/1

国际形势黄皮书
全球政治与安全报告(2017)
著(编)者:张宇燕　2017年1月出版 / 估价:89.00元
PSN Y-2001-016-1/1

韩国蓝皮书
韩国发展报告(2017)
著(编)者:牛林杰　刘宝全　2017年11月出版 / 估价:89.00元
PSN B-2010-155-1/1

加拿大蓝皮书
加拿大发展报告(2017)
著(编)者:仲伟合　2017年11月出版 / 估价:89.00元
PSN B-2014-389-1/1

拉美黄皮书
拉丁美洲和加勒比发展报告(2016~2017)
著(编)者:吴白乙　袁东振　2017年6月出版 / 定价:89.00元
PSN Y-1999-007-1/1

美国蓝皮书
美国研究报告(2017)
著(编)者:郑秉文　黄平　2017年5月出版 / 定价:89.00元
PSN B-2011-210-1/1

缅甸蓝皮书
缅甸国情报告(2017)
著(编)者:李晨阳　2017年12月出版 / 估价:86.00元
PSN B-2013-343-1/1

欧洲蓝皮书
欧洲发展报告(2016~2017)
著(编)者:黄平　周弘　程卫东　2017年6月出版 / 估价:89.00元
PSN B-1999-009-1/1

国际问题类

葡语国家蓝皮书
葡语国家发展报告（2017）
著(编)者：王成安 张敏 刘金兰
2017年12月出版 / 估价：89.00元
PSN B-2015-503-1/2

葡语国家蓝皮书
中国与葡语国家关系发展报告·巴西（2017）
著(编)者：张曙光　2017年8月出版 / 估价：89.00元
PSN B-2016-564-2/2

日本经济蓝皮书
日本经济与中日经贸关系研究报告（2017）
著(编)者：张季风　2017年6月出版 / 定价：89.00元
PSN B-2008-102-1/1

日本蓝皮书
日本研究报告（2017）
著(编)者：杨伯江　2017年6月出版 / 定价：89.00元
PSN B-2002-020-1/1

上海合作组织黄皮书
上海合作组织发展报告（2017）
著(编)者：李进峰
2017年6月出版 / 定价：98.00元
PSN Y-2009-130-1/1

世界创新竞争力黄皮书
世界创新竞争力发展报告（2017）
著(编)者：李闽榕 李建平 赵新力
2017年11月出版 / 估价：148.00元
PSN Y-2013-318-1/1

泰国蓝皮书
泰国研究报告（2017）
著(编)者：庄国土 张禹东
2017年11月出版 / 估价：118.00元
PSN B-2016-557-1/1

土耳其蓝皮书
土耳其发展报告（2017）
著(编)者：郭长刚 刘义
2017年11月出版 / 估价：89.00元
PSN B-2014-412-1/1

亚太蓝皮书
亚太地区发展报告（2017）
著(编)者：李向阳　2017年5月出版 / 定价：79.00元
PSN B-2001-015-1/1

印度蓝皮书
印度国情报告（2017）
著(编)者：吕昭义　2018年4月出版 / 估价：89.00元
PSN B-2012-241-1/1

印度洋地区蓝皮书
印度洋地区发展报告（2017）
著(编)者：汪戎　2017年6月出版 / 定价：98.00元
PSN B-2013-334-1/1

英国蓝皮书
英国发展报告（2016~2017）
著(编)者：王展鹏　2017年11月出版 / 估价：89.00元
PSN B-2015-486-1/1

越南蓝皮书
越南国情报告（2017）
著(编)者：谢林城
2017年12月出版 / 估价：89.00元
PSN B-2006-056-1/1

以色列蓝皮书
以色列发展报告（2017）
著(编)者：张倩红　2017年8月出版 / 定价：89.00元
PSN B-2015-483-1/1

伊朗蓝皮书
伊朗发展报告（2017）
著(编)者：冀开远　2017年10月出版 / 估价：89.00元
PSN B-2016-575-1/1

渝新欧蓝皮书
渝新欧沿线国家发展报告（2017）
著(编)者：杨柏 黄森　2017年6月出版 / 估价：88.00元
PSN B-2016-575-1/1

中东黄皮书
中东发展报告 No.19（2016~2017）
著(编)者：杨光　2017年10月出版 / 估价：89.00元
PSN Y-1998-004-1/1

中亚黄皮书
中亚国家发展报告（2017）
著(编)者：孙力　2017年6月出版 / 定价：98.00元
PSN Y-2012-238-1/1

社会科学文献出版社　　**皮书系列**

❖ 皮书起源 ❖

"皮书"起源于十七、十八世纪的英国,主要指官方或社会组织正式发表的重要文件或报告,多以"白皮书"命名。在中国,"皮书"这一概念被社会广泛接受,并被成功运作、发展成为一种全新的出版形态,则源于中国社会科学院社会科学文献出版社。

❖ 皮书定义 ❖

皮书是对中国与世界发展状况和热点问题进行年度监测,以专业的角度、专家的视野和实证研究方法,针对某一领域或区域现状与发展态势展开分析和预测,具备原创性、实证性、专业性、连续性、前沿性、时效性等特点的公开出版物,由一系列权威研究报告组成。

❖ 皮书作者 ❖

皮书系列的作者以中国社会科学院、著名高校、地方社会科学院的研究人员为主,多为国内一流研究机构的权威专家学者,他们的看法和观点代表了学界对中国与世界的现实和未来最高水平的解读与分析。

❖ 皮书荣誉 ❖

皮书系列已成为社会科学文献出版社的著名图书品牌和中国社会科学院的知名学术品牌。2016年,皮书系列正式列入"十三五"国家重点出版规划项目;2012~2016年,重点皮书列入中国社会科学院承担的国家哲学社会科学创新工程项目;2017年,55种院外皮书使用"中国社会科学院创新工程学术出版项目"标识。

中国皮书网
www.pishu.cn

发布皮书研创资讯，传播皮书精彩内容
引领皮书出版潮流，打造皮书服务平台

栏目设置

关于皮书：何谓皮书、皮书分类、皮书大事记、皮书荣誉、
皮书出版第一人、皮书编辑部

最新资讯：通知公告、新闻动态、媒体聚焦、网站专题、视频直播、下载专区

皮书研创：皮书规范、皮书选题、皮书出版、皮书研究、研创团队

皮书评奖评价：指标体系、皮书评价、皮书评奖

互动专区：皮书说、皮书智库、皮书微博、数据库微博

所获荣誉

2008年、2011年，中国皮书网均在全国新闻出版业网站荣誉评选中获得"最具商业价值网站"称号；

2012年,获得"出版业网站百强"称号。

网库合一

2014年，中国皮书网与皮书数据库端口合一，实现资源共享。更多详情请登录www.pishu.cn。

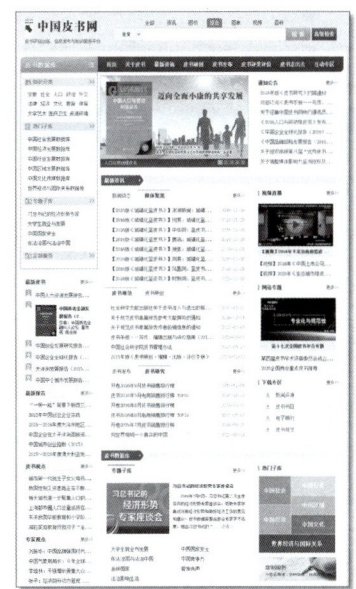

权威报告·热点资讯·特色资源

皮书数据库
ANNUAL REPORT(YEARBOOK) DATABASE

当代中国与世界发展高端智库平台

所获荣誉

- 2016年，入选"国家'十三五'电子出版物出版规划骨干工程"
- 2015年，荣获"搜索中国正能量 点赞2015""创新中国科技创新奖"
- 2013年，荣获"中国出版政府奖·网络出版物奖"提名奖
- 连续多年荣获中国数字出版博览会"数字出版·优秀品牌"奖

成为会员

通过网址www.pishu.com.cn或使用手机扫描二维码进入皮书数据库网站，进行手机号码验证或邮箱验证即可成为皮书数据库会员（建议通过手机号码快速验证注册）。

会员福利

- 使用手机号码首次注册会员可直接获得100元体验金，不需充值即可购买和查看数据库内容（仅限使用手机号码快速注册）。
- 已注册用户购书后可免费获赠100元皮书数据库充值卡。刮开充值卡涂层获取充值密码，登录并进入"会员中心"—"在线充值"—"充值卡充值"，充值成功后即可购买和查看数据库内容。

数据库服务热线：400-008-6695
数据库服务QQ：2475522410
数据库服务邮箱：database@ssap.cn

图书销售热线：010-59367070/7028
图书服务QQ：1265056568
图书服务邮箱：duzhe@ssap.cn

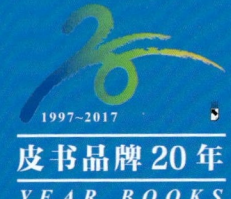

1997~2017
皮书品牌20年
YEAR BOOKS

更多信息请登录

皮书数据库
http://www.pishu.com.cn

中国皮书网
http://www.pishu.cn

皮书微博
http://weibo.com/pishu

皮书博客
http://blog.sina.com.cn/pishu

皮书微信"皮书说"

请到当当、亚马逊、京东或各地书店购买，也可办理邮购

咨询/邮购电话：010-59367028　59367070
邮　　箱：duzhe@ssap.cn
邮购地址：北京市西城区北三环中路甲29号院3号楼
　　　　　华龙大厦13层读者服务中心
邮　　编：100029
银行户名：社会科学文献出版社
开户银行：中国工商银行北京北太平庄支行
账　　号：0200010019200365434